ज्ञान गरिमा के
72 वर्ष

भारतीय
ज्ञानपीठ

णाणं
पयासयं

वीर नि.सं.
2470

ई. सन्
1944

भारतीय ज्ञानपीठ

मूर्तिदेवी जैन ग्रन्थमाला : प्राकृत ग्रन्थांक–33

बाबा दौलतराम वर्णी, नैनागिरि कृत

गोम्मटसार जीवकाण्ड छन्दोदय

प्रबन्ध सम्पादक

सुरेश जैन (आई.ए.एस.)

सम्पादक

प्रमोद जैन

भारतीय ज्ञानपीठ

प्रथम संस्करण : 2018 ☐ मूल्य : 680 रुपये

ISBN 978-93-263-5494-3

भारतीय ज्ञानपीठ

(स्थापना : फाल्गुन कृष्ण 9; वीर नि. सं. 2470; विक्रम सं. 2000; 18 फरवरी 1944)

पुण्यश्लोका माता मूर्तिदेवी की स्मृति में
साहू शान्तिप्रसाद जैन द्वारा संस्थापित
एवं
उनकी धर्मपत्नी श्रीमती रमा जैन द्वारा सम्पोषित

मूर्तिदेवी जैन ग्रन्थमाला

इस ग्रन्थमाला के अन्तर्गत प्राकृत, संस्कृत, अपभ्रंश, हिन्दी, कन्नड़, तमिल आदि प्राचीन भाषाओं में उपलब्ध आगमिक, दार्शनिक, पौराणिक, साहित्यिक, ऐतिहासिक आदि विविध विषयक जैन साहित्य का अनुसन्धानपूर्ण सम्पादन तथा उनके मूल और यथासम्भव अनुवाद आदि के साथ प्रकाशन हो रहा है। जैन-भण्डारों की ग्रन्थसूचियाँ, शिलालेख-संग्रह, कला एवं स्थापत्य पर विशिष्ट विद्वानों के अध्ययन-ग्रन्थ और लोकहितकारी जैन साहित्य ग्रन्थ भी इस ग्रन्थमाला में प्रकाशित हो रहे हैं।

•

आवरण
चन्द्रकान्त शर्मा

प्रकाशक
भारतीय ज्ञानपीठ
18, इन्स्टीट्यूशनल एरिया, लोदी रोड, नयी दिल्ली-110 003

मुद्रक : विकास कम्प्यूटर ऐंड प्रिंटर्स, दिल्ली

आमुख

सुरेश जैन (आई.ए.एस.)
प्रबन्ध सम्पादक,
अध्यक्ष, जैन तीर्थ, नैनागिरि
30, निशात कॉलोनी
भोपाल - 462003
मोबाईल-9425010111

बुन्देलखण्ड (मध्यप्रदेश) के सुप्रसिद्ध दिगम्बर जैन तीर्थक्षेत्र नैनागिर में विराजमान भगवान पार्श्वनाथ के समक्ष बैठकर बाबा दौलतराम वर्णी ने प्राकृत भाषा में विरचित गोम्मटसार जीवकाण्ड पर सरल-सुबोध-रोचक शैली में हिन्दी पद्य में छन्दोदय काव्य की रचना की है। यह रचना 6 सितम्बर, शनिवार 1902 को पूर्ण हुई। उसके अन्तिम अधिकार के सवैया इकतीसा छन्द क्रमांक 46 में ''बरणी दौल बाल'' अंकित है। बाबा जी की अन्य रचनाओं के साथ अध्ययन करने से स्पष्ट है कि यह बाबा जी की ही रचना है। नैनागिरि में विराजमान भगवान पार्श्वनाथ के समक्ष बैठकर बाबा जी ने विभिन्न टीकाओं के आधार पर जीवकाण्ड का हिन्दी भाषा में पद्यानुवाद किया है। निश्चित ही वे प्राकृत, संस्कृत एवं हिन्दी के बड़े विद्वान रहे हैं।

लगभग इक्कीस सौ वर्ष पहले ईसा पूर्व प्रथम शती में आचार्य भूतबली पुष्पदंत द्वारा प्राकृत भाषा में लिपिबद्ध षट्खंडागम जैन संस्कृति का आगम/सिद्धान्त ग्रन्थ है। इस ग्रन्थ की रचना के पूर्व आचार्य गुणधर भट्टारक जी द्वारा ईसा पूर्व द्वितीय शताब्दी के उत्तरार्ध में कसायपाहुड की रचना की जा चुकी

थी तथापि षट्खण्डागम जैन संस्कृति का प्राचीनतम एवं आधारभूत ग्रन्थ है। षट्खण्डागम और कसायपाहुड अपनी धवला और जय धवला टीका के कारण धवला और जय धवला के नाम से विख्यात हैं। श्रुत-स्कंध स्वरूप षट्खण्डागम ग्रन्थ छह खण्डों - जीवट्ठाण, खुद्दाबंध, बंधसामित्त, वेयणाखंड, वग्गणाखंड और महाबंध - में विभाजित है। इसी कारण से इस आदिग्रन्थ का नामकरण षट्खण्डागम किया गया है। इस ग्रन्थ के मूल बिन्दुओं के आधार पर आचार्य नेमिचन्द्र सिद्धान्त चक्रवर्ती ने दसवीं शताब्दी में गोम्मटसार ग्रन्थ का प्रणयन किया है। यह उल्लेखनीय है कि गोम्मटसार जीवकाण्ड-कर्मकाण्ड के साथ ही लब्धिसार, क्षपणासार और त्रिलोकसार आचार्य नेमिचन्द्र की धवल कीर्ति के अक्षय प्रकाश स्तंभ हैं।

आध्यात्मिक जगत् में यह लोककथा प्रचलित है कि आचार्य नेमिचन्द्र सिद्धान्त चक्रवर्ती ने अपने शिष्य वीर मार्तण्ड चामुण्डराय के अज्ञान - अंधकार को दूर करने के लिए षट्खण्डागम और उसकी धवला टीका के साररूप गोम्मटसार जैसे महत्त्वपूर्ण और पावन ग्रन्थ की रचना की और चामुण्डराय के पारिवारिक नाम गोम्मट के आधार पर इस ग्रन्थ का नाम "गोम्मटसार" रखा। गोम्मट मराठी भाषा का शब्द है। इसका अर्थ है उत्तम और आकर्षक।

चामुण्डराय द्वारा निर्मित कराई गई गोम्मटेश्वर बाहुबली की उत्तुंग प्रतिमा के सामने चन्द्रगिरि पर्वत पर स्थित और चामुण्डराय द्वारा ही निर्मित श्री नेमिनाथ जिनालय में विराजमान इन्द्रनील मणिमय श्री नेमिनाथ भगवान की प्रतिमा के सम्मुख बैठकर आचार्य श्री नेमिचन्द्र सिद्धांत चक्रवर्ती द्वारा इस ग्रन्थ की रचना की गई। प्राचीनकाल में भरत क्षेत्र के छह खण्डों अथवा प्रदेशों को जीतने वाले राजा को चक्रवर्ती की उपाधि दी जाती थी। इसी प्रकार षट्खण्डागम ग्रन्थ के छह खण्ड हैं। आचार्य नेमिचन्द्र ने पूरी साधना पूर्वक इस

ग्रन्थ का आद्योपान्त अध्ययन, अध्यापन और पारायण किया। परिणामत: उन्हें सिद्धांत चक्रवर्ती की उपाधि से विभूषित किया गया।

गोम्मटसार जैन संस्कृति का आधारभूत पारिभाषिक और लाक्षणिक ग्रन्थ है। इसमें षट्खण्डागम के प्रथम पाँच खण्डों का निष्कर्ष या सार समाहित है। इस ग्रन्थ में बीस प्ररूपणाओं, गुणस्थान, जीवसमास, पर्याप्ति, प्राण, संज्ञा, चौदह मार्गणाओं और उपयोग के द्वारा किए गए कर्मों का वर्णन किया गया है। गोम्मटसार ग्रन्थ के प्रथम भाग का नाम जीवकाण्ड और द्वितीय भाग का नाम कर्मकाण्ड रखा गया है। काण्ड का अर्थ है ''समूह''। इन दोनों काण्डों में जीव-समूहों और कर्म-समूहों की चर्चा की जाने से इनका नाम जीवकाण्ड और कर्मकाण्ड रखा गया है। काण्ड का अर्थ जोड़नेवाला भी है। इस दृष्टि से ये दोनों भाग जीव को अपने स्वभाव से जोड़ने की शिक्षा प्रदान करते हैं। जीवकाण्ड की कुल 734 गाथाओं में विशेषत: गुणस्थान और मार्गणा के स्थानों की चर्चा की गई है।

जीवकाण्ड गणित की भाषा में आत्मा को परिभाषित करता है। अत: इस ग्रन्थ का अध्ययन करने के लिए लौकिक और अलौकिक गणित का ज्ञान आवश्यक है। करणानुयोग के इस ग्रन्थ में गणित के लौकिक सिद्धांतों- जोड़ना, घटाना, गुणा, भाग, वर्ग, वर्गमूल, घन और घनमूल - का अनेक स्थलों पर उपयोग किया गया है।

जीवकाण्ड में गुणस्थानों और मार्गणाओं का विस्तृत विवेचन किया गया है। मोह और मन, वचन, काय की प्रवृत्ति के कारण जीव के अंतरंग परिणामों में प्रतिक्षण होने वाले उतार-चढ़ाव को गुणस्थान कहते हैं। गुणस्थान भावनात्मक एवं आध्यात्मिक विकास के चौदह सोपान हैं। मिथ्यादृष्टि भी अपने पवित्र कार्यों से अपनी भावना को शुद्ध, शुद्धतर और शुद्धतम करते हुए और उच्च से उच्चतर सोपानों पर आगे बढ़ते हुए उच्चतम सोपान पर पहुँचकर सिद्ध बन

जाता है। चौदह गुणस्थान निम्नांकित हैं :-

मिथ्यात्व, सासादन सम्यक्त्व, सम्यग्मिथ्यात्व, अविरत सम्यक्त्व, संयतासंयत, प्रमत्तसंयत, अप्रमत्तसंयत, अपूर्वकरण, अनिवृत्तिकरण, सूक्ष्मसाम्पराय, उपशान्त मोह, क्षीण मोह, सयोग केवली और अयोग केवली।

इसी प्रकार मार्गणा का अर्थ खोज करना है। जीव जिन भावों के द्वारा खोजे जाते हैं या जिन पर्यायों में खोजे जाते हैं, उन्हें मार्गणा कहते हैं। चौदह मार्गणाएँ निम्नांकित हैं :-

गति मार्गणा, इन्द्रिय मार्गणा, काय मार्गणा, योग मार्गणा, वेद मार्गणा, कषाय मार्गणा, ज्ञान मार्गणा, संयम मार्गणा, दर्शन मार्गणा, लेश्या मार्गणा, भव्यत्व मार्गणा, सम्यक्त्व मार्गणा, संज्ञी मार्गणा और आहार मार्गणा।

आचार्य नेमिचन्द्र सिद्धान्त चक्रवर्ती द्वारा रचित गोम्मटसार श्रीमत् केशववर्णी विरचित कर्णाटकवृत्ति तथा संस्कृत टीका – जीवतत्त्व प्रदीपिका, डॉ. आदिनाथ नेमिनाथ उपाध्ये और सिद्धांताचार्य पण्डित कैलाशचन्द्र शास्त्री द्वारा किए गए हिन्दी अनुवाद और लिखी गई प्रस्तावना के साथ, भारतीय ज्ञानपीठ द्वारा द्वितीय संस्करण के रूप में चार भागों में सन् 1997 में प्रकाशित किया गया है। यह अत्यधिक सराहनीय कार्य है।

बचपन में हमारे पिता स्व. सिंघई सतीशचन्द्र जैन, नैनागिरि बाबा जी द्वारा लिखित गोम्मटसार जीवकाण्ड की हस्तलिखित प्रति को नियमित रूप से पढ़ा करते थे। उनके स्वाध्याय – चौके पर यह प्रति सदैव रखी रहती थी। वे अपने प्रवचनों में इसके पद्यों का उल्लेख करते थे। उन्होंने अपने जीवनकाल में यह पुस्तक पढ़ने के लिए मुझे प्रेरित किया किन्तु उस समय इसे पढ़ने की रुचि हमारे मन में जागृत नहीं हो सकी। इसके संरक्षण और मुद्रण का विचार तो मन में भी नहीं आया। जब चार–पाँच वर्ष पूर्व हमारी माता श्रीमती केशरदेवी हमारी

पत्नी न्यायमूर्ति विमला जी के शासकीय बंगले में हमारे साथ जबलपुर में रहीं तब उनकी सतत चर्चा और प्रेरणा से हमें अपने गुरूणां गुरु की जीवनगाथा पढ़ने की इच्छा हुई। यह जीवनगाथा पढ़ते ही मुझे पिताजी की सीख का स्मरण कर अत्यधिक दुःख हुआ। पूज्य गणेशप्रसाद जी वर्णी द्वारा लिखित और वर्ष 1949 में प्रकाशित जीवनगाथा को पढ़ने से हमें बाबा दौलतराम वर्णी की विभिन्न रचनाओं की सांकेतिक जानकारी प्राप्त हुई। इन रचनाओं में से केवल रेशंदीगिरि-नैनागिरि जैन तीर्थ पर वर्ष 1904 में बाबा जी द्वारा लिखित केवल पूजन की पुस्तिका ही हमें उपलब्ध थी। अतः हमने बाबा जी द्वारा विरचित साहित्य की खोज करने का दृढ़ निश्चय किया।

जैन संस्कृति के चलते-फिरते विश्वविद्यालय एवं शताधिक शोधकर्ताओं को ठोस सहयोग देने वाले पूज्य अभयसागर जी मुनिराज की उत्कृष्ट शोधी प्रवृत्ति एवं असीम विद्वत्ता के कारण वर्ष 2015 में हमें बाबा दौलतराम वर्णी द्वारा हस्तलिखित गोम्मटसार जीवकाण्ड छन्दोदय, पण्डित हीरालाल जी सिद्धान्त शास्त्री द्वारा गत शताब्दी के सत्तर के दशक में प्रकाशित दो आलेख- जिनमें बाबा जी की छोटी-छोटी दो रचनाएँ प्रकाशित की गयीं है- एवं बाबा जी द्वारा लिखित छोटी-छोटी तेरह रचनाओं की हस्तलिखित प्रति प्राप्त हुई। इन तेरह रचनाओं के संबंध में हमारा प्रथम आलेख बाबा दौलतराम वर्णी की तेरह रचनाएँ अर्हत् वचन, इन्दौर, वर्ष 27, अंक 2, जनवरी-जून, 2015 में प्रकाशित किया जा चुका है। इन सभी 16 रचनाओं के आधार पर हमारा द्वितीय आलेख 'बाबा दौलराम वर्णी' नैनागिर द्वारा विरचित गोम्मटसार जीवकाण्ड का पद्यानुवाद एवं अन्य रचनाएँ भी अर्हत वचन, इन्दौर, वर्ष 28, अंक 3-4, जुलाई, 2016 में प्रकाशित किया गया है।

बाबा जी द्वारा विरचित छन्दोदय का वैशिष्ट्य एवं काल-

गोम्मटसार का हिन्दी पद्यानुवाद छन्दोदय बाबा दौलतराम जी ने आश्विन

शुक्ला चतुर्थी विक्रम संवत् 1959 (तदनुसार 6 सितम्बर, 1902 दिन शनिवार) को नैनागिरि तीर्थ पर रहकर पूर्ण किया। श्री राजमल जैन द्वारा मूल कापी की यह प्रतिलिपि श्रावण शुक्ल सप्तमी शनिवार विक्रम संवत् 1990 (सन् 1933 श्री महावीर निर्वाण संवत् 2459) को श्री सम्मेद शिखर दिगम्बर जैन तेरहपंथी कोठी मधुवन पोस्ट पारसनाथ जिला हजारीबाग में पूर्ण की गयी। श्री पन्नालाल सोनी, व्यवस्थापक ऐलक पन्नालाल सरस्वती भवन, झालरापाटन सिटी ने चैत्र शुक्ल चतुर्दशी सं. 1992 (सन् 1937) के दिन यह प्रति रूपये 25 रुपये में क्रय की। इस प्रति में 158 पन्नें हैं। लिपि अत्यधिक सुन्दर, मनोज्ञ और आकर्षक है। हमें इस प्रति की छायाप्रति ऐलक पन्नालाल सरस्वती भवन, ब्यावर, राजस्थान से प्राप्त हुई।

प्राचीन देवनागरी लिपि में हिन्दी पद्य के विभिन्न छंदों में निबद्ध छन्दोदय की हस्तलिखित प्रति की साईज 9'' बाई 5'' है। यह ग्रन्थ 158 पन्नों, 316 पृष्ठों तथा 734 छन्दों में निबद्ध है। यह कृति प्रत्येक पन्ने में दोनों ओर लिखी हुई है। अक्षर सुन्दर और सुवाच्य हैं। प्रत्येक पंक्ति में लगभग 40 से 45 अक्षर निबद्ध हैं। इस ग्रन्थ के अंतिम दो पृष्ठों में ग्रन्थ की प्रशस्ति/पुष्पिका दी गयी है। इस कृति के कर्ता ने मूल गाथा के अर्थ को छन्दोबद्ध किया है। अपनी कृति के अंतिम पृष्ठ में अपने गुरुओं के नाम के साथ अन्तिम अधिकार के छियालीसवें छन्द में स्वकीय नाम ''बरणी दौल बाल'' का उल्लेख किया है। इससे स्पष्ट होता है कि इस कृति की रचना बाबा दौलतराम वर्णी ने की है। वह छंद इसप्रकार है–

गाथा मूलमाहिं अर्थ विशेष न समुझाहिं
तातैं अर्थ अविधारनें का लोभी थायकै ।
अथवा स्वशिष्य ताके पढ़ावन काजु
यह कर दियो प्रारंभ गुरूमदेश पाय कैं ।।

क्रीड़न के ताल सम मैं बरणी दौल बाल
जान श्रुत सागर में परयौ उमगायकैं।
सो अब लघु धी पाय शारद थांरी साय
आय गयो आधे पार विलंब बिहाय कैं।।46।।

ग्रन्थारम्भ का आठवाँ छन्द भी अवलोकनीय है–

नम नेमिचन्द युग पद्म नाय, श्री सिद्धज्ञान भूषण जिनाय।
करहौं करणटकि वृत्ति सेह, गोमट्टसार वृत्ती जु येह।।8।।

पाण्डुलिपि के प्रथम और अन्तिम पृष्ठ का अवलोकन करने पर प्राथमिक दृष्टि से हमें इस पद्य रचना का नाम गोम्मटसार जीवकाण्ड वृत्ति ज्ञात हुआ। इसका गहन अध्ययन करने से स्पष्ट है कि इस कृति का नाम छन्दोदय है। परिणामतः यह ग्रन्थ गोम्मटसार जीवकाण्ड छन्दोदय शीर्षक से प्रकाशित किया जा रहा है।

बाबा दौलतराम वर्णी द्वारा छन्दोदय में दोहा, गीतिका, चौपाई, अडिल्ल, कवित्त, सवैया आदि अनेकों हिन्दी छन्दों का प्रयोग किया गया है। उन्होंने जीवकाण्ड से प्राकृत गाथाओं को उद्धृत कर उनके नीचे ऐसे छन्दों में अपनी हिन्दी पद्य रचना की है। हिन्दी महाकवि दौलतराम वर्णी नैनागिरि ने छन्दोदय काव्य के प्रथम छंद की प्रथम अर्धाली में मूल ग्रन्थकर्ता नेमिचन्द्राचार्य की तुलना चंद्रमा से कर उन्हें प्रणाम करते हुए लिखा है कि ''नमौं ज्ञान आभरण युत, नेमिचन्द्र समचन्द्र''। हिन्दी जगत के विद्वान वर्णी जी ने इसी प्रकार आठवें छन्द के प्रथम पद में उनको नमस्कार करते हुए कहा है कि ''नम नेमिचन्द्र युग पद्म पाय''। ग्रन्थारम्भ के चतुर्थ छन्द में पुनः आचार्य प्रवर की चरण वन्दना करते हुए वर्णी जी ने उल्लेख किया है कि–

वा श्री नेमिचन्द्र वर सूर, सब ही पूर्व कथित गुण पूर।
तिन जुग चरणांबुज शिर नाय, जीव प्ररूपण कहौं सु गाय।।

बाइसवें आलापाधिकार के इकतालीसवें छन्द में वर्णी जी ने प्राकृत और कन्नड़ के महाकवि नेमिचन्द्राचार्य से निम्नांकित शब्दों में अज्ञान के अंधकार को दूर करने के लिए प्रार्थना की है-

नेमिचन्द्र आचार्य पुन, मूलग्रन्थ करतार।
सो मंगल करतार ह्वै, हरहु अज्ञ अँधियार।।

बाबा दौलतराम जी सन् 1983 में जैनबद्री-मूलबद्री यात्रा पाठ के लेखक स्वस्ति श्री भट्टारक सुरेन्द्रकीर्ति जी के साथ नैनागिरि से श्रवणबेलगोल गए। लंबी अवधि तक श्रवणबेलगोल में रहकर उन्होंने गोम्मटसागर की पाण्डुलिपि तैयार की। श्रवणबेलगोल से नैनागिरि लौटकर भगवान पार्श्वनाथ के प्राचीन मंदिर में बैठकर उन्होंने गोम्मटसार के हिन्दी पद्यानुवाद का कार्य प्रारंभ किया और आश्विन शुक्ल चतुर्थी विक्रम संवत् 1959 (तदनुसार 6 सितम्बर 1902 शनिवार) को पूर्ण किया।

यह घटनाओं का विचित्र किन्तु सुखद संयोग है कि आज से सवा सौ वर्ष पूर्व गोम्मटसार भगवान बाहुबली की नगरी श्रवणबेलगोल से चलकर भगवान पार्श्वनाथ की नगरी नैनागिरि पहुँचा और गोम्मटसार ने प्राकृत, संस्कृत और कन्नड़ भाषाओं के साथ हिन्दी पद्य का स्वरूप ग्रहण किया। चन्द्रगिरि (श्रवणबेलगोल - कर्नाटक) पर बैठकर लिखे गए जीवकाण्ड का हिन्दी पद्यानुवाद बाबा जी द्वारा विन्ध्याचल पर्वत के नैनागिरि शिखर पर बैठकर किया गया है। चन्द्रगिरि पर स्थित भगवान नेमिनाथ के मंदिर में बैठकर जीवकाण्ड की रचना की गयी है और हिन्दी पद्यानुवाद छन्दोदय के रूप में भगवान नेमिनाथ के समवसरण में विराजे आचार्य वरदत्त की सिद्धभूमि

नैनागिरि में बैठकर किया गया है। नेमिचन्द्र ने जीवकाण्ड की रचना चामुण्डराय जैसे शिष्य को पढ़ाने के लिए की किन्तु बाबा जी ने गोम्मटसार का सरलीकरण करते हुए स्थानीय सरल हिन्दी में अपनी रचना पहुँच विहीन पिछड़े ग्रामों में स्थित अशिक्षित और यत्किंचित् शिक्षित छात्रों और श्रावकों को पढ़ाने के लिए की। उनकी पाठशाला में पढ़कर और उनकी रचनाओं का अध्ययन कर नैनागिरि में आदिसागर जैसे संत ने जन्म लिया। आचार्य नेमिचन्द्र ने विन्ध्यगिरि पर भगवान बाहुबली की सबसे विशाल प्रतिमा की स्थापना की। बाबा दौलतराम जी ने नैनागिरि में सन् 1902 में बुन्देलखण्ड की सर्वप्रथम पाठशाला की स्थापना की और उनके छात्र रहे मुनिवर आदिसागर ने सन् 1952 में नैनागिरि में भगवान पार्श्वनाथ की एवं उत्तरभारत में सर्वप्रथम भगवान बाहुबली की बड़ी प्रतिमा की स्थापना की। गोम्मटसार की रचना एक हजार से अधिक वर्ष पूर्व सन् 983 में पूर्ण हुई और हिन्दी पद्य में गोम्मटसार जीवकाण्ड छन्दोदय रचना 115 वर्ष पूर्व सन् 1902 में आश्विन शुक्ल चतुर्थी को पूर्ण हुई।

बाबा दौलतराम वर्णी के छंदोदय की हिन्दी पद्य रचना को देखकर आचार्य विद्यानन्द, आचार्य विद्यासागर, गणधराचार्य विरागसागर, आचार्य विशुद्धसागर, आचार्य ज्ञानसागर, आचार्य सिद्धान्तसागर, आचार्य देवनन्दि जी, उपाध्याय गुप्तिसागर जी, पण्डित प्रवर रतनचन्द्र जैन, भोपाल, डॉ. उदयचन्द्र जैन, उदयपुर, पण्डित श्री शिवचरणलाल जैन, मैनपुरी, डॉ. वीरसागर जैन, नई दिल्ली, डॉ. अनुपम जैन, इन्दौर, ब्र. जय निशांत जैन जी प्रतिष्ठाचार्य, टीकमगढ़, बा. ब्र. सुश्री कल्पना जैन, सागर एवं महेश कुमार जैन, भोपाल प्रभृति हिन्दी साहित्य एवं जैन साहित्य के शीर्षस्थ आचार्यों एवं सुप्रसिद्ध विद्वानों ने घोषित किया है कि हिन्दी साहित्य की यह उत्कृष्ट एवं महत्त्वपूर्ण रचना है।

छन्दोदय की पाण्डुलिपि के प्रथम पृष्ठ का छायाचित्र

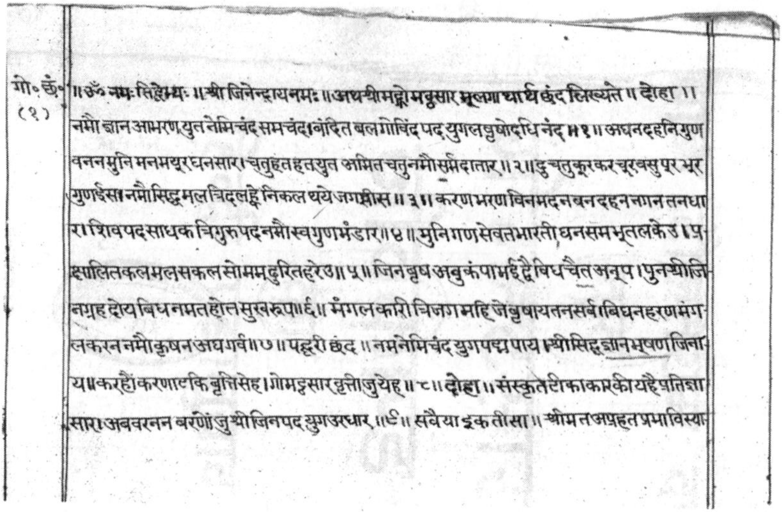

गो॰ छं॰ (१)

॥ॐ नमः सिद्धेभ्यः ॥श्री जिनेन्द्रायनमः॥अथश्रीमद्गोमट्टसार मूलगाथार्थ छंद लिख्यते॥ दोहा ॥
नमौ ज्ञान आभरण युत नेमिचंद समचंद। वंदित बल गोविंद पद युगल श्रुतोदधि नंद ॥१॥ अघनदहनिगुण
वनन मुनि मनमयूर घनसार। चतुहत हतयुत अमित चतु नमौ सर्भदातार ॥२॥ दुचतु कूर कर चूर वसु पूर भूर
गुणईस। नमौ सिद्ध मल त्रिदलहि निकल थये जगशीस ॥३॥ करण भरण विनमदन वन दहन नगन तनधा
र। शिवपद साधक त्रिगुरुपद नमौ स्वगुण भंडार॥४॥ मुनिगण सेवत भारती, घनसम भूतल केउ। प्र-
क्षालित कलमल सकल सो मम दुरित हरेउ॥५॥ जिन वृष अबु कंपा भई द्वै विध चैत अनूप। पुनश्री जि-
नग्रह दोय बिध नमत होत सुखरूप॥६॥ मंगल करि त्रिजग महि जे वृषायतन सर्व। बिघनहरण मंग-
लकरन नमौ कृषन अघगर्व॥७॥ पद्धरी छंद ॥ नमनेमिचंद युगपद्म पाय। श्रीसिद्ध ज्ञानभूषण जिना-
य॥ करहौं करणाटकि वृत्तिसेह। गोमट्टसार वृत्ती जु येह ॥८॥ दोहा ॥ संस्कृत टीकाकार की यहै प्रतिज्ञा
सार। अब वरनन बरणौं जु श्रीजिनपद युग उरधार ॥९॥ सवैया इकतीसा ॥ श्रीमत अप्रहत प्रभाविस्या-

छन्दोदय की पाण्डुलिपि के अन्तिम पृष्ठ का छायाचित्र

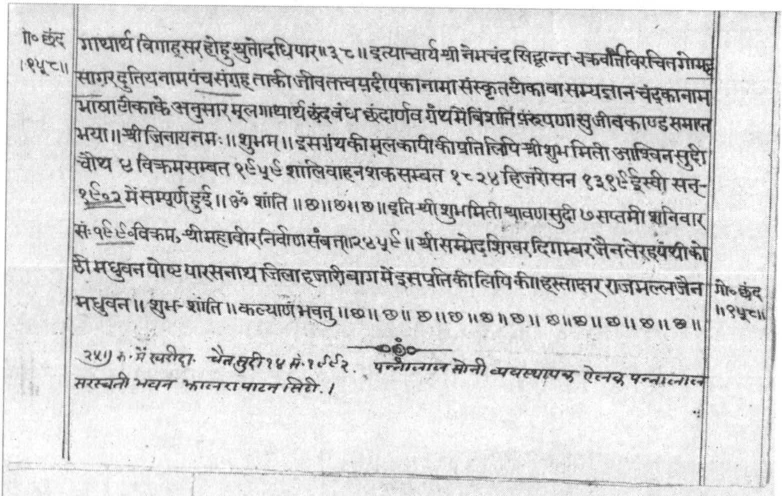

गो॰ छंद ।१५८॥

गाथार्थ विगाहू सर होहु श्रुतोदधिपार॥३८॥ इत्याचार्य श्री नेमचंद्र सिद्धान्त चक्रवर्तिविरचित गोम्मट्ट
सागर दुतिय नाम पंचसंग्रह ताकी जीवतत्त्वप्रदीपका नामा संस्कृत टीका वा सम्यग्ज्ञान चंद्रका नाम
भाषाटीका के अनुसार मूल गाथार्थ छंदबंध छंदार्णव ग्रंथ में विंशति प्ररूपणा सु जीवकाण्ड समाप्त
भया॥ श्री जिनायनमः॥ शुभम॥ इस ग्रंथ की मूल कापी की प्रतिलिपि श्री शुभ मिती आश्विन सुदी
चौथ ४ विक्रमसम्वत १९५९ शालिवाहन शक सम्वत १८२४ हिजरी सन १३१९ ईस्वी सन्-
१९०२ में सम्पूर्ण हुई॥ ॐ शांति ॥ ॥ ॥ ॥ इति श्री शुभ मिती श्रावण सुदी ७ सप्तमी शनिवार
सं॰ १९९० विक्रम, श्री महावीर निर्वाण संबत २४५९ ॥ श्री सम्मेद शिखर दिगाम्बर जैन तेरहपंथी को
ठी मधुवन पोष्ट पारसनाथ जिला हजारीबाग में इस प्रति की लिपि की॥ हस्ताक्षर राजमल्ल जैन
मधुवन॥ शुभ- शांति ॥ कल्याणं भवतु ॥ ॥ ॥ ॥ ॥ ॥ ॥ ॥ ॥ ॥ ॥ ॥

गो॰ छंद ॥१५८॥

२५) रु॰ में खरीदा॰ चैत सुदी १४ सं॰ १९९२. पन्नालाल सोनी व्यवस्थापक ऐलक पन्नालाल
सरस्वती भवन झालरापाटन सिटी॰।

वर्णी जी की अन्य रचनाओं का वैशिष्ट्य एवं काल

पण्डित हीरालाल सिद्धान्त शास्त्री, ब्यावर ने सन्मति संदेश जनवरी, 1971, वर्ष 16, अंक 1 में बाबा दौलतराम जी, उनका कर्तृत्व और व्यक्तित्व के नाम से प्रकाशित आलेख में बाबा दौलतराम जी वर्णी द्वारा हिन्दी पद्य में विरचित व्रत/नियमों की पोथी, जो 37 छन्दों में है, उद्धृत की है। डॉ. हीरालाल जी ने जैन संदेश में प्रकाशित अपने आलेख में लिखा है कि उन्हें "मध्यप्रदेश के कुछ प्राचीन शास्त्र भण्डारों को देखते हुए बाबा दौलतराम जी के हाथ की लिखी हुई 8 पत्रों की छोटी-सी पोथी मिली, जिसके प्रारंभ में 2 पत्रों पर ग्यारह प्रतिमाओं का स्वरूप बाबा जी ने हिन्दी छन्दों में लिखा है। उसके पश्चात 3 पत्रों में अपने द्वारा धारण किए गए व्रत-नियमों का विवरण छन्दोबद्ध किया है।" पण्डित गोरेलाल शास्त्री, प्रधान संपादक द्वारा क्षुल्लक चिदानन्द स्मृति ग्रन्थ वीर निर्वाण संवत 2499 सन् 1973 में महावीर जयंती 15.04.1973 को प्रकाशित किया गया था। इस ग्रन्थ के पृष्ठ 217 से 221 पर पण्डित हीरालाल सिद्धान्तशास्त्री, ब्यावर राजस्थान (निवासी साढूमल जिला ललितपुर, उ.प्र.) द्वारा लिखित बुन्देलखण्ड की कुछ जैन विभूतियाँ आलेख प्रकाशित किया गया। इस आलेख में बाबा जी द्वारा चौदह हिन्दी पद्यों में विरचित ग्यारह प्रतिमाओं को उद्धृत किया गया है।

बाबा जी ने ग्यारह प्रतिमाओं की चौदह छंदों में रचना और अपने द्वारा धारण किए गए व्रत-नियमों की सैंतीस छंदों में रचना पौष शुक्ला पूर्णिमा संवत् 1961 (तदनुसार 3 जनवरी, 1904 रविवार) को पूर्ण की। इसकी पुष्टि में उनके द्वारा विरचित सैंतीसवाँ छंद नीचे उद्धृत किया जा रहा है :-

विधु कुलगिरि हरि नियतवृष, पौष धवल दिन अंत।
लिखे छंद निज दौल मह, करन कंठ हित संत ।।37।।

इस छन्द में विधु अर्थात चन्द्र एक, कुलगिरि अर्थात पर्वत छह, हरि अर्थात देवता नौ तथा नियत वृष अर्थात निश्चत धर्म एक अंक के सूचक हैं। इस विवरण से 1 6 9 1 चार अंक निकलते हैं। अंकों की वामगति से संवत् 1961 की गणना होती है। पौष शुक्ल पूर्णिमा संवत 1961 तदनुसार 3 जनवरी 1904 रविवार को यह रचना पूर्ण की गयी।

उपरिलिखित दो छोटी-छोटी रचनाओं की पूर्णता के बाद पाँच माह की अवधि में ही बाबा जी ने नैनागिरि (रेशंदीगिरि - ऋषीन्द्रगिरि) पूजन सहित हिन्दी पद्य में अपनी तेरह छोटी-छोटी अन्य रचनाएँ ज्येष्ठ कृष्ण एकम् (प्रतिपदा) संवत् 1961 तदनुसार 30 मई, 1904 सोमवार को पूर्ण की।

ब्र. संदीप 'सरल', अनेकांत ज्ञान मंदिर शोध संस्थान, श्रुतधाम, बीना, जिला सागर के पुस्तकालय से बाबा दौलतराम जी वर्णी द्वारा हस्तलिखित तेरह रचनाओं की मूल प्रति हमें प्राप्त हुई। बाबा दौलतराम वर्णी द्वारा अपनी इस हस्तलिखित पुस्तिका में नौ पूजनों, तीन स्तोत्रों - त्रैलोक्येश चतुर्विंशति जिन स्तोत्र, पंचपरमेष्ठी स्तोत्र और तरण-तारण स्तोत्र - तथा द्वादशानुप्रेक्षा इस प्रकार तेरह रचनाओं को सम्मिलित किया गया है। लोक में प्रतिदिन की जाने वाली चार पूजाओं - देवशास्त्र गुरु पूजन, विद्यमान विंशति तीर्थंकर पूजा, कृत्रिमाकृत्रिम जिन चैत्य पूजा और शांतिनाथ पूजा - की रचना की गयी है। चौबीस तीर्थंकरों के पाँच निर्वाणक्षेत्रों में से तीन क्षेत्रों - शिखर सम्मेद, पावापुरी और चंपापुरी - पर स्वतन्त्र रूप से तीन पूजाएँ विरचित की गयी हैं। शेष दो क्षेत्रों कैलाश और गिरनार पर पूजा नहीं लिखी गयी है। पाँचों तीर्थंकर निर्वाण क्षेत्रों पर समेकित निर्वाण क्षेत्र पूजन लिखी गयी है। इसके साथ ही रेशंदीगिरि (नैनागिरि) सिद्धक्षेत्र पूजा विरचित की गई है। यह उल्लेखनीय है कि भगवान नेमिनाथ के काल में ऋषीन्द्रगिरि (रेशंदीगिरि) नैनागिरि से

वरदत्तादि पाँच मुनिवर मोक्ष पधारे थे और भगवान पार्श्वनाथ ने नैनागिरि में आयोजित समवसरण में अपनी देशना दी थी। संभवत: इन्ही तथ्यों को ध्यान में रखते हुए दौलतराम जी वर्णी ने निर्वाण क्षेत्रों के ही समकक्ष नैनागिरि क्षेत्र को महत्त्व प्रदान किया और निर्वाण क्षेत्र की भाँति इस तीर्थ पर स्वतंत्र पूजा की रचना की ।

इस पुस्तिका में की तेरह रचनाओं में सम्मिलित द्वादशानुप्रेक्षा के अंतिम तीन दोहों में से निम्नांकित दोहे में इस ग्रन्थ के पूर्ण होने की तिथि का उल्लेख किया गया है :-

शशि कुलगिरि पद नियतवृष, ज्येष्ठ अधिक अलितास।
प्रतिपद ज्येष्ठा रिख महीं, पूरण किय सुखरास।।

उपरिलिखित दोहे के प्रथम पद ''शशि कुलगिरि पद नियत वृष'' में अंकित शशि अर्थात चन्द्रमा एक है। कुल गिरि अर्थात पर्वत छह हैं। पद अर्थात पद के धारी देवता नौ होते हैं। नियत वृष अर्थात निश्चय धर्म एक है। इस प्रकार इस दोहे के प्रथम पद से चार अंकों क्रमश: – एक, छह, नौ और एक – की जानकारी मिलती है। अंको की वाम गति के सिद्धान्त से ये अंक क्रमश: एक, नौ, छह और एक हो जाते हैं। इस प्रकार इन अंकों के आधार पर विक्रम संवत् 1961 ज्ञात होता है। इस दोहे के द्वितीय और तृतीय पद से यह ज्ञात होता है कि यह रचना द्वितीय ज्येष्ठ कृष्ण प्रतिपदा को पूर्ण हुई। ज्येष्ठ अधिक का अर्थ है द्वितीय ज्येष्ठ। अलितास का अर्थ है भ्रमर की भाँति काला अर्थात् कृष्ण पक्ष। प्रतिपदा का अर्थ है एकम्। ज्येष्ठा रिख का अर्थ है ज्येष्ठा नक्षत्र। इस दोहे का चतुर्थ पद ग्रन्थ पूर्ण कर अनंत सुख प्राप्त करने का द्योतक है। इससे स्पष्ट है कि यह रचना द्वितीय ज्येष्ठ कृष्णा एकम् (प्रतिपदा) ज्येष्ठा नक्षत्र और वृश्चिक राशि विक्रम संवत् 1961 को पूर्ण हुई। ईसवी सन् के

अनुरूप यह रचना कार्य 30 मई, 1904 सोमवार को सम्पन्न हुआ। यह रचना पूर्ण करने से बाबा दौलतराम जी को अपार सुख प्राप्त हुआ।

नैनागिर पर्वत के पीछे स्थित प्राग् ऐतिहासिक सिद्धशिला एवं उसकी शिखर के गर्भ गृह में उत्कीर्ण शैलचित्रों का अनुसंधान कर देश के सुप्रसिद्ध पुरातत्त्वविदों ने घोषणा की है कि ये शैलचित्र चालीस हजार वर्ष से अधिक प्राचीन और भोपाल के समीप स्थित प्रसिद्ध भीमबेटिका के शैलचित्रों के समकालीन हैं। बाबा जी ने इसी सिद्धशिला पर बैठकर सोलह रचनाओं में से छन्दोदय, 6 सितम्बर, 1902 शनिवार, ग्यारह प्रतिमाओं एवं व्रत नियमों की पोथी 3 जनवरी, 1904 रविवार और अन्य तेरह रचनाएँ 30 मई, 1904 सोमवार को पूर्ण हुई हैं। यह संयोग है या बाबा जी का पूर्व निर्णय कि तीनों श्रेणी की रचनाएँ क्रमशः शनिवार, रविवार और सोमवार को पूर्ण हुई है। संलग्न तालिका में इन रचनाओं के काल, उद्देश्य एवं रचना संबंधी वैशिष्ट्य को प्रदर्शित किया गया है :-

बाबा दौलतराम वर्णी की सभी सोलह रचनाओं की तालिका

क्र.	**रचना का नाम**	**विषय वस्तु**
1	छन्दोदय	गोम्मटसार जीवकाण्ड के अनुरूप हिन्दी पद्य में चौदह गुणस्थानों एवं चौदह मार्गणाओं का विस्तृत वर्णन किया गया है। यह रचना 6 सितम्बर, 1902 शनिवार को पूर्ण हुई है।
2	ग्यारह प्रतिमाएँ	चौदह हिन्दी पद्यों में ग्यारह प्रतिमाओं का वर्णन किया गया है। यह रचना 3 जनवरी, 1904 रविवार को पूर्ण हुई है।

3 व्रत/नियमों की पोथी	सैंतीस हिन्दी पद्यों में बाबा जी द्वारा लिए गए व्रत और नियमों का वर्णन किया गया है। यह रचना भी 3 जनवरी, 1904 रविवार को पूर्ण हुई है।
4 देव शास्त्र गुरु पूजन	यह पूजन दोहा, धत्ता तथा कवि द्यानतराय कृत नंदीश्वर पूजन की ढार/लय में लिखी गयी है। इस पूजन के अंतिम पद धत्ता में दौलतराम का उल्लेख किया गया है। यह रचना 30 मई, 1904 सोमवार को पूर्ण हुई है।
5 बीस विहरमान तीर्थंकर पूजा	यह पूजन दोहा तथा वसंततिलका छंद में लिखी गयी है। जयमाला पद्धरि छंद में लिखी गयी है। यह रचना 30 मई, 1904 सोमवार को पूर्ण हुई है।
6 कृत्याकृत्यम पूजा (कृत्रिमाकृत्रिम जिन चैत्य पूजा)	यह पूजा दोहा, मोतियादाम छन्द और तोटक छन्द में लिखी गई है। जयमाला के अंतिम पद में ''वर्णी कर दौल'' अंकित है। यह रचना 30 मई, 1904 सोमवार को पूर्ण हुई है।
7 शांतिनाथ पूजन	यह पूजा दोहा, वसन्ततिलका और पद्धरि छन्द में लिखी गई है। जयमाला की अंतिम पंक्ति में ''दौल'' शब्द का

	उल्लेख है। यह रचना 30 मई, 1904 सोमवार को पूर्ण हुई है।
8 शिखर सम्मेद पूजा	यह पूजा दोहा, सुंदरी छंद और नंदीश्वर पूजन की ढार में लिखी गयी है। जयमाला के अंतिम पद में ''वरणी दौलनमा'' का उल्लेख है। यह रचना 30 मई, 1904 सोमवार को पूर्ण हुई है।
9 पावापुर क्षेत्र संबंधी श्री वीरनाथ स्वामी की पूजन	यह पूजन दोहा, गीता छंद, पद्धरि छंद और कुसुमलता छंद में लिखी गयी है। जयमाला के अंतिम पद में ''वर्णी दौल'' का उल्लेख किया गया है। यह रचना 30 मई, 1904 सोमवार को पूर्ण हुई है।
10 श्री चंपापुर क्षेत्र संबंधी वासुपूज्य स्वामी की पूजा	यह पूजा दोहा, नंदीश्वर पूजन की ढार और पद्धरि छंद में विरचित की गयी है। 'जयमाला' के बाद दोहे के द्वितीय पद में ''वर्णी दौल'' लिखा गया है। यह रचना 30 मई, 1904 सोमवार को पूर्ण हुई है।
11 रेशिंदीगिरि (नैनागिरि) सिद्धक्षेत्र पूजा	यह पूजा नंदीश्वर पूजन की ढार, दोहा और पद्धरि छंद में लिखी गई है। दोहा के पूर्व और जयमाला की अंतिम पंक्ति में ''वर्णी दौलत'' का उल्लेख किया गया

	है। यह रचना 30 मई, 1904 सोमवार को पूर्ण हुई है।
12 निर्वाण क्षेत्र पूजन	इस पूजन की रचना दोहा गीता छन्द और पद्धरि छन्द में की गई है। जयमाला के अनतिम पद किन्तु दोहा के पूर्व में ''वर्णी दौल'' शब्द अंकित किया गया है। यह रचना 30 मई, 1904 सोमवार को पूर्ण हुई है।
13 त्रैलोक्ययेश जिन चतुर्विंशति जिन स्तोत्र	यह स्तोत्र शार्दूलविक्रीडित छन्द में है। इस स्तोत्र के अन्तिम पद में ''दौलतर'' शब्दों का उल्लेख है। यह रचना 30 मई, 1904 सोमवार को पूर्ण हुई है।
14 पंचपरमेष्ठी स्तोत्र	यह स्तोत्र वसंततिलका तथा शार्दूल-विक्रीडित छन्द में है। अंतिम पंक्ति में **दौल वरणी** शब्दों का उल्लेख है। यह रचना 30 मई, 1904 सोमवार को पूर्ण हुई है।
15 तरण-तारण स्तोत्र	इस स्तोत्र के प्रारम्भ में तरण-तारण शब्द द्वय के आधार पर लेखक द्वारा इसका नामकरण तरणतारण स्तोत्र किया गया है। मूल स्तोत्र में इसका शीर्षक ''अथस्तोत्र'' दिया गया है। यह स्तोत्र गीतिका छन्द में लिखा गया है। इस

	स्तोत्र के अंतिम पद के उत्तरार्द्ध में **"वर्णि दौलत"** शब्द अंकित हैं। यह रचना 30 मई, 1904 सोमवार को पूर्ण हुई है।
16 द्वादशानुप्रेक्षा	द्वादशानुप्रेक्षा के प्रारम्भ में एक दोहा, 24 गीता छन्द और अन्त में तीन दोहे सम्मिलित हैं। इसके अन्त में स्थित प्रथम दोहे में "वर्णि दौल" शब्द अंकित हैं। यह रचना 30 मई, 1904 सोमवार को पूर्ण हुई है।

बाबा जी द्वारा उपरिलिखित तेरह रचनाओं में रेशंदीगिरि (नैनागिरि सिद्धक्षेत्र पूजा) अन्य निर्वाण क्षेत्रों की पूजा के साथ-साथ विरचित की गयी है। बाबा जी की प्रेरणा से नैनागिरि में सन् 1902 में बाबा दौलतराम वर्णी पाठशाला स्थापित की गयी। श्री गणेश प्रसाद जी वर्णी बाबा दौलतराम जी वर्णी के साथ नैनागिरि तथा अन्य ग्रामों में रहे हैं। पूज्य गणेश प्रसाद जी वर्णी ने अपनी जीवन गाथा में विभिन्न स्थलों पर बाबा दौलतराम के संबंध में अनेक घटनाओं का उल्लेख करते हुए उनकी अत्यधिक सराहना की है। गणेश प्रसाद जी वर्णी ने यह भी उल्लेख किया है कि बाबा दौलतराम वर्णी कवि थे। गणेश प्रसाद जी वर्णी ने स्व. बाबा दौलतराम की प्रशंसा करते हुए स्पष्ट लिखा है कि उन्होंने "उस समय लोगों का चित्त विद्यादान की ओर आकर्षित किया था अत: मेरी उनके प्रति श्रद्धा हो गयी।" बाबा जी का जन्म बम्हौरी में नैनागिरि तीर्थ के जीर्णोद्धारक श्यामले ब्या के परिवार में हुआ और समाधिमरण वर्ष 1907-08 में नैनागिरि में हुआ। पूज्य गणेश प्रसाद जी वर्णी की प्रेरणा से नैनागिरि

में पर्वत पर भगवान पार्श्वनाथ चौबीसी मन्दिर के उत्तर में दाहिनी ओर बाबा जी की स्मृति में समाधि स्थल बनाया गया है। बाबा जी ने अपने लेखन, पठन और पाठन से नैनागिरि तीर्थ को साहित्यिक एवं शैक्षणिक स्वरूप प्रदान किया है।

उपरिलिखित सभी तथ्यों से यह निष्कर्ष निकलता है कि सभी सोलह रचनाएँ नैनागिरि तीर्थ पर ही पूर्ण हुई हैं। हिन्दी पद्य साहित्य में दौलतराम वर्णी नाम के एक से अधिक हिन्दी कवि हुए हैं। अतः छन्दोदय के लेखक बाबा दौलतराम वर्णी के साथ ''नैनागिरि'' उपाधि/उपनाम हमने जोड़ दिया है जिससे उनके नाम और अवदान के संबंध में किसी प्रकार की भ्रान्ति न हो।

बीसवीं और इक्कीसवीं शताब्दियों में प्राचीन पाण्डुलिपियों के प्रकाशन में भारतीय ज्ञानपीठ की सर्वोच्च स्तरीय और सराहनीय भूमिका रही है। इस संस्था ने अपने अनुपम और असाधारण अवदान के द्वारा समग्र जैन समाज का ही नहीं अपितु पूरे देश का सांस्कृतिक एकीकरण किया है। भारतीय ज्ञानपीठ के पितृ पुरुष श्रद्धेय साहू शांतिप्रसाद जी, श्रद्धेय साहू रमेशचन्द्र जी और श्रद्धेय साहू अशोक कुमार जी ने हमारे छात्र जीवन और यौवन काल में सतत सहयोग देकर हमें आगे बढ़ने के लिए प्ररित किया। अतः हम उन्हें सादर श्रद्धांजलि समर्पित करते हैं। प्रबंध निदेशक श्री साहू अखिलेश जी और श्री सोमचन्द्र जी ने नैनागिरि स्थिति सिंघई सतीशचन्द्र केशरदेवी जैन विद्यालय को सहज ही सहयोग प्रदान कर और इस ग्रन्थ का प्रकाशन कर हमें उपकृत किया है। इसके लिए हम अपनी कृतज्ञता ज्ञपित करते हैं।

श्री ऐलक पन्नालाल दिगम्बर जैन सरस्वती भवन, ब्यावर राजस्थान के संचालकों एवं प्रबंधकों को छन्दोदय की पाण्डुलिपि सुरक्षित रखने और हमें उपलब्ध कराने के लिए हार्दिक साधुवाद। इसी प्रकार ब्र. संदीप 'सरल' बीना

को बाबा जी द्वारा विरचित पूजनों की पाण्डुलिपि उपलब्ध कराने के लिए सादर सधुवाद।

हमारे युवा सम्पादक प्रमोद जी ने जैन दर्शन और हिन्दी पद्य साहित्य के अमूल्य ग्रन्थ छन्दोदय के मूल स्वरूप को अक्षुण्ण रखते हुए उसे बोधगम्य और सरल बनाने का पूरा प्रयास किया है। छन्दोदय में प्रयोग किए गए हिन्दी और संस्कृत के कुछ छंदों के सुसंगत नाम दिए हैं। वे 'जिनदत्त चरित्र (पाण्डुलिपि) का संपादन और काव्य शास्त्रीय समीक्षण' विषय पर शोध कार्य कर रहे हैं, उन्होंने अपनी पत्नी श्रीमती स्वयंप्रभा, एम.ए. जैनोलॉजी के साथ कठिन परिश्रम कर न्यूनतम अवधि में छन्दोदय का संपादन किया है। उनका यह कार्य अत्यन्त सराहनीय है उन्हें हार्दिक धन्यवाद एवं शुभकामनाएँ।

हम अपनी पत्नी न्यायमूर्ति विमला जी, चारों बच्चों – विद्युत, विकास, विधि और विधान और हमारे निजी सहायक श्री जिनेन्द्र कुमार जैन के सतत सहयोग के लिए अनुगृहीत हैं। अन्त में हमारा पाठकों से विनम्र आग्रह है कि इस ग्रन्थ का अध्ययन कर अपने अमूल्य सुझाव हमें अवश्य प्रेषित करें जिससे कि छन्दोदय के नए-नए आयाम उद्‌घाटित हो सकें।

***

सम्पादकीय

करणानुयोग के सूक्ष्म विषय के प्रतिपादक गोम्मटसार जैसे ग्रन्थ पर छन्दोबद्ध व्याख्या लिखना बाबा दौलतराम जी वर्णी की विलक्षण प्रतिभा को दर्शाता है। ग्रन्थ की गहन विषय-वस्तु पर अधिकार होना और उसकी जटिलता के बावजूद उसे पद्य में पिरोकर गेय और रम्य बना देना ही उनकी रचना की महिमा और गरिमा का परिचायक है।

ग्रन्थ की एकमात्र हस्त-लिखित प्रति श्री ऐलक पन्नालाल दिगम्बर जैन सरस्वती भवन, ब्यावर, राजस्थान से प्राप्त हुई है, जो कि मूल प्रति से श्री राजमल जैन द्वारा की गयी प्रतिलिपि है। बहुत खोज करने पर भी इसकी मूल प्रति या कोई अन्य प्रतिलिपि प्राप्त नहीं हो सकी है। प्रस्तुत पाण्डुलिपि का लेख सुन्दर और सुपाठ्य है। पाठान्तर उपलब्ध न होने के कारण पाठ संशोधन मूलतः भाषागत दृष्टि से ही किया गया है। भाषा के मूल स्वरूप को अक्षुण्ण रखते हुए शब्दों के संबंध में सन्देह व भ्रम के निवारण के लिए, उन्हें बोधगम्य बनाने के लिए और उनमें समरूपता लाने के लिए उनका निम्नानुसार परिमार्जन किया गया है-

(1) गुन, वरगना जैन शब्दों में 'न' के स्थान पर 'ण' किया गया है।

(2) छटम इत्यादि शब्दों में 'ट' के स्थान पर 'ठ' किया गया है।

(3) सास्त्र, नसेय आदि में 'स' के स्थान पर 'श' किया गया है।

(4) तें, तातें जैसे शब्दों में 'एं' के स्थान पर 'ऐं' किया गया है। जैसे- तैं, तातैं।

(5) 'ए' शब्द के स्थान पर 'ये' किया गया है।

(6) अष्टबिध, अबधार इत्यादि में 'ब' के स्थान पर व किया गया है।

(7) इस विध के स्थान पर इस विधि किया गया है।

(8) सर्दहति और सरदहति के स्थान पर अन्यत्र किये गये प्रयोगों के अनुसार श्रद्धहै किया गया है।

(9) संस्कृत छन्दों में व्याकरण की दृष्टि से संशोधन किया गया है। जैसे- विघ्नौघाः प्रलयं यान्ति इत्यादि छन्द में विघ्नौघा के स्थान पर विघ्नौघाः, पन्नगः के स्थान पर पन्नगाः, निर्विषतां यांति के स्थान पर निर्विषतां याति, स्तूयमान जिनेश्वरः के स्थान पर स्तूयमाने जिनेश्वरे।

(10) संस्कृत में वर्तमान प्रचलन एवं पाणिनि व्याकरण की दृष्टि से अनुस्वार को परसवर्ण किया गया है। जैसे- यांति के स्थान पर यान्ति, लंघयेत् के स्थान पर लङ्घयेत्, विहंतु के स्थान पर विहन्तु इत्यादि।

हिन्दी और संस्कृत के कुछ छन्दों के नाम असंगत होने के कारण उनके स्थान पर सुसंगत नाम रखे गये हैं। जैसे-प्रारम्भ के 28वें छन्द का नाम श्लोक के स्थान पर स्वागता, अधिकार 1 के 82वें छन्द का नाम सवैया इकतीसा के स्थान पर सवैया तेईसा एवं अधिकार 7 के चौथे छन्द का नाम काव्य के स्थान पर रोला किया गया है। छन्दों के नाम के साथ प्रयुक्त 'छन्द' शब्द अनावश्यक होने से हटाया गया है। जैसे- अडिल्ल छन्द, चौपाई छन्द इत्यादि के स्थान पर केवल अडिल्ल, चौपाई आदि लिखा गया है। ग्रन्थ में कुछ अल्प प्रचलित छन्दों का भी प्रयोग किया गया है। जैसे- अधिकार 2 के 9वें व 10वें छन्द में मंगल, अधिकार 5 के 6ठे 7वें छन्द में कुसुमलता एवं अधिकार 6 के 15वें छन्द में जोगीरासा का प्रयोग किया गया है।

गाथा 68, 574, 575 और 645 के बाद एक-एक तथा गाथा 573 और 716 के बाद दो -दो क्षेपक गाथाओं का उल्लेख किया गया है। गाथा 113 के बाद उल्लिखित क्षेपक गाथा को श्रीमद् राजचन्द्र आश्रम, आगास और जैन संस्कृति संरक्षक संस्कृति संघ, सोलापुर से प्रकाशित गोम्मटसार जीवकाण्ड में मूल गाथा के रूप में सम्मिलित किया गया है। फलस्वरूप प्रस्तुत ग्रन्थ में भी उसे मूल गाथा के रूप में ही सम्मिलित किया गया है।

पाण्डुलिपि में गाथा 39 एवं उसका अर्थ गाथा 40 के पूर्व तथा गाथा 39 के छन्द गाथा 40 के पश्चात् दिये गये हैं। उन्हें एक स्थान पर गाथा 40 के पूर्व समेकित कर दिया गया है।

गाथा 102 से 112 में यन्त्र विशेष की रचना होने के कारण इनके अर्थ को ग्रन्थ से देखने का निर्देश कवि ने किया है। पं. खूबचन्द जैन की बालबोधिनी टीका के आधार से इन गाथाओं का अर्थ और भावार्थ दिया गया है। कवि का निर्देश इस प्रकार है-

रचना मंत्र विशेष के, यह गाथा सुखकार।
तातैं इनके अर्थ कौं, देखौ ग्रंथ मँझार।।44।।

गाथा 49 से 53 एवं उन पर लिखे गये छन्दों का एक पृष्ठ तथा गाथा 231 से 234 एवं उन पर लिखे गये छन्दों का एक पृष्ठ पाण्डुलिपि में अप्राप्त है।

छन्दों की रचना ब्रज भाषा में की गयी है। अतः गाथाओं का आशय स्पष्टतया बोधगम्य हो सके इस उद्देश्य से उनका अर्थ श्री परमश्रुत प्रभावक मण्डल, श्रीमद् राजचन्द्र आश्रम, आगास से प्रकाशित गोम्मटसार जीवकाण्ड में निहित पं. खूबचन्द जैन की बालबोधिनी टीका के आधार से दिया गया है।

ग्रन्थ की विशेषता यह है कि इसके पहले अधिकार से बीसवें अधिकार तक प्रत्येक के प्रारम्भ में मंगलाचरण में क्रमशः पहले से बीसवें तीर्थंकर को नमस्कार किया गया है। हर अधिकार के अन्त में उसमें समागत गाथाओं एवं उन पर लिखे गये छन्दों की संख्या उल्लिखित है। ग्रन्थ की 734 गाथाओं पर कुल 1203 छन्द लिखे गये हैं।

अधिकार 3, 4, 5, 10, 16 और 22 के उपसंहार में ग्रन्थ का नाम छन्दार्णव लिखा गया है, शेष सभी अधिकारों के उपसंहार में छन्दोदय उल्लिखित है। अतः बहुलता के आधार पर ग्रन्थ का नाम गोम्मटसार जीवकाण्ड छन्दोदय चुना गया है।

गाथा 187, 204, 277 एवं 296 में माधवचन्द्र त्रिविद्य देव की ओर से विषयवस्तु वर्णित किये जाने का उल्लेख किया गया है।

मंगलाचरण की प्रथम गाथा का अर्थ 3 छन्दों में नेमिनाथ, महावीर, चौबीस तीर्थंकर, परमात्मा, सिद्ध परमेष्ठी, सिद्ध-समूह, समय, जीवकाण्ड

ग्रन्थ और नेमिचन्द्राचार्य की मुख्यता से किया गया है, जो कि नेमिचन्द्राचार्य की तरह ही बाबा दौलतराम वर्णी के भी शब्द-लाघव को प्रकट करता है।

तीसरी गाथा में चकार से यह अर्थ ग्रहण किया गया है कि गुणस्थान की सामान्य और मार्गणा की विशेष संज्ञा है। चकार के इस अर्थ को गाथा पर लिखे गये छन्द में ही समाहित कर लिया गया है।

दर्शन मार्गणा में अनाकार उपयोग के अतिरिक्त मिश्र उपयोग का भी अन्तर्भाव बताकर सातवीं गाथा के छन्द में विशेष कथन किया गया है।

गाथा 24 में कहा गया है कि सम्यक्त्व व मिथ्यात्व रूप परिणामों में से जिस जाति के परिणाम काल में आयुकर्म का बंध किया हो उसी जाति के परिणामों के होने पर मरण होता है। छन्द में यह निरूपित करने के अतिरिक्त अन्य आचार्य का भी पक्ष बताया गया है-

दुतियाचारज पक्ष तैं, नेम रूप न प्रवृत्य।
सम्यक् वा मिथ्यात्व में, कहीं बंध कहिं मृत्य।।28।।

गाथा 41 के भाव को 5 अतिरिक्त छन्दों में उदाहरण के द्वारा स्पष्ट किया गया है। गाथा 42 के भाव को विशेष स्पष्ट करने के लिए प्रश्न उठाकर 6 अतिरिक्त छन्द लिखे गये हैं। गाथा 55 के छन्द में यह विशेष कथन किया गया है कि क्षपक श्रेणी में मरण नहीं होता। गाथा 68 में अष्ट कर्मों से विकलता को 1 अतिरिक्त छन्द लिखकर स्पष्ट किया गया है। गाथा 158 के छन्दों में पर्याप्त मनुष्यों की संख्या को दो अलग-अलग तरीकों से दर्शाया गया है। गाथा 193 में साधारण जीवों के संबंध में इस प्रकार से विशेष कथन किया-

यह विशेष है जिस वपु माहिं, जिय प्रयाप्त उपजैं तिहिं ठाहिं।
पर्याप्तहि उपजैं नहिं और, अपरयाप्त अप्रयाप्तन ठौर।।14।।

गाथा 195 में उल्लिखित दृष्टान्त को विस्तार से स्पष्ट करते हुए स्कन्ध, अण्डर, आवास, पुलवि और शरीर के संबंध को स्पष्ट किया गया है-

जैसे जम्बूद्वीप में भरत सम बहु क्षेत्र,
तैसे एक खंध माहिं अंडर बखानिये।
भरत मँझार शुभ कौशल से देश बहु,
तैसे एक अंडर में आवास भि जानिये।।
कौशल में नगरी विनीता-सीं अनेक पुरीं,
तैसे एक आवास में पुलवि प्रछानिये।
नगरी में गेह बहु त्यौं ही एक पुलवि में,
बादर निगोद के शरीर अप्रमानिये।।14।।

गाथा 197 में निगोदिया जीवों के विषय में विशेष कथन इस प्रकार किया गया है-

यह जु विशेष यहाँ अवधेय, भाव कलंक अल्प जिन केय।
ते षट मास समय वसु माहिं, षट शत वसु जिय निकसत आहिं।।17।।
नित्य विशेषन कर पुन भीय, जान अनित्य निगोदिय जीय।
सोहि चतुर्गति संज्ञावान, इतर निगोद नाम पहिचान।।18।।

गाथा 560 के पश्चात् 88 छन्दों द्वारा पंच परावर्तन का विस्तृत एवं विशद वर्णन किया गया है। इसके बीच में अन्य ग्रन्थ से इस संबंध में 7 गाथाएँ भी उद्धृत की गयीं हैं, जिनमें से प्रारम्भिक 2 गाथाएँ सोलापुर से प्रकाशित गोम्मटसार जीवकाण्ड में निहित पं. खूबचन्द जैन की बालबोधिनी टीका में भी उल्लिखित हैं। इसीप्रकार गाथा 80 के बाद अन्य आचार्य की 3 गाथाओं को उद्धृत कर जीवसमास के 406 विशेष भेदों का निरूपण किया गया है। गाथा 204 के भाव का विशेष स्पष्टीकरण 8 छन्दों द्वारा किया गया है।

ग्रन्थ के प्रारम्भ में विद्यमान कुछ नीति परक छन्द इसकी करणानुयोग-जन्य नीरसता के निवारण में सहयोगी बन जाते हैं-

करनौं सर्व प्रकार स्वहित आचरण कौं,
बहुत बकैं जन सो समर्थ क्या करण कौं।
कोइ कहैं सब तोष होंय सु करौ सही,
सो ऐसौ जु उपाय जगत में है नहीं।।29।।

यद्यपि योगीशुर अति ही निर्मल अखै,
तौ भी पृथ्वी वा के छिद्रन कौं लखै।
तातैं मन करि भी लौकिक अचारहीं,
करै उल्लंघन नाहिं प्रसिद्ध जु है यही।।35।।

है अभीष्ट फल सिद्धि उपाय जु सम्यक् ज्ञान सबै सुखदाई।
सो जु शास्त्र तैं होय बहुर श्रुत उत्पति कहीं आप्त तैं गाई।।
इसहि हेतु से पूज्य कहौ सो जिहिं प्रसाद कर बोध लहाई।
पण्डित हैं ते कृत उपकारहिं बिसरैं नाहिं कदाचित भाई।।81।।

ग्रन्थ की विषयवस्तु लाक्षणिक एवं दार्शनिक होने के कारण वर्णी जी को कवित्व के प्रदर्शन का अवसर भले ही कम मिला हो, पर छन्दों के विविधीकृत एवं दोषमुक्त प्रयोग से उनकी प्रखर साहित्यिक प्रतिभा निश्चित रूप से प्रमाणित होती है। जटिल, गम्भीर एवं सूक्ष्म विषय को आत्मसात् कर सफलता पूर्वक उसकी छन्दोबद्ध अभिव्यक्ति करने से हमें उनके विदग्ध पाण्डित्य का परिज्ञान होता है। इसी कौशल के धारकों को महाकवि भारवि ने सभ्यतम विद्वान् की संज्ञा दी है–

भवन्ति ते सभ्यतमा विपश्चितां मनोगतं वाचि निवशयन्ति ये।

श्री सुरेश जी जैन साहब की सतत प्रेरणा और प्रोत्साहन के बिना इस ग्रन्थ को जन–सुलभ रूप में प्रस्तुत करना कदापि सम्भव नहीं था। प्रो. वीरसागर जी जैन ने इस कार्य का अवलोकन कर समुचित मार्गदर्शन प्रदान किया है। एतदर्थ मैं उक्त दोनों महानुभावों के प्रति कृतज्ञ हूँ।

महावीर जयन्ती, 9 अपैल, 2017

– प्रमोद जैन
ए–4, बापू नगर, जयपुर–302015
मो. 07690016098
e-mail : pramodejain@gmail.com

विषयानुक्रमणिका

***

।।ॐ नमः सिद्धेभ्यः।।

गोम्मटसार जीवकाण्ड
छन्दोदय

अथ श्रीमद् गोम्मटसार मूल गाथार्थ छन्द लिख्यते–

(दोहा)

नमौं ज्ञान आभरण युत, नेमिचंद सम चंद।
वंदित बल गोविंद पद, युगल वृषोदधि नंद।।1।।
अघन दहनि गुण वनन मुनि, मन मयूर घनसार।
चतुहत हत युत अमित चतु, नमौं शर्म दातार।।2।।
दु चतु कूर कर चूर वसु, पूर भूर गुण ईश।
नमौं सिद्ध मल त्रिदल ह्वै, निकल थये जगदीश।।3।।
करण भरण बिन मदन वन, दहन नगन तन धार।
शिव पद साधक त्रिगुरु पद, नमौं स्वगुण भंडार।।4।।
मुनि गण सेवत भारती, घन सम भूतल केउ।
प्रक्षालित कल मल सकल, सो मम दुरित हरेउ।।5।।
जिन वृष अनुकंपा भई, द्वै विध चैत अनूप।
पुनि श्री जिनगृह दोय विध, नमत होत सुख रूप।।6।।
मंगलकारी त्रिजग महिं, जे वृषायतन सर्व।
विघन हरण मंगल करन, नमौं कृषन अघ गर्व।।7।।

(पद्धरि)

नम नेमिचंद युग पद्म पाय, श्री सिद्ध ज्ञान भूषण जिनाय।
करहौं करणाटकि वृत्ति सेह, गोमट्टसार वृत्ती जु येह।।8।।

(दोहा)

संस्कृत टीकाकार की, यहै प्रतिज्ञा सार।
अब वरणन वरणौं जु श्री, जिनपद युग उर धार।।9।।

(सवैया इकतीसा)

श्रीमत अप्रहत प्रभावि स्यादवाद मत्त,
गुफावासी वादी इमि कौं सिंह समान हैं।
सिंहनंदी मुनि शिष्य गंगवंशी राज काज,
सर्वज्ञातादिक गुण युत नामवान हैं।।
ऐसे राजमल्ल पृथ्वी प्यारे तिनके जु मंत्र,
पद विषैं रूढ रणभूमि सूरमान हैं।
असहाय पराक्रमी गुण रत्नभूषण के,
पति मणि सम्यक के आवास प्रधान हैं।।10।।

(दोहा)

इन आदिक बहु गुणन से, ग्रहित कीर्ति पति सार।
श्रीमत नृप चामुंड के, प्रंष्ठति जिहिं अवतार।।11।।
ऐसे इकतालीस पद विषैं, नाम विध केय।
सत्व प्ररूपण द्वार कर, सर्व शिष्य जन जेय।।12।।

(चौपाई)

तिन समूह बोधन श्रीमान, नेमचंद श्रुत चक्री जान।
सब श्रुत चक्रिन में सो अती, हैं विख्यात विमल यश मती।।13।।
पुन विस्तीर्ण बुद्धि भर्तार, इत्यादिक बहु गुण भंडार।
सोई परम पुनीत पुमान, करता ग्रंथ तनौ भगवान।।14।।

(पद्धरि)

महँ कर्म प्रकृत प्राभृत सु नाम, है मुख्य प्रथम सिद्धांत धाम।
तिहिं का सु जीव अस्थान सार, पुन छुद्रबंध दूजो विचार।।15।।

त्रिति बंध स्वामि पुन तुरिय मंड, वेदना खंड वरगणा खंड।
पंचम महँबंध सु छठम जान, षट् खंड यहै तिनमें प्रमान।।16।।
करनैं सु जोग जीवादि बस्त, ताको उधार करकैं प्रशस्त।
गोमट्टसार दुति नाम सार, संग्रह सु पंच नामा विचार।।17।।

(दोहा)

ताकौं रचते प्रथम ही, ग्रंथ आदि सुख साज।
विघ्न रहित इस ग्रंथ की, पूरणता के काज।।18।।
वा नास्तिक वादीय के, परिहारार्थहिं जान।
शिष्टाचार सु पालनैं, अर्थहिं अथवा मान।।19।।
वा उपकारहिं समरणैं, के निमित्त अवसार।
इष्ट विशिष्ट सु देव कौं, करै नमन रुचि धार।।20।।

(सोरठा)

यहाँ तर्क यह जोय, इष्ट देव कौं नमन कर।
शास्त्र पूर्ण किम होय, विघ्न रहित तहँ इम कहैं।।21।।

(दोहा)

ऐसी आशंका यहाँ, करनी नाहीं भ्रात।
यातैं जिन आगम विषैं, ऐसा वचन कहात।।22।।

(अनुष्टुप्)

विघ्नौघाः प्रलयं यान्ति, शाकिनीभूतपन्नगाः।
विषं निर्विषतां याति, स्तूयमाने जिनेश्वरे।।23।।

(चौपाई)

जिनवर कौं स्तवताँ भाय, विघ्न समूह नाश ह्वै जाय।
शाकणि भूत नाग भी नशैं, विष है सो निर्विष ह्वै लसै।।24।।
इस वचतैं शंका तज भ्रात, पुन जिमि प्राश्चित आचरणात।
दोष नशैं अरु औषधि केय, सेवन तैं सब रोग नशेय।।25।।

तैसैं मंगल करतैं भाय, कर्ता विघ्न कर्म अंत्राय।
तासु नाश कौं है अविरोध, तातैं शंका करन निरोध।।26।।

(दोहा)

ऐसैं प्रोजन प्रथम इह, कीनौं दृढ इहि थाय।
बहुर कोई जन इम कहैं, सुनो वचन सुखदाय।।27।।

(स्वागता)

सर्वथा स्वहितमाचरणीयं, किं करिष्यति जनो बहुजल्पः।
विद्यते स न कश्चिदुपायः, सर्वलोक-परितोषकरो यः।।28।।

(अडिल्ल)

करनौं सर्व प्रकार स्वहित आचरण कौं,
बहुत बकैं जन सो समर्थ क्या करण कौं।
कोइ कहैं सब तोष होंय सु करौ सही,
सो ऐसौ जु उपाय जगत में है नहीं।।29।।

(दोहा)

आरँभ तातैं जासु कौं, करनौं है सुखदाय।
सो तुम आरँभ तासु कौं, करौ नेम कर भाय।।30।।
नास्तिक वादी का यहाँ, करनैं तैं परिहार।
कहा साध्य ताकौं कहैं, इम भी कहन विचार।।31।।
प्रशम भाव संवेग अरु, अनुकंपा आस्तिक्य।
प्रगट रूप इन गुणन का, धारी दृग सम्यक्य।।32।।

(चौपाई)

तातैं नास्तिक वादी केय, करनैं तैं पर हत प्रगटेय।
दर्शन उत्पति कारण भाय, आस्तिक यह प्रसिद्ध वच आय।।33।।

(अनुष्टुप्)

यद्यपि विमलो योगी, छिद्रान् पश्यति मेदिनी।
तथापि लौकिकाचारं, मनसापि न लङ्घयेत्।।34।।

(अडिल्ल)

यद्यपि योगीशुर अति ही निर्मल अखै,
तौ भी पृथ्वी वा के छिद्रन कौं लखै।
तातैं मन करि भी लौकिक आचारहीं,
करै उलंघन नाहिं प्रसिद्ध जु है यही।।35।।

(दोहा)

तातैं करनौं चाहिये, नास्तिक का परिहार।
ऐसैं दूजौ प्रयोजन, कीनौं दृढ यह सार।।36।।

(चौपाई)

पुन कुइ कहै जु शिष्टाचार, पालन कौन अर्थ अवधार।
तिहिं प्रति इम कहिये समुझाय, यह विचार भी योग्य न आय।।37।।
जातैं यह वच मुख्य विचार, गुरुजन के स्वभाव अनुसार।
करैं आचरण शिष्य जु भाय, अतिशय करि अति हर्ष उपाय।।38।।

सोई कहा है– प्रायेण गुरुजनशीलमनुचरन्ति शिष्याः।

(सूत्र)

मंगलं निमित्तं हेतुं परिमाणं नाम कर्तारमिति षडपि व्याकृत्याचार्याः पश्चाच्छास्त्रं व्याकुर्वन्तु।

(पद्धरि)

मंगल निमित्त अरु हेतु जेह, परिमाण नाम कर्ता षटेह।
ये प्रथमहिं कर आचार्य सोय, पुन करहु शास्त्र यह न्याय जोय।।39।।

(चौपाई)

परंपरा सैं जो चल आय, तासु उलंघन सैं शोभाय।
उन्मारग में वरतन तनौं, ह्वै प्रसंग तातैं पालनौं।।40।।

(दोहा)

मंगलादि षट् कहे अब, तहाँ प्रथम ही एम।
पुण्यरु पूत पवित्र शिव, भद्र प्रशस्त जु क्षेम।।41।।
कल्याणरु शुभ सौख्य इत्यादिक मंगल केय।
हैं प्रयाय पुण्यादि भी, मंगल के हि लखेय।।42।।
तहँ मल द्वै विध द्रव्य अरु, भाव भेद कर जान।
दुविध द्रव्य मल भी तहाँ, बाह्यरु अंतर मान।।43।।

(छप्पय)

तत्र बाह्य मल स्वेद मैल रज कर्दमादि सैं।
अंतर मल प्रकृति स्थिति अरु अनुभाग प्रदेशैं।।
इन कर आत्म प्रदेशन में अति निबड़ निबद्धै।
ज्ञानावरणी आदि अष्ट विध विधि संबद्धै।।
अज्ञान अदर्शन आदि परिणाम भाव मल जानिये।
अथवा जु नाम स्थापना द्रव्य भाव परिमानिये।।44।।

(दोहा)

जीव तनैं जे पाय ते, मल उपचार सु जान।
तिन सबको गालै दहै, सो मंगल परमान।।45।।
अथवा मंग जु सौख्य वा, पुण्य तासु कौ सार।
गहन करै जो सो कहौं, मंगल सुख दातार।।46।।

(चौपाई)

आनँद जनक सु षट् विध जान, नाम स्थापन द्रव्य प्रमान।
क्षेत्र काल पुन भाव जु एह, मंगल भेद कहैं सुख ग्रेह।।47।।

तहँ परमेष्ठी पंच जु नाम, मंगल नाम जान सुख धाम।
पुन द्वै विध जिन बिंब जु सार, इस्थापन मंगल अवधार।।48।।
बहुर जिनाचारज उवझाय, मुनि तन मंगल द्रव्य कहाय।
उजयंतादिक गिरि अब जान, निक्रमनादि गुणोत्पत थान।।49।।
अथवा हूँठ हाथ से सही, पन शत पनविंशत धनु तही।
केवलि तन रुंधत नभ तेह, समुद्घात वा केवलि केय।।50।।
तिहिं कर रोकौ व्योम जु सार, मंगल क्षेत्र शर्म दातार।
पुन जिस समय तपादि कल्यान, वा नंदीशुर पर्व विधान।।51।।
उत्सव वर्ते सो अवधार, मंगल काल शर्म दातार।
पुन मंगल प्रयाय संयुक्त, जीव द्रव्य सो भाव प्रयुक्त।।52।।

(गीतिका)

यह उक्त मंगल जिनादिक का इस्तवन आदिक मई।
है सोइ श्री युत आदि माहीं कियौ हूवौ सहजई।।
शिष्यान कौं लघु काल में श्रुत पारगामी करतु है।
पुन मध्य माहीं कियौ सो विच्छेद बुधि कौ हरतु है।।53।।

(सोरठा)

बहुर अंत कृत सार, विद्या कौ निर्विघ्न पन।
करै शर्म दातार, कोइ तर्क पुन इम करै।।54।।
कैसैं होय जु प्राप्तिता, इष्ट अर्थ की सार।
नमन करत परमेष्ठि कौं, तहँ यह काव्य उचार।।55।।

(उपजाति)

नेष्टं विहन्तुं शुभभावभग्न-रसप्रकर्षः प्रभुरन्तरायः।
तत्कामचारेण गुणानुरागान्नुत्यादिरिष्टार्थकृदर्हदादेः।।56।।

(जोगीरासा)

शुभ भावन कर नष्ट भयो रस का प्रकर्ष जिहिं भाई।
ऐसौ विध अंत्राय इष्ट के घातन शक्य न थाई।।
तातैं तिहिं अभिलाषा संयुत जीवन कर इस ठाम।
गुणनुराग से अरहंतादिक कौ किय हुव परिणाम।।57।।

(दोहा)

करण हार इष्टार्थ का, यह आगम में भाय।
है प्रसिद्ध मंगल अवस, करणौ तातैं गाय।।58।।

(चौपाई)

पुन निमित्त इस का यह जान, भव्य जीव बहु नयरु प्रमान।
तिन कर सो नाना विध केय, भेद लिये पद अर्थ लखेय।।59।।
बहुर हेतु इसका है सार, शास्त्राध्येन विषैं दु प्रकार।
प्रत्यक्षरु परोक्ष तिहँ थाय, द्वै प्रकार प्रत्यक्ष बताय।।60।।
इक साक्षात् प्रतक्ष सु जान, परंपराय दुतिय परमान।
तहँ अज्ञान नाश ह्वै सार, सम्यक् ज्ञानोत्पत्ति विचार।।61।।
पुन सुर नर आदिक कर सही, करन निरंतर पूजा कही।
समय समय प्रति सौख्य स्वरूप, असंख्यात गुण श्रेणी रूप।।62।।
कर्म निर्जरा ह्वै सो दक्ष, है हेतू साक्षात प्रतक्ष।
शिष्य प्रशिष्यन कर पुन भाय, करन निरंतर पूजा गाय।।63।।
परंपराय प्रतक्ष सु जान, पुन परोक्ष भी द्वैविध मान।
एक अभ्युदय रूप जु होय, इक निश्रेय रूप अवलोय।।64।।
तहाँ अभ्युदय रूप जु एय, सातादिक शुभ प्रकृतिन केय।
तीव्रनुभागोदय जन ताद, सुख तीरथ पत सुरपति आद।।65।।

(दोहा)

पुन निश्रेय स्वरूप युत, अतिशय आत्मज जोय।
अनुपम सर्वोत्कृष्ट श्री, तीर्थंकर सुख सोय।।66।।

(चौपाई)

वा पंचेन्द्रिय तीत सुजान, सिद्ध सौख्य सब सुखन प्रधान।
पुन प्रमाण इस श्रुत का संत, बहुविध अर्थन कर सु अनंत।।67।।
अक्षर गणना कर पुन भ्रात, है परमान भेद संख्यात।
जातैं सप्त शतक पच्चीस, जीवकाण्ड के गाथा दीस।।68।।

(दोहा)

बहुर नाम इस ग्रंथ का, जीवादिक के अक्ष।
तिनके परकाशन निमित, दीपक सम अति दक्ष।।69।।
जीव तत्त्व सु प्रदीपिका, तातैं परम बखान।
संस्कृत टीका कौ सही, सार्थक संज्ञावान।।70।।

(चौपाई)

पुन कर्ता इसके विध तीन, एक अर्थ करता बुध लीन।
दुतिय ग्रंथ कर्ता शुभ मती, उत्तर ग्रंथ सुकर्ता तृती।।71।।

(दोहा)

तहाँ घाति चतु हनन तैं, प्रगटै नंत चतुष्ट।
तिन कर जानैं द्रव्य गुण, पर्यय रूप सपष्ट।।72।।
पुन चौंतिस अतिशयरु वसु, प्रतिहार्य संयुक्त।
सेवत सुर नर पति चरण, अठ दश दोष विमुक्त।।73।।
बहुर त्रिलोकी नाथ इक, अद्वितीय विख्यात।
अष्टादश महँ भाष जुत, लघु भाषा शत सात।।74।।

(पद्धरि)

वा संज्ञी संबंधी सु जान, अक्षररु अनक्षर रूपवान।
तिहिं रूपरु तालू दंत ओष्ठ, पुन कंठ तनौ व्यापार रुष्ट।।75।।
भव जीवन जननानंद सार, युगपत सर्वोत्तर देनहार।
दिव्यध्वनि युत पुन सेवनीय, द्वादश जु सभा करते सदीय।।76।।

(दोहा)

ऐसे श्री भगवान वर, वर्धमान तीर्थेश।
सोहि अर्थ कर्त्ता प्रथम, नाशक कर्म कलेश।।77।।

(चौपाई)

पुन तिहिं अर्थ प्रकाशक भान, अरु सप्तर्द्धि समर्द्धित जान।
ऐसे श्री गौतम गणराय, सोहि ग्रंथ कर्ता सुख दाय।।78।।
पुन तिहिं अनुक्रम धारी सार, सूत्र अर्थ अविनष्टत धार।
अरु रागादि दोष बिन मुनी, उत्तर ग्रंथ सु कर्ता गुनी।।79।।

(सोरठा)

इस प्रकार इहि थान, मंगल आदिक छहुन का।
कीनौं है व्याख्यान, यह तृति प्रोजन दृढ भयौ।।80।।

(चौपाई)

बहुर तर्क यह भाँति विचार, शास्त्र आदि सुमरण उपकार।
कौन अर्थ करिये तहँ कहैं, कहौ न एम कथन लख यहै।।81।।

(अनुष्टुप्)

श्रेयोमार्गस्य संसिद्धिः, प्रसादात् परमेष्ठिनः।
इत्याहुस्तद्गुणस्तोत्रं, शास्त्रादौ मुनिपुङ्गवाः।।82।।

(अडिल्ल)

श्रेय मार्ग की सिद्धि भली विध से सही,
ह्वै परमेष्ठि प्रसाद हेतु लखकर यही।

मुनि प्रधान है ते जु शास्त्र आदी विषैं,
तिस परमेष्ठी का इस्तोत्र करैं असैं।।83।।

(मालिनी)

अभिमतफलसिद्धेरभ्युपायः सुबोधः,
प्रभवति स च शास्त्रात्तस्य चोत्पत्तिराप्तात्।
इति भवति स पूज्यस्तत्प्रसादात्प्रबुद्धो,
न हि कृतमुपकारं पण्डिता विस्मरन्ति।।84।।

(कवित्त)

है अभीष्ट फल सिद्धि उपाय जु सम्यक ज्ञान सबै सुखदाई।
सो जु शास्त्र तैं होय बहुर श्रुत उत्पति कहीं आप्त तैं गाई।।
इसहि हेतु से पूज्य कहौ सो जिहिं प्रसाद कर बोध लहाई।
पण्डित हैं ते कृत उपकारहिं बिसरैं नाहिं कदाचित भाई।।85।।

(चौपाई)

तातैं श्रुत की आदि मंझार, किये अर्थ समरण उपकार।
यौ भी वचन करौ अति दुरी, ऐसैं प्रोजन दृढ हुय तुरी।।86।।

(कवित्त)

याहि तैं विघ्न विनाशन कौं पुन शिष्टाचार जु पालन कार्ज।
नास्तिक परहत कौं पुन अभ्युद कारन पुण्य जनन सुख सार्ज।।
कृत उपकार स्मरण निमित्त श्रुतादि जिनादिक कौं मन मार्ज।
नमस्कार मइ मुख्य जु मंगल तिहिं कौं आचरता आचार्ज।।87।।

(सोरठा)

अर्थ कहैंगे जास, तिसऽविधेय की प्रतिज्ञा।
ताकौं करत प्रकाश, सिद्ध आदि गाथा कहैं।।88।।

(छप्पय)

तिहिं की संस्कृत वृत्ति रची करणाटिकि माहीं।
श्रीमत वर चामुंडराय लेकर गुरु छाहीं।।
तिहिं अनुसार जु जीव तत्त्व परदीपक सोई।
वृत्ती केशव वर्णि रची बहु अर्थ सँजोई।।
पुन भाषा टीका तासु की सम्यग्ज्ञान जु चन्द्रिका।
श्री सेठ जु टोडरमल्ल जी रची भरण भ्रमरन्द्रिका।।89।।

(चौपाई)

तिनही संस्कृत भाषा दोय, वृत्तिन में से अर्थ विलोय।
संदृष्टी अरु यंत्र निवार, गाथा मूल अर्थ कहुँ सार।।90।।

(दोहा)

यंत्र तनी गाथान कौ, अर्थ सु रचना युक्त।
देखौ गुरु टीका विषैं, करहु भ्रान्ति निज मुक्त।।91।।

***

ग्रन्थारम्भ

अब ग्रंथोद्धार कहैं हैं-

(दोहा)

प्रथम तीर्थ करता सुभग, नाभिनंद गुणकंद।
सेवत शत पति क्रम कमल, वंदौं वृषभ जिनंद।।1।।

(गाथा)

सिद्धं सुद्धं पणमिय, जिणिंदवरणेमिचंदमकलंकं।
गुणरयणभूसणुदयं, जीवस्स परूवणं वोच्छं।।1।।

अर्थ- सिद्धावस्था या स्वात्मोपलब्धि को जो प्राप्त हो चुका है, अथवा न्याय के प्रमाणों से जिसकी सत्ता सिद्ध है, और जो चार घातिया द्रव्यकार्मों के अभाव से शुद्ध, तथा मिथ्यात्वादि भाव कर्मों के नाश से अकलंक हो चुका है, एवं जिसके सदा ही सम्यक्त्वादि गुणरूपी रत्नों के भूषणों का उदय रहता है, इस प्रकार के श्रीजिनेन्द्रवर नेमिचन्द्र स्वामी को नमस्कार करके, जो उपदेश द्वारा पूर्वाचार्य परंपरा से चला आ रहा है इसलिये सिद्ध और पूर्वापर विरोधादि दोषों से रहित होने के कारण शुद्ध, और दूसरे की निन्दा आदि न करने के कारण तथा रागादि का उत्पादक न होने से निष्कलंक है, और जिससे सम्यक्त्वादि गुणरूपी रत्नभूषणों की प्राप्ति होती है – जो विकथा आदि की तरह राग का कारण नहीं है, इस प्रकार के जीवप्ररूपण नामक ग्रंथ को अर्थात् जिसमें आशुद्ध जीव के स्वरूप भेद प्रभेद आदि दिखाये गये हैं इस प्रकार के ग्रन्थ को कहूँगा।

(दोहा)

गुणमणि भूषण उदय वर, नेमिचंद जिनराय।
सिद्ध शुद्ध अकलंक नम, कहुँ जिय प्रूपण गाय।।2।।

(गीतिका)

गुण रतन भूषण उदय युत श्री सिद्ध शुद्ध जिनेन्द्र जी।
वर नेमिचंद्र कलंक बिन चौबीस वा तीर्थेन्द्र जी।।
अथवा श्री जिन वीर वा श्री सिद्ध वा सु समय सही।
वा सर्व सिद्ध समूह अथवा परूपण जिय की कही।।3।।

(चौपाई)

वा श्री नेमिचंद्र वर सूर, सब ही पूर्व कथित गुण पूर।
तिन जुग चरणांबुज शिर नाय, जीव परूपण कहौं सु गाय।।4।।

ऐसैं परम मंगल कौं अंगीकार करि याके अनंतर अधिकार भूत जीव प्ररूपण के अधिकारन कौ निर्देश करैं हैं-

(गाथा)

गुणजीवा पज्जत्ती, पाणा सण्णा य मग्गणाओ य।
उवओगो वि य कमसो, वीसं तु परूवणा भणिदा।।2।।

अर्थ- गुणस्थान, जीवसमास, पर्याप्ति, प्राण, संज्ञा, चौदह मार्गणा और उपयोग इस प्रकार ये बीस प्ररूपणा पूर्वाचार्यों ने कही हैं।

(अडिल्ल)

गुणस्थान अरु जीव समास सु जानिये,
पर्यापत अरु प्राण जु संज्ञा मानिये।
मारगणा चौदह उपयोग जु सार जू,
ये परूपणा बीस कहीं क्रम धारजू।।5।।

आगैं संग्रह नय की अपेक्षा कर प्ररूपणा दोय प्रकार कौं मन विषैं धार गुणस्थान मार्गणा स्थान रूप दोय प्ररूपणानि के नामांतर कहैं हैं-

(गाथा)

संखेओ ओघो त्ति य, गुणसण्णा सा च मोहजोगभवा।
वित्थारादेसो त्ति य, मग्गणसण्णा सकम्मभवा।।3।।

अर्थ– संक्षेप और ओघ यह गुणस्थान की संज्ञा है और वह मोह तथा योग के निमित्त से उत्पन्न होती है। इसी तरह विस्तार तथा आदेश यह मार्गणा की संज्ञा है और वह भी अपने-अपने योग्य कर्मों के उदयादि से उत्पन्न होती है। यहाँ पर चकार का ग्रहण किया है इससे गुणस्थान की सामान्य और मार्गणा की विशेष यह भी संज्ञा समझनी चाहिये।

(अडिल्ल)

गुण संज्ञा संक्षेप ओघ सामानिये,
तिनकी उत्पति मोह योग सैं जानिये।
विस्ताररु आदेश विशेष सुमार्गणा,
इन संज्ञों की उपज कर्मतैं जानना।।6।।

आगैं प्ररूपणा दोय प्रकार विषैं अवशेष प्ररूपणानि का अंतर्भूतपना दिखावैं हैं–

(गाथा)

आदेसे संलीणा, जीवा पज्जत्तिपाणसण्णाओ।
उवओगो वि य भेदे, वीसं तु परूवणा भणिदा।।4।।

अर्थ– जीवसमास, पर्याप्ति, प्राण, संज्ञा और उपयोग इन सब भेदों का मार्गणाओं में ही भले प्रकार अन्तर्भाव हो जाता है। इसलिये अभेद विवक्षा से गुणस्थान और मार्गणा ये प्ररूपणा ही माननी चाहिये। किन्तु बीस प्ररूपणा जो कही हैं वे भेद विवक्षा से हैं।

(पद्धरि)

आदेश माहिं जु समास जीय, पर्याप्त प्राण संज्ञा मिलीय।
उपयोग परूपण बीस जेह, द्वैविध संग्रह तैं कहीं तेह।।7।।

आगैं किस मार्गणा विषैं कौन प्ररूपणा गर्भित है सो तीन गाथाओं द्वारा बतावैं हैं–

(गाथा)

इन्दियकाये लीणा, जीवा पज्जत्तिआणभासमणो।
जोगे काओ णाणे, अक्खा गदिमग्गणे आऊ।।5।।

अर्थ– इन्द्रिय मार्गणा में तथा कायमार्गणा में स्वरूप–स्वरूपवत्संबंध की अपेक्षा अथवा सामान्य–विशेष की अपेक्षा जीवसमास का अन्तर्भाव हो सकता है। क्योंकि इन्द्रिय तथा काय जीव समास के स्वरूप हैं और जीवसमास स्वरूपवान् है। तथा इन्द्रिय और काय विशेष हैं और जीवसमास सामान्य है। इसी प्रकार धर्मधर्मी संबंध की अपेक्षा पर्याप्ति भी अन्तर्भूत हो सकती हैं क्योंकि इन्द्रिय धर्मी है, पर्याप्ति धर्म हैं। कार्यकारण संबंध की अपेक्षा श्वासोच्छ्वास प्राण, वचनबल प्राण तथा मनोबल प्राण का पर्याप्ति में अन्तर्भाव हो सकता है क्योंकि प्राण कार्य है और पर्याप्ति कारण है। पर्याप्ति, इन्द्रिय और काय में अन्तर्भूत हैं। अतएव श्वासोच्छ्वास वचनबल और मनोबल प्राण भी उन्हीं में अंतर्भूत हो जाते हैं। कायबल प्राण विशेष है और योग सामान्य है इसलिये सामान्य–विशेष की अपेक्षा योगमार्गणा में कायबल प्राण अंतर्भूत हो सकता है। कार्यकारण संबंध की अपेक्षा से ज्ञानमार्गणा में इन्द्रियों का अन्तर्भाव हो सकता है क्योंकि ज्ञानकार्य के प्रति लब्धीन्द्रिय कारण है। इसी प्रकार गतिमार्गणा में आयुप्राण का अन्तर्भाव साहचर्य संबंध की अपेक्षा हो सकता है क्योंकि इन दोनों ही कर्मों का उदय सहचर है – साथ ही हुआ करता है। संज्ञाओं का अन्तर्भाव किस प्रकार किस मार्गणा में होता है सो दिखाते हैं–

मायालोहे रदिपुव्वाहारं कोहमाणगम्हि भयं।
वेदे मेहुणसण्णा, लोहम्हि परिग्गहे सण्णा।।6।।

अर्थ– रतिपूर्वक आहार अर्थात् आहार संज्ञा रागविशेष होने से राग का ही स्वरूप है और माया तथा लोभकषाय ये दोनों ही रागविशेष होने से स्वरूपवान् हैं। इसलिये स्वरूपस्वरूपवत्–सम्बंध की अपेक्षा माया और

लोभ कषाय में आहारसंज्ञा का अन्तर्भाव होता है। इसी प्रकार (स्वरूपस्वरूपवत्संबंध की ही अपेक्षा से) क्रोध तथा मान कषाय में भय संज्ञा का अन्तर्भाव होता है। कार्यकारण संबंध की अपेक्षा वेदकाषाय में मैथुनसंज्ञा का और लोभकषाय में परिग्रह संज्ञा का अन्तर्भाव होता है। क्योंकि वेदकषाय तथा लोभकषाय कारण है और मैथुन संज्ञा तथा परिग्रहसंज्ञा उनके क्रम से कार्य हैं।

सागारो उवजोगो, णाणे मग्गम्हि दंसणे मग्गे।
अणगारो उवजोगो, लीणो त्ति जिणेहिं णिद्दिट्ठं।।7।।

अर्थ– उपयोग दो प्रकार का होता है एक साकार दूसरा अनाकार। साकार उपयोग उसको कहते हैं जिसमें पदार्थ 'यह घट है', पट है इत्यादि विशेषरूप से प्रतिभासित हों। इसी को ज्ञान कहते हैं। इसीलिये इसका ज्ञानमार्गणा में अन्तर्भाव होता है। जिसमें कोई भी विशेष पदार्थ प्रतिभासित न होकर केवल महासामान्यरूप ही विषय प्रतिभासित हो उसको अनाकार उपायोग अथवा दर्शन कहते हैं। इसका दर्शनमार्गणा में अन्तर्भाव होता है।

(पद्धरि)

इंद्रीय काय में लीन जीव, पर्याप्त श्वास भाषा मनीव।
मध जोग काय पुन ज्ञान माहिं, इंद्रिय गति मग में आयु आहिं।।8।।

(अडिल्ल)

रति पूर्वक मायारु लोभ में मिल रमी,
भोजन संज्ञा क्रोध मान में भय गमी।
वेद मार्ग में मैथुन संज्ञा मेल है,
लोभ कषाय मँझार परिग्रह खेल है।।9।।

(चौपाई)

ज्ञान मार्गणा में साकार, मिश्रुपयोग बहुर अनकार।
दर्शन मार्ग माहिं मिल रया, इम श्री जिन कर निर्देशया।।10।।

अधिकार–1

गुणस्थान

आगैं तिन बीस प्ररूपणानि विषैं पहिले कही जो गुणस्थान प्ररूपणा ताकौं प्रतिपादन के अर्थ प्रथम गुणस्थान शब्द की निरुक्ति पूर्वक अर्थ कहैं हैं–

(गाथा)

जेहिं दु लक्खिज्जंते, उदयादिसु संभवेहिं भावेहिं।
जीवा ते गुणसण्णा, णिद्दिट्ठा सव्वदरसीहिं।।8।।

अर्थ– दर्शनमोहनीय आदि कर्मों की उदय, उपशम, क्षय, क्षयोपशम, आदि अवस्था के होने पर होने वाले जिन परिणामें से युक्त जो जीव देखे जाते हैं उन जीवों को सर्वज्ञदेव ने उसी गुणस्थान वाला और उन परिणामों को गुणस्थान कहा है।

(चौपाई)

उदयादिक में उत्पन जेय, भाव सु तिन कर जीव लखेय।
तिन जिय परणामन गुणथान, संज्ञा केवलि कथित सु जान।।11।।

आगैं गुणस्थान गाथा दोय कर नाम मात्र कहैं हैं–

(गाथा)

मिच्छो सासणमिच्छो, अविरदसम्मो य देसविरदो य।
विरदा पमत्त इदरो, अपुव्व अणियट्टि सुहमो य।।9।।

अर्थ– 1 मिथ्यात्व, 2 सासन, 3 मिश्र, 4 अविरतसम्यग्दृष्टि, 5 देशविरत, 6 प्रमत्तविरत, 7 अप्रमत्तविरत, 8 अपूर्वकरण, 9 अनिवृत्तिकरण, 10 सूक्ष्म साम्पराय।

इस सूत्र में चौथे गुणस्थान के साथ जो अविरत शब्द है वह अन्त्यदीपक है। अतएव पहले के तीनों गुणस्थानों में भी अविरतपना समझना चाहिये। इसी प्रकार छट्ठे प्रमत्त गुणस्थान के साथ जो विरत शब्द है वह आदिदीपक है। इसीलिये यहाँ से लेकर सम्पूर्ण गुणस्थान विरत ही होते हैं, ऐसा समझना चाहिये।

उवसंतखीणमोहो, सजोगकेवलिजिणो अजोगी य।
चउदस जीवसमासा, कमेण सिद्धा य णादव्वा।।10।।

अर्थ– 11 उपशान्तमोह, 12 क्षीणमोह, 13 सयोगकेवलीजिन और 14 आयोगकेवलीजिन– ये चौदह जीवसमास (गुणस्थान) हैं। और सिद्ध इन जीवसमासों – गुणस्थानों से रहित है।

(पद्धरि)

मिथ्या सासादन मिश्र जान, अविरत जु देशव्रत प्रमत थान।
अप्रमत्त अपूरव करण थाय, अनिवृत्यरु सूक्षम सांपराय।।12।।
उपशांतरु क्षीणकषाय सोय, जोगी अजोगकेवलि जिनोय।
ये चतुदश जीवसमास थान, क्रम कर जु सिद्ध पद अर्थ जान।।13।।

(गाथा)

मिच्छे खलु ओदइओ, विदिये पुण पारणामिओ भावो।
मिस्से खओवसमिओ, अविरदसम्मम्हि तिण्णेव।।11।।

अर्थ– प्रथम गुणस्थान में औदयिक भाव होते हैं, द्वितीय गुणस्थान में पारिणामिक भाव होते हैं, मिश्र गुणस्थान में क्षायोपशमिक भाव होते हैं और चतुर्थ गुणस्थान में औपशामिक, क्षायिक, क्षायोपशमिक इस प्रकार तीनों ही भाव होते हैं।

कर्म के उदय से जो आत्मा के परिणाम हों उनको औदयिक भाव कहते हैं। कर्म के उपशम होने से जो भाव होते हैं उनको औपशमिक भाव कहते

हैं। सर्वघाती स्पर्धकों के वर्तमान निषेकों के बिना फल दिये ही निर्जरा होने पर और उसी के (सर्वघाती स्पर्धकों के) आगामी निषेकों के सदवस्था रूप उपशम होने पर और देशघाती स्पर्धकों के उदय होने पर जो आत्मा के परिणाम होते हैं उनको क्षयोपशमिक भाव कहते हैं। जिनमें कर्म के उदय उपशमादि की कुछ भी अपेक्षा न हो उनको पारिणामिक भाव कहते हैं।

(अडिल्ल)

प्रथम थान में प्रगट औदयिक भाव हैं,
सासादन में पारिणामि थिर भाव हैं।
मिश्र थान में क्षय उपशम वरतैं सही,
उपशम वेदक क्षायिक अविरत ठानहीं।।14।।

आगैं कहे जु ये भाव तिनके संभवने के नियम का कारण कहैं हैं–

(गाथा)

एदे भावा णियमा, दंसणमोहं पडुच्च भणिदा हु।
चारित्तं णत्थि जदो, अविरदअन्तेसु ठाणेसु।।12।।

अर्थ– मिथ्यादृष्टि आदि गुणस्थान में जो नियमरूप से औदयिकादिक भाव कहे हैं वे दर्शन–मोहनीय कर्म की अपेक्षा से हैं क्योंकि चतुर्थ गुणस्थान पर्यन्त चारित्र नहीं पाया जाता।

(चौपाई)

दर्शन मोहाश्रित नियमेय, कथित कहे सब भाव सु एय।
जा कारण अविरत परजंत, चारित उदय न लेश कहंत।।15।।

आगैं देशसंयतादि गुणस्थान विषैं भावनि का नियम दोय कर दिखावैं हैं–

(गाथा)

देसविरदे पमत्ते, इदरे य खओवसमियभावो दु।
सो खलु चरित्तमोहं, पडुच्च भणियं तहा उवरिं॥13॥

अर्थ- देशविरत, प्रमत्त, अप्रमत्त, इन गुणस्थानों में चारित्रमोहनीय की अपेक्षा क्षायोपशमिक भाव होते हैं। तथा इनके आगे अपूर्वकरण आदि गुणस्थानों में भी चारित्रमोहनीय की अपेक्षा से ही भावों को कहेंगे।

विशेष यह कि गाथा के पूर्वार्ध के अन्त में जो तु शब्द दिया है, उसका अर्थ अपि अर्थात् भी ऐसा न करके आवधारणरूप एव अर्थात् ही करना चाहिये। क्योंकि यहाँ दर्शनमोहनीय की अपेक्षा ही नहीं है। यद्यपि यह सत्य है कि दर्शनमोहनीय की अपेक्षा से होने वाले तीनों ही भाव यहाँ पर पाये जाते हैं, किन्तु चारित्रमोहनीय की अपेक्षा से जिसकी कि यहाँ पर विवक्षा है क्षायोशमिक भाव ही पाया जाता है।

अप्रमत्तविरत से ऊपर के गुणस्थान उपशमश्रेणी और क्षपकश्रेणी की अपेक्षा से दो भागों में विभक्त हैं। अतएव उन दोनों भागों को लक्ष्य में रखकर उनमें पाये जाने वाले भावों को बताते हैं-

तत्तो उवरिं उवसमभावो उवसामगेसु खवगेसु।
खइओ भावो णियमा, अजोगिचरिमो त्ति सिद्धे य॥14॥

अर्थ- सातवें गुणस्थान से ऊपर उपशम श्रेणी वाले आठवें, नौवें, दशवें गुणस्थान में तथा ग्यारहवें उपशांत मोह में औपशमिक भाव ही होते हैं। इसी प्रकार क्षपक श्रेणी वाले उक्त तीनों ही गुणस्थानों में तथा क्षीण मोह, सयोग केवली, अयोग केवली इन तीन गुणस्थानों में और गुणस्थानातीत सिद्धों के नियम से क्षायिक भाव ही पाया जाता है क्योंकि उपशमश्रेणी वाला तीनों गुणस्थानों में चारित्रमोहनीय कर्म की इक्कीस प्रकृतियों का उपशम करता है और ग्यारहवें में संपूर्ण चारित्रमोहनीय कर्म का उपशम कर चुकता है। इसीलिये यहाँ पर औपशमिक भाव ही हुआ करते हैं। इसी तरह क्षपक

श्रेणी वाला उन्हीं इक्कीस प्रकृतियों का उन्हीं तीन गुणस्थानों में क्षपण करता है और क्षीणमोह, सयोगकेवली, आयोगकेवली तथा सिद्धस्थान में पूर्णतया क्षय हो चुका है, इसीलिये इन स्थानों में क्षायिक भाव ही होता है।

यहाँ इन सब भावों का कथन चारित्रमोहनीय की अपेक्षा से ही है। शेष कर्मों की अपेक्षा से अन्य भाव भी पाया जाता है। परंतु मुख्यतया सिद्धों के केवल क्षायिकभाव ही रहा करता है।

इस प्रकार संक्षेप में सम्पूर्ण गुणस्थानों में होने वाले भाव और उनके निमित्त को दिखाकर गुणस्थानों के लक्षण का कथन क्रम प्राप्त है।

(चौपाई)

संयत देशप्रमत अप्रमत्त, माहिं क्षयोप्शम भाव प्रवृत्त।
चारित मोहाश्रित सु कहेय, तथा उपर तन गुणथानेय।।16।।

(अडिल्ल)

तातैं ऊपर उपशम श्रेणी में सही,
उपशम भाव सु जान क्षपक श्रेणी मही।
बहुर सयोगि अयोगि माहिं क्षायिक कहौ,
सिद्धन में सुइ भाव नेम कर श्रद्धहौ।।17।।

आगैं पूर्वैं नाम मात्र कहे जो चौदह गुणस्थान तिन विषैं पहले कहा जो मिथ्यादृष्टि गुणस्थान ताके स्वरूप को प्ररूपैं हैं–

(गाथा)

मिच्छोदयेण मिच्छत्तमसद्दहणं तु तच्चअत्थाणं।
एयंतं विवरीयं, विणयं संसयिदमण्णाणं।।15।।

अर्थ– मिथ्यात्व प्रकृति के उदय से होने वाले तत्त्वार्थ के अश्रद्धान को मिथ्यात्व कहते हैं। इसके पाँच भेद हैं– एकान्त, विपरीत, विनय, संशयित और अज्ञान।

(अडिल्ल)

मिथ्या उदय अतत्त्व रुची मइ ह्वै रहै,
सो मिथ्यात्व कहात जिनागम इम कहै।
एकान्तरु विपरीत विनय संशय पुना,
अज्ञभाव इम पंच भेद जुत शोभना।।18।।

आगैं इनके पंच उदाहरण कहिये हैं-

एयंत बुद्धदरसी, विवरीओ बह्म तावसो विणओ।
इंदो वि य संसइओ, मक्कडिओ चेव अण्णाणी।।16।।

अर्थ- ये केवल दृष्टान्त मात्र हैं। इसलिये प्रत्येक दृष्टान्तवाचक शब्द के साथ 'आदि' शब्द और लगा लेना चाहिये। अर्थात् बौद्धादि मतवाले एकान्त मिथ्यादृष्टि हैं। याज्ञिक ब्राह्मणादि विपरीत मिथ्यादृष्टि हैं। तापसादि विनय मिथ्यादृष्टि हैं। इन्द्र नामक श्वेताम्बर गुरु प्रभृति संशयमिथ्यादृष्टि हैं और मस्करी (मंखलिगोशाल) आदिक अज्ञानमिथ्यादृष्टि हैं।

(अडिल्ल)

बौद्धमती एकान्ती विपरीती पुना,
ब्राह्मण विनय मिथ्याती तापसि जानना।
संशय मिथ्याती सु इंद्र श्वेतांबरी,
पुन अज्ञानी निपट संन्यासी मस्करी।।19।।

आगैं अतत्त्व श्रद्धान मई मिथ्यात्व कहैं हैं-

(गाथा)

मिच्छंतं वेदंतो, जीवो विवरीयदंसणो होदि।
ण य धम्मं रोचेदि हु, महुरं खु रसं जहा जरिदो।।17।।

अर्थ- मिथ्यात्व प्रकृति के उदय से उत्पन्न होने वाले मिथ्या परिणामों का अनुभव करने वाला जीव विपरीत श्रद्धानवाला हो जाता है। उसको जिस

प्रकार पित्तज्वर से युक्त जीव को मीठा रस भी अच्छा मालूम नहीं होता उसी प्रकार यथार्थ धर्म अच्छा नहीं मालूम होता–रुचिकर नहीं होता।

(चौपाई)

अनुभव ता मिथ्यात सदीव, ह्वै विपरीत दर्शनी जीव।
सो पुन धर्म न रोचै कदा, जिम जुरवान मधुर रस सदा।।20।।

अब इसही वस्तु स्वरूप के अश्रद्धान कौं स्पष्ट करैं हैं–

(गाथा)

मिच्छाइट्ठी जीवो, उवइट्ठं पवयणं ण सद्दहदि।
सद्दहदि असब्भावं, उवइट्ठं वा अणुवइट्ठं।।18।।

अर्थ– मिथ्यादृष्टि जीव समीचीन गुरुओं के पूर्वापर विरोधादि दोषों से रहित और हित के करने वाले वचनों का भी यथार्थ श्रद्धान नहीं करता। किन्तु इसके विपरीत आचार्याभासों के द्वारा उपदष्टि या अनुपदिष्ट असद्भाव का अर्थात् पदार्थ के विपरीत स्वरूप का इच्छानुसार श्रद्धान करता है।

(पद्धरि)

मिथ्यादृष्टी जिय नहिं कदाय, उपदेश्यो प्रवचन श्रद्धहाय।
श्रद्धहै असद्भावी पदार्थ, उपदेशे वा विन उपदिशार्थ।।21।।

आगैं सासादन गुणस्थान का स्वरूप कहैं हैं–

(गाथा)

आदिमसम्मत्तद्धा, समयादो छावलि त्ति वा सेसे।
अणअण्णदरुदयादो, णासिय सम्मो त्ति सासणक्खो सो।।19।।

अर्थ– प्रथमोपशम सम्यक्त्व के अथवा यहाँ पर 'वा' शब्द का ग्रहण किया है, इसलिये द्वितीयोपशम सम्यक्तव के अन्तर्मुहूर्त मात्र काल में से जब जघन्य एक समय तथा उत्कृष्ट छह आवली प्रमाण काल शेष रहे उतने काल में अनन्तानुबंधी क्रोध, मान, माया लोभ में से किसी के भी उदय में आने से

सम्यक्त्व की विराधना होने पर सम्यग्दर्शन गुण की जो अव्यक्त अतत्त्वश्रद्धान रूप परिणति होती है, उसको सासन या सासादन गुणस्थान कहते हैं।

इस गुणस्थान को दृष्टांत द्वारा स्पष्ट करते हैं-

सम्मत्तरयणपव्वय-सिहरादो मिच्छभूमिसमभिमुहो।
णासियसम्मत्तो सो, सासणणामो मुणेयव्वो।।20।।

अर्थ- सम्यक्त्वरूपी रत्नपर्वत के शिखर से गिरकर जो जीव मिथ्यात्वरूपी भूमि के सम्मुख हो चुका है, अतएव जिसने सम्यक्त्व की विराधना (नाश) कर दी है, और मिथ्यात्व को प्राप्त नहीं किया है, उसको सासन या सासादन गुणस्थानवर्ती कहते हैं।

(अडिल्ल)

प्रथमुपशम सम्यक्त्व काल माहीं सही,
समय आदि छै आवलि शेष रहैं तही।
अनंतानुबंधी चतु में इक उदय सैं,
नाशित सम्यक् ह्वै सासादन सो लसै।।22।।

(चौपाई)

सम्यक् रतना चल सिर सेय, मिथ्या भू सन्मुख गिर तेय।
नाशित सम्यक् ह्वै जिय जोय, जान नाम सासादन सोय।।23।।

आगैं मिश्र गुणस्थान स्वरूप गाथा चार कर कहैं हैं-

(गाथा)

सम्मामिच्छुदयेण य, जत्तंतरसव्वघादिकज्जेण।
ण य सम्मं मिच्छं पि य, सम्मिस्सो होदि परिणामो।।21।।

अर्थ- जिसका प्रतिपक्षी आत्मा के गुण को सर्वथा घातने का कार्य दूसरी सर्वघाति प्रकृतियों से विलक्षण जाति का है उस जात्यन्तर सर्वघाति सम्यग्मिथ्यात्व प्रकृति के उदय से केवल सम्यक्त्वरूप या मिथ्यात्वरूप

परिणाम न होकर जो मिश्ररूप परिणम होता है, उसको तीसरा मिश्रगुणस्थान कहते हैं।

दहिगुडमिव वामिस्सं, पुहभावं णेव कारिदुं सक्कं।
एवं मिस्सयभावो, सम्मामिच्छो त्ति णादव्वो।।22।।

अर्थ– जिस प्रकार दही और गुड़ को परस्पर इस तरह से मिलाने पर कि फिर उन दोनों को पृथक्–पृथक् नहीं कर सकें, उस द्रव्य के प्रत्येक परमाणु का रस मिश्ररूप (खट्टा और मीठा मिला हुआ) होता है, उसी प्रकार मिश्रपरिणामों में भी एक ही काल में सम्यक्त्व और मिथ्यात्वरूप परिणाम रहते हैं, ऐसा समझना चाहिये।

सो संजमं ण गिण्हदि, देसजमं वा ण बंधदे आउं।
सम्मं वा मिच्छं वा, पडिवज्जिय मरदि णियमेण।।23।।

अर्थ– तृतीय गुणस्थानवर्ती जीव सकल संयम या देशसंयम को ग्रहण नहीं करता, और न ही इस गुणस्थान में आयुकर्म का बन्ध होता है तथा इस गुणस्थान वाला जीव यदि मरण करता है तो नियम से सम्यक्त्व या मिथ्यात्व परिणामों को प्राप्त करके ही मरण करता है, किन्तु इस गुणस्थान में मरण नहीं होता।

सम्मत्तमिच्छपरिणामेसु जहिं आउगं पुरा बद्धं।
तहिं मरणं मरणंतसमुग्घादो वि य ण मिस्सम्मि।।24।।

अर्थ– तृतीय गुणस्थानवर्ती जीव ने तृतीय गुणस्थान को प्राप्त करने से पहले सम्यक्त्व या मिथ्यात्वरूप के परिणामों में से जिस जाति के परिणाम काल में आयुकर्म का बंध किया हो उसी तरह के परिणामों के होने पर उसका मरण होता है, किन्तु मिश्र गुणस्थान में मरण नहीं होता और न इस गुणस्थान में मारणान्तिक समुद्घात ही होता है।

(अडिल्ल)

जात्यंतर सब घाति कार्य रूपी कही,
सम्यक् मिथ्या प्रकृति उदै तैं ह्वै सही।
सो केवल सम्यक् वा मिथ्यारूप ना,
मिश्र रूप परिणाम होत तिहिं कारना।।24।।

(चौपाई)

जैसैं मिश्र दही गुण ताह, पृथक भाव करनैं सक नाँह।
तैसैं मिश्र भाव परिमान, सम्यक् मिथ्यादृष्टिहिं जान।।25।।
सो जिय संयम दोय प्रकार, ग्रहै न बाँधै आयू चार।
सम्यक् वा मिथ्यात्व उपाय, मरै नेम कर मिश्र खिपाय।।26।।
सम्यक् वा मिथ्यामत माहिं, पूर्व आयु जहँ बंध कराहिं।
तहँहिं मरंति बहुर मरणंत, समुद्घात मध मिश्र न संत।।27।।

(दोहा)

दुतियाचारज पक्ष तैं, नेम रूप न प्रवृत्य।
सम्यक् वा मिथ्यात में, कहीं बंध कहिं मृत्य।।28।।

आगैं अविरत गुणस्थान स्वरूप कहैं हैं–

(गाथा)

सम्मत्तदेसघातिस्सुदयादो वेदगं हवे सम्मं।
चलमलिनमगाढं तं, णिच्चं कम्मक्खवणहेदु।।25।।

अर्थ– सम्यग्दर्शनगुण को विपरीत करने वाली प्रकृतियों में से देशघाति सम्यक्त्व प्रकृति के उदय होने पर (तथा अनन्तानुबंधी चतुष्क ओर मिथ्यात्व मिश्र इन सर्वघाति प्रकृतियों के आगामी निषेकों का सदवस्थारूप उपशम और वर्तमान निषेकों की बिना फल दिये ही निर्जरा होने पर) जो आत्मा के परिणाम होते हैं उनको वेदक या क्षायोपशमिक सम्यग्दर्शन कहते हैं। वे परिणाम चल,

मलिन, या अगाढ़ होते हुए भी नित्य ही अर्थात् जघन्य अन्तर्मुहूर्त से लेकर उत्कृष्ट छ्यासठ सागरपर्यन्त कर्मों की निर्जरा के कारण हैं।

(चौपाई)

देशघाति सम्यक्त्व प्रकृत्त, तदुदय ह्वै वेदक सम्यक्त।
सो चल मल अगाढ जुत होय, नित्य कर्म क्षय कारण जोय।।29।।

आगैं उपशम क्षायिक सम्यक्त्व की उत्पत्ति का कारण कहैं हैं–

(गाथा)

सत्तण्हं उवसमदो, उवसमसम्मो खया दु खइयो य।
विदियकसायुदयादो, असंजदो होदि सम्मो य।।26।।

अर्थ– तीन दर्शनमोहनीय अर्थात् मिथ्यात्व मिश्र और सम्यक्त्व प्रकृति तथा चार अनन्तानुबंधी कषाय इन सात प्रकृतियों के उपशम से औपशमिक और सर्वथा क्षय से क्षायिक सम्यग्दर्शन होता है। इस चतुर्थगुणस्थानवर्ती सम्यग्दर्शन के साथ संयम बिल्कुल नहीं होता। क्योंकि यहाँ पर दूसरी अप्रत्याख्यानावरण कषाय का उदय रहा करता है। यही कारण है कि इस गुणस्थान वाले जीव को असंयत सम्यग्दृष्टि कहते हैं।

(चौपाई)

सप्त प्रकृति उपशम तैं होय, उपशम क्षय तैं क्षायिक जोय।
दुतिय कषाय उदय कर जान, होत असंयत सम्यक् ठान।।30।।

आगैं अतत्त्व श्रद्धान के ग्रहण त्याग अवसर को गाथा दोय कर कहैं हैं–

(गाथा)

सम्माइट्ठी जीवो, उवइट्ठं पवयणं तु सद्दहदि।
सद्दहदि असब्भावं, अजाणमाणो गुरुणियोगा।।27।।

अर्थ– सम्यग्दृष्टि जीव आचार्यों के द्वारा उपदिष्ट प्रवचन का श्रद्धान करता है, किन्तु अज्ञानतावश गुरु के उपदेश से विपरीत अर्थ का भी श्रद्धान कर लेता है।

सुत्तादो तं सम्मं, दरसिज्जंतं जदा ण सद्दहदि।
सो चेव हवइ मिच्छाइट्ठी जीवो तदो पहुदी।।28।।

अर्थ– गणधरादिकथित सूत्र के आश्रय से आचार्यादि के द्वारा भले प्रकार समझाये जाने पर भी यदि वह जीव उस पदार्थ का समीचीन श्रद्धान न करे तो वह जीव उस ही काल से मिथ्यादृष्टि हो जाता है।

(चौपाई)

सम्यग्दृष्टी जीव सुजान, श्रद्धत उपदेश्यौ प्रवचान।
पुन श्रद्धहै असद्भावेय, गुरु कम ज्ञाननियोग वशेय।।31।।

(अडिल्ल)

सो सम्यत्वी यदा बहु श्रुती कर सही,
सुन तत्त्वारथ पुन विपरीत न शरदही।
तबहीं तैं सो जीव जिनाज्ञा के तहाँ,
लंघन तैं मिथ्यादृष्टी ह्वैहै यहाँ।।32।।

आगैं असंयतपना अर सम्यग्दृष्टि के समानाधिकरण को दिखावैं हैं–

(गाथा)

णो इंदियेसु विरदो, णो जीवे थावरे तसे वापि।
जो सद्दहदि जिणुत्तं, सम्माइट्ठी अविरदो सो।।29।।

अर्थ– जो इन्द्रियों के विषयों से तथा त्रस स्थावर जीवों की हिंसा से विरक्त नहीं है, किन्तु जिनेन्द्रदेव द्वारा कथित प्रवचन का श्रद्धान करता है वह अविरतसम्यग्दृष्टि है।

(पद्धरि)

जो विरत न इंद्री विषय माहिं, जिय त्रस स्थावर वध में भि नाहिं।
जिन उक्त वचन श्रद्धहै जोय, अविरत समदृष्टी जीव सोय।।33।।

आगैं देशसंयत गुणस्थान कौं कहिये हैं-

(गाथा)

पच्चक्खाणुदयादो, संजमभावो ण होदि णवरिं तु।
थोववदो होदि तदो, देसवदो होदि पंचमओ।।30।।

अर्थ- यहाँ पर प्रत्याख्यानवरण कषाय का उदय रहने से पूर्ण संयम तो नहीं होता, किन्तु यहाँ इतनी विशेषता होती है कि अप्रत्याख्यानावरण कषाय का उदय न रहने से एकदेश व्रत होते हैं। अतएव इस गुणस्थान का नाम देशव्रत या देशसंयम है। इसी को पाँचवाँ गुणस्थान कहते हैं।

जो तसवहाउ विरदो, अविरदओ तह य थावर वहादो।
एक्कसमयम्हि जीवो, विरदाविरदो जिणेक्कमई।।31।।

अर्थ- जो जीव जिनेन्द्रदेव में अद्वितीय श्रद्धा को रखता हुआ त्रस की हिंसा से विरत और उस ही समय में स्थावर की हिंसा से अविरत होता है, उस जीव को विरताविरत कहते हैं।

(अडिल्ल)

प्रतख्यान के उदय जीव के सर्वथा,
संयम भाव न ह्वै विशेष पै यह कथा।
किंचित् विरत सु होय ताहि धारैं जिया,
संयतदेश सु नाम पंचमो पुर लिया।।34।।

(चौपाई)

जो त्रस वध में विरत सदा हि, अविरत पुन थावर वध माहिं।
एम समय के विषैं सु जीय, विरताविरत जिनैक मतीय।।35।।

आगैं प्रमत्त गुणस्थान का स्वरूप गाथा दोय कर कहिये हैं–

(गाथा)

संजलणणोकसायाणुदयादो संजमो हवे जम्हा।
मलजणणपमादो वि य, तम्हा हु पमत्तविरदो सो।।32।।

अर्थ– सकल संयम को रोकने वाली प्रत्याख्यानावरण कषाय का क्षयोपशम होने से पूर्ण संयम तो हो चुका है, किन्तु उस संयम के साथ–साथ संज्वलन और नोकषाय का उदय रहने से संयम में मल को उत्पन्न करने वाला प्रमाद भी होता है। अतएव इस गुणस्थान को प्रमत्तविरत कहते हैं।

(गीतिका)

जो देशघाती संज्वलन नव नो कषाय उदै सही,
संयम सकल अरु मल जनक परमाद दोऊ ह्वै तहीं।
जातैं जिया सोई प्रमत सोई विरत उर आनिये,
वरती जु षष्ठम थानि तातैं प्रमत संयत मानिये।।36।।

(गाथा)

वत्तावत्तपमादे, जो वसइ पमत्तसंजदो होदि।
सयलगुणसीलकलिओ, महव्वई चित्तलायरणो।।33।।

अर्थ– जो महाव्रती संपूर्ण (28) मूलगुण और शील के भेदों से युक्त होता हुआ भी व्यक्त एवं अव्यक्त दोनों प्रकार के प्रमादों को करता है वह प्रमत्तसंयत गुणस्थान वाला है। अतएव वह चित्रल आचरण वाला माना गया है।

(चौपाई)

व्यक्ताव्यक्त प्रमद में जोय, वर्तै प्रमत सु संयमि होय।
सकल शील महव्रति गुण यती, मिश्राचरण युक्त शुभमती।।37।।

आगैं प्रमादन के नाम कहैं हैं–

(गाथा)

विकहा तहा कसाया, इंदियणिद्दा तहेव पणयो य।
चदु चदु पणमेगेगं, होंति पमादा हु पण्णरस।।34।।

अर्थ– चार विकथा–स्त्रीकथा, भक्तकथा, राष्ट्रकथा, अवनिपालकथा। चार कषाय – क्रोध, मान, माया, लोभ। पंच इन्द्रिय– स्पर्शन, रसना, घ्राण, चक्षु, श्रोत्र, एक निद्रा और एक प्रणय स्नेह इस तरह कुल मिलाकर प्रमादों के पंद्रह भेद हैं।

(दोहा)

विकथा तथा कषाय अर, इंद्री निद्रा नेह।
चतु चतु पन इक इक प्रमद, होंय पंचदश येह।।38।।

आगैं इन प्रमादन के अन्य प्रकार पंच नाम कहैं हैं–

(गाथा)

संखा तह पत्थारो, परियट्टण णट्ठ तह समुद्दिट्ठं।
एदे पंच पयारा, पमदसमुक्कित्तणे णेया।।35।।

अर्थ– प्रमाद के विशेष वर्णन के विषय में इन पाँच प्रकारों को समझना चाहिये – संख्या, प्रस्तार, परिवर्तन, नष्ट और समुद्दिष्ट। आलापों के भेदों की गणना को संख्या, संख्या के रखने या निकालने के क्रम को प्रस्तार, एक भेद से दूसरे भेद पर पहुँचने के क्रम को परिवर्तन, संख्या के द्वारा भेद के निकालने को नष्ट और भेद को रखकर संख्या निकालने को समुद्दिष्ट कहते हैं।

(दोहा)

संख्या अरु प्रस्तार परिवर्तन नष्ट सु जान।
समुद्दिष्ट ये पंच विध, प्रमद कथन के थान।।39।।

आगैं विशेष संख्या की उत्पत्ति का अनुक्रम कहैं हैं–

(गाथा)

सव्वे पि पुव्वभंगा, उवरिमभंगेसु एक्कमेक्केसु।
मेलंति त्ति य कमसो, गुणिदे उप्पज्जदे संखा।।36।।

अर्थ– पूर्व के सब ही भङ्ग आगे के प्रत्येक भङ्ग में मिलते हैं, इसलिये क्रम से गुणा करने पर संख्या उत्पन्न होती है।

(चौपाई)

सब ही पहले भंग जु सही, उपर उपर के भंगन मही।
इक इक में मिल हैं क्रम धार, गुणतैं उपजै संख्या सार।।40।।

आगैं प्रस्तार कौं क्रम से कहैं हैं–

(गाथा)

पढमं पमदपमाणं, कमेण णिक्खिविय उवरिमाणं च।
पिंडं पडि एक्केक्कं, णिक्खित्ते होदि पत्थारो।।37।।

अर्थ– प्रथम प्रमाद के प्रमाण का विरलन कर क्रम से निक्षेपण करके उसके एक एक रूप के प्रति आगे के पिण्डरूप प्रमाद के प्रमाण का निक्षेपण करने पर प्रस्तार होता है।

(अडिल्ल)

प्रथम प्रमाद प्रमान तासु कौं विरल के,
क्रम सैं अधो विरल तन भेद इकेक के।
प्रति इक एक उपर तन पिंड प्रमाद कौं,
थापै ह्वै प्रस्तार मिलैं तिन सर्व कौं।।41।।

आगैं अन्य प्रकार प्रस्तार दिखावैं हैं–

(गाथा)

णिक्खित्तु विदियमेत्तं, पढमं तस्सुवरि विदियमेक्केक्कं।
पिंडं पडि णिक्खेओ, एवं सव्वत्थ कायव्वो।।38।।

अर्थ– दूसरे प्रमाद का जितना प्रमाण है उतनी जगह पर प्रमाद के पिण्ड को रखकर, उसके ऊपर एक एक पिण्ड के प्रति आगे के प्रमाद में से एक एक का निक्षेपण करना, और आगे भी सर्वत्र इसी प्रकार करना।

(गीतिका)

दुति प्रमद नाम कषाय ताके मान मात्र स्थान हीं।
विकथा स्वरूप जु प्रथम प्रमद प्रतेक पिंड सुथापहीं।।
पुन पिंड प्रति दुति प्रमद मान तनौं इकेक जु रूप जी।
ऊपर थपैं ह्वै मिलैं षोडश करहु इम सर्वत्र जी।।42।।

आगैं प्रथम प्रस्तार ताकी अपेक्षा अक्ष परिवर्तन कौं कहैं हैं–

(गाथा)

तदियक्खो अंतगदो, आदिगदे संकमेदि विदियक्खो।
दोण्णि वि गंतूणंतं, आदिगदे संकमेदि पढमक्खो।।39।।

अर्थ– प्रमाद का तृतीय स्थान अन्त को प्राप्त होकर जब फिर से आदि स्थान को प्राप्त हो जाए, तब प्रमाद का दूसरा स्थान भी बदल जाता है। इसी प्रकार जब दूसरा स्थान भी अन्त को प्राप्त होकर फिर आदि को प्राप्त हो जाए तब प्रथम प्रमाद का स्थान बदलता है। निद्रा और स्नेह इनका दूसरा भेद नहीं हैं, इसलिये इनमें अक्षसंचार नहीं होता।

भावार्थ– तीसरा इंद्रिय स्थान जब स्पर्शनादि के क्रम से क्रोध और प्रथम विकथा पर घूम कर अन्त को प्राप्त हो जाए तब दूसरे कषाय स्थान में क्रोध का स्थान छूट कर मान का स्थान होता है। इसी प्रकार क्रम से जब कषाय का स्थान भी पूर्ण हो जाए तब विकथा में स्त्री कथा का स्थान छूटकर राष्ट्र कथा का स्थान होता है। इसी क्रम से स्त्री कथालापी क्रोधी स्पर्शनेन्द्रिय वशगत निद्रालु स्नेहवान आदि अस्सी हू भंग निकलते हैं। निद्रा और स्नेह

इनका दूसरा भेद नहीं है इसलिये इनमें अक्ष संचार नहीं होता है।

(सवैया इकतीसा)

तृतीय प्रमाद अक्ष आलाप के क्रम कर,
निज परयंत जाय लौट युगपत ही।
स्व प्रथम थान आय तब दुति प्रमाद का,
अक्ष निज दुति थान आय कैं रहै सही।।
पुन तृति प्रमाद का अक्ष क्रम सें निजांत,
जाय लौट युगपत स्व प्रथम थान ही।
आवै तब दुतिय प्रमाद अक्ष स्व तृतीय,
थान आय यौं हि दुति प्रमाद का अक्ष ही।।43।।

(दोहा)

जाय सु जब इक बार निज, अंत ताहि पहुँचेय।
तृतिय प्रमद का अक्ष भी, तब क्रम संचरतेय।।44।।
निज परयंत सु जाइ इस, ही विध सैं ते दोय।
बाहुड़ निज निज प्रथम थल, युगपत प्रापत होय।।45।।
तब पहले परमाद का, अक्ष स्व प्रथम स्थान।
प्रापत थौं सो आपनैं, दुतिय थान रह आन।।46।।
इस ही क्रम कर तृति दुतिय, प्रमद अक्ष कौ सोय।
अपने अपने अंत तक, जानौ आनौ होय।।47।।
तिहिं कर प्रथम प्रमाद का, भेद जु विकथा मान।
सो निज तृतिय स्थान लह, इम संचारहिं जान।।48।।
संख्या धर कर अक्ष के, ल्यावन तैं ह्वै नष्ट।
अक्ष धार संख्या कहैं, सो जानों समुद्दष्ट।।49।।

आगैं दूसरे प्रस्तार की अपेक्षा अक्ष संचार को कहैं हैं–

(गाथा)

पढमक्खो अंतगदो, आदिगदे संकमेदि विदियक्खो।
दोण्णि वि गंतूणंतं, आदिगदे संकमेदि तदियक्खो।।40।।

अर्थ– प्रथमाक्ष जो विकथारूप प्रमाद स्थान वह घूमता हुआ जब क्रम से अन्त तक पहुँचकर फिर स्त्रीकथारूप आदि स्थान पर आता है, तब दूसरा कषाय का स्थान क्रोध को छोड़कर मान पर आता है। इसी प्रकार जब दूसरा कषायस्थान भी अन्त को प्राप्त होकर फिर आदि (क्रोध) स्थान पर आता है, तब तीसरा इन्द्रिय स्थान बदलता है। अर्थात् स्पर्शन को छोड़कर रसना पर आता है।

(सवैया इकतीसा)

प्रथम प्रमाद भेद विकथा सो आलाप का,
क्रम कर स्व प्रयंत जाय पुन बाहुरे।
स्व प्रथम थान कौं सु युगपत प्राप्त होय,
तब दुति प्रमाद भेद स्व दूजे ठां जाय रे।।
पुन पूर्वक उक्त अक्ष प्रथम प्रमाद क्रम,
संचरत जा स्व अंत लौट पैले थाप रे।
युगपत आय तब प्रमद का दूजा भेद,
कषाय सो निज थान तीसरे को पाय रे।।50।।

(अडिल्ल)

इस प्रकार संचरत जाय निज अंत लौं,
बाहुड़ जुगपत ही सु आय स्व प्रथम थलौं।
तब वह दुतिय प्रमाद अक्ष जु कषाय जी,
अपने चौथे लोभ थान कौं पाय जी।।51।।

(कुंडलिया)

इस प्रकार ही संचरत, दुति प्रमाद का अक्ष।
अंत सु अपने जाय अब, तब सु प्रथम ही गक्ष।।
तब सु प्रथम ही गक्ष अक्ष विकथा है जोई।
सोई निज परयंत थान कौं प्रापत होई।।
पुन ये दोई प्रमद अक्ष विकथारु कषायै।
बाहुड कर निज थान प्रथम जब आय रहायै।।52।।

(दोहा)

तब तीजे परमाद का, अक्ष स्व प्रथम स्थान।
छोड सु दूजे थान कौं, प्रापत होय जु आन।।53।।

(दोहा)

इस ही क्रम कर प्रथम दुति, अक्ष तनैं क्रम सेय।
निज प्रयंत के थान लौं, जाय बहुर लौटेय।।54।।
तिन कर तृतिय प्रमाद का, अक्ष जु इंद्री मान।
सो निज तृतियादिक थलहिं, प्राप्त होय इम जान।।55।।

आगैं नष्ट ल्यावनैं की विधि कहैं हैं-

(गाथा)

सगमाणेहिं विभत्ते, सेसं लक्खित्तु जाण अक्खपदं।
लद्धे रूवं पक्खिव, सुद्धे अंते ण रूवपक्खेवो।।41।।

अर्थ- किसी ने जितनेवाँ प्रमाद का भंग पूछा हो उतनी संख्या को रखकर उसमें क्रम से प्रमाद प्रमाण का भाग देना चाहिये। भाग देने पर जो शेष रहे, उसको अक्षस्थान समझ जो लब्ध आवे उसमें एक मिलाकर, दूसरे प्रमाद के प्रमाण का भाग देना चाहिये और भाग देने से जो शेष रहे, उसको अक्षस्थान समझना चाहिये। किन्तु शेष स्थान में यदि शून्य हो तो अन्त का अक्षस्थान

समझना चाहिये, और उसमें एक नहीं मिलाना चाहिये।

(सवैया इकतीसा)

आपने प्रमाद के प्रमान का विवक्षत,
संख्या माहिं भाग देय शेष जु रहैं सही।
सोई अक्ष थान जान पुन जातैं लब्ध आन,
तामें एक औ मिलाय जो प्रमान होत ही।।
तामें दुति प्रमाद के पिंड का सु भाग देय,
पूर्व रीत जो कही सो जान लीजिये वहीं।
यौं ही क्रम सरवच करनौं पै यौ विशेष,
राशि शुद्ध होय तहाँ एक जोड़िये नहीं।।56।।

या का उदाहरण कहैं हैं-

(चौपाई)

कोई पूँछै प्रश्न सु एम, भंग असी में पन्द्रा केम।
तामें प्रमद पिंड चतु केय, भाग दियैं त्रस शेष रहेय।।57।।
तातैं विकथा तीजी जोय, राष्ट्र कथा आलापी होय।
लब्ध तीन में एक मिलाय, जोडैं चार भये सब भाय।।58।।
चतु कषाय से सो भक्तेय, शेष शून्य तैं अंत ग्रहेय।
लोभी सो पुन लब्ध इकेय, राशि शुद्ध तैं इक न मिलेय।।59।।
तामें पन इंद्रिन का भाग, जाय न तातैं प्रथमहिं पाग।
वशीभूत फर्सेन्द्री तनौं, इह पन्द्रम आलाप सु भनौं।।60।।

(दोहा)

राष्ट्र कथालापी सु पुन, लोभी फर्सेन्द्रीय।
वशीभूत निद्रालु पुन, इस्नेही जानीय।।61।।

आगैं आलाप धर संख्या साधने को सूत्र कहैं हैं-

(गाथा)

संठाविदूण रूवं, उवरीदो संगुणित्तु सगमाणे।
अवणिज्ज अणंकिदयं, कुज्जा एमेव सव्वत्थ।।42।।

अर्थ– एक का स्थापन करके आगे के प्रमाद का जितना प्रमाण है, उसके साथ गुणाकार करना चाहिये और उसमें जो अनंकित हो उसका त्याग करे। इसी प्रकार आगे भी करने से उद्दिष्ट का प्रमाण निकलता है।

(सवैया इकतीसा)

एक अंक थाप तामें प्रमद ऊपर तन–,
इंद्री संख्या से गुणै अनंकित घटीजिये।
पुन शेष कौं प्रमाद पिंड अधो के कषाय,
ताकी संख्या कर गुणै जोड़ सब लीजिये।।
तामें भी अनंकित घटाय पुन शेष तामें,
अधो तन विकथा की संख्या से गुणीजिये।
पुन ताही माहिं सु अनंकित घटाय शेष,
अंक तिन अक्षन की संख्या सो कहीजिये।।62।।

(चौपाई)

कोई यह विध प्रश्न जु कीय, राष्ट्र कथालापी लोभीय।
सपरस इंद्री वसी सुजान, निद्रालू इस्नेही मान।।63।।
यह कितनौं आलाप सु आय, ताका भेद सुनो मन ल्याय।
गुणैं एक पचइंद्रिन सेय, पंच भये पुन तिन में लेय।।64।।
चार अनंकित दिये घटाय, एक रहौ पुन ताकौं भाय।
अधो कषाय प्रमद की जोय, संख्या ताकर गुणिये सोय।।65।।
चार भये न घटावे कोय, चार हि रहे सु तिनहिं अधोय।
विकथा की संख्या चतु सेय, गुणतैं सोला अंक भयेय।।66।।

तामें एक अनंकित घाट, पंद्रह अंक कहे सब पाठ।
तातैं तुम पृष्टित आलाप, पन्द्रहमों जानो भवि आप।।67।।

(दोहा)

शील भेद अठदश सहस, पुन चौरासी लक्ष।
उत्तर गुण के भेद में, यौं ही क्रम लख दक्ष।।68।।

आगैं प्रथम प्रस्तार अक्ष संचार के आश्रय नष्ट उदिष्ट के गूढ यंत्र को कहिये हैं-

इगिवितिचपणखपणदस-पण्णरसं खवीस तालसट्ठी य।
संठविय पमदठाणे, णट्ठुद्दिट्ठं च जाण तिट्ठाणे।।43।।

अर्थ- तीन प्रमादस्थानों में क्रम से प्रथम पाँच इन्द्रियों के स्थान पर एक, दो, तीन, चार, पाँच को क्रम से स्थापना करना। चार कषायों के स्थान पर शून्य, पाँच, दश, पन्द्रह स्थापन करना। तथा विकथाओं के स्थान पर क्रम से शून्य, बीस, चालीस, साठ को स्थापन करना। ऐसा करने से नष्ट उद्दिष्ट अच्छी तरह समझ में आ सकते हैं क्योंकि जो भंग विवक्षित हो उसके स्थानों पर रखी हुई संख्या को परस्पर जोड़ने से, यह कितनेवाँ भंग है अथवा इस संख्यावाले भंग में कौन कौनसा प्रमाद आता है, यह समझ में आ सकता है।

(गीतिका)

इन्द्रिय प्रमद के कोष्ठ पन में इक दु त्रिय चतु पन सही।
है शून्य पण दस बहुतर पन्द्रह चतु कषायक कोष्ठ हो।।
विकथान के चतु में जु शून्य रु बीस चालिस साठ जी।
क्रम थापिये तिन में सु नष्ट उदिष्ट जानों पाठ जी।।69।।

(गाथा)

इगिवितिचखचडवारं, खसोलरागट्ठदालचउसट्ठिं।
संठविय पमदठाणे, णट्ठुद्दिट्ठं च जाण तिट्ठाणे।।44।।

अर्थ– दूसरे प्रस्तार की अपेक्षा तीनों प्रमाद स्थानों में क्रम से प्रथम विकथाओं के स्थान पर 1/2/3/4 स्थापन करना और कषायों के स्थान पर 0/4/8/12 स्थापन करना और इन्द्रियों की जगह पर 0/16/32/48/64 स्थापन करना। ऐसा करने से दूसरे प्रस्तार की अपेक्षा भी पूर्व की तरह नष्टोद्दिष्ट समझ में आ सकते हैं।

(गीतिका)

विकथा प्रतर के कोष्ठ चतु में एक द्वय त्रय चतु लसै।
अरु कषायन के चतुक में पुन शून्य चतु अठ द्वादशे।।
पन इंद्रियन के में जु शून्य रु सोल बत्तिस संठये।
अड़ताल चौंसठ थाप तिनमें जान नष्ट उदिष्टये।।70।।

(दोहा)

इम सुभेद प्रमदन तनैं, वरणे छंद मँझार।
भाषा टीका के विषैं, देखौ इन विस्तार।।71।।
पुन साढ़े सैंतिस सहस, भेद प्रमादन केय।
तिनको भी तहँ देख कर, भ्रम अँधियार हरेय।।72।।

आगैं अप्रमत्त गुण स्थान कहै हैं–

(गाथा)

संजलणणोकसायाणुदओ मंदो जदा तदा होदि।
अपमत्तगुणो तेण य, अपमत्तो संजदो होदि।।45।।

अर्थ– जब संज्वलन और नोकषाय का मन्द उदय होता है तब सकल संयम से युक्त मुनि के प्रमाद का अभाव हो जाता है। इसीलिये इस गुणस्थान को अप्रमत्तसंयम कहते हैं। इसके दो भेद हैं– एक स्वस्थानाप्रमत्त दूसरा सातिशयाप्रमत्त।

(दोहा)

नो कषाय संजुलन का, मंद उदय जब होय।
तब अप्रमत गुण युत जु ह्वै, अप्रमत संयत सोय।।73।।

आगैं स्व स्थान अप्रमत्त गुण स्थान स्वरूप कहिये हैं-

(गाथा)

णट्ठासेसपमादो, वयगुणसीलोलिमंडिओ णाणी।
अणुवसमओ अखवओ, झाणणिलीणो हु अपमत्तो।।46।।

अर्थ- जिस संयत के संपूर्ण व्यक्ताव्यक्त प्रमाद नष्ट हो चुके हैं, और जो समग्र ही महाव्रत, अट्ठाईस मूलगुण तथा शील से युक्त है, शरीर और आत्मा के भेदज्ञान में तथा मोक्ष के कारणभूत ध्यान में निरंतर लीन रहता है, ऐसा अप्रमत्त मुनि जब तक उपशमक या क्षपक श्रेणी का आरोहण नहीं करता तब तक उसको स्वस्थान अप्रमत्त अथवा निरतिशय अप्रमत्त कहते हैं।

(दोहा)

नष्टित शेष प्रमाद व्रत, गुण शीलावलि सार।
मंडित सम्यक् ज्ञान जुत, ध्यान लीन सुखकार।।74।।
उपशम श्रेणी जब तहीं, चढनैं सन्मुख नाहिं।
तब लग अप्रमत संयमी, स्वस्थानी सु कहाहिं।।75।।

आगैं सातिशय अप्रमत्त के स्वरूप को कहैं हैं-

(गाथा)

इगवीसमोहखवणुव-समणणिमित्ताणि तिकरणाणि तहिं।
पढमं अधापवत्तं, करणं तु करेदि अपमत्तो।।47।।

अर्थ- अप्रमत्याख्यानावरण, प्रत्याख्यानावरण और संज्वलन संबंधी क्रोध, मान, माया, लोभ इस तरह बारह और हास्यादिक नव नोकषाय कुल मिलकर मोहनीय कर्म की इन इक्कीस प्रकृतियों के उपशम या क्षय करने

को आत्मा के ये तीन करण अर्थात् तीन प्रकार के विशुद्ध परिणाम निमित्तभूत हैं- अधःप्रवृत्तिकरण, अपूर्वकरण और अनिवृत्तिकरण। उनमें से सातिशय अप्रमत्त अर्थात् जो श्रेणी चढ़ने के लिये सम्मुख या उद्यत हुआ है वह नियम से पहले अधःप्रवृत्तकरण को करता है।

(अडिल्ल)

मोह प्रकृति इक बीस क्षिपावन कौं सही,
वा उपशमन निमित्त त्रि करण करै तहीं।
प्रथमहिं अधाप्रवृत्त करण जु तहाँ करै,
सोइ सातिशय अप्रमत्त संज्ञा धरै।।76।।

आगैं अध:प्रवृत करण का निरुक्ति कर सिद्ध भया ऐसा लक्षण कहैं हैं-

(गाथा)

जह्मा उवरिम भावा, हेट्ठिमभावेहिं सरिसगा होंति।
तह्मा पढमं करणं, अधापवत्तो त्ति णिद्दिट्ठं।।48।।

अर्थ- अधःप्रवृत्तकरण के काल में से ऊपर के समयवर्ती जीवों के परिणाम नीचे के समयवर्ती जीवों के परिणामों के सदृश-अर्थात् संख्या और विशुद्धि की अपेक्षा समान होते हैं, इसलिये प्रथम करण को अधःप्रवृत्तकरण कहा है। अधःप्रवृत्तकरण के काल और उसमें होने वाले परिणामों का प्रमाण हुए उनकी सदृश बुद्धि का निर्देश करते हैं।

(अडिल्ल)

जातैं समय उपर तन के परिणाम जी,
नीचे के परिणामन सहि मिल ताम जी।
होंय बराबर तातैं प्रथम करण सही,
अधाप्रवृत्त सु ऐसैं निर्देशो यही।।77।।

(दोहा)

गये वहु समय जीव के, जो परिणाम कहेय।
कोइ जीव पहले समय, में भि सु प्राप्त करेय।।78।।

आगैं इस के काल को कहैं हैं–

(गाथा)

अंतो मुहुत्तमेत्तो, तक्कालो होदि तत्थ परिणामा।
लोगाणमसंखमिदा, उवरुवरिं सरिसवड्ढिगया।।49।।

अर्थ – इस अधःप्रवृत्तकरणका काल अन्तर्मुहूर्त मात्र है और उसमें परिणाम असंख्यात लोक प्रमाण होते हैं, और ये परिणाम ऊपर–ऊपर सदृश वृद्धि को प्राप्त होते गये हैं। अर्थात् यह जीव चारित्रमोहनीय की शेष 21 प्रकृतियों का उपशम या क्षय करने के लिये अधःकरण, अपूर्वकरण, अनिवृत्तिकरण को करता है। प्रत्येक भेद के परिणामों का प्रमाण असंख्यात लोक प्रमाण है और उनमें जो उत्तरोत्तर वृद्धि होती है वह समानता को लिये हुए होती है। इनमें से अधःकरण श्रेणी चढ़ने के सम्मुख सातिशय अप्रमत्त के होता है और अपूर्वकरण आठवें और अनिवृत्तिकरण नववें गुणस्थान में होता है।

अंतोमुहुत्तकालं, गमिऊण अधापवत्तकरणं तं।
पडिसमयं सुज्झंतो, अपुव्वकरणं समल्लियइ।।50।।

अर्थ– जिसका अन्तर्मुहूर्त मात्र काल है, ऐसे अधःप्रवृत्तकरण को बिताकर वह सातिशय अप्रमत्त जब प्रतिसमय अनन्तगुणी विशुद्धि को लिये हुए अपूर्वकरण जाति के परिणामों को करता है, तब उसको अपूर्वकरण नामक अष्टम गुणस्थानवर्ती कहते हैं।

अपूर्वकरण का निरुक्ति पूर्वक लक्षण कहते हैं –

एदह्मि गुणट्ठाणे, विसरिससमयट्ठियेहिं जीवेहिं।
पुव्वमपत्ता जह्मा, होंति अपुव्वा हु परिणामा।।51।।

अर्थ– इस गुणस्थान में भिन्नसमयवर्ती जीव, जो पूर्व समय में कभी भी प्राप्त नहीं हुए थे ऐसे अपूर्व परिणामों को ही धारण करते हैं इसलिए इस गुणस्थान का नाम अपूर्वकरण है।

इस गुणस्थान का दो गाथाओं द्वारा विशेष स्वरूप दिखाते हैं –

भिण्णसमयट्ठियेहिं दु, जीवेहिं ण होदि सव्वदा सरिसो।
करणेहिं एक्कसमयट्ठियेहिं सरिसो विसरिसो वा।।52।।

अर्थ – यहाँ पर (अपूर्वकरण में) भिन्नसमयवर्ती जीवों में विशुद्ध परिणामों की अपेक्षा कभी भी सादृश्य नहीं पाया जाता, किन्तु एकसमयवर्ती जीवों में सादृश्य और वैसादृश्य दोनों ही पाये जाते हैं।

अंतोमुहुत्तमेत्ते, पडिसमयसंखलोगपरिणामा।
कमउड्ढा पुव्वगुणे, अणुकट्टी णत्थि णियमेण।।53।।

अर्थ– इस गुणस्थान का काल अन्तर्मुहूर्त्तमात्र है और इसमें परिणाम असंख्यात लोकप्रमाण होते हैं और वे परिणाम उत्तरोत्तर प्रतिसयम समानवृद्धि को लिये हुए हैं तथा इस गुणस्थान में नियम से अनुकृष्टि रचना नहीं होती है।

(अडिल्ल)

भिन्न समय में इस्थित जीवन के सही,
सदृशता परिणामन की न कभी कही।
इक समय स्थित करण तनैं भावन महीं,
सदृशता भी होय वा सु असदृश तहीं।।79।।

(दोहा)

जहँ अपूर्व परिणाम ह्वैं, सो अष्टम गुणथान।
करण अपूरव जानिये, लक्षण उक्त प्रमान।।80।।

(अडिल्ल)

अंत महूरत मात्र अपूरव गुण तनौं,
काल माहिं प्रति समै क्रमत वृद्धित ठनौं।
लोक असंख जु मात्र प्रमाण कहे तहीं,
पुन अनुकृष्टि विधान नेम कर तहँ नहीं।।81।।

इस प्रकार अपूर्वकरण परिणामन के विशेष कार्य को गाथा दो कर कहैं हैं–

(गाथा)

तारिसपरिणामट्ठिय-जीवा हु जिणेहिं गलियतिमिरेहिं।
मोहस्सपुव्वकरणा, खवणुवसमणुज्जया भणिया।।54।।

अर्थ– अज्ञान अन्धकार से सर्वथा रहित जिनेन्द्रदेव ने कहा है कि उक्त परिणामों को धारण करने वाले अपूर्वकरण गुणस्थानवर्ती जीव मोहनीयकर्म की शेष प्रकृतियों का क्षपण अथवा उपशमन करने में उद्यत होते हैं।

(सवैया तेईसा)

तिन असमान जु परिणामन में इस्थित जीव सु तिनको भाई।
गलित तिमिर श्री जिनवर देव ने कहे अपूर्व कार्ज जू गाई।।
ते जिय प्रथम समय से लेकर चारित मोह खिपावन ताईं।
वा उपशम करने को उद्यमवान कहे निश्चय सुख दाई।।82।।

(दोहा)

गुण श्रेणी गुण संक्रमण, इस्थित खंडन जेय।
अरु खंडन अनुभाग चतु, करै अवश्यक तेय।।83।।

(गाथा)

णिद्दा पयले णट्ठे, सदि आऊ उवसमंति उवसमया।
खवयं दुक्के खवया, णियमेण खंवति मोहं तु।।55।।

अर्थ– जिनके निद्रा और प्रचलना की बन्धव्युच्छित्ति हो चुकी है, तथा जिनका आयुकर्म अभी विद्यमान है, ऐसे उपशमश्रेणी का आरोहण करने वाले जीव शेष मोहनीय का उपशमन करते हैं और जो क्षपकश्रेणी का आरोहण करने वाले हैं, वे नियम से मोहनीय का क्षपण करते हैं।

(सवैया तेईसा)

मर्ण विहीनरु निद्रा प्रचला के बँध व्युच्छिति का भाग जु भाई।
प्रथम अपूरव कर्ण थान का कहौ नेम कर आगम गाई।।
तिहिं गुणथानक वर्ती जीव जु उपशम श्रेण्यारूढ सुहाई।
मोह तनौं उपशांत करै औ क्षपक रूढतैं क्षय जु कराई।।84।।

(दोहा)

बहुर क्षपक श्रेणीन के, सब ही थान मँझार।
मरण नेम कर नहीं ते, करहिं कर्म संधार।।85।।

आगैं अनिवृत्य करण गुणस्थान का स्वरूप कहैं हैं–

(गाथा)

एक्कह्मि कालसमये, संठाणादीहिं जह णिवट्टंति।
ण णिवट्टंति तहा वि य, परिणामेहिं मिहो जेहिं।।56।।
होंति अणियट्टिणो ते, पडिसमयं जेस्सिमेक्कपरिणामा।
विमलयरझाणहुयवह-सिहाहिं णिद्दड्ढ कम्मवणा।।57।।

अर्थ– अन्तर्मुहूर्तमात्र अनिवृत्तिकरण के काल में से आदि या मध्य या अन्त के एकसमयवर्ती अनेक जीवों में जिसप्रकार शरीर की अवगाहना आदि बाह्य करणों से तथा ज्ञानावरणादिक कर्म के क्षयोपशमादि अन्तरंग

करणों से परस्पर में भेद पाया जाता है, उस प्रकार जिन परिणामों के निमित्त से परस्पर में भेद नहीं पाया जाता उनको अनिवृत्तिकरण कहते हैं। अनिवृत्तिकरण गुणस्थान का जितना काल है, उतने ही उसके परिणाम हैं। इसलिये उसके काल के प्रत्येक समय में अनिवृत्तिकरण का एक ही परिणाम होता है। तथा ये परिणाम अत्यन्त निर्मल ध्यान रूप अग्नि की शिखाओं की सहायता से कर्मवन को भस्म कर देते हैं।

(सवैया तेईसा)

इह अनिवृत्य करण के काल में एक समय वर्ती जु पुमाना।
काल त्रिगोचर नाना जीव सु जित संस्थान वरण अवगाना।।
ज्ञानोपयोगादिक सौं परस्पर भिन्न भिन्न भेद रूप कराना।
त्यौं विशुद्धि परिणामों करते भेद रूप नहिं प्रगट बताना।।86।

(कवित्त)

ते जिय अनिवृत करण कहे सो प्रथम समय कौं आद जु देय।
समय समय प्रति नंतगुणी सु विशुद्धि की वृद्धी कर वृद्धेय।।
हीनादिक सो भाव रहित सब जीव समान विशुद्धि धरेय।
विमल ध्यान दब सेतिं सुते जिय दग्ध कर्म बिन ऐसे कहेय।।87।।

(दोहा)

इस विशेष कर मोह के, उपशम वा क्षपणााय।
कारज अनिवृत करण के, भावन का सूचाय।।88।।

आगैं सूक्ष्म सांपराय गुणस्थान स्वरूप को कहैं हैं–

(गाथा)

धुदकोसुंभयवत्थं, होदि जहा सुहमरायसंजुत्तं।
एवं सुहमकसाओ, सुहमसरागोत्ति णादव्वो।।58।।

अर्थ– जिसप्रकार धुले हुए कसूमी वस्त्र में लालिमा – सुर्खी सूक्ष्म रह

जाती है, उसीप्रकार जो जीव अत्यन्त सूक्ष्म राग – लोभ कषाय से युक्त है उसको सूक्ष्मसाम्पराय नामक दशम गुणस्थानवर्ती कहते हैं।

(दोहा)

धुयौ कुसुम पट जेम ह्वै, सूक्ष्म लाल रँगवान।
तिम सूक्षम सांप्राय भी, सूक्ष्म लोभ जुत जान।।89।।

आगैं सूक्ष्म कृष्टि को प्राप्त भया स्वरूप ताकौं गाथा दोय कर कहिये हैं–

(गाथा)

पुव्वापुव्वप्फड्ढय, बादरसुहमगयकिट्टिअणुभागा।
हीणकमाणंतगुणेणवरादु वरं च हेट्ठस्स।।59।।

अर्थ– पूर्वस्पर्धक से अपूर्व स्पर्धक के और अपूर्वस्पर्धक से बादर कृष्टि के तथा बादरकृष्टि से सूक्ष्मकृष्टि के अनुभाग क्रम से अनन्तगुणे अनन्तगुणे हीन हैं। और ऊपर के (पूर्व पूर्व के) जघन्य से नीचे का (उत्तरोत्तर का) उत्कृष्ट और अपने अपने उत्कृष्ट से अपना अपना जघन्य अनन्तगुणा अनन्तगुणा हीन है।

अणुलोहं वेदंतो, जीवो उवसामगो व खवगो वा।
सो सुहमसांपराओ, जह खादेणूणओ किं चि।।60।।

अर्थ– चाहे उपशम श्रेणी का आरोहण करने वाला हो अथवा क्षपकश्रेणी का आरोहण करने वाला हो, परन्तु जो जीव सूक्ष्मलोभ के उदय का अनुभव कर रहा है, ऐसा दशवें गुणस्थान वाला जीव यथाख्यात चारित्र से कुछ ही न्यून रहता है।

(दोहा)

पूर्व अपूर्व समर्द्ध के, बादरु कृष्टि सु पाग।
सूक्षम दृष्टि इन चतुक, का क्रम से अनुभाग।।90।।

स्व उत्कृष्ट तैं स्वय जघन, जघन उपर तन सेय।
अधुत्कृष्टि है इम गुणानंत घाट कृम लेय।।91।।

(अडिल्ल)

सूक्ष्म लोभ अनुभवत जीव अब जानिये,
उपशमकी अथवा सु क्षायिकी मानिये।
सोई सूक्ष्म सांपराय संज्ञा धरै,
यथाख्यात से किंचत हीन जु संचरै।।92।।

(दोहा)

सूक्ष्म कृष्टि को प्राप्त जो, सूक्षम लोभ कषाय।
सोई जिसकें पाईये, सो सूक्षम सांप्राय।।93।।

आगैं उपशांत कषाय गुणस्थान स्वरूप कहैं हैं–

(गाथा)

कदकफलजुदजलं वा, सरए सरवाणियं व णिम्मलयं।
सयलोवसंतमोहो, उवसंतकसायओ होदि।।61।।

अर्थ– निर्मली फल से युक्त जल की तरह, अथवा शरदऋतु में ऊपर से स्वच्छ हो जाने वाले सरोवर के जल की तरह, संपूर्ण मोहनीयकर्म के उपशम से उत्पन्न होने वाले निर्मल परिणामों को उपशान्तकषाय नामक ग्यारहवाँ गुणस्थान कहते हैं।

(गीतिका)

जैसैं कुतक फल चूर्ण युत जल प्रसन वा ऋतु शरद हीं।
सरवर तनौं जल होय निर्मल जमै करदम तल महीं।।
तैसैं सकल उपशांत मोह तनी प्रकृति कैसै तहाँ।
सो होत शांत कषाय प्रकृत न उदय योग्य कही जहाँ।।94।।

आगैं क्षीणकषाय गुणस्थान स्वरूप कहैं हैं–

(गाथा)

णिस्सेसखीणमोहो, फलिहामलभायणुदयसमचित्तो।
खीणकसाओ भण्णदि, णिग्गंथो वीयरायेहिं।।62।।

अर्थ– जिस निर्ग्रन्थ का चित्त मोहनीय कर्म के सर्वथा क्षीण हो जाने से स्फटिक के निर्मल पात्र में रखे हुए जल के समान निर्मल हो गया है उसको वीतराग देव ने क्षीणकषाय नामक बारहवें गुणस्थानवर्ती कहा है।

(चौपाई)

क्षीण समस्त मोह जहाँ होय, फटिक पात्र जल सम चित जोय।
क्षीणकषाय जु ऐसे तेय, वीतराग सर्वज्ञ भणेय।।95।।

(दोहा)

सोइ परम निर्ग्रंथ है, पुन उपशांत कषाय।
यथाख्यात की सदृशता, तैं निर्ग्रंथ कहाय।।96।।

आगैं सयोगकेवली गुणस्थान स्वरूप कहैं हैं–

(गाथा)

केवलणाणदिवायर-किरणकलावप्पणासियण्णाणो।
णवकेवललद्धुग्गम - सुजणियपरमप्पववएसो।।63।।
असहायणाणदंसण-सहिओ इदि केवली हु जोगेण।
जुत्तो त्ति सजोगिजिणो, अणाइणिह णारिसे उत्तो।।64।।

अर्थ– जिसका केवलज्ञानरूपी सूर्य की अविभाग प्रतिच्छेदरूप किरणों के समूह से (उत्कृष्ट अनन्तानन्त प्रमाण) अज्ञान अंधकार सर्वथा नष्ट हो गया हो और जिसको नव केवललब्धियों के (क्षायिक-सम्यक्त्व, चारित्र, ज्ञान, दर्शन, दान, लाभ, भोग, उपभोग, वीर्य) प्रकट होने से परमात्मा यह व्यपदेश (संज्ञा) प्राप्त हो गया है, वह इन्द्रिय आलोक आदि की अपेक्षा न

रखने वाले ज्ञानदर्शन से युक्त होने के कारण केवली और योग से युक्त रहने के कारण सयोग, तथा घाति कर्मों से रहित होने के कारण जिन कहा जाता है, ऐसा अनादिनिधन आर्ष आगम में कहा है।

(सवैया तेईसा)

केवलज्ञान दिवाकर की किरणावलि के परकाशत भाई।
नसै अज्ञान मई अँधकार जु ऐसी परार्थहिं संपत पाई।।
पुन नव केवल लब्धि उदय कर सु जनित परमातम संज्ञाई।
धारक श्री संयोग जिनेश सु इम श्री स्वार्थहिं युक्त कहाई।।97।।

(अडिल्ल)

सहित सुजोग सँजोग बहुर असहाय जी,
ज्ञानरु दर्शन युक्त केवली थाय जी।
ऐसे जिन संजोग केवली सार जू,
सो अनादिनिधना ऋषि उक्त विचार जू।।98।।

आगैं अयोगकेवली गुणस्थान स्वरूप कहैं हैं–

(गाथा)

सीलेसिं संपत्तो, णिरुद्ध णिस्सेसआसवो जीवो।
कम्मरयविप्पमुक्को, गयजोगो केवली होदि।।65।।

अर्थ– जो अठारह हजार शील के भेदों का स्वामी हो चुका है, जिसके कर्मों के आने का द्वार रूप आस्रव सर्वथा बन्द हो गया है तथा सत्त्व और उदयरूप अवस्था को प्राप्त कर्मरूप रज की सर्वथा निर्जरा होने से जो उस कर्म से सर्वथा मुक्त होने के सम्मुख है, उस योग रहित केवली को चौदहवें गुणस्थानवर्ती आयोग केवली कहते हैं।

(गीतिका)

सब भेद सील तनैं जु अठदस सहस तिनको पाय जी।
आस्रव समस्त निरोध जिय पुन स्वपद में थिर थाय जी।।
नव बध्यमान करम मई रज कर विमुक्त भये सही।
मन वचन तन के योग बिन जिन अयोगी संज्ञा लही।।99।।

या प्रकार कहे चौदह गुणस्थान तिन में अपने आयु बिना सात कर्मन की गुण श्रेणी निर्जरा संभव है ताकौं अर तिस गुण श्रेणी निर्जरा का काल विशेष कौं गाथा दोय कर कहिये हैं–

(गाथा)

सम्मत्तुप्पत्तीये- सावयविरदे अणंतकम्मंसे।
दंसणमोहक्खवगे, कसायउवसामगे य उवसंते।।66।।
खवगे य खीणमोहे, जिणेसु दव्वा असंखगुणिदकमा।
तव्विवरीया काला, संखेज्जगुणक्कमा होंति।।67।।

अर्थ– सम्यक्त्वोत्पत्ति अर्थात् सातिशय मिथ्यादृष्टि और सम्यग्दृष्टि, श्रावक, विरत, अनन्तानुबन्धी कर्म का विसंयोजन करने वाला, दर्शनमोहनीय कर्म का क्षय करने वाले, कषायों का उपशम करने वाले 8-9-10वें गुणस्थानवर्ती जीव, उपशान्तकषाय, कषायों का क्षपण करने वाले 8-9-10वें गुणस्थानवर्ती जीव, क्षीणमोह, सयोगी और अयोगी दोनों प्रकार के जिन, इन ग्यारह स्थानों में द्रव्य की अपेक्षा कर्मों की निर्जरा क्रम से असंख्यातगुणी असंख्यातगुणी अधिक अधिक होती जाती है और उसका काल इससे विपरीत है। क्रम से उत्तरोत्तर संख्यातगुणा संख्यातगुणा हीन है।

(सवैया इकतीसा)

प्रथमोपशम समकित उतपत्तठान,
देशव्रत बहुर सकल संजमी सही।

अनंतानुबंधी कौ विसंयोजक थान पुन,
दर्शनमोहनीय के क्षपक के सही।।
उपशम श्रेणी पुन उपशांत मोह थान,
क्षपक जु श्रेणी अरु क्षपक स्थान ही।
दुविध सँजोगी जिन स्व पर स्थानि यहाँ,
क्रम से असंख गुणि द्रव्य निर्जरा कही।।100।।

इस प्रकार चौदह गुणस्थान वा उनके स्वामी कौं कह आगैं निर्जरे सब कर्म जिन कर ऐसे सिद्ध परमेष्ठी तिनके स्वरूप कौं अन्यमत के विवाद के निराकरण के लिये गाथा दोय कर कहैं हैं–

(गाथा)

अट्ठविहकम्मवियला, सीदीभूदा णिरंजणा णिच्चा।
अट्ठगुणा किदकिच्चा, लोयग्गणिवासिणो सिद्धा।।68।।

अर्थ– जो ज्ञानावरणादि अष्ट कर्मों से रहित हैं, अनन्तसुखरूपी अमृत का अनुभव करने वाले शांतिमय हैं, नवीन कर्मबंध के कारणभूत मिथ्यादर्शनादि भावकर्मरूपी अंजन से जो रहित हैं, जो नित्य हैं, सम्यक्त्व, ज्ञान, दर्शन, वीर्य, अव्याबाध, अवगाहन, सूक्ष्मत्व, अगुरुलघु, ये आठ मुख्य गुण जिनके प्रकट हो चुके हैं, जो कृतकृतय हैं – जिनको कोई कार्य करना बाकी नहीं रहा है, जो लोक के अग्रभाग में निवास करने वाले हैं, उनको सिद्ध कहते हैं।

(चौपाई)

अष्टकर्म कर विकल सुचित्त, शीतीभूत निरंजन नित्त।
वसु गुण युत कृतकृत्य सु जेय, वासि लोक सिर सिद्ध कहेय।।101।।

(दोहा)

वसु गुण के प्रतिपक्ष जे, अष्ट कर्म दुखदाय।
तिन कर रहित भये सु इम, विकल कर्म वसु थाय।।102।।

(गाथा क्षेपक)

मोहो खाइय सम्मं, केवलणाणं च केवलालोयं।
हणदिहु आवरणदुगं, अणंतविरियं हणंतु विग्घंतु।।1।।
सुहुमं च णामकम्मं, हणेदु आऊ हणेदु अवगहणं।
अगुरुलहुयगं गोदं, अव्वावाहं हणेदु वेयणियं।।2।।

(सवैया इकतीसा)

मोहनिय करम जु क्षायिक सम्यक घातै,
केवल सु ज्ञान अर केवल दरश ही।
आवरण दोय ज्ञान दर्शनावरणी घातैं,
वीरज अनंत कौं सु अंतराय ग्रस ही।।
सूक्ष्मत्व गुण कौं सो नाम कर्म रोक रहौ,
गुण अवगाहन कौं आयु कर्म घात ही।
अगुरुलघुय कौं सु गोत्र कर्म घातक है,
अव्याबाध गुण ताह वेदनी प्रछादहीं।।103।।

(दोहा)

इम वसु अरि हर वसु गुणन, युक्त भये शिव ईश।
पुन अनंत गुण युत नमौं, निवसे त्रिभुवन शीश।।104।।
ऊपर सिद्धन के जिते, गुण वरणे सुखदाय।
ते दूषक इन मतिन के, कहौं भेद तिन गाय।।105।।

(गाथा)

सदसिव संखो मक्कडि, बुद्धो णेयाइयो य वेसेसी।
ईसरमंडलिदंसण-विदूसणट्ठं कयं एदं।।69।।

अर्थ– सदाशिव, सांख्य, मस्करी, बौद्ध, नैयायिक और वैशेषिक, कर्तृवादी (ईश्वर को कर्त्ता मानने वाले), मण्डली इनके मतों का निराकरण करने के लिये ये विशेषण दिये हैं।

(दोहा)

सदाशिवमीत सांख्यमति, मस्करि बौद्ध मतीय।
नैयायिक वैशेष कहँ, ईसरि मंडल जीय।।106।।
अब को गुण किन मतन के, निराकरण करतार।
सो वरणौं भिन भिन्न जो, नाशक भ्रम अँधियार।।107।।

(चौपाई)

यह श्रद्धा मीमांसिक केय, सदा कर्म मल कर न लिपेय।
तातैं सदा मुक्त जिय जान, बहुर सदाशिव मत यह वान।।108।।
सदा काल ईश्वर इम कहैं, तिनके निराकरण कौं यहै।
वसु गुण घातिक वसु विध कर्म, रहित सिद्ध जु विशेषण पर्म।।109।।
शीती भूत अर्थ इम भाष, संसारिक दुख आतप नाश।
शीतल भये विशेष न येह, पक्षि सांख्य मत की जु हरेय।।110।।

(दोहा)

मुक्त आत्मा के सु यह, सुख्य अभाव कहेय।
निराकरण कर तास को, सर्व विकल्प हरेय।।111।।

(चौपाई)

पुन नव कर्म बंध मइ सार, अंजन बिऩ श्री सिद्ध निहार।
इस्कर जये मस्करी लोग, मुक्त भये जु कहैं विधि जोग।।112।।
अविनाशी स्वभाव मइ नित्य, इस्कर किये बौद्ध निर्वृत्य।
जो कहँ चेतन के पर्जाय, विनाशीक छिन छिन प्रति थाय।।113।।
पुन वसु गुण युत गुण जु अनंत, युक्त सदाश्री सिद्ध महंत।
नैयायिक वैशेषिक मती, इस कर निराकरण किय अती।।114।।

(दोहा)

ज्ञानदर्शनादिक सु जे, जीव तनैं गुण सार।
तिन अभाव तैं मुक्त है, यह इन श्रद्धा धार।।115।।

(चौपाई)

कृत जो विध क्षय कारण काज, सो किय कृत्य भये शिवराज।
इस्कर ईश्वरवादी सृष्ट, तिनका अभिप्राय किय नष्ट।।116।।

(दोहा)

सदा मुक्त है तौ भिजय, निरमापन में सार।
आदर किये रहे सु कछु, करनौं तिन मत धार।।117।।

(चौपाई)

पुन धर्मास्तिकाय तैं सार, सिद्ध वास लोकाग्र विचार।
इस्कर जीते मंडलमती, जो कहँ मुक्त जीव विन थिती।।118।।

(दोहा)

सप्त विशेषण के सु हम, काज पूर्व थानेय।
गाथन महिं वरनन कियौ, तातैं अब न कहेय।।119।।

(चौपाई)

इकहत्तर गाथा सुखकार, शत इक उनइस छंद मँझार।
गुणस्थान अधिकार जु एह, पूरण भयो प्रथम सुख गेह।।120।।

इति आचार्य श्री नेमिचन्द सिद्धान्त चक्रवर्ती विरचित गोम्मटसार दुतिय नाम पंचसंग्रह ताकी जीवतत्त्वप्रदीपिका नामा संस्कृत टीका वा सम्यग्ज्ञान चन्द्रिका नाम भाषा टीका के अनुसार मूल गाथार्थ छन्द बन्ध छन्दोदय नामा ग्रन्थ में गुणस्थान प्ररूपणा नाम प्रथम अधिकार समाप्त भया।

***

अधिकार - 2

जीवसमास

(सोरठा)

घाति कर्म चतु नाश, पाय अनंत चतुष्क जिन।
कियो विश्व परकाश, वंदौं तिन श्री अजित पद।।1।।

(दोहा)

अब यह जीव समास का, गाथारथ अवधार।
वरणौं अति संक्षेप कर, छंद बंध अधिकार।।2।।

अब निरुक्ति पूर्वक जीव समास के लक्षण को कहैं हैं–

(गाथा)

जेहिं अणेया जीवा, णज्जंते बहुविहा वि तज्जादी।
ते पुण संगहिदत्था, जीवसमासा त्ति विण्णेया।।70।।

अर्थ– जिनके द्वारा अनेक जीव तथा उनकी अनेक प्रकार की जाति जानी जाय उन धर्मों को अनेक पदार्थों का संग्रह करने वाले होने से जीवसमास कहते हैं, ऐसा समझना चाहिये।

(सवैया तेईसा)

जिन समान पर्याय रूप धर्मों कर जीव जदिप बहु होई।
बहु प्रकार हैं तौ भि विवक्षत सदृश भावों कर इक ठोई।।
एकत्र करनैं तैं इक जाति में प्राप्त किये हुय जानिय जोय।
तेहि धर्म संग्रहित अर्थ मय जीव समास कहै भ्रम खोय।।3।।

(गाथा)

तसचदुजुगाण मज्झे, अविरुद्धेहिं जुदजादिकम्मुदये।
जीवसमासा होंति हु, तब्भवसारिच्छसामण्णा।।71।।

अर्थ– त्रस स्थावर, बादर सूक्ष्म, पर्याप्त अपर्याप्त और प्रत्येक साधारण, इन चार युगलों में से अविरुद्ध त्रसादि कर्मों से युक्त जाति नाम कर्म का उदय होने पर जीवों में होने वाले ऊर्ध्वतासामान्यरूप या तिर्यक्सामान्यरूप धर्मों को जीवसमास कहते हैं।

(छप्पय)

त्रस थावर बादर सूक्षम पर्याप्त जु जानों।
अपरयाप्त प्रत्येक बहुर साधारण मानों।।
इन माहीं अविरुद्ध प्रकृति सह मिल जुर ये ही।
ऐसौ जाति जु नाम कर्म के उदय भये ही।।
जे प्रगट भये ऐसे जु तद्भव सदृश सामानये।
ते जीव समास जु होंय हैं आगम उक्त प्रमानये।।4।।

आगैं संक्षेप कर जीव समासन कौं कहैं हैं–

(गाथा)

बादरसुहमेइंदिय, बिति चउरिंदिय असण्णिसण्णी य।
पज्जत्तापज्जत्ता, एवं ते चोद्दसा होंति।।72।।

अर्थ– एकेन्द्रिय के दो भेद हैं – बादर और सूक्ष्म। विकलत्रय के तीन भेद हैं – द्वीन्द्रिय, त्रीन्द्रिय और चतुरिन्द्रिय। पंचेन्द्रिय के दो भेद हैं – संज्ञिपंचेन्द्रिय और असंज्ञिपंचेन्द्रिय। इस तरह ये सातों ही प्रकार के जीव पर्याप्त और अपर्याप्त दोनों ही तरह के हुआ करते हैं। इसलिये जीवसमास के सामान्यतया सब मिलकर चौदह भेद होते हैं।

(अडिल्ल)

सूक्षम बादर इक इंद्रिय अब जानिये।
द्वित्रि चतुरिंद्रिय सैनि असैनी मानिये।।

ये पर्याप्तरु अपर्याप्त से गुनत ही।
चतुदश जीव समास भेद ह्वै हैं सही।।5।।

अब विस्तार रूप जीव समासन को कहै हैं–

(गाथा)

भूआउतेउवाऊ, णिच्चचदुग्गदिणिगोदथूलिदरा।
पत्तेयपदिट्ठिदरा, तस पण पुण्णा अपुण्णदुगा।।73।।

अर्थ– पृथ्वी, जल, तेज, वायु, नित्यनिगोद, इतरनिगोद – इन छह के बादर सूक्ष्म के भेद से बारह भेद होते हैं तथा प्रत्येक के दो भेद हैं – एक प्रतिष्ठित, दूसरा अप्रतिष्ठित। और त्रस के पाँच भेद होते हैं – द्वीन्द्रिय, त्रीन्द्रिय, चतुरिन्द्रिय, असंज्ञी पंचेन्द्रिय और संज्ञी पंचेन्द्रिय। इस तरह सब मिलाकर उन्नीस भेद होते हैं। वे सभी भेद पर्याप्त, निर्वृत्यपर्याप्त, लब्ध्यपर्याप्त भेद से तीन तीन प्रकार के होते हैं। इसलिये उन्नीस का तीन के साथ गुणा करने पर जीव समास के 57 भेद होते हैं।

(गीतिका)

भू जल सु तेज समीर नित्य सु चतुर्गति जु निगोद जी।
सो सूक्ष्म बादर तैं गुनैं ह्वैं सर्व द्वादश भेद जी।।
पुन सप्रतिष्ठत अप्रतिष्ठत भेद द्वै प्रत्येक ही।
त्रस पंच मिल उनईश जीव समास भेद भये सही।।6।।

(दोहा)

ते प्रत्येक प्रयाप्त अरु, अपरयाप्त निर्वृत्य।
लब्ध अपर्याप्तक सहित, संतावन लख मित्त।।7।।

आगैं इन संतावन जीव भेदन के गर्भित विशेष दिखावनैं के अर्थ स्थानादिक चार अधिकार कहैं हैं–

(गाथा)

ठाणेहिं वि जोणीहिं वि, देहोग्गाहणकुलाण भेदेहिं।
जीवसमासा सव्वे, परूविदव्वा जहाकमसो।।74।।

अर्थ– स्थान, योनि, शरीर की अवगाहना और कुलों के भेद इन चार अधिकारों के द्वारा संपूर्ण जीवसमासों का क्रम से निरूपण करना चाहिये।

(चौपाई)

भेद स्थानरु योनिय तनैं, वपु अवगाहन कुल के भनैं।
तिन कर जिय समास सर्वथा, प्रूपण किये जु ह्वै क्रम यथा।।8।।

आगैं जैसा उद्देश कहिये नाम का क्रम होय तैसे ही निर्देश कहिये स्वरूप निर्णय क्रम कर करना इस न्याय कर प्रथम कह्या जो जीव समास विषैं स्थानाधिकार ताकौं गाथा चार कर कहैं हैं–

(गाथा)

सामण्णजीव तसथावरेसु इगिविगलसयलचरिमदुगे।
इंदियकाये चरिमस्स य दुतिचदुरपणगभेदजुदे।।75।।

अर्थ– सामान्य से (द्रव्यार्थिक नय से) जीव का एक ही भेद है, क्योंकि 'जीव' कहने से जीव मात्र का ग्रहण हो जाता है। इसलिये सामान्य से जीव समास का एक भेद, त्रस और स्थावर अपेक्षा से दो भेद, एकेन्दिद्रय, विकलेन्द्रिय (द्वीन्द्रिय, त्रीन्द्रिय, चतुरिन्द्रिय), सकलेन्द्रिय (पंचेन्द्रिय) की अपेक्षा तीन भेद, यदि पंचेन्द्रिय के दो भेद कर दिये जाएँ तो जीवसमास के एकेन्द्रिय, विकलेन्द्रिय, संज्ञी, असंज्ञी इस तरह चार भेद होते हैं। इन्द्रियों की अपेक्षा पाँच भेद हैं, अर्थात् एकेन्द्रिय, द्वीन्द्रिय, त्रीन्द्रिय, चतुरिन्द्रिय, पंचेन्द्रिय। पृथ्वी, जल, अग्नि, वायु, वनस्पति ये पाँच स्थावर और एक त्रस इस प्रकार काय की अपेक्षा छह भेद हैं। यदि पाँच स्थावरों में त्रस के विकल और सकल

इस तरह दो भेद करके मिला दिये जाएँ तो सात भेद होते हैं। और विकल, असंज्ञी, संज्ञी इस प्रकार तीन भेद करके मिलाने से आठ भेद होते हैं। द्वीन्द्रिय, त्रीन्द्रिय, चतुरिन्द्रिय, पंचेन्द्रिय, इस तरह चार-भेद करके मिलाने से नव भेद होते हैं। और द्वीन्द्रिय, त्रीन्द्रिय, चतुरिन्द्रिय, असंज्ञी, संज्ञी इस तरह पाँच भेद मिलाने से दस भेद होते हैं।

पणजुगले तससहिये, तसस्स दुतिचदुरपणगभेदजुदे।
छद्दुगपत्तेयम्हि य, तसस्स तियचदुरपणगभेदजुदे।।76।।

अर्थ- पाँच स्थावरों के बादर सूक्ष्म की अपेक्षा पाँच युगल होते हैं। इनमें त्रस सामान्य का एक भेद मिलाने से ग्यारह भेद जीव समास के होते हैं। तथा इन्हीं पाँच युगलों में त्रस के विकलेन्द्रिय, सकलेन्द्रिय, ये दो भेद मिलाने से बारह और त्रस के विकलेन्द्रिय, संज्ञी, असंज्ञी, इस प्रकार तीन भेद मिलाने से तेरह और द्वीन्द्रिय, त्रीन्द्रिय, चतुरिन्द्रिय, पंचेन्द्रिय ये चार भेद मिलाने से चौदह, तथा द्वीन्द्रिय, त्रीन्द्रिय, चतुरिन्द्रिय, असंज्ञी, संज्ञी ये पाँच भेद मिलाने से पन्द्रह भेद जीवसमास के होते हैं। पृथ्वी, अप्, तेज, वायु, नित्यनिगोद, इतरनिगोद इनके बादर सूक्ष्म की अपेक्षा छह युगल और प्रत्येक वनस्पति, इनमें त्रस के उक्त विकलोन्द्रिय, असंज्ञी, सज्ञी, ये तीन भेद मिलाने से सोलह और द्वीन्द्रियादि चार भेद मिलाने से सत्रह, तथा पाँच भेद मिलाने से अठारह भेद होते हैं।

सगजुगलम्हि तसस्स य, पणभंगजुदेसु होंति उणवीसा।
एयादुणवीसो त्ति य, इगिवितिगुणिदे हवे ठाणा।।77।।

अर्थ- पृथ्वी, अप्, तेज, वायु, नित्यनिगोद, इतरनिगोद के बादर सूक्ष्म की अपेक्षा छह युगल और प्रत्येक का प्रतिष्ठित अप्रतिष्ठित की अपेक्षा एक युगल मिलाकर सात युगलों में त्रस के उक्त पाँच भेद मिलाने से जीवसमास के उन्नीस भेद होते हैं। इस प्रकार एक से होकर उन्नीस तक जो जीवसमास के

भेद गिनाये हैं, इनका एक, दो तीन के साथ गुणा करने पर क्रम से उन्नीस, अड़तीस, सत्तावन अवान्तर भेद जीवसमास के होते हैं।

सामण्णेण तिपंती, पढमा विदिया अपुण्णगे इदरे।
पज्जत्ते लद्धिअपज्जत्तेऽपढमा हवे पंती।।78।।

अर्थ– उक्त उन्नीस भेदों की तीन पंक्ति करनी चाहिये। उसमें प्रथम पंक्ति सामान्य की अपेक्षा से है, दूसरी पंक्ति अपर्याप्त तथा पर्याप्त की अपेक्षा से है और तीसरी पंक्ति पर्याप्त, निर्वृत्यपर्याप्त तथा लब्ध्यपर्याप्त की अपेक्षा से है।

(मंगल)

निश्चय कर सामान्य थान इक जीव का।
त्रस थावर दो पुन इक विकल सकल त्रिका।।
इक इंद्री अरु विकल सकल के भेद द्वै।
संज्ञि असंज्ञिय चार इंद्रि ते पंच ह्वै।।
ह्वै पंच पुन खटकाय सो षट थान ही पुन षटमही।
थावर तनैं पन भेद में अब जोड़िये त्रस भेद ही।।
ह्वैं सप्त विकल सकल दु मिल पुनि, त्रि मिल ह्वै वसु ठान जी।
मिल चतुक नव पुन पंच मिल दश, होंय जीव स्थान जी।।9।।

पुन थावर पन बादर सूक्षम लेखिये।
त्रस सह ग्यारह बहुर भेद त्रस पेखिये।।
द्वै त्रि चतुक पन क्रम से ह्वै द्वादश सही।
त्रोदश चतुदश बहुर पंचदश ठान ही।।
ठानही भू जल अनल मारुत भेद साधारण तनैं।
द्वि निगोद नित्यरु चर्तुगति लघु थूल कर द्वादश भनैं।।
पुन प्रतेक वनस्पती मिल होत सब त्रोदश ठये।
त्रस त्रि चतु पन मिल होंय षोडश सप्तदश अट्ठारये।।10।।

(चौपाई)

पुन प्रतेक सह जुगल जु सात, होंय उनीस पंच त्रस मात।
एक आदि उन्नीस प्रयंत, इक द्वि त्रि गुणैं थल क्रम संत।।11।।

(गीतिका)

पूर्वोक्त थान उनीस की ओली जु तीन करै सही।
अधुअधो तिन में प्रथम ओली गुण सामान्य लाय ही।।
दूजी सु पंकति द्वे प्रयाप्तरु अपर्याप्तक से तहाँ।
गुनिये सु पुन त्रिति पंकती गुन भेद तीनों से यहाँ।।12।।

आगैं एकेन्द्रिय विकलत्रय जीव समासन कर मिले हुए ऐसे पंचेन्द्रिय संबंधी जीव समास स्थान के विशेषन कौं गाथा द्वै कर कहैं हैं-

(गाथा)

इगिवण्णं इगिविगले, असण्णिसण्णिगयजलथलखगाणं।
गब्भभवे सम्मुच्छे, दुतिगं भोगथलखेचरे दो दो।।79।।

अर्थ- जीवनसमास के उक्त 57 भेदों में से पंचेन्द्रिय के छह भेद निकालने से एकेन्द्रिय विकलेन्द्रिय संबंधी 51 भेद शेष रहते हैं। कर्मभूमि में होने वाले पंचेन्द्रिय तिर्यंचों के तीन भेद हैं, जलचर, स्थलचर, नभश्चर। ये तीनों ही तिर्यंच संज्ञी और असंज्ञी होते हैं तथा गर्भज और सम्मूर्छन होते हैं, परन्तु गर्भजों में पर्याप्त और निर्वृत्यपर्याप्त ही होते हैं, इसलिये गर्भज के बारह भेद, और सम्मूर्छन में पर्याप्त, निर्वृत्यपर्याप्त, लब्ध्यपर्याप्त, तीनों ही भेद होते हैं, इसलिये सम्मूर्छनों के अठारह भेद, सब मिलाकर पंचेन्द्रिय कर्मभूमिज तिर्यंचों के तीस भेद होते हैं। भोगभूमि में पंचेन्द्रिय तिर्यंचों के स्थलचर नभश्चर दो ही भेद होते हैं और ये दोनों ही पर्याप्त तथा निवृत्यपर्याप्त ही होते हैं। इसलिये भोगभूमिज तिर्यंचों के चार भेद और कर्मभूमिज तिर्यंचों के तीस भेद, उक्त 51 भेदों में मिलाने से तिर्यगति संबंधी संपूर्ण जीवसमास के 85 भेद होते हैं। भोगभूमि में जलचर, सम्मूर्छन तथा असंज्ञी जीव नहीं होते।

अज्जवमलेच्छमणुए, तिदु भोगकुभोगभूमिजे दो दो।
सुरणिरये दो दो इदि, जीवसमासा हु अडणउदि।।80।।

अर्थ– आर्यखण्ड में पर्याप्त, निर्वृत्यपर्याप्त, लब्ध्यपर्याप्त तीनों ही प्रकार के मनुष्य होते हैं। म्लेच्छखण्ड में लब्ध्यपर्याप्त को छोड़कर दो प्रकार के ही मनुष्य होते हैं। इसी प्रकार भोगभूमि, कुभोगभूमि, देव, नारकियों में भी दो दो ही भेद होते हैं। इसलिये सब मिलाकर जीवसमास के 98 भेद हुए।

(कवित्त)

एकेन्द्रिय के सप्त जुगल पुन विकलत्रय इम सत्रह जान।
ते गुण पर्याप्तादि त्रिसैं ह्वे इक्यावन इक विकल सु थान।।
संज्ञि असंज्ञि दु दो जल थल नभ चर यों छै गर्भज द्वै मान।
सम्मूर्छन त्रय तीस भये भुग भूमि दु दो थल नभ चार आन।।13।।
आर्य मनुष्य त्रिभेद मलेच्छ दु पर्याप्तरु अप्रयाप्त निवृत्त।
भोग कुभोग भूमि मनु दु दुये सुर नारक द्वे द्वे लख मित्त।।
इम सब जीव समासन के अट्ठावन भेद जिनेश कहित्त।
ते सब ही लख आप समान धरौ करुणा भव भीत सु चित्त।।14।।

आगैं अन्य आचार्य कर कहा हुआ विशेष जीव समास को गाथा तीन कर कहैं हैं–

(गाथा)

सुद्धखक्खुजलतेवा, णिच्चचदुग्गदिणिगोदथूलिदरा।
पदिट्ठिदर पंच पत्ते, वियलतिपुण्णा अपुण्णदुगा।।1।।
इगिविगले इगिसीदी, असण्णिगयजलथलखगाणं।
गब्भभवे सम्मुच्छे, दुतिगतिभोगथलखगचरे दो दो।।2।।
अज्ज समुछिगि गब्भे, मलेच्छभोगतिय कुणरछपण तीस सये।
सुरणिरये दो दो इव, जीवसमासा हु छहिय चार सयं।।3।।

(सवैया इकतीसा)

भू मृदु कठिन वारि ज्वलन पवन धर,
नित्य अरु इतर निगोद सप्त जानिये।
बादर सूक्षमगत चौदह प्रतेक पुन,
तृण बेल गुल्म वृक्ष मूल पंच मानिये।।
तेस पर तिष्ठत अप्रतिष्ठत गुण दस,
सह विकलत्रय सत्ताईस बखानिये।
ये सब प्रयाप्त निरवृत्य अप्रयाप्त पुन,
लब्ध अप्रयाप्त गुनै इक्यासी प्रमानिये।।15।।
इक इन्द्री अरु विकलत्रय के एक असी,
पुन जल थल नभ चर जीव ये सही।
ते गुनित सैनी असैनी ते षट ते ही होंय,
गर्भज दु सम्मूर्छन त्रय इम तीस ही।।
त्रय भोग भूमि थल नभ चर दो दो सब,
सम्मूर्छन नर इक आरज में दी सही।
आरज मलेक्ष पुन गर्भज त्रिभोग भूमि,
कुमनुष्य दो दो इम नर त्रियो दस ही।।16।।

(अडिल्ल)

वैमानिक सुर त्रेसठ पंच सु जोतिषी,
वान अष्ट भावन दस इम सुर षट असी।
उनंचास नारक ये सब द्वे द्वे किये,
चतुशत अरु षट जीव समास जु लेखिये।।17।।

इति जीव समासन का स्थान अधिकार समाप्त भया।

आगैं योनि प्ररूपणा विषैं प्रथम योनिन के आकार कहैं हैं–

(गाथा)

संखावत्तयजोणी, कुम्मुण्णयवंसपत्तजोणी य।
तत्थ य संखावत्ते, णियमा दु विवज्जदे गब्भो।।81।।

अर्थ– आकृति योनि के तीन भेद हैं– (1) शंखावर्त्त (2) कूर्मोन्नत (3) वंशपत्र। इनमें से शंखावर्त योनि में गर्भ नियम से वर्जित है।

कुम्मुण्णयजोणीये, तित्थयरा दुविहचक्कवट्टी य।
रामा वि य जायंते, सेसाए सेसगजणो दु।।82।।

अर्थ– कूर्मोन्नत योनि में तीर्थंकर, चक्रवर्ती, अर्धचक्री, बलभद्र तथा अपि शब्द की सामर्थ्य से अन्य भी महान् पुरुष उत्पन्न होते हैं। तीसरी वंशपत्र योनि में साधारण पुरुष ही उत्पन्न होते हैं।

(चौपाई)

योनिय भेद सु शंखावर्त, कूर्मोन्नित पुन वंशापत्र।
नेम रूप शंखावृत माहिं, गर्भ न रहै नष्ट वा थाहिं।।18।।

(अडिल्ल)

कूर्मोन्नित योनी में तीर्थंकर सही,
चक्री हरि प्रति हरि हल इन उत्पत कही।
अन्य मनुष्यन उपज वंश पत में पुना,
शेष मनुष उपजेहिं सलाका उपजना।।19।।

आगैं जन्म भेदन का निर्देश पूर्वक गुण योनि कौ निर्देश करैं हैं–

(गाथा)

जम्मं खलु सम्मुच्छण-गब्भुववादा दु होदि तज्जीणि।
सच्चित्तसीदसंउड-सेदरमिस्सा य पत्तेयं।।83।।

अर्थ– जन्म तीन प्रकार का होता है – सम्मूर्छन, गर्भ और उपपाद। तथा सचित्त, शीत, संवृत, और इनसे उल्टी अचित्त, उष्ण, विवृत तथा तीनों की मिश्र इस तरह तीनों ही जन्मों की आधारभूत नौ गुण योनि हैं। इनमें से यथासंभव प्रत्येक योनि को सम्मूर्छनादि जन्म के साथ लगा लेना चाहिये।

(अडिल्ल)

जन्म भेद संसारी जीवन के सही,
सम्मूर्छन गर्भज उत्पाद त्रि हैं यही।
तिनकी योनि सचित्त शीत संवृत सही,
अचित उष्ण विवृत त्रि मिश्र ये नव कही।।20।।

आगैं सम्मूर्छनादिक के स्वामीन कौं कहैं हैं–

(गाथा)

पोतजरायुजअंडज-जीवाणं गब्भदेवणिरयाणं।
उववादं सेसाणं, सम्मुच्छणयं तु णिद्दिट्ठं।।84।।

अर्थ– पोत = प्रावरण रहित और उत्पन्न होते ही जिनमें चलने फिरने आदि की सामर्थ्य हो, जैसे सिंह, बिल्ली, हिरण आदि। जरायुज = जो जेर के साथ उत्पन्न होते हों। अण्डज = जो अण्डे से उत्पन्न होते हों। इन तीन प्रकार के जीवों का गर्भ जन्म ही होता है। देव नारकियों का उपपाद जन्म ही होता है, शेष जीवों का सम्मूर्छन जन्म ही होता है।

(अडिल्ल)

पोत जरायुज अंडज जीवन के कहा, जन्म गर्भ ही देव नारकिन के तहा।
उपपादहि पुन शेष जियन के वर्णयो, सम्मूर्छन ही जन्म सु इम निर्देशयो।।21।।

आगैं सचित्तादि योनि भेदन कौं सम्मूर्छनादि जन्म भेदन के विषैं संभवासंभव कौं गाथा तीन कर कहैं हैं–

(गाथा)

उववादे अच्चितं, गब्भे मिस्सं तु होदि सम्मुच्छे।
सच्चितं अच्चितं, मिस्सं च य होदि जोणी हु।।85।।

अर्थ– उपपाद जन्म की अचित्त योनि ही होती है। गर्भ जन्म की मिश्र योनि ही होती है तथा सम्मूर्छन जन्म की सचित्त, अचित्त, मिश्र इन तीनों तरह की योनि होती है।

उववादे सीदुसणं, सेसे सीदुसणमिस्सयं होदि।
उववादेयक्खेसु य, संउड वियलेसु विउलं तु।।86।।

अर्थ– उपपाद जन्म में शीत और उष्ण दो प्रकार की योनि होती है। शेष गर्भ और सम्मूर्छन जन्मों में शीत, उष्ण मिश्र तीनों ही योनि होती है। उपपाद जन्म वालों की तथा एकेन्द्रिय जीवों की योनि संवृत ही होती है और विकलेन्द्रियों की योनि विवृत ही होती है।

गब्भजजीवाणं पुण, मिस्सं णियमेण होदि जोणी हु।
सम्मुच्छणपंचक्खे, वियलं वा विउलजोणी हु।।87।।

अर्थ– गर्भज जीवों की योनि नियम से मिश्र– संवृत विवृत की अपेक्षा मिश्रित ही होती है। पंचेन्द्रिय सम्मूर्छन जीवों की विकलेन्द्रियों की तरह विवृत योनि ही होती है।

(चौपाई छन्द)

योनि अचित उपपाद मँझार, गर्भ जन्म में मिश्र निहार।
सम्मूर्छन में योनि सचित्त, अचित मिश्र पुन त्रय इम मित्त।।22।।

(पद्धरि)

उपपाद माहिं शीतोष्ण आह, शीतोष्ण मिश्र त्रय शेष माह।
संवृत उपपादेकेन्द्रि मद्ध, विवृत विकलत्रय में सु लद्ध।।23।।

(चौपाई)

गर्भज जीवन के पुन सही, योनी मिश्र नेम कर कही।
सम्मूर्छन पच इंद्रिय माहिं, विकलेन्द्रिय वत् विवृत आहिं।।24।।

आगैं योनि भेदन की संख्या का उद्देश के आगैं कथन का संक्षेप को कहैं हैं–

(गाथा)

सामण्णेण य एवं, णव जोणीओ हवंति वित्थारे।
लक्खाण चदुरसीदी, जोणीओ होंति णियमेण।।88।।

अर्थ– पूर्वोक्त क्रमानुसार सामान्य से योनियों के नियम से नव ही भेद होते हैं। विस्तार की अपेक्षा इनके चौरासी लाख भेद होते हैं।

(चौपाई)

इस प्रकार नव योनी सार, हैं सामान्य पनैं निरधार।
पुन विस्तार सेय कर नेम, लक्ष चुरासी है सब एम।।25।।

आगैं तिन योनिन कर विस्तार कर संख्या दिखावैं हैं–

(गाथा)

णिच्चिदरधादुसत्त य, तरुदस वियलिंदिये सु छच्चेव।
सुरणिरयतिरियचउरो, चोद्दसमणुए सदसहस्सा।।89।।

अर्थ– नित्यनिगोद, इतरनिगोद, पृथ्वी, जल, अग्नि, वायु इनमें से प्रत्येक की सात–सात लाख, तरु अर्थात् प्रत्येक वनस्पति की दस लाख, द्वीन्द्रिय, त्रीन्द्रिय, चुतरिन्द्रिय इनमें से प्रत्येक की दो–दो लाख अर्थात् विकलेन्द्रिय की सब मिलाकर छह लाख, देव, नारकी, तिर्यंच पंचेन्द्रिय प्रत्येक की चार चार लाख, मनुष्य की चौदह लाख, सब मिलाकर 84 लाख योनि होती हैं।

(कवित्त)

नित्य निगोदरु इतर सु भू जल अग्नि वायु षट माहिं।
सप्त सप्त ही लक्ष वनस्पति में दश लक्ष सु योनि बताहिं।।
विकलत्रय में दोय दोय पुन सुर नारकि त्रियंच में आँह।
चौ चौ लक्ष मनुष कैं चतुदश लक्ष योनि इम कही जिनाह।।26।।

आगैं गतिन के आश्रय कर जन्म भेद कौं गाथा दोय कर कहैं हैं–

(गाथा)

उववादा सुरणिरया, गब्भज सम्मुच्छिमा हु णरतिरिया।
सम्मुच्छिमा मणुस्सापज्जत्ता एय वियलक्खा।।90।।

अर्थ– देवगति और नरकगति में उपपाद जनम ही होता है। मनुष्य तथा तिर्यंचों में यथासंभव गर्भ और सम्मूर्छन दोनों ही प्रकार का जन्म होता है, किन्तु लब्ध्यपर्याप्तक मनुष्य और एकेन्द्रिय विकलेन्द्रियों का सम्मूर्छन जन्म ही होता है।

पंचक्खतिरिक्खाओ, गब्भजसम्मुच्छिमा तिरिक्खाणं।
भोगभुमा गब्भभवा, नरपुण्णा गब्भजा चेव।।91।।

अर्थ– कर्मभूमिया पंचेन्द्रिय तिर्यंच गर्भज तथा सम्मूर्छन ही होते हैं। तिर्यंचों में जो भोगभूमिया तिर्यंच हैं वे गर्भज ही होते हैं। और जो पर्याप्त मनुष्य हैं वे भी गर्भज ही होते हैं।

(अडिल्ल)

सुरनारकि उपपाद योनि से ऊपनैं,
नर तिरयंच सु गर्भज सम्मूर्छन जनैं।
लब्ध अपर्याप्तक नर इक इंद्रिय सही,
विकलत्रय ये सब सम्मूर्छन उपजहीं।।27।।

गर्भज सम्मूर्छन पंचेंद्रि त्रियंच ये,
भोग भूमि तिरयंच सु गर्भज जन्मये।
पर्याप्तक जु मनुष्य तनी उत्पत सही,
गर्भज ही अवधार जिनागम इम कही।।28।।

आगैं उपपादिकान विषैं लब्ध अपर्याप्तपना का संभवपना असंभवपना को कहैं हैं–

(गाथा)

उववादगब्भजेसु य, लद्धिअपज्जत्तगा ण णियमेण।
णरसम्मुच्छिमजीवा, लद्धिअपज्जत्तगा चेव।।92।।

अर्थ– उपपाद और गर्भ जन्म वालों में नियम से लब्ध्यपर्याप्तक नहीं होते और सम्मूर्छन मनुष्य नियम से लब्ध्यपर्याप्तक ही होते हैं।

(चौपाई)

उपपादरु गर्भज में जेह, लब्ध अपर्याप्तक न जनेह।
सम्मूर्छन नर निश्चै सोय, लब्ध अपर्याप्तक ही होय।।29।।

आगैं नरकादि गतिन विषैं वेदन को अवधारण करैं हैं–

(गाथा)

णेरइया खलु संढा, णरतिरिये तिण्णि होंति सम्मुच्छा।
संढा सुरभोगभुमा, पुरिसिच्छीवेदगा चेव।।93।।

अर्थ– नारकियों का द्रव्यवेद तथा भाववेद नपुंसक ही होता है। मनुष्य और तिर्यंचों के तीनों ही (स्त्री, पुरुष, नपुंसक) वेद होते हैं, सम्मूर्छन मनुष्य और तिर्यंच नपुंसक ही होते हैं। देव और भोगभूमियाओं के पुरुषवेद और स्त्रीवेद ही होता है।

(चौपाई)

नारकि प्रगट नपुंसक जान, नर तिरयंच त्रिवेद बखान।
सम्मूर्छन जु संठ ही देव, भूमी भोग पुरुष त्रिय एव।।30।।

आगैं शरीर की अवगाहना का आश्रय करि जीव समासन को कहनैं का है मन जाका ऐसा आचार्य प्रथम ही जघन्य अर उत्कृष्ट अवगाहना के जे स्वामी तिनका निर्देश करैं हैं-

(गाथा)

सुहमणिगोदअपज्जत्तयस्स जादस्स तदियसमयम्हि।
अंगुलअसंखभागं, जहण्णमुक्कस्सयं मच्छे।।94।।

अर्थ- उत्पन्न होने से तीसरे समय में सूक्ष्मनिगोदिया लब्ध्यपर्याप्तक जीव की अवगाहना घनांगुल के असंख्यातवें भागप्रमाण शरीर की जघन्य अवगाहना होती है और उत्कृष्ट अवगाहना मत्स्य के होती है।

(अडिल्ल)

सूक्षम लब्ध अपर्याप्तक सु निगोदिया,
तिहिं प्रयाय में रिजु गति कर उत्पन भया।
ताके तीजे समय घनांगुल के सही,
असंख्यातवें भाग प्रमाण जु क्षेत्र ही।।31।।

(दोहा)

तिहिं अवगाह विशेष लिय, ह्वै वपु जघन सु एह।
महामत्स उत्कृष्ट अवगाहन धारक तेह।।32।।

आगैं इंद्रिय आश्रय कर उत्कृष्ट अवगाहना का प्रमाण तिनके स्वामीन को निर्देश करैं हैं-

(गाथा)

साहियसहस्समेकं, वारं कोसूणमेकमेक्कं च।
जोयणसहस्सदीहं, पम्मे वियले महामच्छे।।95।।

अर्थ- पद्‌म (कमल), द्वीन्द्रिय, त्रीन्द्रिय, चतुरिन्द्रिय, महामत्स्य इनके शरीर की अवगाहना क्रम से कुछ अधिक एक हजार योजन, बारह योजन, तीन कोश, एक योजन, एक हजार योजन लम्बी समझनी चाहिये।

(गीतिका)

अवगाहना साधिक सहज योजन कमल की वर्णही।
वर द्वि इंद्री में संख की द्वादश सु योजन जिन कही।।
वृश्चिक तिइंद्री की त्रिकोसरु भँवर चतुरिंद्री तनी।
योजन सु इक इक सहस योजन महामत्स्य तनी भनी।।33।।

आगैं पर्याप्तक द्वि इंद्रियादिक जीवन का जघन्य अवगाहना का प्रमाण अर ताके स्वामीन को निर्देश करैं हैं-

(गाथा)

बितिचपपुण्णजहण्णं, अणुंधरीकुंथुकाणमच्छीसु।
सिच्छयमच्छे विंदंगुलसंखं संखगुणिदकमा।।96।।

अर्थ- द्वीन्द्रिय, त्रीन्द्रिय, चतुरिन्द्रिय, पंचेन्द्रिय पर्याप्त जीवों में अनुंधरी, कुन्थु, काणमक्षिका, सिक्थक मत्स्य के क्रम से जघन्य अवगाहना होती है। इसमें प्रथम की अवगाहना घनांगुल के संख्यातवें भाग प्रमाण है और पूर्व पूर्व की अपेक्षा उत्तर उत्तर की अवगाहना क्रम से संख्यातागुणी संख्यातगुणी अधिक अधिक है।

(गीतिका)

पर्याप्त द्वेइंद्रीय महिं अनुधरी तेइन्द्रीय में।
है कुंथु चौंद्री काणमक्षी सिक्थमत्स्य पचेंद्रि में।।

ये सर्व जीव जघन्य अवगाहन धरैं संख्यातवें।
लै भागविंदागुल्ल तैं संख्यात गुण क्रमतैं पमें।।34।।

(दोहा)

अब अवगाहन, जघन तैं ले उत्कृष्ट प्रयंत।
भेद सु जानन के लिये, लखौं यंत्र गुणवंत।।35।।

आगैं सर्वतैं जघन अवगाहना को आद देकर उत्कृष्ट अवगाहना पर्यंत शरीर की अवगाहना के भेद तिनका स्वामी वा अल्पबहुत्व वा क्रमतैं गुणकार तिनकौं पंच गाथान द्वारा कहिये हैं –

(गाथा)

सुहमणिवातेआभू, वातेआपुणिपदिट्ठिदं इदरं।
बितिचपमादिल्लाणं, एयाराणं तिसेढीय।।97।।

अर्थ– एक कोठे में सूक्ष्मनिगोदिया, वायुकाय, तेजकाय, जलकाय, पृथिवीकाय इनका क्रम से स्थापन करना। इसके आगे दूसरे कोठे में बादर वायुकाय, तेजकाय, जलकाय, पृथिवीकाय, निगोदिया और प्रतिष्ठित प्रत्येक इनका क्रम से स्थापन करना। इसके आगे तीसरे कोठे में अप्रतिष्ठित प्रत्येक द्वीन्द्रिय, त्रीन्द्रिय, चतुरिन्द्रिय, पंचेन्द्रियों का क्रम से स्थापन करना। इसके आगे उक्त सोलह स्थानों से आदि के ग्यारह स्थानों की तीन श्रेणी माननी चाहिए।

(सवैया इकतीसा)

सूक्षम निगोद वात तेज अप्पभू ये पंच,
सूक्षम लिखिये प्रथम कोठे माँय जी।
आगैं वायु तेज वारि भू निगोद प्रतिष्ठित,
छै बादर दूजे कोठे में लिखे बनाय जी।।
पुन अप्रतिष्ठित प्रतेक दु त्रि चतु पच,
इंद्री पंच बादर ये लिखै तीजे ठाँय जी।

ये सरव सोला इनमें आदि ग्यारह जे,
तिन रूप तीन पंकती आगैं कराय जी।।36।।

(गाथा)

अपदिट्ठिदपत्तेयं, बितिचपतिचविअपदिट्ठिदं सयलं।
तिचविअपदिट्ठिदं च य, सयलं बादालगुणिदकमा।।98।।

अर्थ– छट्ठे कोठे में अप्रतिष्ठित प्रत्येक द्वीन्द्रिय त्रीन्द्रिय चौइन्द्रिय और पंचेन्द्रियों का स्थापन करना। इसके आगे के कोठों में क्रम से त्रीन्द्रिय, चौइन्द्रिय, द्वीन्द्रिय अप्रतिष्ठित प्रत्येक और पंचेन्द्रिय का स्थापन करना। इससे आगे के कोठों में त्रीन्द्रिय, चौइन्द्रिय, द्वीन्द्रिय अप्रतिष्ठित प्रत्येक तथा पंचेन्द्रिय का क्रम से स्थापन करना। इन संपूर्ण चौंसठ स्थानों में बयालीस स्थान उत्तरोत्तर गुणितक्रम है।

(सवैया इकतीसा)

तिन आगैं दसवें कोठे में अप्रतिष्ठित,
प्रतेक दोय त्रय चतु पंच इंद्री बादरे।
ग्यारह में त्रय चतु दो इंद्री अप्रतिष्ठित,
प्रतेक पंचेन्द्रियेह बादर ही जान रे।।
बादर ही बारहें में त्रय चतु दोय इंद्री,
प्रतेक अप्रतिष्ठित पंचइन्द्री मान रे।
ऐसैं ये चौंसठ जीव समास में ऊपर के,
ब्यालीस जी समास गुणित क्रम आन रे।।37।।

(गाथा)

अवरमपुण्णं पढमं, सोलं पुण पढमविदियतदियोली।
पुण्णिदरपुण्णयाणं, जहण्णमुक्कस्समुक्कस्सं।।99।।

अर्थ– आदि के सोलह स्थान जघन्य अपर्याप्तक के हैं और प्रथम,

द्वितीय, तृतीय श्रेणी क्रम से पर्याप्तक , अपर्याप्तक तथा पर्याप्तक जीवों की हैं और उनकी यह अवगाहना क्रम से जघन्य, उत्कृष्ट और उत्कृष्ट समझनी चाहिये।

(सवैया इकतीसा)

पैले तीन कोठन के सोला जीव समास,
अपर्याप्त जघन्य अवगाही ऐसे जानिये।
पुन पैली दूजी तीजी पंकति दो दो कोठे की,
एक एक माँह यथा क्रम से प्रमानिये।।
परयाप्त अप्रयाप्त पुन परयाप्त ऐसे,
त्रिविध जीवन के जु इह क्रम ठानिये।
जघन्नरु उत्कृष्ट पुन उत्कृष्ट ऐसे,
तीनों पंकती मे पर्याप्त आदि मानिये।।38।।

(गाथा)

पुण्णजहण्णं तत्तो, वरं अपुण्णस्स पुण्णउक्कस्सं।
बीपुण्णजहण्णोत्ति असंखं संखं गुणं तत्तो।।100।।

अर्थ– श्रेणी के आगे के प्रथम कोठे में (ऊपर की पंक्ति के छट्ठे कोठे में) पर्याप्तकों की जघन्य और दूसरे कोठे में अपर्याप्तककों की उत्कृष्ट तथा तीसरे कोठे में पर्याप्तकों की उत्कृष्ट अवगाहना समझनी चाहिये। द्वीन्द्रिय पर्याप्तक की जघन्य अवगाहना पर्यन्त असंख्यात का गुणाकार है और इसके आगे संख्यात का गुणाकार है।

(सवैया इकतीसा)

आगैं दसै कोठे में प्रयाप्त पंच जीव समा–
सन की जघन्न अवगाहन के थान जी।
ताके आगैं ग्यारहें कोठे में अप्रयाप्त पंच,
जीवन के चर अवगाही थान मान जी।।

बारहें में परयाप्त पंच जीव समासों की,
उत्कृष्ट अवगाहन के थान आन जी।
ऐसे कहे थान तिन में प्रथम कोठे में जे,
सूक्षम अपरयाप्त निगोदी सथान जी।।39।।

(अडिल्ल)

तिनकी जघनवगाहन से लैकैं सु ये,
दसवें कोठे में बादर परयाप्त ये।
बेइन्द्री की जघनवगाहन लौं जिया,
ओलि उपरतन के उनतीस सथानिया।।40।।

(दोहा)

असंख्यात संख्यात गुण, लिये सुक्रम तैं जान।
तहँ तैं तेरह थान के, संख्य गुणैं क्रमवान।।41।।

सुहमेदरगुणगारो, आवलिपल्लाअसंखभागो दु।
सट्ठाणे सेढिगया, अहिया तत्थेकपडिभागो।।101।।

अर्थ– सूक्ष्म और बादरों का गुणकार स्वस्थान में क्रम से आवली और पल्य का असंख्यातवाँ भाग है। और श्रेणीगत बाईस स्थान अपने अपने एक एक प्रतिभागप्रमाण अधिक अधिक है।

(गीतिका)

गुणकार सूक्षम जियन का आवली का जु असंख्यवाँ।
है भाग पुन बादर जियन का पल्य का संख्यातवाँ।।
सो भाग इह स्वस्थान में है बहुर नीची पंकती।
जो प्रथम दूजी तृतिय तिन में अधिक क्रम जानों मती।।42।।

(दोहा)

अब विशेष इन थान का, भाषा टीका माँह।
अर्थ देख अवधारियो, यहाँ न यंत्र रचाँह।।43।।

आगैं सूक्ष्म निगोद लब्धि अपर्याप्तक का जघन्य अवगाहन तैं आगैं सूक्ष्म वायुकायिक लब्धि अपर्याप्तक का जघन्य अवगाहन का गुणकार स्वरूप आवली का असंख्यात भाग कह्या ताकी उत्पत्ति का अनुक्रम को अर तिन दोऊन के मध्य अवगाहना के भेद हैं तिनके प्रकरण को गाथा नव कर कहैं हैं–

(गाथा)

अवरुवरि इगिपदेसे, जुदे असंखेज्जभागवड्ढीए।
आदी णिरंतरमदो, एगेगपदेसपरिवड्ढी।।102।।

अर्थ– जघन्य अवगाहना के प्रमाण में एक प्रदेश और मिलाने से जो प्रमाण होता है वह असंख्यात भाग वृद्धि का आदिस्थान है। इसके आगे भी क्रम से एक एक प्रदेश की वृद्धि करनी चाहिये।

अवरोग्गाहणमाणे, जहण्णपरिमिदअसंखरासिहिदे।
अवरस्सुवरिं उड्ढे, जेट्ठमसंखेज्जभागस्स।।103।।

अर्थ– जघन्य अवगाहना के प्रमाण में जघन्यपरीतासंख्यातका भाग देने से जो लब्ध आवे उतने प्रदेश जघन्य अवगाहना में मिलाने पर असंख्यातभाग वृद्धि का उत्कृष्ट स्थान होता है।

तस्सुवरि इगिपदेसे, जुदे अवत्तव्वभागपारम्भो।
वरसंखमवहिदवरे, रूऊणे अवरउवरि जुदे।।104।।

अर्थ– असंख्यात भाग वृद्धि के उत्कृष्ट स्थान के आगे एक प्रदेश की वृद्धि करने से अवक्तव्य भागवृद्धि का प्रारंभ होता है। इसमें एक एक प्रदेश की वृद्धि होते होते, जब जघन्य अवगाहना के प्रमाण में उत्कृष्ट संख्या का भाग देने से जो लब्ध आवे उसमें एक कम करके जघन्य के प्रमाण में मिला दिया जाए तब –

तव्वड्ढीए चरिमो, तस्सुवरिं रूवसंजुदे पढमा।
संखेज्जभागउड्ढी, उवरिमदो रूवपरिवड्ढी।।105।।

अर्थ– अवक्तव्य भागवृद्धि का उत्कृष्ट स्थान होता है। इसके आगे एक प्रदेश और मिलाने से संख्यात भागवृद्धि का प्रथम स्थान होता है। इसके भी आगे एक एक प्रदेश की वृद्धि करते करते जब –

अवरद्धे अवरुवरिं, उड्ढे तव्वड्ढिपरिसमत्ती हु।
रूवे तदुवरि उड्ढे, होदि अवत्तव्वपढमपदं।।106।।

अर्थ– जघन्य का जितना प्रमाण है उसमें उसका (जघन्य का) आधा प्रमाण और मिला दिया जाए तब संख्यात भागवृद्धि का उत्कृष्ट स्थान होता है। इसके आगे भी एक प्रदेश की वृद्धि करने पर अवक्तव्य वृद्धि का प्रथम स्थान होता है।

रूऊणवरे अवरुस्सुवरिं संवड्ढिदे तदुक्कस्सं।
तम्हि पदेसे उड्ढे, पढमा संखेज्जगुणवड्ढी।।107।।

अर्थ– जघन्य के प्रमाण में एक कम जघन्य का ही प्रमाण और मिलाने से अवक्तव्य वृद्धि का उत्कृष्ट स्थान होता है और इसमें एक प्रदेश और मिलाने से संख्यात गुणवृद्धि का प्रथम स्थान होता है।

अवरे वरसंखगुणे, तच्चरिमो तम्हि रूवसंजुत्ते।
उग्गाहणम्हि पढमा, होदि अवत्तव्वगुणवड्ढी।।108।।

अर्थ– जघन्य को उत्कृष्ट संख्यात से गुणा करने पर सुख्यात गुणवृद्धि का उत्कृष्ट स्थान होता है। इस संख्यात गुणवृद्धि के उत्कृष्ट स्थान में ही एक प्रदेश की वृद्धि करने पर अवक्तव्य गुणवृद्धि का प्रथम स्थान होता है।

अवरपरित्तासंखेणवरं संगुणिय रूवपरिहीणे।
तच्चरिमो रूवजुदे, तम्हि असंखेज्जगुणपढमं।।109।।

अर्थ– जघन्य अवगाहना का जघन्य परीतासंख्यात के साथ गुणा करके उसमें से एक घटाने पर अवक्तव्य गुणवृद्धि का उत्कृष्ट स्थान होता है और इसमें एक प्रदेश की वृद्धि होने पर असंख्यात गुणवृद्धि का प्रथम स्थान होता है।

रूवुत्तरेण तत्तो, आवलियासंखभागगुणगारे।
तप्पाउग्गे जादे, वाउस्सोग्गाहणं कमसो।।110।।

अर्थ- इस संख्यात गुणवृद्धि के प्रथम स्थान के ऊपर क्रम से एक एक प्रदेश की वृद्धि होते होते जब सूक्ष्म अपर्याप्त वायुकाय की जघन्य अवगाहना की उत्पत्ति के योग्य आवलिके असंख्यातवें भाग का गुणाकार उत्पन्न हो जाए तब क्रम से उस वायुकाय की जघन्य अवगाहना होती है।

उक्त गाथान की छंद रचना नाहीं तातैं भाषा अर्थ लिखे हैं।

भावार्थ- जघन्य अवगाहना के ऊपर प्रदेशोत्तर वृद्धि के क्रम से असंख्यात भाग वृद्धि, संख्यात भाग वृद्धि, संख्यातगुणवृद्धि असंख्यात गुण वृद्धि को क्रम से असंख्यात-असंख्यात बार होने पर, और इन वृद्धियों मध्य में अवक्तव्य वृद्धियों को भी प्रदेशोत्तर वृद्धि के क्रम से ही असंख्यात-असंख्यात बार होने पर, जब असंख्यात गुण वृद्धि होते-होते अन्त में अपर्याप्त वायुकाय की जघन्य अवगाहना को उत्पन्न करने में योग्य आवली के असंख्यातवें भाग प्रमाण असंख्यात का गुणाकार आ जाए तब उसके साथ जघन्य अवगाहना का गुणा करने से अपर्याप्त वायुकाय की जघन्य अवगाहना का प्रमाण निकलता है। यह पूर्वोक्त कथन बिना अंक संदृष्टि के समझ में नहीं आ सकता इसलिये अंक संदृष्टि लिखते हैं। कल्पना कीजिए कि जघन्य अवगाहना का प्रमाण 960 है और जघन्य संख्यात का प्रमाण 2 तथा उत्कृष्ट संख्यात का प्रमाण 15 और जघन्य परीतासंख्यात का प्रमाण 16 है। इस जघन्य अवगाहना के प्रमाण में जघन्य अवगाहना का ही भाग देने से 1 लब्ध आता है। उसको जघन्य अवगाहना में मिलाने से असंख्यात भाग वृद्धि का आदि स्थान होता है और जघन्य परीतासंख्यात अर्थात 16 का भाग देने से 60 लब्ध आते हैं। उनको जघन्य अवगाहना में मिलाने से असंख्यात भाग वृद्धि का उत्कृष्ट स्थान होता है। उत्कृष्ट संख्यात

का अर्थात 15 का जघन्य अवगाहना में भाग देने से लब्ध 64 आते हैं। इनको जघन्य अवगाहना में मिलाने से संख्यात भाग वृद्धि का आदि स्थान होता है। जघन्य में 2 का भाग देने से जो लब्ध आवे उसको अर्थात् जघन्य के आधे (480) को जघन्य में मिलाने से संख्यात भाग वृद्धि का उत्कृष्ट स्थान (1440) होता है। परन्तु उत्कृष्ट असंख्यात भाग वृद्धि के आगे और जघन्य संख्यात भाग वृद्धि के पूर्व जो तीन स्थान हैं, अर्थात जघन्य के ऊपर 60 प्रदेशों की वृद्धि तथा 64 प्रदेशों की वृद्धि के मध्य जो 61, 62 तथा 63 प्रदेशों की वृद्धि के तीन स्थान हैं, वे न तो असंख्यात भाग में ही आते हैं और न संख्यात भाग वृद्धि में ही, इसलिये इनको अवक्तव्य वृद्धि में लिया है। इसके आगे गुण वृद्धि का प्रारम्भ होता है। जघन्य को दूना करने से संख्यात गुण वृद्धि का आदिस्थान (1920) होता है। इसके पूर्व में उत्कृष्ट संख्यात भाग वृद्धि के स्थान से आगे अर्थात 1440 से आगे जो 1441 तथा 1442 आदि 1919 पर्यंत स्थान हैं वे सम्पूर्ण ही अवक्तवय वृद्धि के स्थान हैं। इस ही प्रकार जघन्य को उत्कृष्ट संख्यात से गुणित करने पर संख्यात गुण वृद्धि का उत्कृष्ट स्थान होता है। और इसके आगे जघन्य परीतासंख्यात का जघन्य अवगाहना के साथ गुणा करने पर असंख्यात गुण वृद्धि का आदि स्थान होता है। तथा इन दोनों के मध्य में भी पूर्व की तरह अवक्तव्य वृद्धि होती है। इस असंख्यात गुण वृद्धि में ही प्रदेशोत्तर वृद्धि के क्रम से वृद्धि होते-होते सूक्ष्म वातकाय की जघन्य अवगाहना की उत्पत्ति के योग्य गुणाकार प्राप्त होता है, उसका जघन्य अवगाहना के साथ गुणा करने पर सूक्ष्म वातकाय की जघन्य अवगाहना उत्पन्न होती है। इस अंक संदृष्टि के अनुसार अर्थ संदृष्टि भी समझना चाहिए।

इस प्रकार सूक्ष्म निगोदिया के जघन्य अवगाहना स्थानों से सूक्ष्म वातकाय की जघन्य अवगाहना पर्यंत स्थानों को बताकर

तैजसकायादि के अवगाहना स्थानों के गुणाकार उत्पत्ति के क्रम को कहते हैं–

(गाथा)

एवं उवरि वि णेओ, पदेसवड्ढिक्कमो जहाजोग्गं।
सव्वत्थेक्केक्कम्हि य, जीवसमासाण विच्चचाले।।111।।

अर्थ– जिस प्रकार सूक्ष्म निगोदिया अपर्याप्त से लेकर सूक्ष्म अपर्याप्त वातकाय की जघन्य अवगाहना पर्यंत प्रदेश वृद्धि के क्रम से अवगाहना के स्थान बताये, उस ही प्रकार आगे भी वात से तेज और तैजस्कायिक से लेकर पर्याप्त पंचेन्द्रिय की उत्कृष्ट अवगाहना पर्यंत सम्पूर्ण जीव समासों के प्रत्येक अंतराल में प्रदेश वृद्धि क्रम से अवगाहना स्थानों को समझना चाहिए।

उक्त सम्पूर्ण अवगाहना के स्थानों में किसका अंतर्भाव होता है इसको मत्स्य रचना द्वारा कहते हैं–

(गाथा)

हेट्ठा जेसिं जहण्णं, उव्वरिं उक्कस्सयं हवे जत्थ।
तत्थंतरगा सव्वे-, तेसिं उग्गाहणविअप्पा।।112।।

अर्थ– जिन जीवों की प्रथम जघन्य अवगाहना का और अनंतर उत्कृष्ट अवगाहना का जहाँ–जहाँ पर वर्णन किया गया है उनके मध्य में जितने भेद हैं उन सबका उन्हीं के भेदों में अंतर्भाव होता है।

भावार्थ– जिनके अवगाहना के विकल्प अल्प हैं उनका प्रथम विन्यास करना और जिनकी अवगाहना के विकल्प अधिक हैं उनका विन्यास पीछे करना। जिसके जहाँ से जहाँ तक अवगाहना स्थान हैं उनका वहाँ से वहाँ तक ही विन्यास करना चाहिए। ऐसा करने से अवगाहना स्थानों की इस

विन्यास रचना का आकार मत्स्य सरीखा हो जाता है। इसीलिए इसको मत्स्य रचना कहते हैं। इस मत्स्य रचना से किस जीव के कितने अवगाहना के स्थान हैं और कहाँ से कहाँ तक हैं यह प्रतीत हो जाता है।

(दोहा)

रचना यंत्र विशेष के, यह गाथा सुखकार।
तातैं इनके अर्थ कौं, देखौ ग्रंथ मँझार।।44।।

इस प्रकार जीव समासन की अवगाहना कह यहाँ पर तिनके कुलन की संख्या विशेष चार गाथाओं कर कथन करैं हैं-

(गाथा)

बावीस सत्त तिण्णि य, सत्त य कुलकोडिसयसहस्साइं।
णेया पुढविदगागणि--वाउक्कायाण परिसंखा।।113।।

अर्थ- पृथिवीकायिक जीवों के कुल बाईस लाख कोटि हैं, जलकायिक जीवों के कुल सात लाख कोटि हैं, अग्निकायिक जीवों के कुल तीन लाख कोटि हैं, और वायुकायिक जीवों के कुल सात लाख कोटि हैं।

(अडिल्ल)

कुल बाईस जु लक्ष कोड़ि भू काय के,
अप्प काय के सप्त लक्ष कोड़ी छके।
अनल तनैं त्रय लक्ष कोड़ि कुल मानिये,
सप्त लक्ष पुन कोड़ वायु के जानिये।।45।।

(गाथा क्षेपक)

कोडिसयसहस्साइं, सत्तट्ठ णव य अट्ठवीसाइं।
बेइंदियतेइंदिय-चउरिंदियहरिदकायाणं।।114।।

अर्थ- द्वीन्द्रिय जीवों के कुल सात लाख कोटि, त्रीन्द्रिय जीवों के कुल आठ लाख कोटि, चतुरिन्द्रिय जीवों के कुल नौ लाख कोटि और वनस्पति

कायिक जीवों के कुल 28 लाख कोटि हैं।

(आडिल्ल)

सप्त लक्ष कोड़ी कुल द्वैइंद्री तनैं,
ते इंद्री के अष्ट लक्ष कोड़ी भनैं।
कुल नव लक्ष जु कोड़ी चतुइंद्री धरै,
वनस्पती अठबीस लक्ष कोड़ी वरै।।46।

(गाथा)

अद्धतेरस बारस, दसयं कुलकोडिसदसहस्साइं।
जलचरपक्खिचउप्पय-उरपरिसप्पेसु णव होंति।।115।।

अर्थ– पंचेन्द्रिय तिर्यंचों में जलचर जीवों के साढ़े बारह लाख कोटि, पक्षियों के बारह लाख कोटि, पशुओं के दस लाख कोटि और छाती के सहारे चलने वाले दुमुही आदि के नव लाख कोटि कुल हैं।

(चौपाई)

साढ़े बारह बारह सोय, दस नव लक्ष कोडि कुल जोय।
क्रम से जलचर पक्षी जान, चतुपद सरीसर्प के मान।।47।।

(गाथा)

छप्पंचाधियवीसं, बारसकुलकोडिसदसहस्साइं।
सुरणेरइयणराणं, जहाकमं होंति णेयाणि।।116।।

अर्थ– देव, नारकी तथा मनुष्य इनके कुल क्रम से छब्बीस लाख कोटि, पच्चीस लाख कोटि, तथा बारह लाख कोटि हैं जो कि भव्यजीवों के लिये ज्ञातव्य हैं।

(चौपाई)

षटविशंत पनविशंत सार, द्वादश लक्ष कोड़ि कुल धार।
क्रम से देव नारकी जीव, अरु मनुष्य धर रहै सदीव।।48।।

आगैं जीव समासन के कुल कोड़न के जोड़ को कहैं हैं–

(गाथा)

एया य कोडिकोडी, सत्ताणउदी य सद सहस्साइं।
पण्णं कोडिसहस्सा, सव्वंगीणं कुलाणं य।।117।।

अर्थ– इस प्रकार पृथिवीकायिक से लेकर मनुष्य पर्यन्त संपूर्ण जीवों के समस्त कुलों की संख्या एक कोड़ाकोड़ी तथा सत्तानवे लाख और पचास हजार कोटि हैं।

(दोहा)

सब साढ़े संतानवै, लक्ष कोड़ि अधिकेय।
कोड़ा कोड़ि एक कुल, सर्वांगी सु भणेय।।49।।

(छप्पय)

गाथा इक पंचास छंद जु पचास मँझारी।
जीव समासधिकार पूर्ण हूवो सुखकारी।।
रचना मत्स्य जु तासु एकदश गाथा सारे।
तिनका अर्थ न यहाँ छंद में रचे सँभारे।।
तातैं दूजो अधिकार यौ रचना यंत्र विहीन वर।
ह्वै छंद अर्थ में भूल कहुँ वाँचो सुधी सुधार कर।।50।।

इति नेमिचन्द सिद्धान्त चक्रवर्ती विरचित गोम्मटसार दुतिय नाम पंचसंग्रह ताकी जीव तत्त्वप्रदीपिका नाम संस्कृत टीका वा सम्यग्ज्ञान चन्द्रिका नाम भाषा टीका के अनुसार मूल गाथार्थ छन्द बन्ध छन्दोदय ग्रन्थ में जीव समास प्ररूपणा नाम दुतिय अधिकार समाप्त भया।

***

अधिकार-3

पर्याप्ति

मंगलाचरण

(दोहा)

घाति कर्म विनशाय पुन, पाय चतुष्क जिनाय।
तृतीय तीर्थ करता नमौं, श्री संभव जिनराय।।1।।

अथ पर्याप्ति प्ररूपणा का प्रारम्भ करते संता प्रथम ही दृष्टांत पूर्वक जीवन के तीन पर्याप्तिन कर पूर्णता अपूर्णता दिखावैं हैं-

(गाथा)

जह पुण्णा पुण्णाइं, गिहघडवत्थादियाइं दव्वाइं।
तह पुण्णिदरा जीवा, पज्जत्तिदरा मुणेयव्वा।।118।।

अर्थ- जिस प्रकार घर, घट, वस्त्र आदिक अचेतन द्रव्य पूर्ण और अपूर्ण दोनों प्रकार के होते हैं, उसी प्रकार पर्याप्त और अपर्याप्त नामकर्म के उदय से युक्त जीव भी पूर्ण और अपूर्ण दो प्रकार के होते हैं। जो पूर्ण हैं उनको पर्याप्त और जो अपूर्ण हैं उनको अपर्याप्त कहते हैं।

(अडिल्ल)

गृह घट वस्त्रादिक सु द्रव्य जैसे सही,
पूर्ण अपूर्ण सु देखिय लोक मँझार ही।
तिम पर्याप्तरु अपर्याप्त के उदय सैं,
पूर्ण अपूरण स्व स्व पर्याप्तन कर लसैं।।2।।

आगैं पर्याप्त अर तिनके स्वामीन को कहैं हैं-

(गाथा)

आहार सरीरिंदिय, पज्जत्ती आणपाणभासमणो।
चत्तारि पंच छप्पि य, एइंदियवियलसण्णीणं।।119।।

अर्थ– आहार, शरीर, इन्द्रिय, श्वासोच्छ्वास, भाषा और मन इस प्रकार पर्याप्ति के छह भेद हैं। इनमें से एकेन्द्रिय जीवों के आदि की चार पर्याप्ति होती हैं और विकलेन्द्रिय (द्वीन्द्रिय, त्रीन्द्रिय, चतुरिन्द्रिय) और असंज्ञी पंचेन्द्रिय जीवों के अंतिम मनःपर्याप्ति को छोड़कर शेष पाँच पर्याप्ति होती है और संज्ञी पंचेन्द्रिय जीवों के सभी छहों पर्याप्ति हुआ करती हैं।

(पद्धरि)

आहार देह इंद्री उस्वास, भाषा मन छह पर्याप्त भाष।
इक इंद्री विकलरु संज्ञिकेय, ते चतु पन षट क्रम सैं भनेय।।3।।

(गाथा)

पज्जत्तीपट्ठवणं, जुगवं तु कमेण होदि णिट्ठवणं।
अंतोमुहुत्तकालेणहियकमा तत्तियालावा।।1120।

अर्थ– संपूर्ण पर्याप्तियों का आरंभ तो युगपत् होता है, किन्तु उनकी पूर्णता क्रम से होती है। इनका काल यद्यपि पूर्व पूर्व की अपेक्षा उत्तरोत्तर का कुछ–कुछ अधिक है, तथापि सामान्य की अपेक्षा सबका अन्तर्मुहूर्त मात्र ही काल है।

(अडिल्ल)

युगपत ह्वै आरंभ सु पर्याप्तन तनौं,
पूर्ण पनो पुनि तिनको क्रम सेती भनौं।
सो अंतर अंतर महूर्त कर अधिक में,
तो भि समानालाप से अंत महूर्त में।।4।।

आगैं पर्याप्त निर्वृत्ति–अपर्याप्त के काल को कहैं हैं–

(गाथा)

पज्जत्तस्य य उदये, णियणियपज्जत्तिणिट्ठिदो होदि।
जाव सरीरमपुण्णं, णिव्वत्ति अपुण्णगो ताव।।121।।

अर्थ- पर्याप्ति नाम कर्म के उदय से जीव अपनी-अपनी पर्याप्तियों से पूर्ण होता है तथापि जब तक उसकी शरीर पर्याप्ति पूर्ण नहीं होती तब तक उसको पर्याप्त नहीं कहते किन्तु निर्वृत्त्यपर्याप्त कहते हैं।

(पद्धरि)

पर्याप्त नाम के उदय पाह, स्व स्व पर्याप्तन कर पूर्ण थाह।
जावत शरीर नहिं पूर्ण होय, निर्वृत्ति अपरयाप्तक जु सोय।।5।।

आगैं लब्धि अपर्याप्तक के उदय को कहैं हैं-

(गाथा)

उदये दु अपुण्णस्स य, सगसगपज्जत्तियं ण णिट्ठवदि।
अंतोमुहुत्तमरणं, लद्धिअपज्जत्तगो सो दु।।122।।

अर्थ- अपर्याप्त नामकर्म का उदय होने से जो जीव अपने अपने योग्य पर्याप्तियों को पूर्ण न करके अन्तर्मुहूर्त काल में ही मरण को प्राप्त हो जाय उसको लब्धपर्याप्तक कहते हैं।

(पद्धरि)

पुन अपर्याप्त के उदय माँह, पर्याप्तन निज निज पूर्ण पाँह।
अंतर महूर्त में मरण लेय, सो लब्धि अपर्याप्तक कहेय।।6।।

(दोहा)

भाग यहाँ उच्छ्वास के, अष्टादशम प्रमान।
अंत महूरत है तहाँ, जन्म मृत्यु जिय जान।।7।।

आगैं एकेंद्रियादिक संज्ञी पर्यंत लब्धि अपर्याप्त जीवन का निरंतर जन्म वा मरण का काल प्रमाण को कहैं हैं-

(गाथा)

तिण्णिसया छत्तीसा, छावट्ठिसहस्सगाणि मरणाणि।
अंतोमुहुत्तकाले, तावदिया चेव खुद्दभवा।।123।।

अर्थ– एक अन्तर्मुहूर्त में एक लब्ध्यपर्याप्तक जीव छयासठ हजार तीन सौ छत्तीस बार मरण और उतने ही भवों–जन्मों को भी धारण कर सकता है। इन भवों को क्षुद्रभव शब्द से कहा गया।

सीदी सट्ठी तालं, वियले चउवीस हौंति पंचक्खे।
छावट्ठिं च सहस्सा, सयं च बत्तीसमेयक्खे।।124।।

अर्थ– विकलेन्द्रियों में द्वीन्द्रिय लब्ध्यपर्याप्तक के 80 भव, त्रीन्द्रिय लब्ध्यपर्याप्तक के 60, चतुरिन्द्रिय लब्ध्यपर्याप्तक के 40 और पंचेन्द्रिय लब्ध्यपर्याप्तक के 24, तथा एकेन्द्रियों के 66132 भवों को धारण कर सकता है, अधिक को नहीं।

(चौपाई)

छ्यासठ सहस तीन शत जान, छत्तिस बार मरन जीवान।
अंत महूरत काल मँझार, तितने ही सु छुद्र भव धार।।8।।
द्वै त्रिय चतु पन पंचेन्द्रीस, असी साठ चालिस चौबीस।
क्रम से पुन इक इंद्री तनैं, छ्याष्ठ सहस शत बत्तिस भनैं।।9।।

आगैं एकेंद्रिय लब्धि अपर्याप्तक के निरंतर छुद्र भव कहे तिनकी संख्या स्वामीन की अपेक्षा कहैं हैं–

(गाथा)

पुढविदगागणिमरुद–साहारणथूलसुहमपत्तेया।
एदेसु अपुण्णेसु य, एक्केक्के बार खं छक्कं।।125।।

अर्थ– स्थूल और सूक्ष्म दोनों ही प्रकार के जो पृथ्वी, जल, अग्नि, वायु और साधारण और प्रत्येक वनस्पति, इस प्रकार संपूर्ण ग्यारह प्रकार के लब्ध्यपर्याप्तकों में से प्रत्येक (हर एक) के 6012 भेद होते हैं।

(अडिल्ल)

भू अपतेज पवन साधारन जान ये,
बादर सूक्ष्म येह प्रतेक सहित भये।

लब्धि अपर्याप्तक ग्यारह इनमें भवै।
इक इक के षट सहस अधिक द्वादश फवै।।10।।

आगैं समुद्घात केवली के अपर्याप्तक पने का संभव कहैं हैं–

(गाथा)

पज्जत्तसरीरस्स य, पज्जत्तुदयस्स कायजोगस्स।
जोगिस्स अपुण्णत्तं, अपुण्णजोगो त्ति णिद्दिट्ठं।।126।।

अर्थ– जिस सयोग केवली का शरीर पूर्ण है और उसके पर्याप्ति नामकर्म का उदय भी मौजूद है तथा काययोग भी है, उसके अपर्याप्तता किस प्रकार हो सकती है? तो इसका कारण योग का पूर्ण न होना ही बताया है।

(गीतिका)

पर्याप्त नाम करम उदय जुत काय जोग सो जुत पुना।
पर पूर्ण देह सु परम औदारिक सहित केवलि जिना।।
तिनके कपाट दु क्रिया माहिं अपूर्ण जोग सु जानिये।
तातैं तहाँ ही योग जिनके अपर्याप्त प्रमानिये।।11।।

आगैं लब्धि अपर्याप्तकादि जीवन के गुणस्थानन का असंभव पने का विशेष कहते हैं–

(गाथा)

लद्धि अपुण्णं मिच्छे, तत्थ वि विदिये चउत्थछट्ठे य।
णिव्वत्तिअपज्जत्ती, तत्थ वि सेसेसु पज्जत्ती।।127।।

अर्थ– लब्ध्यपर्याप्तक मिथ्यात्व गुणस्थान में ही होते हैं। निर्वृत्यपर्याप्तक प्रथम, द्वितीय, चतुर्थ और छट्ठे गुणस्थान में होते हैं और पर्याप्ति उक्त चारों और शेष सभी गुणस्थानों में पाई जाती है।

(अडिल्ल)

लब्धि अपर्याप्तक मिथ्या गुण ही मही,
प्रथम दुती पुन चौथे षष्टम थान ही।

अपरयाप्त निर्वृत्त जोग तहँ जानिये,
शेषन में अर तहाँ प्रयाप्त प्रमानिये।।12।।

आगैं अपरयाप्तक विषैं सासादन अर असंयत गुणस्थान जहाँ नियम कर न संभवै सो कहैं हैं–

(गाथा)

हेट्ठिमछप्पुढवीणं, जोइसिवणभवणसव्वइत्थीणं।
पुण्णिदरे ण हि सम्मो, ण सासणो णारयापुण्णे।।128।।

अर्थ– द्वितीयादिक छह नरक और ज्योतिषी, व्यन्तर, भवनवासी ये तीन प्रकार के देव तथा संपूर्ण स्त्रियाँ इनको अपर्याप्त अवस्था में सम्यक्त्व नहीं होता है और सासादन सम्यग्दृष्टि अपर्याप्त नारकी नहीं होता।

(अडिल्ल)

धम्मा बिन छै पृथ्विन के नारकि जिया,
जोतिष व्यंतर भावन अरु सब ही त्रिया।
इन सबके अप्रयाप्त माहिं सम्यक् तना,
नहिं नारक अप्रयाप्तन के सासादना।।13।।

(चौपाई)

एकादश गाथा सब जान, त्रिय दस छंदन में अमिलान।
यह पर्याप्त नाम अधिकार, पूरण कियौ तृतीय सुखकार।।14।।

इत्याचार्य श्री नेमिचन्द्र सिद्धान्त चक्रवर्ती विरचित गोम्मटसार दुतिय नाम पंचसंग्रह ताकी जीवतत्त्व प्रदीपिका नामा संस्कृत टीका वा सम्यग्ज्ञान चन्द्रिका नाम भाषा टीकानुसार मूल गाथार्थ छन्द बन्ध छन्दार्णव ग्रन्थ में पर्याप्त प्ररूपणा नाम तृतीय अधिकार समाप्त भया। इति शुभं।

***

अधिकार – 4

प्राण

आगैं प्राण प्ररूपणा अधिकार लिखैं हैं–

मंगलाचरण

(सोरठा)

त्रेसठ प्रकृति खिपाय, जगत नमत पद पाय पुनि।
कहौ धर्म सुखदाय, तिन अभिनंदन पद नमौं।।1।।

आगैं प्राण का निरुक्ति पूर्वक लक्षण कहैं हैं–

(गाथा)

बाहिरपाणेहिं जहा, तहेव अब्भंतरेहिं पाणेहिं।
पाणंति जेहिं जीवा, पाणा ते होंति णिद्दिट्ठा।।129।।

अर्थ– जिस प्रकार अभ्यन्तर प्राणों के कार्यभूत नेत्रों का खोलना, वचनप्रवृत्ति, उच्छ्वास निःश्वास आदि बाह्य प्राणों के द्वारा जीव जीते हैं, उसी प्रकार जिन अभ्यन्तर इन्द्रियावरण कर्म के क्षयोपशमादि के द्वारा जीव में जीवित पने का व्यवहार हो उनको प्राण कहते हैं।

(अडिल्ल)

जैसैं बाहिज प्राणन कर जिय जीव ही,
त्यौं जिन अभ्यंतर प्राणन करके सही।
जीवै जीवन जोग होय ते जिय तनै,
भावहिं प्राण कहेय जिनेश्वर इम भनै।।2।।

आगैं प्राणन के भेद कहैं हैं–

(गाथा)

पंच वि इंदियपाणा, मणवचिकायेसु तिण्णि बलपाणा।
आणापाणप्पाणा, आउगपाणेण होंति दस पाणा।।130।।

अर्थ- पाँच इन्द्रियप्राण-स्पर्शन, रसना, घ्राण, चक्षु, श्रोत्र, तीन बल प्राण-मनोबल, वचनबल, कायबल, एक श्वासोच्छ्वास तथा एक आयु इस प्रकार वे दस प्राण हैं।

(दोहा)

पाँचों इंद्रिय मन वचन, काय त्रिबल ये जान।
श्वासोच्छ्वासरु आयु युत, हैं सु यहै दस प्रान।।3।।

आगैं तिन द्रव्य प्राणन के उपजने की सामग्री को कहैं हैं-

(गाथा)

वीरियजुदमदिखउवसमुत्था णोइंदियेंदियेसु बला।
देहुदये कायाणा, वचीबला आउ आउदये।।131।।

अर्थ- मनोबल प्राण और इन्द्रिय प्राण वीर्यान्तराय कर्म और मतिज्ञानावरण कर्म के क्षयोपशमरूप अन्तरंग कारण से उत्पन्न होते हैं। शरीर नामकर्म के उदय से कायबलप्राण होता है। श्वासोच्छ्वास और शरीर नामकर्म के उदय से प्राण-श्वासोच्छ्वास उत्पन्न होते हैं। स्वर नामकर्म के साथ शरीर नामकर्म का उदय होने पर वचनबल प्राण होता है। आयुकर्म के उदय से आयु प्राण होता है।

(अडिल्ल)

वीर्य युक्त मति ज्ञानावर्णी के सही,
क्षय उपशम तैं इंद्री अर मन उपजहीं।
देह उदय कर वपु बल श्वासोच्छ्वास ह्वै,
पुन वपु स्वर उद वच बल आयुद आयु ह्वै।।4।।

आगैं प्राण कौन-कौन पाइये सो भेद कहैं हैं-

(गाथा)

इंदियकायाऊणि य, पुण्णापुण्णेसु पुण्णगे आणा।
बीइंदियादिपुण्णे, वचीमणो सण्णिपुण्णेव।।132।।

अर्थ– इन्द्रिय काय आयु ये तीन प्राण, पर्याप्त और अपर्याप्त दोनों के ही होते हैं। किन्तु श्वासोच्छ्वास प्राण पर्याप्त के ही होता है। और वचनबल प्राण पर्याप्त द्वीन्द्रियादि के ही होता है। तथा मनोबल प्राण संज्ञिपर्याप्त के ही होता है।

(अडिल्ल)

इंद्री वपु बल आयु प्राण ये तीन जी,
पर्याप्तापर्याप्त माहिं उस्वास जी।
पर्याप्तहि में वच बल द्वै इंद्रीय के,
पर्याप्तक में मन बल संज्ञि पंचेंद्रि के।।5।।

आगैं एकेन्द्रियादि जीवन के केते–केते प्राण पाइये सो कहैं हैं–

(गाथा)

दस सण्णीणं पाणा, सेसेगूणंतिमस्स वेऊणा।
पज्जत्तेसिदरेसु य, सत्त दुगे सेसगेगूणा।।133।।

अर्थ– पर्याप्त संज्ञिपंचेन्द्रिय के दश प्राण होते हैं। शेष पर्याप्तकों के एक एक प्राण कम होता जाता है। किन्तु एकेन्द्रियों के दो कम होते हैं। अपर्याप्तक संज्ञी और असंज्ञी पचंन्द्रिय के सात प्राण होते हैं और शेष अपर्याप्त जीवों के एक एक प्राण कम होता जाता है।

(गीतिका)

संज्ञी पचेंद्रि प्रयाप्त के दस ही जु प्राण प्रमानिये।
पुन असंज्ञी आदिक दु इंद्री तक इकिक घट जानिये।।

इक इंद्रि के चतु ये प्रयाप्त दशा म पुन अप्रयाप्त में।
ह्वैं सप्त संज्ञि असंज्ञि के हीनिक इकेंद्री तक पमैं।।6।।

(सोरठा)

पण गाथा षट छंद, माहिं प्राण प्रूपण यहै।
किय पूरण सुख कंद, वर चतुर्थ अधिकार शुभ।।7।।

इत्याचार्य श्री नेमिचन्द्र सिद्धान्त चक्रवर्ती विरचित गोम्मटसार दुतिय नाम पंचसंग्रह ताकी जीवतत्त्व प्रदीपिका नामा संस्कृत टीका वा सम्यग्ज्ञान चन्द्रिका नाम भाषा टीकानुसार मूल गाथार्थ छन्द बन्ध छन्दार्णव ग्रन्थ में प्राण प्ररूपणा नाम चतुर्थ अधिकार समाप्त भया।

***

अधिकार - 5

संज्ञा

मंगलाचरण

(दोहा)

अरि रज रहस विनाश कर, गुण अनंत जिन पाय।
जगत नाथ जित दोष सो, नमौं सुमत जिनराय।।1।।

आगैं संज्ञा प्ररूपणा को कहैं हैं-

(गाथा)

इह जाहि बाहिया वि य, जीवा पावंति दारुणं दुक्खं।
सेवंता विय उभये, ताओ चत्तारि सण्णाओ।।134।।

अर्थ- जिनसे संक्लेशित होकर जीव इस लोक में और जिनके विषय का सेवन करने से दोनों ही भवों में दारुण दुःख को प्राप्त होते हैं उनको संज्ञा कहते हैं। उसके विषयभेद के अनुसार चार भेद हैं- आहार, भय, मैथुन और परिग्रह।

(चौपाई)

जिन करकैं बाधित ये जीव, इक भव पावत दुक्ख अतीव।
सेवत भी सु उभय भव माहिं, ते संज्ञा जिन चार बताहिं।।2।।

(सोरठा)

संज्ञा नामभिलाष, भोजन प्रथम सु जानिये।
भय अरु मैथुन भाष, पुन परिग्रह ये चतुरधा।।3।।

आगैं आहार संज्ञा उपजने का बाह्याभ्यंतर कारण को कहैं हैं-

(गाथा)

आहारदंसणेण य, तस्सुवजोगेण ओमकोठाए।
सादिदरुदीरणाए, हवदि हु आहारसण्णा हु।।135।।

अर्थ– आहार के देखने से अथवा उसके उपयोग से और पेट के खाली होने से तथा असाता वेदनीय कर्म के उदय और उदीरणा होन पर जीव के नियम से आहार संज्ञा उत्पन्न होती है।

(अडिल्ल)

भोजन देखन कर पुन तसु उवजोग सैं,
खाली उदर जु इन बाहिज कारन वशैं।।
अभ्यंतर सु असात उदीरण के यही,
उदय सेय आहार जु संज्ञा उपजहीं।।4।।

आगैं भय संज्ञा की उत्पत्ति कहैं हैं–

(गाथा)

अइभीमदंसणेण य, तस्सुवजोगेण ओमसत्तीए।
भयकम्मुदीरणाए, भयसण्णा जायदे चदुहिं।।136।।

अर्थ– अत्यन्त भयंकर पदार्थ के देखने से, अथवा पहले देखे हुए भयंकर पर्याय के स्मरणादि से, यद्वा शक्ति के हीन होने पर और अन्तरंग में भयकर्म का तीव्र उदय-उदीरणा होने पर भयसंज्ञा उत्पन्न हुआ करती है।

(अडिल्ल)

अतिभयकारी व्याघ्रादि के देखतैं,
तिनही के उपयोग हीन पन शाक्ति तैं।
अरु भय कर्म तनी सु उदीरण के सही,
उदय सेति भय संज्ञा उत्पत हो वही।।5।।

आगैं मैथुन संज्ञा की उत्पत्ति कहैं हैं–

(गाथा)

पणिदरसभोयणेण य, तस्सुवजोगे कुसीलसेवाए।
वेदस्सुदीरणाए, मेहुणसण्णा हवदि एवं।।137।।

अर्थ– कामोत्तेजक स्वादिष्ट और गरिष्ट रसयुक्त पदार्थों का भोजन करने से और कामकथा नाटक आदि के सुनने एवं पहले के भुक्त विषयों का स्मरण आदि करने से तथा कुशील का सेवन करने वाले विट आदि कुशीली पुरुषों की संगति गोष्ठी आदि करने से और वेद कर्म का तीव्र उदय या उदीरणा आदि से मैथुन संज्ञा होती है।

(कुसुमलता)

रस गरिष्ठ के भोजन कर पुन काम कथादिक श्रवण किये।
शील रहित विट जन की संगति यह बहिरंग निमित्त लिये।।
अंतर वेद तनी उदीरणा के सु उदयतैं होय सही।
मैथुन संज्ञा तनी सु उत्पत श्री जिनवर यह भाँत कही।।6।।

आगैं परिग्रह संज्ञा की उत्पत्ति का कारण कहैं हैं–

(गाथा)

उवयरणदंसणेण य, तस्सुवजोगेण मुच्छिदाए य।
लोहस्सुदीरणाए, परिग्गहे जायदे सण्णा।।138।।

अर्थ– इत्र, भोजन, उत्तम वस्त्र, स्त्री, धन, धान्य आदि भोगोपभोग के साधनभूत बाह्य पदार्थों के देखने से अथवा पहले के भुक्त पदार्थों का स्मरण या उनकी कथा का श्रवण आदि करने से और ममत्व परिणामों के– परिग्रहाद्यर्जन की तीव्र गृद्धि के– भाव होने से एवं लोभकर्म का तीव्र उदय या उदीरणा होने से– इन चार कारणों से परिग्रह संज्ञा उत्पन्न होती है।

(कुसुमलता)

बहुविध धन धन्यादि परिग्रह ताके देखन तैं अब जान।
तिहि धनादि की कथा श्रवण अरु लोभी का संबंध हि ठान।।
यह बाहिज कारण पुन अंतर लोभ कषाय उदीरण आन।
तास उदय कर होय परिग्रह संज्ञा उपज महादुख खान।।7।।

आगैं ये संज्ञा कौन-कौन के पाइए हैं सो कहैं हैं-

(गाथा)

णट्ठपमाए पढमा, सण्णा ण हि तत्थ कारणाभावा।
सेसा कम्मत्थित्तेणुवयारेणत्थि ण हि कज्जे।।139।।

अर्थ- अप्रमत्त आदि गुणस्थानों में आहारसंज्ञा नहीं होती क्योंकि वहाँ पर उसका कारण असाता वेदनीय का तीव्र उदय या उदीरणा नहीं पाई जाती। शेष तीन संज्ञाएँ भी वहाँ पर उपचार से ही होती हैं क्योंकि उनका कारण तत्तत्कर्मों का उदय वहाँ पर पाया जाता है। फिर भी उनका वहाँ पर कार्य नहीं हुआ करता।

(अडिल्ल)

अप्रमत्त आदिक गुनथान मँझार ही,
कारण तनैं अभाव प्रथम संज्ञा नहीं।
कर्मोदय अस्तित्व जु संज्ञा शेष ही,
हैं उपचारहि मात्र कार्य रूपी नहीं।।8।।

(गीतिका)

गाथा जु षट नव छंद महिं अधिकार उत्तम यह सही।
संज्ञा सु नामा पंचमा पूरण कियौ सुखदाय ही।।
लख छंद अर्थ मँझार घट बढ़ सुधी लेहु सुधार कैं।
वाँचहु पढावहु पढहु जिहिं विध तट होहु तिन धार कैं।।9।।

इति श्री नेमचन्द सिद्धान्त चक्रवर्ती विरचित गोम्मटसार दुतिय नाम पंचसंग्रह ताकी जीवतत्त्व प्रदीपिका नाम संस्कृत टीका वा सम्यग्ज्ञान चन्द्रिका नाम भाषा टीका के अनुसार मूल गाथार्थ छन्द बन्ध छन्दार्णव ग्रन्थ में संज्ञा प्ररूपणा नाम पंचम अधिकार समाप्त भया।

***

मार्गणा महाधिकार

मंगलाचरण

(दोहा)

जीत घातिया कर्म सब, गुण समूह जिन पाय।
प्रगट कियो हित धर्म तिन, भजौं पद्म जिनराय।।1।।

आगैं अरिहंत देव को नमस्कार रूप मंगलाचरण पूर्वक मार्गणा महाधिकार के प्ररूपणे की प्रतिज्ञा करैं हैं–

(गाथा)

धम्मगुणमग्गणाहय-मोहारिबलं जिणं णमंसित्ता।
मग्गणमहाहियारं, विविहहियारं भणिस्सामो।।140।।

अर्थ– सम्यग्दर्शनादि अथवा उत्तम क्षमादि धर्मरूपी धनुष, और ज्ञानादि गुणरूपी प्रत्यंचा (डोरी) तथा चौदह मार्गणारूपी बाणों से जिसने मोहरूपी शत्रु के बल–सैन्य को नष्ट कर दिया है इस प्रकार के श्री जिनेन्द्रदेव को नमस्कार करके मैं उस मार्गणा महाधिकार का वर्णन करूँगा जिसमें कि और भी विविध अधिकारों का अन्तर्भाव पाया जाता है।

(गीतिका)

रतनत्रयात्मक धर्म धनु ज्ञानादि गुण चिल्ला छता।
अरु तदाश्रय मार्गण चर्तुदशवान सुइ तिहिं कर हता।।
विधि मोहनी वैरी तनौं बल तिन जिनेशुर को यहाँ।
कर नमन बहु अधिकार युत अधिकार मार्गण कहुँ महाँ।।2।।

(दोहा)

यह विध मंगल कर सु नासित मल श्रुत चक्रीय।
नेमिचंद्र प्रारंभ तैं, उक्तधिकार सहीय।।3।।

आगैं मार्गणा स्थान की निरुक्ति पूर्वक लक्षण कहैं हैं-

(गाथा)

जाहि व जासु व जीवा, मग्गिज्जंते जहा तहा दिट्ठा।
ताओ चोदस जाणे, सुयणाणे मग्गणा होंति।।141।।

अर्थ- प्रवचन में जिस प्रकार से देखे गये हों उसी प्रकार से जीवादि पदार्थों का जिन भावों के द्वारा अथवा जिन पर्यायों में विचार-अन्वेषण किया जाय उनको ही मार्गणा कहते हैं, उनके चौदह भेद हैं, ऐसा समझना चाहिये।

(चौपाई)

ज्यौं श्रुत ज्ञान विषैं दीसेय, जीव पदार्थ सु त्यौं जानेय।
जिनकर अथवा जिनके थान, ते चतुदश मारगणा जान।।4।।

आगैं तिन चौदह मार्गणान के नाम कहिये हैं-

(गाथा)

गइइंदियेसु काये, जोगे वेदे कसायणाणे य।
संजमदंसणलेस्सा भवियासम्मत्तसण्णि आहारे।।142।।

अर्थ- गति, इन्द्रिय, काय, योग, वेद, कषाय, ज्ञान, संयम, दर्शन, लेश्या, भव्यत्व, सम्यक्त्व, संज्ञा, आहार ये चौदह मार्गणा हैं।

(चौपाई)

गति इंद्री पुन काय सु जान, जोगरु वेद कषाय जु ज्ञान।
संयम दर्शन लेश्या सार, भविया सम्यक संज्ञि अहार।।5।।

आगैं तिन विषैं आठ सांतर मार्गणा हैं तिनका स्वरूप संख्या विधान निरूपण के अर्थ तीन गाथाओं कर कहैं हैं-

(गाथा)

उवसमसुहमाहारे, वेगुव्वियमिस्स णरअपज्जत्ते।
सासणसम्मे मिस्से, सांतरगा मग्गणा अट्ठ।।143।।

अर्थ– उपशम सम्यक्त्व, सूक्ष्मसांपराय संयम, आहारक काययोग, आहारक मिश्रकाययोग, वैक्रियिक मिश्रकाययोग, अपर्याप्त–लब्ध्यपर्याप्त मनुष्य, सासादन सम्यक्त्व और मिश्र, ये आठ सान्तरमार्गणाएँ हैं।

सत्तदिणा छम्मासा, वासपुधत्तं च बारस मुहुत्ता।
पल्लासंखं तिण्हं, वरमवरं एगसमयो दु।।144।।

अर्थ– उक्त आठ अन्तरमार्गणाओं का उत्कृष्ट काल क्रम से सात दिन, छः महीना, पृथक्त्व वर्ष, पृथकत्व वर्ष, बारह मुहूर्त और अन्त की तीन मार्गणाओं का काल पल्य के असंख्यातवें भाग है। और जघन्य काल सबका एक समय है।

(सवैया इकतीसा)

उपशम सम्यक का सप्त दिन अंतराल,
सूक्ष्मसांपराय ताको षट मास जानिये।
आहारक काय योग वा ताही का मिश्र तिहिं,
बरस त्रि ऊर्द्ध नव नीचे इते मानिये।।
वैक्रियक काय योग वैक्रियक मिश्र इन,
दोनों का सु बारह महूरत बखानिये।
लब्ध अपरयाप्त नर सासादनी मिश्र थानी,
पल्य का असंख्यातवाँ भाग त्रि का ठानिये।।6।।

(गाथा)

पढमुवसमसहिदाए, विरदाविरदीए चोद्दसा दिवसा।
विरदीए पण्णरसा, विरहिदकालो दु बोधव्वो।।145।।

अर्थ– प्रथमोपशम सम्यक्त्व सहित पंचम गुणस्थान का उत्कृष्ट विरह काल चौदह दिन, और छट्ठे सातवें गुणस्थान का उत्कृष्ट विरहकाल पंद्रह दिन समझना चाहिये।

(अडिल्ल)

प्रथमोपशम सम्यक्त्व सहित विरताव्रती,
ताका चतुदश दिवस कहौ अंतर मती।
तिस ही सम्यक सहित सकल संयमि तनौं,
पंद्रह दिन का विरह जिनागम में भनौं।।7।।

आगैं चौदह मार्गणान में गतिमार्गणा के स्वरूप को कहैं हैं-

(दोहा)

दुति सिद्धान्त अपेक्षया, कर चतु विंशत वार।
तनौं विरह आगम कथित, सकल संयमी धार।।8।।

***

अधिकार - 6

गति मार्गणा

(गाथा)

गइउदयजपज्जाया, चउ गइगमणस्स हेउ वा हु गई।
णारयतिरिक्खमाणुसदेवगइ त्ति य हवे चदुधा।।146।।

अर्थ– गतिनाम कर्म के उदय से होने वाली जीव की पर्याय को अथवा चारों गतियों में गमन करने के कारण को गति कहते हैं। उसके चार भेद हैं, नरकगति, तिर्यग्गति, मनुष्यगति, देवगति।

(चौपाई)

जो गति नाम कर्मुदय पाय, जिय कैं उत्पन होय प्रजाय।
सो गति चार प्रकार मुनेह, नरक त्रियंच मनुष सुर येह।।9।।

आगैं नरक गति के स्वरूप का निर्देश करैं हैं–

(गाथा)

ण रमंति जदो णिच्चं, दव्वे खेत्ते य कालभावे य।
अण्णोण्णेहिं य जम्हा, तम्हा ते णारया भणिया।।147।।

अर्थ– जो द्रव्य क्षेत्र काल भाव में स्वयं तथा परस्पर में प्रीति को प्राप्त नहीं होते उनको नारत (नारकी) कहते हैं।

(चौपाई)

जातैं जे द्रव क्षेत्र क्रतांत, भावरु आपस में न रमांत।
तातैं ते जिय नारकि लोय, नारकादि संज्ञा जुत होय।।10।।

आगैं तिर्यंच गति के स्वरूप को कहैं हैं–

(गाथा)

तिरियंति कुडिलभावं, सुविउलसण्णा णिगिट्ठिमण्णाणा।
अच्चंतपावबहुला, तह्मा तेरिच्छया भणिया।।148।।

अर्थ- जो मन वचन काय की कुटिलता को प्राप्त हों, अथवा जिनकी आहारादि विषयक संज्ञा दूसरे मनुष्यों को अच्छी तरह प्रकट हो और जो निकृष्ट अज्ञानी हों तथा जिनमें अत्यन्त पाप का बाहुल्य पाया जाय उनको तिर्यञ्च कहते हैं।

(अडिल्ल)

जातैं ते जिय सदा प्रगट संज्ञा धरैं,
पुनि अति ही अघ तनी बहुलताई भरैं।
अरु निकृष्ट अज्ञानी भाव कुटिल जु तैं,
तातैं ते जिय कहे त्रियंच सु जिनमतैं।।11।।

आगैं मनुष्य गति का स्वरूप कहैं हैं-

(गाथा)

मण्णंति जदो णिच्चं, मणेण णिउणा मणुक्कडा जम्हा।
मण्णुब्भवा य सव्वे, तह्मा ते माणुसा भणिदा।।149।।

अर्थ- जो नित्य ही हेय-उपादेय, तत्त्व-अतत्त्व, आप्त-अनाप्त धर्म-अधर्म आदि का विचार करें, और जो मन के द्वारा गुणदोषादि का विचार स्मरण आदि कर सकें, जो पूर्वोक्त मन के विषय में उत्कृष्ट हों, शिल्पकला आदि में भी कुशल हों, तथा युग की आदि में जो मनुओं से उत्पन्न हों उनको मनुष्य कहते हैं।

(गीतिका)

जे जीव जातैं ग्रहण त्यागन जोग जानैं नित्य ही।
वा कला शिल्पादिक विषैं अति कुशलता संयुक्त ही।।
अवधारणादि दृढोपयोगी वा मनोद्भव जानिये।
तातैं सु ते जिय मनुष प्रवचन माहिं कथित प्रमानिये।।12।।

आगैं तिर्यंच मनुष गति के व्यक्ति भेदन को दिखावैं हैं-

(गाथा)

सामण्णा पंचिंदी, पज्जत्ता जोणिणी अपज्जत्ता।
तिरिया णरा तहावि य, पंचिंदियभंगदो हीणा।।150।।

अर्थ– तिर्यंचों के पाँच भेद होते हैं। सामान्य तिर्यंच, पंचेन्द्रिय तिर्यंच, पर्याप्त तिर्यंच, योनिनी तिर्यंच और अपर्याप्त तिर्यंच। इन्हीं पाँच भेदों में से पंचेन्द्रिय के एक भेद को छोड़कर बाकी के ये ही चार भेद मनुष्यों के होते हैं।

(चौपाई)

सामान्यरु पंचेन्द्रिय जान, योनमीत पर्याप्त बखान।
अपरयाप्त ये पण तिरयंच, यों हि पचिन्द्रिय बिन नर संच।।13।।

आगैं देव गति का स्वरूप कहैं हैं–

(गाथा)

दीव्वंति जदो णिच्चं, गुणेहिं अट्ठेहिं दिव्वभावेहिं।
भासंतदिव्वकाया, तम्हा ते वण्णिया देवा।।151।।

अर्थ– जो देवगति में होने वाले या पाये जाने वाले परिणामों– परिणमनों से सदा सुखी रहते हैं और जो अणिमा महिमा आदि आठ गुणों (ऋद्धियों) के द्वारा सदा अप्रतिहतरूप से विहार करते हैं और जिनका रूप लावण्य यौवन आदि सदा प्रकाशमान रहता है, उनको परमागम में देव कहा है।

(अडिल्ल)

जा कारण ते जीव नित्य क्रीडत रहैं,
मेरु कुलादिक में सु दिव्य काया वहैं।
अनुमादिक गुण अष्ट दिव्य परभाव तैं,
ता कारण ते देव वर्णये जिनमतैं।।14।।

आगैं संसार विलक्षण सिद्ध गति का स्वरूप कहैं हैं–

(गाथा)

जाइजरामरणभया, संजोगविजोगदुक्खसण्णाओ।
रोगादिगा य जिस्से, ण संति सा होदि सिद्धगई।।152।।

अर्थ– एकेन्द्रिय से लेकर पंचेन्द्रिय तक पाँच प्रकार की जाति, बुढ़ापा, मरण, भय, अनिष्ट संयोग, इष्ट वियोग, इनसे होने वाले दुःख आहारादि विषयक संज्ञाएँ–वांछाएँ और रोग आदि की व्याधि इत्यादि विरुद्ध विषय जिस गति में नहीं पाये जाते उसको सिद्धगति कहते हैं।

(चौपाई)

जन्म जरा मृत्यु भय संयोग, दुक्ख वियोगरु संज्ञा रोग।
इत्यादिक जहँ नाहीं उक्त, सो संसार भिन्न गति मुक्त।।15।।

आगैं गति मार्गणा विषैं जीवन की संख्या वरणन करैं हैं–

(गाथा)

सामण्णा णेरइया, घणअंगुलविदियमूलगुणसेढी।
विदियादि वारदसअड, छत्तिदुणिजपदहिदा सेढी।।153।।

अर्थ– सामान्यतया संपूर्ण नारकियों का प्रमाण घनांगुल के दूसरे वर्गमूल से गुणित जगच्छ्रेणी प्रमाण है। द्वितीयादि पृथिवियों में रहने वाले– पाये जाने वाले नारकियों का प्रमाण क्रम से अपने बारहवें, दसवें, आठवें, छट्ठे, तीसरे और दूसरे वर्गमूल से भक्त जगच्छ्रेणी प्रमाण समझना चाहिए।

(चौपाई)

दुतिय मूल घन अंगुल तनौं, ताकर जग श्रेणी को गुणौं।
तिहिं प्रमाण सब नारकि जान, सातों नरक तनैं सामान।।
द्वादश दश वसु षट त्रय दोय, वर्गमूल निज भाजित होय।
जगत श्रेणी मित वंशादीय, षट में क्रम तैं जानौ जीय।।16।।

(गाथा)

हेट्ठिमछप्पुढवीणं, रासिविहीणो दु सव्वरासी दु।
पढमावणिह्मि रासी, णेरइयाणं तु णिद्दिट्ठो।।154।।

अर्थ– नीचे की छह पृथिवियों के नारकियों का जितना प्रमाण हो उसको संपूर्ण नारक राशियों में से घटाने पर जो शेष रहे उतना ही प्रथम पृथ्वी के नारकियों का प्रमाण है।

(चौपाई)

नीचे की षट पृथिविन कीय, राशि विहीन सर्वराशीय।
जे परमाण होय तिह मान, प्रथम नरक के नारकि जान।।17।।

आगैं तिर्यंच गति संबंधी जीवों की संख्या कहैं हैं–

(गाथा)

संसारी पंचक्खा, तप्पुण्णा तिगदिहीणया कमसो।
सामण्णा पंचिंदी, पंचिंदियपुण्णतेरिक्खा।।155।।

अर्थ– संपूर्ण जीवराशियों से सिद्धराशि को घटाने पर जितना प्रमाण रहे उतना ही संसारराशि का प्रमाण है। संसारराशि में से नारक मनुष्य देव इन तीन राशियों को घटाने पर जो शेष रहे उतना ही सामान्य तिर्यंचों का प्रमाण है। संपूर्ण पंचेन्दिद्रय जीवराशि का जितना प्रमाण है उसमें से उक्त तीन गतिसंबंधी समस्त जीवराशि के प्रमाण को घटाने पर जितना प्रमाण शेष रहे उतने पंचेन्द्रिय तिर्यंच हैं। तथा पर्याप्तकों के प्रमाण में से उक्त तीन गति के पंचेन्द्रिय पर्याप्त जीवों का प्रमाण घटाने पर जो शेष रहे उतने ही तिर्यंच पचेन्द्रिय पर्याप्त जीव हैं।

(जोगीरासा)

नारक नर सुर राशि हीन सो संसृत राशी सब ही।
होय त्रियंच समान प्रमानरु तेहि त्रिराशी हित ही।।

संसृत पंचेंद्री मित कहँ तिरयंच पंचेंद्री आप्त।
पुन ते ही त्रिय गति प्रयाप्त बिन सब पंचेंद्रि प्रयाप्त।।18।।

(दोहा)

सो ही राशि तिर्यंच गति, में पंचेंद्री केव।
पर्याप्तन की राशि का, कहौ मान जिनदेव।।19।।

(गाथा)

छस्सयजोयणकदिहद-जगपदरं जोणिणीण परिमाणं।
पुण्णूणा पंचक्खा, तिरियअपज्जत्तपरिसंखा।।156।।

अर्थ– छह सौ योजन के वर्ग का जगत्प्रतर में भाग देने से जो लब्ध आवे उतना ही योनिनी तिर्यंचों का प्रमाण है। और पंचेन्द्रिय तिर्यंचों में से पर्याप्त तिर्यंचों का प्रमाण घटाने पर जो शेष रहे उतना अपर्याप्त पंचेन्द्रिय तिर्यंचों का प्रमाण है।

(जोगीरासा)

छै सौ योजन का सुवर्ग कर भक्त प्रतर जग मित्त।
योनमती तिरयंच तनौं परमान कहौ जिन श्रुत्त।।
पंचेन्द्री परयाप्त पशुन बिन पंचेन्द्री तिरयंच।
अपरयाप्त तिरयंचन कौ परमान कहौ श्रुत संच।।20।।

(गाथा)

सेढी सूईअंगुलआदिमतदियपदभाजिदेगूणा।
सामण्णमणुसरासी, पंचमकदिघणसमा पुण्णा।।157।।

अर्थ– सूच्यंगुल के प्रथम और तृतीय वर्गमूल का जगच्छ्रेणी में भाग देने से जो शेष रहे उसमें एक और घटाने पर जो शेष रहे उतना सामान्य मनुष्य राशि का प्रमाण है। इसमें से द्विरूपवर्गधारा में उत्पन्न पाँचवें वर्ग (वादाल) के घनप्रमाण पर्याप्त मनुष्यों का प्रमाण है।

(जोगीरासा)

सूच्यंगुल के प्रथम और तृति मूल भक्त जग श्रेणी।
मित इक अंकहीन मानुष राशी सामान्य सु वरणी।।
पुन द्वैरूप वर्गधारा संबंधी पंचम कृत्त।
नाम बदाल तनैं थन मित परयाप्त मनुष हैं मित्त।।21।।

ते कितने हैं सो कहैं हैं–

(गाथा)

तललीनमधुगविमलं, धूमसिलागाविचोरभयमेरू।
तटहरिखझसा होंति हु, माणुसपज्जत्तसंखंका।।158।।

अर्थ– तकार से लेकर सकारपर्यन्त जितने अक्षर इस गाथा में बताये हैं, उतने ही अंकप्रमाण पर्याप्त मनुष्यों की संख्या है।

(गीतिका)

सप्त नव द्वे द्वे सु वसु अरु एक षट दो जानिये।
पुन पंच एकरु चार दो षट चार तीन बखानिये।।
त्रय सप्त पन नव तीन पन चतु तीन नव पन मानिये।
पुन शून्य त्रय त्रय षट इते पर्याप्त मनुष प्रमानिये।।22।।

(सवैया इकतीसा)

सो ये सप्त कोड़ा कोड़ि कोड़ा कोड़ि ब्यानूं लक्ष,
अठ्ठाइस सहसरु एक शत आनिये।
बासठ जु कोड़ा कोड़ि कोड़ि इक्यावन लाख,
ब्यालीस हजार और छै सै परमानिये।।
तेतालीस कोड़ा कोड़ि सैंतीस जु लक्ष पुन,
उंसठ सहस अरु तीन सौ बखानिये।
चौंवन सौ कोड़ि उन्तालीस लाख पंचास,
हजार त्रि सौ छत्तीस प्रजाप्त नर जानिये।।23।।

(गाथा)

पज्जत्तमणुस्साणं, तिचउत्थो माणुसीण परिमाणं।
सामण्णा पुण्णूणा, मणुवअपज्जत्तगा होंति।।159।।

अर्थ– पर्याप्त मनुष्यों का जितना प्रमाण है उसमें तीन चौथाई मनुष्यों का प्रमाण है। सामान्य मनुष्य राशि में से पर्याप्तकों का प्रमाण घटाने पर जो शेष रहे उतना ही अपर्याप्त मनुष्यों का प्रमाण है।

(चौपाई)

नर पर्याप्तन के चौ भाग, कर तामहिं त्रिभाग त्रिय पाग।
ऊन प्रयाप्त राशि सामान, कहौ अपरयाप्तन को मान।।24।।

आगैं देवगति के जीवों की संख्या चार गाथाओं द्वारा कहैं हैं–

(गाथा)

तिण्णिसयजोयणाणं, वेसदछप्पण्ण अंगुलाणं च।
कदिहदपदरं वेंतर, जोइसियाणं च परिमाणं।।160।।

अर्थ– तीन सौ योजन के वर्ग का जगत्प्रतर में भाग देने से जो लब्ध आवे उतना व्यन्तर देवों का प्रमाण है। और 256 प्रमाणांगुलों के वर्ग का जगत्प्रतर में भाग देने से जो लब्ध आवे उतना ज्योतिषियों का प्रमाण है।

(चौपाई)

वर्ग त्रिशत योजन का सार, देय भाग जग प्रतर मँझार।
जो परमान होय तिहिं मान, व्यंतर देव कहे भगवान।।25।।
द्वै सौ छप्पन अंगुल तास, वर्ग प्रदेश करो भ्रम नाश।
ताकर जगत प्रतर भक्तेउ, तिहिं मित जोतिष सुर जानेउ।।26।।

(गाथा)

घणअंगुलपढमपदं, तदियपदं सेढिसंगुणं कमसो।
भवणे सोहम्मदुगे, देवाणं होदि परिमाणं।।161।।

अर्थ– जगच्छ्रेणी के साथ घनांगुल के प्रथम वर्गमूल का गुणा करने से भवनवासी और तृतीय वर्गमूल का गुणा करने से सौधर्मद्विक– सौधर्म और ऐशान स्वर्ग के देवों का प्रमाण निकलता है।

(गीतिका)

तहँ वर्गमूल प्रथम घनांगुल ताहि जग श्रेणीय सैं।
गुणतैं प्रमाण सु होय तितनैं भवनवासी सुर लसैं।।
पुन घनांगुल के त्रितिय मूलहिं जगत श्रेणी सौ गुनै।
परमान मित सौधर्म अरु ईशान वासी सुर भनैं।।27।।

(गाथा)

तत्तो एगारणवसगपणचउणियमूलभाजिदा सेढी।
पल्लासंखेज्जदिमा, पत्तेयं आणदादिसुरा।।162।।

अर्थ– इसके अनन्तर अपने (जगच्छ्रेणी के) ग्यारहवें नववें सातवें पाँचवें चौथे वर्गमूल से भाजित जगच्छ्रेणी प्रमाण तीसरे कल्प से लेकर बारहवें कल्प तक के देवों का प्रमाण है। आनतादिक में आगे के देवों का प्रमाण पल्य के असंख्यातवें भाग प्रमाण है।

(गीतिका)

उपर बहुर सो पंच जुगलन माहिं क्रम से जानिये।
जग श्रेणि का एकादशम पुन नवम सप्तम मानिये।।
पंचम चतुर्थम मूल के परमान से भक्तै यहाँ।
जग श्रेणि को ह्वै मान जो जो देव तिहिं तिहिं मित तहाँ।।28।।

(चौपाई)

आनतादि द्वै युग ग्रैवेय, त्रय पुन अनुदिश थान भनेय।
चतु अनुतर इन इक इक माँह, भाग असंख पल्ल के आह।।29।।

(गाथा)

तिगुणा सत्तगुणा वा, सव्वट्ठा माणुसीपमाणादो।
सामण्णदेवरासी, जोइसियादो विसेसहिया।।163।।

अर्थ– मानुषियों का जितना प्रमाण है उससे तिगुना अथवा सातगुना सर्वार्थसिद्धि के देवों का प्रमाण है। ज्योतिष्क देवों का जितना प्रमाण है उससे कुछ अधिक संपूर्ण देवराशि का प्रमाण है।

(गीतिका)

सर्वार्थ सिद्ध मँझार सब त्रय गुणैं द्रव्य त्रियान सैं।
गुण सप्त आचारज सु दूजे कथित अहमिंदर वसैं।।
ज्योतिष्क राशि मँझार भावन कल्पवासी साधिके।
व्यंतरन राशि मिलाय सुर सामान सब एते छके।।30।।

(दोहा)

चतुरबीस गाथान के, छंद तीस महँ सार।
गति मार्गन नामा यहै, पूर्ण कियौ अधिकार।।31।।

इत्याचार्य श्री नेमचन्द सिद्धान्त चक्रवर्ती विरचित गोम्मटसार दुतिय नाम पंचसंग्रह ताकी जीवतत्त्व प्रदीपिका नाम संस्कृत टीका वा सम्यग्ज्ञान चन्द्रिका नाम भाषा टीका के अनुसार मूल गाथार्थ छन्द बन्ध छन्दोदय ग्रन्थ में गति मार्गणा नाम षष्ठ अधिकार सम्पूर्ण भया।

***

अधिकार - 7

इन्द्रिय मार्गणा

आगैं इन्द्रिय अधिकार लिख्यते-

(दोहा)

लोकालोक प्रकाश त्रय, जगत्पूज्य श्रीमान।
कर्ता सप्तम तीर्थ नम, श्री सुपार्श्व भगवान।।1।।

आगैं इंद्री शब्द का निरुक्ति पूर्वक लक्षण कहैं हैं-

(गाथा)

अहमिंदा जह देवा, अविसेसं अहमहंति मण्णंता।
ईसंति एक्कमेक्कं, इंदा इव इंदिये जाण।।164।।

अर्थ- जिस प्रकार अहमिन्द्र देवों में दूसरे की अपेक्षा न रखकर प्रत्येक अपने अपने को स्वामी मानते हैं, उसी प्रकार इन्द्रियाँ भी हैं।

(चौपाई)

ज्यौं अहिमेंद्र देव आपापै, रहित विशेष ईश पद थापै।
इक इक ह्वै त्यौं ही इन्द्रीयैं, अहमेंद्रन समान जानीयैं।।2।।

(गाथा)

मदिआवरणखओवसमुत्थविसुद्धी हु तज्जबोहो वा।
भाविंदियं तु दव्वं, देहुदयजदेहचिण्हं तु।।165।।

अर्थ- इन्द्रिय के दो भेद हैं- एक भावेन्द्रिय दूसरी द्रव्येन्द्रिय। मतिज्ञानावरण कर्म के क्षयोपशम से उत्पन्न होने वाली विशुद्धि अथवा उस विशुद्धि से उत्पन्न होने वाले उपयोगात्मक ज्ञान को भावेन्द्रिय कहते हैं। और शरीर नामकर्म के उदय से बनने वाले शरीर के चिह्न विशेष को द्रव्येन्द्रिय कहते हैं।

(कवित्त)

मतिज्ञानावरणी क्षयोपशम सेति विशुद्धिय लब्ध जु होइ।
ताही के क्षयोपशम तैं ह्वै बोध जान भाविद्रिय सोइ।।
त्यौं ही जाति उदय सहकारी वपु कर्मोदय जनत सु जोइ।
निर्वृत्यरु उपकरण रूप चिह्नन जुत द्रव्येद्रिय अवलोइ।।3।।

आगैं तिस ही प्रकार इंद्रियन कर सहित जीवन को कहैं हैं–

(गाथा)

फासरसगंधरूवे, सद्दे णाणं च चिण्हयं जेसिं।
इगिबितिचदुपंचिंदिय-जीवा णियभेयभिण्णाओ।।166।।

अर्थ– जिन जीवों के बाह्य चिह्न (द्रव्येन्द्रिय) और उसके द्वारा होने वाला स्पर्श-रस-गंध रूप शब्द इन विषयों का ज्ञान हो उनको क्रम से एकेन्द्रिय, द्वीन्द्रिय, त्रीन्द्रिय, चतुरिन्द्रिय, पंचेन्द्रिय जीव कहते हैं। और इनके भी अनेक अवान्तर भेद हैं।

(रोला)

सपरस रस पुन गंध रूप अर शब्द सु जे ही।
जिनकैं इनका ज्ञान चिह्न ते जिय क्रम से ही।।
इक द्वै त्रय चतु पंच इंद्रि जानों सुखदाई।
निज निज भेदन भिन्न यहै श्री जिन श्रुत गाई।।4।।

आगैं एकेन्द्रिय आदि जीवन के इन्द्रिय कहैं हैं–

(गाथा)

एइंदियस्स फुसणं, एक्कं वि य होदि सेसजीवाणं।
होंति कमउड्ढियाइं, जिब्भाघाणच्छि सोत्ताइं।।167।।

अर्थ– एकेन्द्रिय जीव के एक स्पर्शनेन्द्रिय ही होती है। शेष जीवों के क्रम से जिह्वा, घ्राण, चक्षु और श्रोत्र बढ़ जाते हैं।

(चौपाई)

इक इंद्रिय जिय कैं इक होय, सपरस ही शेषन कैं जोय।
रसना घ्राण चक्षु पुन श्रोत, क्रम कर इक इक वृद्धित होत।।5।।

आगैं स्पर्शनादि इंद्रियन के विषय के क्षेत्र का प्रमाण कहैं हैं–

(गाथा)

धणुवीसडदसयकदी, जोयणछादालहीणतिसहस्सा।
अट्ठसहस्स धणूणं, विसया दुगुणा असण्णि त्ति।।168।।

अर्थ– स्पर्शन, रसना, घ्राण इनका उत्कृष्ट विषयक्षेत्र क्रम से चार सौ धनुष, चौसठ धनुष, सौ धनुष प्रमाण है। चक्षु का उत्कृष्ट विषय क्षेत्र दो हजार नव सौ चौअन योजन है और श्रोत्रेन्द्रिय का उत्कृष्ट विषय क्षेत्र आठ हजार धनुष प्रमाण है। और आगे असंज्ञिपर्यन्त दूना दूना विषयक्षेत्र बढ़ता गया है।

(सवैया इकतीसा)

एकेंद्रिय जीव ताके सपरस का विषय,
धनु शत चार दूनों दूनों असेनीयनौं।
दो इंद्री कैं रसना का विषैं धनु चौंसठ है,
दुगुन दुगुन आगैं असेनीयलौं भनौं।।
घ्राणतनौं ते इंद्री कैं धनुष शतक एक,
सो भी आगैं दूनों दूनों उक्त थलनौं गनौं।
चक्षु तनौं चौ इंद्री के सहस्र दो नव सौरु,
चौंवन अधिक इते जोजन आगैं दुनौं।।6।।

(दोहा)

बहुर असेनि पचिंद्रि के, धनुष सहस वसु जान।
श्रवण विषय उत्कृष्ट यह, भाषौ श्री भगवान।।7।।

(गाथा)

सण्णिस्स वार सोदे, तिण्हं णव जोयणाणि चक्खुस्स।
सत्तेताल सहस्सा, बेसदतेसट्ठिमदिरेया।।169।।

अर्थ– संज्ञी जीव के स्पर्शन रसना घ्राण इन तीन इन्द्रियों में से प्रत्येक का विषयभूत क्षेत्र नौ नौ योजन है। और श्रोत्रेन्द्रिय का उत्कृष्ट विषयक्षेत्र बारह योजन है। तथा चक्षुरिन्द्रिय का उत्कृष्ट विषयक्षेत्र सेंतालीस हजार दो सौ त्रेसठ योजन से कुछ अधिक है।

(अडिल्ल)

सपर्सादि त्रय इंद्रिन कौ सैनीय के,
नव नव द्वादश योजन श्रवण तनौं छके।।
सैंतालीस हजार दु शत त्रेसठ पुना,
सप्तक बीसम अंश चक्षु का जानना।।8।।

(गाथा)

तिण्णिसयसट्ठिविरहिद-लक्खं दसमूलताडिदे मूलम्।
णवगुणिदे सट्ठिहदे, चक्खुप्फासस्स अद्धाणं।।170।।

अर्थ– तीन सौ साठ कम एक लाख योजन जम्बद्वीप के विष्कम्भ का वर्ग करना और उसका दशगुणा करके वर्गमूल निकालना, इससे जो राशि उत्पन्न हो उसमें नव का गुणा और साठ का भाग देने से चक्षुरिन्द्रिय का उत्कृष्ट विषय क्षेत्र निकलता है।

(चौपाई)

त्रय शत साठ हीन इक लक्ष, दस गुण वर्गमूल लै दक्ष।
नव गुण साठ तनौं दे भाग, चक्षु विषयवर उक्त सु पाग।।9।।

आगैं इंद्रियन का आकार कहिये हैं–

(गाथा)

चक्खूसोदं घाणं, जिब्भायारं मसूरजवणाली।
अतिमुत्तखुरप्पसमं, फासं तु अणेयसेठाणं।।171।।

अर्थ– मसूर के समान चक्षु का, जव की नली के समान श्रोत्र का, तिल के फूल के समान घ्राण का तथा खुरपा के समान जिह्वा का आकार है। और स्पर्शनन्द्रिय के अनेक आकार हैं।

(छप्पय)

ढ़ाल मसूर समान चक्षु इंद्री आका,
जवनाली सम श्रोत तनौं जानौं सु प्रका।
पुन कदंब के पुष्प रूप घ्राणेन्द्रिय धारो,
खुरपा के आकार जीभ को वरण विचारो।।
फर्सेन्द्रिय विविधाकार है तातैं फर्सेन्द्रिय तनौं।
आकार अनेक प्रकार भी जिन आगम माहीं भनौं।।10।।

आगैं निर्वृत्ति रूप द्रव्य स्पर्शनादिक इंद्रियन का आकार कह्या सो कितने–कितने प्रदेश रोकै ऐसा अवगाहना का प्रमाण कहैं हैं–

(गाथा)

अंगुलअसंख भागं, संखेज्जगुणं तदो विसेसहियं।
तत्तो असंखगुणिदं, अंगुलसंखेज्जयं तत्तु।।172।।

अर्थ– आत्मप्रदेशों की अपेक्षा चक्षुरिन्द्रिय का अवगाहन घनांगुल के असंख्यातवें भाग प्रमाण है। और इससे संख्यात गुणा श्रीत्रेन्द्रिय का अवगाहन है। श्रोत्रेन्द्रिय का जितना प्रमाण है उससे पल्य के असंख्यातवें भाग अधिक घ्राणेन्द्रिय का अवगाहन है। घ्राणेन्द्रिय के अवगाहन से पल्य के असंख्यातवें भाग का गुणा करने पर रसनेन्द्रिय के अवगाहन का प्रमाण निष्पन्न होता है। परन्तु सामान्य की अपेक्षा गुणाकार और भागहार का अपवर्तन करने से उक्त

चारों ही इन्द्रियों का अवगाहन प्रमाण घनांगुल के संख्यातवें भाग मात्र है।

(कवित्त)

घन अंगुल के भाग असंखम चक्षु तनी अवगाहन जान।
पुन यातैं संख्यात गुनी अवगाहन श्रोत तनी पहिचान।।
यातैं पुन कछु अधिक कही अवगाहन घ्राण तनी सुखदान।
पल्य असंखम भाग गुणी पुन यातैं रसना की अवगान।।11।।

आगैं स्पर्श इन्द्रिय के प्रदेशन कुं अवगाहना का प्रमाण कहैं हैं–

(गाथा)

सुहमणिगोदअपज्जत्तयस्स जादस्स तदियसमयम्हि।
अंगुलअसंखभागं, जहण्णमुक्कस्सयं मच्छे।।173।।

अर्थ– स्पर्शनेन्द्रिय की जघन्य अवगाहना घनांगुल के असंख्यातवें भाग प्रमाण है। और यह अवगाहना सूक्ष्म निगोदिया लब्ध्यपर्याप्तक के उत्पन्न होने से तीसरे समय में होती है। उत्कृष्ट अवगाहना महामत्स्य के होती है, इसका प्रमाण संख्यात घनांगुल है।

(कवित्त)

सूक्षम लब्ध अपर्याप्तक सु निगोद में उत्पन होते जान।
तृतिय समय में घन अंगुल के असंख्यातवें भाग प्रमान।।
सपरश इंद्री की जघन्य अवगाहन सो पुन मत्स्य महान।
स्वयंभूरमण उदधि में ताकी काय प्रमित उत्कृष्ट बखान।।12।।

आगैं इन्द्रिय ज्ञान वाले जीवन कौं कह अब अतीन्द्रिय ज्ञान वाले जीवन कुं निरूपण करैं हैं–

(गाथा)

ण वि इंदियकरणजुदा, अवग्गहादीहि गाहया अत्थे।
णेव य इंदियसोक्खा, अणिंदियाणंतणाणसुहा।।174।।

अर्थ– जीवन्मुक्त तथा परम मुक्त जीव इन्द्रियों की क्रिया से युक्त नहीं हैं। तथा वे अवग्रहादिक क्षायोपशमिक ज्ञान के द्वारा पदार्थ का ग्रहण नहीं करते। इसी तरह वे इन्द्रियजन्य सुख से भी युक्त नहीं हैं, क्योंकि उन दोनों ही प्रकार के जीवों का अनन्त ज्ञान और अनन्त सुख अनिन्द्रिय है।

(कवित्त)

जे जिय इंद्रिय तनैं करण जो भौं टमकार नादि जुत नाँह।
तातैं अवग्रहादि क्षयुपशम ज्ञान ते अक्षन ग्रहण कराँह।।
इंद्रिय जनित विषय संबंधी शर्म सहित पुन जे नहिं आहिं।
ते सु अनंत अतीन्द्रिय ज्ञानरु सौख्य युक्त जिन सिद्ध कहाहिं।।13।।

आगैं ऐकेन्द्रियादिक जीवन का सामान्य लक्षण कहैं हैं–

(गाथा)

थावरसंखपिपीलिय-भमरमणुस्सादिगा सभेदा जे।
जुगवारमसंखेज्जा, णंताणंता णिगोदभवा।।175।।

अर्थ– स्थावर एकेन्द्रिय जीव, शंख आदिक द्वीन्द्रिय, चींटी आदि त्रीन्द्रिय, भ्रमर आदि चतुरिन्द्रिय, मनुष्यादिक पंचेन्द्रिय जीव अपने अपने अंतर्भेदों से युक्त असंख्यातासंख्यात हैं और निगोदिया जीव अनन्तानन्त हैं।

(छप्पय)

थावर भू जल अनल वायु प्रत्येक काय तर।
ये एकेन्द्रिय शंख आदि पुन बे इंद्री वर।।
पिपीलादि ते भ्रमर आदि चौइन्द्री मित्त।
मनुष्यादि पंचेन्द्रि सु निज–निज भेद सहित्त।।
ते सर्व असंख असंख मित जुदे जुदे परमानिये।
बहुर अनंतानंत मित रास निगोद बखानिये।।14।।

आगैं विशेष संख्या को कहते संते प्रथम एकेन्द्रिय जीवन की

संख्या कहैं हैं–

(गाथा)

तसहीणो संसारी, एयक्खा ताण संखगा भागा।
पुण्णाणं परिमाणं, संखेज्जदिमं अपुण्णाणं।।176।।

अर्थ– संसारराशि में से त्रस राशि को घटाने पर जितना शेष रहे उतने ही एकेन्द्रिय जीव हैं और एकेन्द्रिय जीवों की राशि में संख्यात का भाग देना उसमें एक भाग प्रमाण अपर्याप्तक और शेष बहुभाग प्रमाण पर्याप्तक जीव हैं।

(चौपाई)

त्रस हृत संसृत राशी मात, एकेन्द्रिय तामहिं संख्यात।
भाग प्रयाप्त जीव अवधार, अपर्याप्त इक भाग विचार।।15।।

आगैं एकेन्द्रियन के भेदन की संख्या का विशेष कहैं हैं–

(गाथा)

बादरसुहमा तेसिं, पुण्णापुण्णे त्ति छब्विहाणं पि।
तक्कायमग्गणाये, भणिज्जमाणक्कमो णेयो।।177।।

अर्थ– एकेन्द्रिय जीवों के सामान्य से दो भेद हैं बादर और सूक्ष्म। इसमें भी प्रत्येक के पर्याप्तक और अपर्याप्तक के भेद से दो दो भेद हैं। इस प्रकार एकेन्द्रियों की छह राशियों की संख्या का क्रम कायमार्गणा में कहेंगे वहाँ से ही समझ लेना।

(अडिल्ल)

तिन के बादर सूक्ष्म भेद दो ते पुना,
पर्याप्तापर्याप्त इकिक इम घट भना।
काय मार्गणा में जु कथन तिनकौ सही,
करहिं सुतिन के भेद सुधी जानों तही।।16।

आगैं त्रस जीवन की संख्या तीन गाथाओं के द्वारा कहैं हैं–

(गाथा)

बितिचपमाणमसंखेणवहिदपदरंगुलेण हिदपदरं।
हीणकमं पडिभागो, आवलियासंखभागो दु।।178।।

अर्थ– प्रतरांगुल के असंख्यातवें भाग का जगत्प्रतर में भाग देने से जो लब्ध आवे उतना सामान्य से त्रसराशि का प्रमाण है। परन्तु पूर्व पूर्व द्वीन्द्रियादिक की अपेक्षा उत्तरोत्तर त्रीन्द्रियादिक का प्रमाण क्रम से हीन हीन है और इसका प्रतिभागहार आवलि का असंख्यातवाँ भाग है।

(कवित्त)

द्वै त्रय चतु पंचेन्द्रिय जीवन की सामान्य राशि का मान।
असंख्यात भागित प्रतरांगुल भागित जगत्प्रतर मित जान।।
सबतैं अधिक द्वि इंद्री क्रम तैं हीन विशेष यहाँ पहिचान।
आवलि भाग असंख मात्र सो भाग हार तिनको परमान।।17।।

सो विभाग का क्रम–क्रम कैसे हैं सो कहैं हैं–

(गाथा)

बहुभागे समभागो, चउण्णमेदेसिमेक्कभागम्हि।
उत्तकमो तत्थ वि बहु–भागो बहुगस्स देओ दु।।179।।

अर्थ– त्रसराशि में आवलि के असंख्यातवें भाग का भाग देकर लब्ध बहुभाग के समान चार भाग करना और एक–एक भाग को द्वीन्द्रियादि चारों में ही विभक्त कर, शेष एक भाग में फिर से आवलि के असंख्यातवें भाग का भाग देना चाहिये, और लब्ध बहुभाग को बहुत संख्या वाले को देना चाहिये। इस प्रकार अंतपर्यंत करना चाहिये।

(सवैया इकतीसा)

त्रस राशी आवलि असंख भाग भागित जु,
एक भाग भिन्न थाप बहुभागो कै सही।

चार भाग कर द्वि त्रि चतु पंच इंद्री पर,
थापै समभाग रूप पुन भिन्न भाग ही।।
आवलि असंख भागकर भक्त बहु भाग,
द्वै इन्द्री पै देय एक भाग भिन्न थाप ही।
पुन भिन्न भाग सो ही भागहार सेती भक्त,
एक भिन्न कर बहुतेइंद्री पै देय ही।।18।।

(दोहा)

भागहार से भक्त पुन, एक भिन्न भागेय।
बहु चौ इन्द्री पर जु इक, पंचेन्द्रिय पर देय।।19।।

(गाथा)

तिबिपचपुण्णपमाणं, पदरंगुलसंखभागहिदपदरं।
हीणकमं पुण्णूणा, बितिचपजीवा अपज्जत्ता।।180।।

अर्थ– प्रतराङ्गुल के संख्यातवें भाग का जगत्प्रतर में भाग देने से जो लब्ध आवे उतना ही त्रीन्द्रिय द्वीन्द्रिय पंचेन्द्रिय चतुरिन्द्रिय में से प्रत्येक के पर्याप्त का प्रमाण है। परन्तु यह प्रमाण 'बहुभागे समभागो' इस गाथा में कहे हुए क्रम के अनुसार उत्तरोत्तर हीन हीन है। अपनी अपनी समस्त राशि में से पर्याप्तकों का प्रमाण घटाने पर अपर्याप्तक द्वीन्द्रिय त्रीन्द्रिय चतुरिन्द्रिय और पंचेन्द्रिय जीवों का प्रमाण निकलता है।

(सवैया इकतीसा)

त्रि द्वि पन चतुरिंद्रि परयाप्तपि त्रांगुल,
संख भाग भक्त जगत्प्रतर प्रमंत है।
यहाँ से जु क्रम सेती हीन क्रम बहु सम,
भाग आद गाथा उक्त कहै बुधवंत है।।

इन परयाप्तन कौ स्व स्व द्वि इंद्रिय आदि,
सामान राशी के परमान ते घटंत है।
शेष रही राशी मान द्वे इंद्रिय आदि जान,
पंचेन्द्रिय अवसान अप्रयाप्त जंत है।।20।।

(दोहा)

गाथा दश अरू सप्त के, छंद इकीस मँझार।
इंद्रिय मार्गण सप्तमो, पूर्ण कियौ अधिकार।।21।।

इत्याचार्य श्री नेमचन्द सिद्धान्त चक्रवर्ती विरचित गोम्मटसार दुतिय नाम पंचसंग्रह ताकी जीवतत्त्व प्रदीपिका नाम संस्कृत टीका वा सम्यग्ज्ञान चन्द्रिका नाम भाषा टीका के अनुसार मूलगाथार्थ छन्द बन्ध छन्दोदय ग्रन्थ में इंद्रिय मार्गणा नाम सप्तम अधिकार समाप्त भया।

***

अधिकार - 8

काय मार्गणा

मंगलाचरण

(दोहा)

कोट चंद्रभा पति नमौं, चंद्र प्रभू जिनराय।
जिनके केवल लब्धि नव, समवशर्ण युत थाय।।1।।

आगैं काय मार्गणा कहैं हैं-

(गाथा)

जाईअविणाभावी, तसथावरउदयजो हवे काओ।
सो जिणमदम्हि भणिओ, पुढवीकायादि छब्भेयो।।181।।

अर्थ- जाति नामकर्म के अविनाभावी त्रस और स्थावर नामकर्म के उदय से होने वाली आत्मा की पर्याय को जिनमत में काय कहते हैं। इसके छह भेद हैं। पृथिवी जल अग्नि वायु वनस्पति और त्रस।

(गीतिका)

जो जाति नामा नाम कर्मोदय सहित्त सुहावही।
त्रस अवर थावर के उदय जीवान के वपु ह्वै सही।।
सो कथित जिनमत विषैं भूजल ज्वलन अनिल विचारिये।
तरु अवर त्रस ये काय षट विध जान करुणा धारिये।।2।।

(गाथा)

पुढवी आऊ तेऊ, वाऊ कम्मोदयेण तत्थेव।
णियवण्णचउक्कजुदो ताणं देहो हवे णियमा।।182।।

अर्थ- पृथिवी, अप्-जल, तेज-अग्नि, वायु इनका शरीर नियम से अपने-अपने पृथिवी आदि नामकर्म के उदय से, अपने अपने योग्य रूप रस

गन्ध स्पर्श से युक्त पृथिवी आदिक में ही बनता है।

(चौपाई)

पृथ्वी अप्परु तेज समीर, कर्मोदय तिन ही महिं धीर।
निज-निज वर्ण चतुक जुत सोय, तिनकी देह नेम कर होय।।3।।

(गाथा)

बादरसुहुमुदयेण य, बादरसुहुमा हवंति तद्देहा।
घादसरीरं थूलं, अघाददेहं हवे सुहुमं।।183।।

अर्थ- बादर नामकर्म के उदय से बादर और सूक्ष्म नामकर्म के उदय से सूक्ष्म शरीर हुआ करता है। जो शरीर दूसरे को रोकने वाला हो अथवा जो स्वयं दूसरे से रुके उनको बादर-स्थूल कहते हैं और जो दूसरे को न तो रोके न स्वयं दूसरे से रुके उसको सूक्ष्म शरीर कहते हैं।

(चौपाई)

बादर सूक्षम उदय सँजोय, बादर सूक्षम देह सु होय।
घात शरीर सु बादर जान, सूक्षम देह अघात प्रछान।4।।

(गाथा)

तद्देहमंगुलस्स, असंखभागस्स विंदमाणं तु।
आधारे थूला ओ, सव्वत्थ णिंरतरा सुहुमा।।184।।

अर्थ- बादर और सूक्ष्म दोनों ही तरह के शरीरों का प्रमाण घनांगुल के असंख्यातवें भाग प्रमाण है। इनमें से स्थूल शरीर आधार की अपेक्षा रखता है। किन्तु सूक्ष्म शरीर बिना अंतर व्यवधान के ही सब जगह अनन्तानन्त भरे हुए हैं। उनको आधार की अपेक्षा नहीं रहा करती।

(चौपाई)

तिनकी देह घनांगुल केय, भाग असंख प्रमाण कहेय।
बादर जिय आधार सहत्त, सूक्षम निराधार सर्वत्त।।5।।

(गाथा)

उदये दु वणप्फदिकम्मस्स य जीवा वणप्फदी होंति।
पत्तेयं सामण्णं पदिट्ठिदिदरे त्ति पत्तेयं।।185।।

अर्थ– स्थावर नामकर्म का अवान्तर विशेष भेद जो वनस्पति नामकर्म है उसके उदय से जीव वनस्पति होते हैं। उनके दो भेद हैं– एक प्रत्येक दूसरा साधारण। प्रत्येक के भी दो भेद हैं– प्रतिष्ठित और अप्रतिष्ठित।

(चौपाई)

उदय कर्म तरु नाम सहेय, तरु काई जिय ह्वै दु विधेय।
प्रत्येकरु सामान प्रतेक, सप्रतिष्ठत अप्रतिष्ठत लेक।।6।।

(गाथा)

मूलग्गपोरबीजा, कंदा तह खंदबीजबीजरुहा।
सम्मुच्छिमा य भणिया, पत्तेयाणंतकाया य।।186।।

अर्थ– जिन वनस्पतियों का बीज, मूल, अग्र, पर्व, कन्द अथवा स्कन्ध है, अथवा जो बीज से उत्पन्न होती हैं यद्वा जो सम्मूर्च्छन हैं वे सभी वनस्पतियाँ सप्रतिष्ठित तथा अप्रतिष्ठित दोनों प्रकार की होती हैं।

(कवित्त)

मूल अग्र पोरी सु कंद अरु खंध बीज रुह बीज सु जान।
बीजय है जिनके ते पुन स्वयमेवज सम्मूर्छन पहिचान।।
इन प्रत्येकन के इकेक खंधन प्रति सप्रतिष्ठत वपु जान।
पुन अप्रतिष्ठत के असंखमित वा संख्यात शरीर भि जान।।7।।

आगैं श्री माधवचन्द्र नामाचार्य त्रिविद्य देव सो प्रतिष्ठत अप्रतिष्ठत जीवन का विशेष लक्षण तीन गाथान कर कहैं हैं–

(गाथा)

गूढसिरसंधिपव्वं, समभंगमहीरुहं च छिण्णरुहं।
साहारणं सरीरं, तव्विवरीयं च पत्तेयं।।187।।

अर्थ– जिनकी शिरा–बहिः स्नायु, सन्धि–रेखाबन्ध, और पर्व–गांठ अप्रकट हों, और जिसका भंग करने पर समान भंग हो, और दोनों भंगों में परस्पर हीरुक–अन्तर्गत सूत्र–तन्तु न लगा रहे, तथा छेदन करने पर भी जिसकी पुनः वृद्धि हो जाय, उनको सप्रतिष्ठित प्रत्येक वनस्पति कहते हैं। और जो विपरीत हैं– इन चिह्नों से रहित हैं वे सब अप्रतिष्ठित प्रत्येक वनस्पति कही गयी हैं।

(कवित्त)

जिस प्रतेक तरु के जु गुप्त ह्वैं शिरा संधि पुन पर्व सुतेय।
अरु समभंग बराबर टूटैं सो पुन ताँत जहाँ न कहेय।।
तेसु अहीरुह बहुर छिन्न रुह काट्यै हुवै सु ऊँगे जेय।
ऐसे ते साधारण इनतैं इतर असाधारण जु गनेय।।8।।

(गाथा)

मूले कंदे छल्ली, पवालसालदलकुसुमफलबीजे।
समभंगे सदि णंता, असमे सदि होंति पत्तेया।।188।।

अर्थ– जिंन वनस्पतियों के मूल, कन्द, त्वचा, प्रवाल (नवीन कोंपल अथवा अंकुर) क्षुद्रशाखा– टहनी, पत्र, फूल, फल, तथा बीजों को तोड़ने से समान भंग हो, बिना ही हीरुक के भंग हो जाय, उसको सप्रतिष्ठित प्रत्येक वनस्पति कहते हैं। और जिनका भंग समान न हो उनको अप्रतिष्ठित प्रत्येक वनस्पति कहते हैं।

(पद्धरि)

जिहिं मूल कंद छल्ली अंकूर, लघु दीर्घ साख दल बीज पूर।
फल पुष्प सहित समभंग तेय, साधारण इतर इतर कहेय।।9।।

(गाथा)

कंदस्स व मूलस्स व, सालाखंदस्स वावि बहुलतरी।
छल्ली साणंतजिया, पत्तेयजिया तु तणुकदरी।।189।।

अर्थ– जिस वनस्पति के कन्द, मूल, क्षुद्रशाखा या स्कन्ध की छाल मोटी हो उसको अनन्त जीव सप्रतिष्ठित प्रत्येक कहते हैं। और जिसकी छाल पतली हो उसको अप्रतिष्ठित प्रत्येक वनस्पति कहते हैं।

(कवित्त)

जिसके कंद मूल लघु शाखरु पेड़न की ह्वै मोटी छाल।
काय अनंत सु जान वनस्पति साधारण तिहिं नाम समाल।।
पुन जिस तरु के कंद आदि की पतली छाल कही गुन वाल।
जान असाधारण सो ही तरु होहु सुधी तिनके रखवाल।।10।।

आगैं साधारण वनस्पति का स्वरूप कहैं हैं–

(गाथा)

बीजे जोणीभूदे, जीवो चंकमदि सो व अण्णो वा।
जे विय मूलादीया, ते पत्तेया पढमदाए।।190।।

अर्थ– जिस योनिभूत बीज में वही जीव या कोई अन्य जीव आकर उत्पन्न हो, वह और मूल आदिक वनस्पतियाँ प्रथम अवस्था में अप्रतिष्ठित प्रत्येक होतीं हैं।

भावार्थ– वे बीज जिनकी अंकुर उत्पन्न करने की शक्ति नष्ट नहीं हुई है, और जिनमें या तो वही जीव आकर उत्पन्न हो जो पहले उसमें था, या कोई दूसरा जीव कहीं अन्यत्र से मरण करके आकर उत्पन्न हो, और मूल कंद आदि जिनको कि पहले सप्रतिष्ठत कहा है वे भी अपनी उत्पत्ति के प्रथम समय से लेकर अंतर्मुहूर्त पर्यंत अप्रतिष्ठित प्रत्येक ही रहते हैं।

अब साधारण का वर्णन करते हैं–

(गाथा)

साहारणोदयेण णिगोदसरीरा हवंति सामण्णा।
ते पुण दुविहा जीवा, बादरसुहुमा त्ति विण्णेया।।191।।

अर्थ- जिन जीवों का शरीर साधारण नामकर्म के उदय से कारण निगोद रूप होता है उन्हीं को सामान्य या साधारण कहते हैं। इनके दो भेद हैं- एक बादर, दूसरा सूक्ष्म।

(चौपाई)

साधारण के उदय शरीर, ह्वै निगोद साधारण धीर।
ते पुन बादर सूक्ष्म दु भेव, इहि विधि वरणे श्री जिनदेव।।11।।

(गाथा)

साहारणमाहारो, साहारणमाणपाणगहणं च।
साहारणजीवाणं, साहारणलक्खणं भणियं।।192।।

अर्थ- इन साधारण जीवों का साधारण अर्थात् समान ही तो आहार होता है और साधारण समान अर्थात् एक साथ ही श्वासोच्छ्वास का ग्रहण होता है। इस तरह से साधारण जीवों का लक्षण परमागम में साधारण ही बताया है।

(चौपाई)

आहारादि प्रयाप्त समान, जिनके ते साधारण जान।
यह साधारण जीव तनौं, साधारण लक्षण गुरु भनौं।।12।।

(गाथा)

जत्थेक्क मरइ जीवो, तत्थ दु मरणं हवे अणंताणं।
वक्कमइ जत्थ एक्को, वक्कमणं तत्थ णंताणं।।193।।

अर्थ- साधारण जीवों में जहाँ पर एक जीव मरण करता है वहाँ पर अनन्त जीवों का मरण होता है, और जहाँ पर एक जीव का उत्पन्न होता है वहाँ पर अनन्त जीवों का उत्पाद होता है।

(चौपाई)

जब जिय एक मरै तब भाय, युगपत मृतु अनंत की थाय।
एक जीव उपजै जिहिं बार, जन्मैं तब ही जीव अपार।।13।।

(दोहा)

जिय अनंत जन्मैं मरैं, समय-समय प्रति संग।
ज्यौं का त्यौं जु रहै सदा, जीव निगोदिय अंग।।14।।

(चौपाई)

यह विशेष है जिस वपु माहिं, जिय प्रयाप्त उपजैं तिहिं ठाहिं।
पर्याप्तहि उपजैं नहिं और, अपरयाप्त अप्रयाप्तन ठौर।।15।।

आगैं बादर निगोदी जीवन के शरीर की संख्या जानने के निमित्त यह उदाहरण कहैं हैं-

(गाथा)

खंधा असंखलोगा, अंडरआवासपुलविदेहा वि।
हेट्ठिल्लजोणिगाओ, असंखलोगेण गुणिदकमा।।194।।

अर्थ- स्कन्धों का प्रमाण असंख्यात लोकप्रमाण है। और अंडर आवास पुलवि तथा देह ये क्रम से उत्तरोत्तर असंख्यात लोक असंख्यात लोक गुणित हैं, क्योंकि वे सभी अधस्तनयोनिक हैं- इनमें पूर्व पूर्व आधार और उत्तरोत्तर आधेय हैं।

(कवित्त)

लोक प्रदेशन तैं असंख गुण सप्रतिष्ठत प्रत्येक शरीर।
सोहि खंध तिन इकिक माहिं अंडर असंख परमित कहँ धीर।।
अंडर प्रति आवास असंखे इकावास प्रति पुलवि कहीर।
असंख्यात प्रति पुलवि अंसखे वपु बादर निगोद कहँ वीर।।16।।

(गाथा)

जम्बूदीवं भरहो, कोसलसागेदतग्घराइं वा।
खंधंडरआवासा, पुलविसरीराणि दिट्ठंता।।195।।

अर्थ- जम्बूद्वीप भरतक्षेत्र कोशलदेश साकेत- अयोध्यानगरी और

साकेत नगरी के घर ये क्रम से स्कन्ध, अंडर, आवास, पुलवि और देह के दृष्टान्त हैं।

(सोरठा)

मध्यलोक में जेम, जंबूदीपादिक घनै।
द्वीप विराजत तेम, खंध लोक मध हैं अमित।।17।।

(सवैया इकतीसा)

जैसे जम्बूद्वीप में भरत सम बहु क्षेत्र,
तैसे एक खंध माहिं अंडर बखानिये।
भरत मँझार शुभ कौशल से देश बहु,
तैसे एक अंडर में आवास भि जानिये।।
कौशल में नगरी विनीतासीं अनेक पुरीं,
तैसे एक आवास में पुलवि प्रछानिये।
नगरी में गेह बहु त्यौं ही एक पुलवि में,
बादर निगोद के शरीर अप्रमानिये।।18।।

(गाथा)

एगणिगोदसरीरे, जीवा दव्वप्पमाणदो दिट्ठा।
सिद्धेहिं अणंतगुणा, सव्वेण विदीदकालेण।।196।।

अर्थ– समस्त सिद्धराशि का और संपूर्ण अतीत काल के समयों का जितना प्रमाण है द्रव्य की अपेक्षा से उनसे अनन्तगुणे जीव एक निगोद शरीर में रहते हैं।

(चौपाई)

जीवद्रव्य के भाग अनंत, सिद्ध भूत यम के सब संत।
तितनैं गुण अनंत जिय सार, एक निगोद शरीर मँझार।।19।।

आगैं नित्य निगोद का लक्षण कहिये हैं–

(गाथा)

अत्थि अणंता जीवा, जेहिं ण पत्तो तसाण परिणामो।
भावकलंक सु पउरा, णिगोदवासं ण मुंचंति।।197।।

अर्थ– ऐसे अनन्तानन्त जीव हैं कि जिन्होंने त्रसों की पर्याय अभी तक कभी भी नहीं पाई है और जो निगोद अवस्था में होने वाले दुर्लेश्यारूप परिणामों से अत्यन्त अभिभूत रहने के कारण निगोद स्थान को कभी नहीं छोड़ते।

(कवित्त)

इस संसार मँझार अमित जिय धारक नित्य निगोद सु नाम।
भोगत सो हि प्रजाय सदा ही त्रस पर्याय कभी नहिं पाम।।
तिहिं प्रजाय के कारण भूत कषाय सु ताके प्रचुर उदाम।
वास निगोद न छाँडत कबही रहैं सदा ही तिस ही धाम।।20।।

(चौपाई)

यह जु विशेष यहाँ अवधेय, भाव कलंक अल्प जिन केय।
ते षट मास समय वसु माहिं, षट शत वसु जिय निकसत आहिं।।21।।
नित्य विशेषन कर पुन भीय, जान अनित्य निगोदिय जीय।
सोहि चर्तुगति संज्ञावान, इतर निगोद नाम पहिचान।।22।।

आगैं त्रसकाय की प्ररूपणा दो गाथा द्वारा करैं हैं–

(गाथा)

बिहि तिहि चदुहिं पंचहिं, सहिया जे इंदिएहिं लोयम्हि।
ते तसकाया जीवा, णेया वीरोवदेसेण।।198।।

अर्थ– जो जीव दो, तीन, चार, पाँच इन्द्रियों से युक्त हैं उनको वीर भगवान के उपदेशानुसार त्रस काय समझना चाहिये।

(दोहा)

दुति चतु पंचिन्द्रिय सहित, लोक माँहि जिय जेह।
ते त्रसकाय सु जान जिन, सन्मत उपदेसेह।।23।।

(गाथा)

उववादमारणंतिय, परिणदतसमुज्झिऊण सेसतसा।
तसणालिबाहिरम्हि य, णत्थि त्ति जिणेहिं णिद्दिट्ठं।।199।।

अर्थ– उपपाद जन्म वाले और मारणान्तिक समुद्घात वाले त्रस जीवों को छोड़कर बाकी के त्रस जीव त्रसनाली के बाहर नहीं रहते यह जिनेन्द्रदेव ने कहा है।

(चौपाई)

परिणत उपपादरु मरणंत, त्रस नाड़ी बाहिर त्रस संत।
केवल समुदघात भी सेय, अन्य भाँति नहिं जिनिम कहेय।।24।।

आगैं इस वनस्पति सिवाय और जगह भी निगोद रहित सहित शरीर हैं सो कहिये हैं–

(गाथा)

पुढवीआदिचउण्हं, केवलिआहारदेवणिरयंगा।
अपदिट्ठिदा णिगोदेहिं, पदिट्ठिदंगा हवे सेसा।।200।।

अर्थ– पृथिवी, जल, अग्नि और वायुकायिक जीवों का शरीर तथा केवलियों का शरीर, आहारक शरीर और देव–नारकियों का शरीर बादर निगोदिया जीवों से अप्रतिष्ठित है। शेष वनस्पतिकाय के जीवों का शरीर तथा द्वीन्द्रिय, त्रीन्द्रिय, चतुरिन्द्रिय, पंचेन्द्रिय तिर्यंच और मनुष्यों का शरीर निगोदिया जीवों से प्रतिष्ठित है।

(चौपाई)

भूदक दव मारुत आहार, केवलि सुर नारकि तन सार।
अप्रतिष्ठित निगोद कर कहे, शेष गात सप्रतिष्ठित रहे।।25।।

आगैं थावर कायिक वा त्रस कायिक जीवन के शरीरन का आकार कहैं हैं-

(गाथा)

मसुरंबुबिंदुसूई, कलावधयसण्णिहो हवे देहो।
पुढवीआदिचउण्हं, तरुतसकाया अणेयविहा।।201।।

अर्थ- मसूर (अन्न विशेष), जल की बिन्दु, सुइयों का समूह, ध्वजा, इनके सदृश क्रम से पृथिवी अप् तेज वायुकायिक जीवों का शरीर होता है। और वनस्पति तथा त्रसों का शरीर अनेक प्रकार का होता है।

(चौपाई)

भू जल ज्वलन अनिल आकार, सम मसूर जल बिंदु विचार।
सूजी ध्वज समान क्रम सेय, तरु त्रस तनाकार विवधेय।।26।।

आगैं काय मार्गणा के कथन के अनंतर काय सहित संसारी जीवन का दृष्टान्त पूर्वक व्यवहार कहते हैं-

(गाथा)

जह भारवहो पुरिसो, वहइ भरं गेहिऊण कावलियं।
एमेव वहई जीवो कम्मभरं, कायकावलियं।।202।।

अर्थ- जिस प्रकार कोई भारवाही पुरुष कावटिका के द्वारा भार का वहन करता है, उस ही प्रकार वह जीव कायरूपी कावटिका के द्वारा कर्मभार का वहन करता है।

(कवित्त)

जथा भार वाहक जन कोई कावर लेकर वांछित थान।
पहुँचा कर निज बोझ दुःख हर इष्ट स्थान रहै सुख मान।।
तैसे कर्मभार वपु कावर लै जिय चतुगात भ्रमै अजान।
भरैं दुःख पुन काल लब्धि लह भार त्याग ह्वै शिव सुखवान।।27।।

आगैं दृष्टान्त पूर्वक काय मार्गणा रहित जे श्री सिद्ध तिन का उपाय सहित सुख कहिये हैं-

(गाथा)

जह कंचणमग्गिगयं, मुंचइ किट्टेण कालियाए य।
तह कायबंधमुक्का, अकाइया झाणजोगेण।।203।।

अर्थ- जिसप्रकार मलिन भी सुवर्ण अग्नि के द्वारा सुसंस्कृत होकर बाह्य और अभ्यन्तर दोनों ही प्रकार के मल से रहित हो जाता है उस ही प्रकार ध्यान के द्वारा यह जीव भी शरीर और कर्मबन्ध दोनों से रहित होकर सिद्ध हो जाता है।

(चौपाई)

ज्यौं सुवर्णगत अग्नि सुभाय, त्याग मैल अति कष्ट उपाय।
शुद्ध होय त्यौं ध्यान वसेय, ह्वै वपु बंध मुक्त शिव लेय।।28।।

आगैं माधवन्द्र त्रिविद्य देव एकादश गाथान कर काय मार्गणा विषैं पृथ्वीकायादिक जीवन की संख्या कहैं हैं-

(गाथा)

आउड्ढरासिवारं, लोगे अण्णोण्णसंगुणे तेऊ।
भूजलवाऊ अहिया, पडिभागोऽसंखलोगो दु।।204।।

अर्थ- शलाका त्रय निष्ठापन की विधि से लोक का साढ़े तीन बार परस्पर गुणा करने से तेजस्कायिक जीवों का प्रमाण निकलता है। पृथिवी, जल, वायु कायिक जीवों का उत्तरोत्तर तेजस्कायिक जीवों की अपेक्षा अधिक अधिक प्रमाण है। इस अधिकता के प्रतिभागहार का प्रमाण असंख्यात लोक है।

(चौपाई)

राशि त्रिलोक प्रदेश प्रमाण, विरलन देय शलाका ठान।
विरलन विरल इकिक पैदेय, माड़ परस्पर गुणन करेय।।29।।

त्यौ वर्णित संवर्ण कराय, एक शलाका तैं जु घटाय।
उपजी राशि प्रमित द्वे फेर, राशी कर विरलन जु बखेर।।30।।
तापर देय देय पुन गुणै, बहुर शलाका तैं इक चुनै।
ऐसे करत शलाका जबै, शेष होंय सब ही पुन तबै।।31।।
तिहिं परमित पूर्वोक्त त्रिराश, कर शलाक जब शेष जु भास।
तिहिं मित त्रिती वार पुन तीन, विरलनादि कर राशि प्रवीन।।32।।
क्रम पूर्वोक्त करत ही फेर, शून्य शलाक राशि जब हेर।
तब तिहिं राशि प्रमित पुन भाय, विरलनादि त्रय राशि कराय।।33।।
पुन तुरि राशि देय विरलनैं, गुण गुण इकिक शलाकत चुनैं।
इम करते तुरि शेष शलाय, रिक्त होत निपजै जो भाय।।34।।
पूर्व त्रि राशि शलाक हरेय, थापित तुरिय शलाक में सेय।
तिस ही महाराशि परमान, कायक तेज तनैं जिय जान।।35।।
इनतैं अधिक-अधिक लख भाय, क्रमतैं कायिक भू जल वायु।
तिनके जानन कौ प्रतिभाग, लोक असंख तनौं बुध पाग।।36।।

(गाथा)

अपदिट्ठिदपत्तेया, असंखलोगप्पमाणया होंति।
तत्तो पदिट्ठिदा पुण, असंखलोगेण संगुणिदा।।205।।

अर्थ- अप्रतिष्ठित प्रत्येक वनस्पतिकायिक जीव असंख्यात लोकप्रमाण हैं और इससे भी असंख्यात लोकगुणा प्रतिष्ठित प्रत्येक वनस्पतिकायिक जीवों का प्रमाण है।

(चौपाई)

अप्रतिष्ठित प्रतेक तरु जेय, लोक असंख प्रमित जानेय।
तिनतैं सप्रतिष्ठित जिय जोय, लोक असंख गुणित अवलोय।।37।।

(दोहा)

उभय राशि इकठी कियें, तरु सामान प्रतेक।
तनौं प्रमान सु जान भव, धारहु हृदय विवेक।।38।।

(गाथा)

तसरासिपुढविआदी, चउक्कपत्तेयहीण संसारी।
साहारणजीवाणं, परिमाणं होदि जिणदिट्ठं।।206।।

अर्थ– संपूर्ण संसारी जीवराशि में से त्रस राशि का प्रमाण और पृथिव्यादि चतुष्क (पृथिवी–अप्–तेज–वायु) तथा प्रत्येक वनस्पतिकाय का प्रमाण जो कि ऊपर बताया गया है घटाने पर जो शेष रहे उतना ही साधारण जीवों का प्रमाण है, ऐसा जिनेन्द्रदेव ने कहा है।

(पद्धरि)

त्रस राशि तथा भू आद चार, राशी पुन उभय प्रतेक धार।
ये राशि त्रि हृत संश्रत प्रमान, साधारण जिय जिन कथित जान।।39।।

(गाथा)

सगसगअसंखभागो, बादरकायाण होदि परिमाणं।
सेसा सुहमपमाणं, पडिभागो पुव्वणिद्दिट्ठो।।207।।

अर्थ– अपनी अपनी राशि का असंख्यातवाँ भाग बादरकायिक जीवों का प्रमाण है और शेष बहुभाग सूक्ष्म जीवों का प्रमाण है। इसके प्रतिभागहार का प्रमाण पूर्वोक्त असंख्यात लोक प्रमाण है।

(चौपाई)

निज निज भाग असंखम जान, बादर कायन का परमान।
शेष भाग बहु सूक्ष्म सुपाग, है पूर्वोक्त यहाँ प्रतिभाग।।40।।

(गाथा)

सुहमेसु संखभागं, संखा भागा अपुण्णगा इदरा।
जस्सि अपुण्णद्धादो, पुण्णद्धा संखगुणिदकमा।।208।।

अर्थ– सूक्ष्म जीवों में अपनी अपनी राशि के संख्यात भागों में से एक भाग प्रमाण अपर्याप्तक और बहुभाग प्रमाण पर्याप्तक हैं। कारण यह है कि अपर्याप्तक के काल से पर्याप्तक का काल संख्यात गुणा है।

(अडिल्ल)

भू आदिक चतु सूक्षम साधारण विषैं,
भाग सु संख्यातैक अपर्याप्तक असैं।
शेष भाग बहु पर्याप्तक जिस कारणा,
उनतैं पुन का काल संख गुण धारणा।।41।।

(गाथा)

पल्लासंखेज्जवहिद, पंदरगुलभाजिदे जगप्पदरे।
जलभूणिपबादरया, पुण्णा आवलि असंखभजिदकमा।।209।।

अर्थ– पल्य के असंख्यातवें भाग से भक्त प्रतरांगुल का जगत्प्रतर में भाग देने से जो लब्ध आवे उतना बादर पर्याप्त जलकायिक जीवों का प्रमाण है। इसमें आवलि के असंख्यातवें भाग का भाग देने से जो लब्ध रहे उतना बादर पर्याप्त पृथिवीकायिक जीवों का प्रमाण है। इसमें भी आवलि के असंख्यातवें भाग का भाग देने से जो लब्ध रहे उतना सप्रतिष्ठित प्रत्येक पर्याप्त जीव राशि का प्रमाण होता है। पूर्व की तरह इसमें भी आवलि के असंख्यातवें भाग का भाग देने से जो लब्ध रहे उतना अप्रतिष्ठित प्रत्येक पर्याप्त जीव राशि का प्रमाण होता है।

(कवित्त)

पल्यासंखम भाग सुभाजित प्रतरांगुल कर भाजित सार।
जगत्प्रतर मित बादर अप कायक प्रयाप्त जिय राशि विचार।।
इसते भू सप्रतिष्ठित अप्रतिष्ठित बादर परयाप्त सँभार।
आवलि भाग असंखम भागित क्रम से घाट घाट अवधार।।42।।

(गाथा)

विंदावलिलोगाणमसंखं संखं च तेउवाऊणं।
पज्जत्ताण पमाणं, तेहिं विहीणा अपज्जत्ता।।210।।

अर्थ– घनावलि के असंख्यात भागों में से एक भाग प्रमाण बादर पर्याप्त तेजस्कायिक जीवों का प्रमाण है। और लोक के संख्यात भागों में से एक भाग प्रमाण बादर पर्याप्त वायुकायिक जीवों का प्रमाण है। अपनी अपनी संपूर्ण राशि में से पर्याप्तकों का प्रमाण घटाने पर जो शेष रहे वही अपर्याप्तकों का प्रमाण है।

(चौपाई)

विंदावलि संख्यातम भाग, बादर तेज प्रयाप्तक पाग।
लोक संखवें भाग प्रमान, बादर वायु प्रयाप्तक जान।।43।।

(चौपाई)

कहै पूर्व भूदक दव वात, द्वै प्रतेक बादर ये जात।
तिहिं में स्व स्व पर्याप्त घटाय, जिय बादर अप्रयाप्त रहाय।।44।।

(गाथा)

साहरणवादरेसु असंखं भागं असंखगा भागा।
पुण्णाणमपुण्णाणं, परिमाणं होदि अणुक्कमसो।।211।।

अर्थ– साधारण बादर वनस्पतिकायिक जीवों का जो प्रमाण बताया है उसके असंख्यात भागों में से एक भाग प्रमाण पर्याप्त और बहुभाग प्रमाण अपर्याप्त हैं।

(अडिल्ल)

बादर साधारण में भाग असंखवें,
पर्याप्तक बादर निगोद सु जिया पमै।
असंख्यात बहु भाग अपर्याप्तन तनौ,
है प्रमाण इम सूरि अनुक्रम कर भनौ।।45।।

(गाथा)

आवलिअसंखसंखेणवहिदपदरंगुलेण हिदपदरं।
कमसो तसतप्पुण्णा, पुण्णूणतसा अपुण्णा हु।।212।।

अर्थ– आवली के असंख्यातवें भाग से भक्त प्रतरांगुल का भाग जगत्प्रतर में देने से जो लब्ध आवे उतना ही सामान्य त्रसराशि का प्रमाण है और आवली के संख्यातवें भाग से भक्त प्रतरांगुल का भाग जगत्प्रतर में देने से जो लब्ध आवे उतना पर्याप्त त्रस जीवों का प्रमाण है। सामान्य त्रस राशि में से पर्याप्तकों का प्रमाण घटाने पर शेष अपर्याप्त त्रसों का प्रमाण निकलता है।

(कवित्त)

आवलि भाग असंखम सेती भाजित प्रतरांगुल का भाग।
जगत्प्रतर में दिये जु तिहिं मित सब त्रस राशि प्रमाण सुपाग।।
भाग संखवें से भागित प्रतरांगुल भक्त जग प्रतर लाग।
पर्याप्तकपर्याप्तक हृत सब अप्रयाप्तक त्रस तनौ विभाग।।46।।

आगैं बादर अग्निकायिकादि छह प्रकार जीवन के प्रमाण का विशेष निर्णय करने को दोय गाथा कहिये हैं–

(गाथा)

आवलिअसंखभागेण वहिदपल्लूणसायरद्धछिदा।
बादरतेपणिभूजल-वादाणं चरिमसायरं पुण्णं।।213।।

अर्थ– आवलि के असंख्यातवें भाग से भक्त पल्य को सागर में से घटाने पर जो शेष रहे उतने बादर तेजस्कायिक जीवों के अर्द्धच्छेद हैं और अप्रतिष्ठित प्रत्येक, प्रतिष्ठित प्रत्येक, बादर पृथ्वीकायिक, बादर जलकायिक जीवों के अर्द्धच्छेदों का प्रमाण क्रम से आवलि के असंख्यातवें भाग का दो बार, तीन बार, चार बार, पाँच बार पल्य में भाग देने से लो लब्ध आवे उसको सागर में घटाने से निकलता है और बादर वातकायिक जीवों के अर्द्धच्छेदों का प्रमाण पूर्ण सागर प्रमाण है।

(कवित्त)

बादर दव कायिक अप्रतिष्ठित सप्रतिष्ठित प्रतेक तरु जान।
भू जल वात छहों के अर्द्ध सु छेदन का हि प्रथम परमान।।
कहूँ तहाँ इक बार असंखम भाग आवली के ते जान।
भाजित पल्य उदधि से काड़े तेज कायकन मान प्रछान।।47।।

(चौपाई)

क्रम से द्वे त्रय चतु पन वक्त, भाग असंखम आवलि भक्त।
पल्य घटासयें उदधि प्रमेय, चतु के दधि मित वायु तनेय।।48।।

(गाथा)

ते वि विसेसेणहिया, पल्लासंखेज्जभागमेत्तेण।
तम्हा ते रासीओ, असंखलोगेण गुणिदकमा।।214।।

अर्थ– ये प्रत्येक अर्द्धच्छेद राशि पल्य के असंख्यातवें असंख्यातवें भाग उत्तरोत्तर अधिक हैं। इसीलिये ये सभी राशि (तेजस्कायिकादि जीवों के प्रमाण) क्रम से उत्तरोत्तर असंख्यात लोकगुणी हैं।

(चौपाई)

जातैं ये विशेष अधिकेय, पल्य असंख भाग मित्येय।
इक इक स्व स्व तातैं ते राशि, लोक असंख्य गुणित क्रम भास।।49।।

(दोहा)

अब इनके विस्तार के, क्रम का वर्णन सार।
देखो टीका माहिं सब, हरहु स्वभ्रम अँधियार।।50।।

आगैं लब्ध के ल्यावने कौं करण सूत्र कहिये हैं–

(गाथा)

दिण्णच्छेदेणवहिद, इट्ठच्छेदेहिं पयदविरलणं भजिदे।
लद्धमिदइट्ठरासी, णण्णोण्णहदीए होदि पयदधणं।।215।।

अर्थ– देव राशि के अर्द्धच्छेदों से भक्त इष्ट राशि के अर्द्धच्छेदों का प्रकृत विरलन राशि में भाग देने से जो लब्ध आवे उतनी जगह इष्ट राशि को रखकर परस्पर गुणा करने से प्रकृत धन होता है।

(कवित्त)

देय राशि के अर्द्ध छिदन का मानस भाजत फल राशी क।
अर्द्ध छिदन के मान में विरलन राशि रूप भाषैं तिन ही क।।
भाग दिये सो मान जो आवह तितनी जग राशी इष्टीक।
माँड परस्पर गुणै लब्धि मित होत प्रकृत धन मान सु ठीक ।।51।।

(सोरठा)

गाथा चौंतिस सार, बावन छंदन में यहै।
पूर्ण कियौ अधिकार, अष्टम मार्गन काय वर।।52।।

इत्याचार्य श्रीनेमिचन्द्र सिद्धान्त चक्रवर्ती विरचित गोम्मटसार दुतिय नाम पंचसंग्रह ताकी जीव तत्त्व प्रदीपिका नामा संस्कृत टीका वा सम्यग्ज्ञान चन्द्रिका नाम भाषा टीका के अनुसार मूल गाथार्थ छन्द बन्ध छन्दोदय ग्रन्थ में काय मार्गणा नाम अष्टम अधिकार समाप्त भया।

***

अध्याय - 9

योग मार्गणा

आगैं योग मार्गणा नाम नवम अधिकार लिख्यते-

(दोहा)

कल्याणक पन लब्धि नव, कर अति दिपत स्वरूप।
अंघ्रिपद्म सतपत यजत, नमौं सुविध जग भूप।।1।।

(गाथा)

पुग्गलविवाइदेहोदयेण मणवयणकायजुत्तस्स।
जीवस्स जा हु सत्ती, कम्मागमकारणं जोगो।।216।।

अर्थ- पुद्गलविपाकी शरीरनामकर्म के उदय से मन, वचन, काय से युक्त जीव की जो कर्मों के ग्रहण करने में कारणभूत शक्ति है उसको योग कहते हैं।

(चौपाई)

देह विपाकी देहुदयेह, मन वच काय युक्त जिय केह।
ग्रहण कर्म नो कर्म तनीय, शक्ति होय सो योग भनीय।।2।।

आगैं योगन का विशेष लक्षण कहैं हैं-

(गाथा)

मणवयणाणपउत्ती, सच्चासच्चुभयअणुभयत्थेसु।
तण्णामं होदि तदा, तेहि दु जोगा हु तज्जोगा।।217।।

अर्थ- सत्य, असत्य, उभय, अनुभव इन चार प्रकार के पदार्थों से जिस पदार्थ को जानने व कहने के लिए जीव के मन वचन की प्रवृत्ति होती है उस समय में मन और वचन का वही नाम होता है और उसके सम्बन्ध से उस प्रवृत्ति का भी वही नाम होता है।

(कवित्त)

सत्यासत्य उभय अनुभय रूपार्थ माहिं मन वचन तनीय।
होय प्रवृत्त नाम सो धारक सत्यादिक पदार्थ के हीय।।
जो संबंध सेति ह्वै सो सत्यादि विशेषन के धारीय।
चतु चतु विध मन वचन सु तिनसैं जानहु योग पुमान सहीय।।3।।

(गाथा)

सब्भावमणो सच्चो, जो जोगो तेण सच्चमणजोगो।
तव्विवरीओ मोसो, जाणुभयं सच्चमोसो त्ति।।218।।

अर्थ– समीचीन भाव मन को (पदार्थ को जानने की शक्तिरूप ज्ञान को) अर्थात् समीचीन पदार्थ को विषय करने वाले मन को सत्यमन कहते हैं और उनके द्वारा जो योग होता है उसको सत्यमनोयोग कहते हैं। सत्य से जो विपरीत है उसको मिथ्या कहते हैं तथा सत्य और मिथ्या दोनों ही प्रकार के मन को उभय मन कहते हैं ऐसा हे भव्य! तू जान।

(कवित्त)

सत्य पदारथ जानन शक्ति लिये जु भाव मन तिहिं कर सार।
उपज्यौ चेष्टा रूप योग सो सत्य योग मन नाम विचार।।
तिहिं विपरीत असद भावन में प्रवृत असत्मन योग सु धार।
उभय रूप अर्थन में जोगत योग उभय मन सोहि सम्हार।।4।।

(गाथा)

ण य सच्चमोसजुत्तो, जो दु मणो सो असच्चमो समणो।
जो जोगो तेण हवे, असच्चमोसो दु मणजोगो।।219।।

अर्थ– जो न तो सत्य हो और न मृषा हो उसको असत्यमृषा मन कहते हैं। अर्थात् अनुभय रूप पदार्थ के जानने की शक्तिरूप जो भाव मन है उसको असत्यमृषा कहते हैं और उसके द्वारा जो योग होता है उसको असत्यमृषा मनोयोग कहते हैं।

(चौपाई)

जो मन सत्य असत युत नाहिं, सो अनुभय मन भाव बताहिं।
पुन मन भावज चेष्टा रूप, सो अनुभय मन योग स्वरूप।।5।।

ऐसैं चार प्रकार मन योग कह अब3 वचन योग कहैं हैं–

(गाथा)

दसविहसच्चे वयणे-, जो जोगो सो दु सच्चवचिजोगो।
तव्विवरीओ मोसो, जाणुभयं सच्चमोसो त्ति।।220।।

अर्थ– वक्ष्यप्रमाण जनपद आदि दस प्रकार के सत्य अर्थ के वाचक वचन को सत्य वचन और उससे होने वाले योग– प्रयत्नविशेष को सत्यवचनयोग कहते हैं। तथा इससे जो विपरीत है उसको मृषा और जो कुछ सत्य और कुछ मृषा का वाचक है उसको उभयवचनयोग कहते हैं। ऐसा हे भव्य! तू समझ।

(कवित्त)

दस विध सत्य रूप अक्षन में वचन प्रवर्त करन कौं तेह।
ह्वै समर्थ सो भाव वचन तिहिं कर जु प्रवर्तन रूप भणेह।।
योग सत्य वच सोहि बहुर तिसतैं विपरीत पदन में एहु।
वरतै योग अनृत वच सो पुन उभयार्थन गत योग भयेहु।।6।।

(गाथा)

जो णेव सच्चमोसो, सो जाण असच्चमोसवचिजोगो।
अमणाणं जा भासा, सण्णीणामंतणी आदी।।221।।

अर्थ– जो न सत्यरूप हो और न मृषारूप ही हो उसको अनुभय वचनयोग कहते हैं। असंज्ञियों की समस्त भाषा और संज्ञियों की आमन्त्रणी आदिक भाषा अनुभय भाषा कही जाती है।

(चौपाई)

जो सत असत पदन गत नहीं, भाव वचन पुन तिहिं 3कर सही।
जयौ प्रवर्तन रूप सु जोग, सो जानहु अनुभय वच योग।।7।।

(दोहा)

जो भाषा अमनान की, वा संज्ञीन तनीय।
आमंतनि आदिक सही, सो अनुभय वानीय।।8।।

आगैं जनपदादि दस प्रकार सत्य वचन कहिये हैं-

(गाथा)

जणवदसम्मदिठवणा-णामे रूवे पडुच्चववहारे।
संभावणे य भावे, उवमाए दसविहं सच्चं।।222।।

अर्थ- जनपदसत्य, सम्मतिसत्य, स्थापनासत्य, नामसत्य, रूपसत्य, प्रतीत्यसत्य, व्यवहारसत्य, संभावनासत्य, भावसत्य, उपमासत्य, इस प्रकार सत्य के दस भेद हैं।

(सवैया इकतीसा)

भिन्न भिन्न देशन का वचन सो जनपद,
जैसें कहूँ उर्दन को भातु कहै गाय कैं।
रूढ रूप वचन सो संवृत वा सम्मत्त है,
जैसे देवी कहैं काहू जनी को बनायकैं।।
अन्य विषैं थापन सो थापन है सत्य जैसे,
चंद्रप्रभु जिन कहै प्रतिमा गढ़ाय कैं।
पुन विवहार ही को नाम धरै नाम सत्य,
जिम जिनदत्त कहैं काहू को बड़ाय कैं।।9।।

(गाथा)

भत्तं देवी चंदप्पहपडिमा तह य होदि जिणदत्तो।
सेदो दिग्घो रज्झदि, कूरो त्ति य जं हवे वयणं।।223।।
सक्को जंबूदीवं, पल्लट्टदि पाववज्जवयणं च।
पल्लोवमं च कमसो, जणवदसच्चादिदिट्ठंता।।224।।

अर्थ– उक्त दस प्रकार के सत्य वचन के ये दस दृष्टांग हैं। भक्त, देवी, चन्द्रप्रभप्रतिमा, जिनदत्त, श्वेत, दीर्घ, भात पकाया जाता है, शक्र जम्बूद्वीप को पलट सकता है, 'पाप रहित यह प्रासुक है' ऐसा वचन और पल्योपम।

(सवैया इकतीसा)

रूप तनी मुख तासौं रूप सत्य कहियत,
जैसे काहू जन कौ कहै है यो सपेतु है।
बहुर प्रतीत सत्य आपेक्षक सत्य वा जू,
जैसे दीर्घ कहौ लेय विवक्षा का हेतु है।।
पुन व्यवहार सत्य नैगमादि नयापेक्ष,
जैसे कहैं तंदुलन भात यो पचेतु है।
असंभव पर हृत रूप संभावन सत्य,
जैसे कहैं शक्र जंबूदीप उलटेतु है।।10।।

(कवित्त)

बहुर जिनागम के अनुसार अतेंद्री अक्षन में परिणाम।
ह्वै सो भाव सत्य वच जिम अघ वर्जनरूप वचन सुखधाम।।
पुन जो कोइ पदार्थ समान किसी को कहिये सो अभिराम।
उपमा सत्य जानिये भव जन जैसे पल्योपम संख्याम।।11।।
ऐसैं जन पदादि सत्य के भोजनादि उदाहरण क्रम तें कहै।।

आगैं आमंत्रनी आदि भेदन के निरूपण निमित्त दोय गाथा कहैं हैं–

(गाथा)

आमंतणि आणवणी, याचणिया पुच्छणी य पण्णवणी।
पच्चक्खाणी संसयवयणी इच्छाणुलोमा य।।225।।
णवमी अणक्खरगदा, असच्चमोसा हवंति भासाओ।
सोदाराणं जम्हा, वत्तावत्तंससंजणया।।226।।

अर्थ– आमन्त्रणी, आज्ञापनी, यावनी, आपृच्छनी, प्रज्ञापनी, प्रत्याख्यानी, संशयवचनी, इच्छानुलोम्नी, अनक्षरगता ये नव प्रकार की अनुभयात्मक भाषाएँ हैं, क्योंकि इनके सुनने वाले को व्यक्त और अव्यक्त दोनों ही अंशों का ज्ञान होता है।

(चौपाई)

आमंत्रणि अज्ञापनि सार, याचनि बहुर प्रश्न कर्तार।
प्रज्ञापनि त्यागनि संसई, धुनि इच्छा अनुसारी थई।।12।।

(दोहा)

नवमि अनक्षरि रूप गत, अनुभय वाणि भवेय।
जातैं श्रोतन के अरथ, व्यक्त ाव्यक्त जनेय।।13।।

आगैं ये मन वचन के योग के भेद कहे तिनका कारण कहिये हैं–

(गाथा)

मणवयणाणं मूलणिमित्तं खलु पुण्णदेहउदओ दु।
मोसु भयाणं मूलणिमित्तं खलु होदि आवरणं।।227।।

अर्थ– सत्य और अनुभय मनोयोग तथा वचनयोग का मूल कारण पर्याप्ति और शरीर नामकर्म का उदय है। मृषा और उभय मनोयोग तथा वचनयोग का मूल कारण अपना-अपना आवरण कर्म है।

(अडिल्ल)

सत्यरु अनुभय मन वच योग सु तासु को,
मूल निमित्त प्रयाप्त देह के उदय को।
मन वच योग मृषारु उभय को जानिये।
मूल निमित आवरण प्रगट यह मानिये।।14।।

आगैं सयोग केवली के मन योग कैसे संभवै है सो दोय गाथान कर कहिये हैं–

(गाथा)

मणसहियाणं वयणं, दिट्ठं तप्पुव्वमिदि सजोगम्हि।
उत्तो मणोवयारेणिंदियणाणेण हीणम्हि।।228।।

अर्थ– अस्मदादिक छद्मस्थ मनसहित जीवों के वचनप्रयोग मनपूर्वक ही होता हैं। इसीलिये इन्द्रियज्ञान से रहित सयोगकेवली के भी उपचार से मन कहा है।

(पद्धरि)

मतिज्ञान हीन संयोगि केय, मनयोग कहौ उपचार सेय।
मन सहितन के वच योग दृष्ट, तातैं सो तिनके कियौ इष्ट।।15।।

सो इसके कहने का भी प्रयोजन कहैं हैं–

(गाथा)

अंगो बंगुदयादो, दव्वमणट्ठं जिणिंद चंदम्हि।
मणवग्गणखंधाणं, आगमणादो दु मणजोगो।।229।।

अर्थ– आंगोपांग नामकर्म के उदय से जीवों के हृदयस्थान में द्रव्यमन की विकसित– खिले हुए अष्ट दल पद्म के आकार में रचना हुआ करती है। यह रचना जिन मनोवर्गणाओं के द्वारा हुआ करती है उनका अर्थात् इस द्रव्यमन की कारणभूत मनोवर्गणाओं का श्री जिनेन्द्र चंद्र भगवान् सयोगकेवली के भी आगमन हुआ करता है, इसलिये उनके उपचार से मनोयोग कहा है।

(पद्धरि)

विध अंगोपांग उदय वशात, जिनचंद्र विषैं मन द्रव्य भात।
तिहि कारण मन वर्गणन केय, आगम तैं कहु मन योग येय।।16।।

आगैं काय योग के निरूपण का आरंभ तहाँ प्रथम ही काय जोग का भेद औदारिक काय योग ताहि निरुक्ति पूर्वक कहिये हैं–

(गाथा)

पुरुमहदुदारुरालं, एयट्ठो संविजाण तम्हि भवं।
ओरालियं तमुच्चइ, ओरालियकायजोगो सो।।230।।

अर्थ– पुरु, महत्, उदार, उराल, ये सब शब्द एक ही स्थूल अर्थ के वाचक हैं। उदार में जो हो उसको कहते हैं औदारिक। तथा उदार में होने वाला जो काययोग उसको कहते हैं औदारिक काययोग। यह निरुक्त्यर्थ है ऐसा समझना चाहिये।

(अडिल्ल)

पुरु अर महत उदार उराल इकर्थ ये,
जो ऐसो ह्वै सो औदारिक जानये।
उदय ताहि के उपजै थूलाकार जो,
पुदगल सो ऊदारिक काय विचार जो।।17।।

(चौपाई)

ऊदारिक वपु निमित सु पाय,
आत्म प्रदेशन कैं जो थाय।
ग्रहण शक्ति विध उभयन कीक,
सो वपु योगौदारिक ठीक।।18।।

आगैं औदारिक काय योग के मिश्र को कहैं हैं–

(गाथा)

ओरालिय उत्तत्थं, विजाण मिस्सं तु अपरिपुण्णं तं।
जो तेण संपजोगो ओरालियमिस्सजोगो सो।।231।।

अर्थ – हे भव्य! ऐसा समझ कि जिस औदारिक शरीर का स्वरूप पहले बता चुके हैं वही शरीर जब तक पूर्ण नहीं हो जाता तब तक मिश्र कहा जाता है और उसके द्वारा होने वाले योग को औदारिक मिश्रकाययोग कहते हैं।

आगैं वैक्रियिक काय योग के मिश्र को कहैं हैं-

विविहगुणइड्ढिजुत्तं, विक्किरियं वा हु होदि वेगुव्वं।
तिस्से भवं व णेयं, वेगुव्वियकायजोगो सो।।232।।

अर्थ – नाना प्रकार के गुण और ऋद्धियों से युक्त देव तथा नारकियों के शरीर को वैक्रियिक अथवा विगूर्व कहते हैं और इसके द्वारा होने वाले योग को वैगूर्विक अथवा वैक्रियिक काययोग कहते हैं।

बादरतेऊवाऊ, पंचिंदियपुण्णगा विगुव्वंति।
ओरालियं शरीरं, विगुव्वणप्पं हवे जेसिं।।233।।

अर्थ – बादर तेजस्कायिक और वायुकायिक तथा संज्ञी पर्याप्त पंचेन्द्रिय तिर्यंच एवं मनुष्य तथा भोगभूमिज तिर्यक् मनुष्य भी अपने औदारिक शरीर के द्वारा जिनके कि शरीर में यह योग्यता पाई जाती है विक्रिया किया करते हैं।

वैक्रियिक मिश्रकाययोग का स्वरूप बताते हैं –

वेगुव्विय उत्तत्थं, विजाण मिस्सं तु अपरिपुण्णं तं।
जो तेण संपजोगो, वेगुव्वियमिस्सजोगो सो।।234।।

अर्थ – वैगूर्विक का अर्थ बताया जा चुका है। जब तक यह वैक्रियिक शरीर पूर्ण नहीं होता तब तक उसको वैक्रियिक मिश्र कहते हैं और उसके द्वारा होने वाले योग को- आत्म प्रदेश परिस्पन्दन को वैक्रियिक मिश्रकाययोग कहते हैं।

(चौपाई)

पूर्व उक्त वैक्रियक शरीर, ताके अपरयाप्त महि धीर।
ह्वै तसु मिश्र अरु तिहिं संप्रोग, सो वैक्रियक मिश्र वपु योग।।19।।

आगैं आहारक काय योग कहिये हैं-

(गाथा)

आहारस्सुदयेण य, पमत्तविरदस्स होदि आहारं।
असंजमपरिहरणट्ठं, संदेहविणासणट्ठं च।।235।।

अर्थ– असंयम का परिहार करने के लिए तथा संदेह को दूर करने के लिए आहारक ऋद्धि के धारक छट्ठे गुणस्थानवर्ती मुनि के आहारक शरीर नामकर्म के उदय से आहारक शरीर होता है।

(चौपाई)

उदयाहारक होय जु सार, प्रमत व्रती के वपु आहार।
दूर करन सु असंयम केह, वा निर्वृत्त करन संदेह।।20।।

(गाथा)

णियखेत्ते केवलिदुग-विरहे णिक्कमणपहुदिकल्लाणे।
परखेत्ते संवित्ते जिणजिणघरवंदणट्ठं च।।236।।

अर्थ– अपने क्षेत्र में केवली तथा श्रुतकेवली का अभाव होने पर किन्तु दूसरे क्षेत्र में जहाँ पर कि औदारिक शरीर से उस समय पहुँचा नहीं जा सकता, केवली या श्रुतकेवली के विद्यमान रहने पर अथवा तीर्थंकरों के दीक्षा कल्याण आदि तीन कल्याणकों में से किसी के होने पर तथा जिन, जिनगृह, चैत्य, चैत्यालयों की वंदना के लिए भी आहारक ऋद्धि वाले छट्ठे गुणस्थानवर्ती प्रमत्त मुनि के आहारक शरीर नामकर्म के उदय से यह शरीर उत्पन्न हुआ करता है।

(अडिल्ल)

केवलि द्वे निज क्षेत्र व ह्वैं पर क्षेत्र ही,
तहाँ असंयम पर हृत कौ मुनि उमग ही।
वा तपादि कल्याणक जिन जिन ग्रेह जी,
वंदन कौ उमगेह होय तिन केह जी।।21।।

(गाथा)

उत्तम अंगम्हि हवे, धादु विहीणं सुहंअसंहणणं।
सुहसंठाणं धवलं, हत्थपमाणं पसत्थुदयं।।237।।

अर्थ– यह आहारक शरीर रसादिक धातु और संहननों से रहित तथा समचतुरस्र संस्थान से युक्त एवं चंद्रकान्त मणि के समान श्वेत और शुभ नामकर्म के उदय से शुभ अवयवों से युक्त हुआ करता है। यह एक हस्त प्रमाण वाला और आहारक शरीर आदि प्रशस्त नामकर्मों के उदय से उत्तमांग शिर में से उत्पन्न हुआ करता है।

(पद्धरि)

सो आहारक वपु धातु हीन, शुभ उदय जु शुभ संस्थान लीन।
संहनन हीन सित कर प्रमेय, ह्वै मस्तक उदय प्रशस्त केय।।22।।

(गाथा)

अव्वाघादी अंतो, मुहुत्तकालट्ठिदी जहण्णिदरे।
पज्जत्ती संपुण्णे, मरणं पि कदाचि संभवइ।।238।।

अर्थ– यह आहारक शरीर दोनों ही तरफ से व्याघात रहित है। न तो इस शरीर के द्वारा किसी भी अन्य पदार्थ का व्याघात होता है और न किसी दूसरे पदार्थ के द्वारा इस आहारक शरीर का ही व्याघात हुआ करता है, क्योंकि इसमें यह सामर्थ्य है– यह इतना सूक्ष्म हुआ करता है कि वज्रपटल को भी भेद कर जा सकता है। इसकी जघन्य और उत्कृष्ट दोनों ही प्रकार की स्थिति अन्तर्मुहूर्त प्रमाण ही है। आहारक शरीर पर्याप्ति के पूर्ण होने पर कदाचित् आहारक ऋद्धि वाले मुनि का मरण भी हो सकता है।

(चौपाई)

अव्याघात देह सो धृती, अंतमुहुर्त जघन वर थिती।
पूर्ण प्रयाप्त स्व होत कदाच, मृत भी कोई मुनिन की जाच।।23।।

(गाथा)

आहरदि अणेण मुणी, सुहमे अत्थे सयस्स संदेहे।
गत्ता केवलिपासं, तम्हा आहारगो जोगो।।239।।

अर्थ– छट्ठे गुणस्थानवर्ती मुनि अपने को संदेह होने पर इस शरीर के द्वारा केवली के पास में जाकर सूक्ष्म पदार्थों का आहरण (ग्रहण) करता है इसलिए इस शरीर के द्वारा होने वाले योग को आहारक काययोग कहते हैं।

(चौपाई)

प्रमती मुनि के ह्वै संदेह, सूक्ष्मार्थ में केवलि केय।
तट जा इस कर अर्थ ग्रहेय, तातैं योगाहारक एय।।24।।

(गाथा)

आहारय मुत्तत्थं, विजाण मिस्सं तु अपरिपुण्णं तं।
जो तेण संपजोगो आहारयमिस्सजोगो सो।।240।।

अर्थ– आहारक शरीर का अर्थ ऊपर बताया जा चुका है। जब तक वह पर्याप्त नहीं होता तब तक उसको आहारक मिश्र कहते हैं और उसके द्वारा होने वाले योग को आहारक मिश्रयोग कहते हैं।

(चौपाई)

पूर्व उक्त आहारक गात, सो जब तक अप्रयाप्त रहात।
तब तक मिश्र सु तिहिं संप्रोग, मिश्र सु आहारक तन योग।।25।।

आगैं कार्मण काय योग कहैं हैं–

(गाथा)

कम्मेव य कम्मभवं, कम्मइयं जो दु तेण संजोगो।
कम्मइय कायजोगो, इगिविगतिगसमयकालेसु।।241।।

अर्थ– ज्ञानावरणादिक अष्ट कर्मों के समूह को अथवा कार्मणशरीर नामकर्म के उदय से होने वाली काय को कार्मणकाय कहते हैं और उसके

द्वारा होने वाले योग– कर्माकर्षण शक्तियुक्त आत्मप्रदेशों के परिस्पन्दन को कार्मणकाययोग कहते हैं। यह योग एक दो अथवा तीन समय तक होता है।

(चौपाई)

कर्म हि वा कर्मज कार्माण, काय सु तिहिं संप्रोग प्रमाण।
कार्माण तन योग सु चाल, समय एक द्वे त्रय तसु काल।।26।।

आगैं योग की प्रवृत्ति का प्रकार कहते हैं–

(गाथा)

वेगुव्वियआहारय-किरिया ण समं पमत्तविरदम्हि।
जोगो वि एक्ककाले, एक्केव य होदि णियमेण।।242।।

अर्थ– छट्ठे गुणस्थान में वैक्रियिक और आहारक शरीर की क्रिया युगपत् नहीं होती और योग भी नियम से एक काल में एक ही होता है।

(चौपाई)

प्रमत संयमी के इक बार, क्रिया न वैगूर्वक आहार।
योग भि एक होय इक काल, दुतिय न नेम रूप यह चाल।।27।।

आगैं योग रहित आत्म स्वरूप को प्ररूपैं हैं–

(गाथा)

जेसिं ण संति जोगा, सुहासुहा पुण्णपावसंजणया।
ते होंति अजोगिजिणा, अणोवमाणंतबलकलिया।।243।।

अर्थ– जिनके पुण्य और पाप के कारणभूत शुभाशुभ योग नहीं है उनको अयोगिजिन कहते हैं। वे अनुपम और अनन्त बल से युक्त होते हैं।

(चौपाई)

जिन के योग शुभाशुभ दोय, पुण्य पाप के जनक न होय।
ते अनुपम बल अमित सहित्त, हैं अजोगि जिन परम पवित्त।।28।।

आगैं शरीर के कर्म नोकर्म के विभाग को कहैं हैं–

(गाथा)

ओरालियवेगुव्विय-आहारयतेजणामकम्मुदये।
चउणोकम्मसरीरा कम्मेव य होदि कम्मइयं।।244।।

अर्थ– औदारिक, वैक्रियक, आहारक, तैजस नामकर्म के उदय से होने वाले चार शरीरों को नोकर्म कहते हैं और कार्मण शरीर नामकर्म के उदय से होने वाले ज्ञानावरणादिक आठ कर्मों के समूह को कार्मण शरीर कहते हैं।

(चौपाई)

औदारिक वैक्रियक आहार, तैजस नाम कर्मुदय धार।
ह्वै निज निज चतु नो विध गात, कर्महि कार्माण वपु मात।।29।।

आगैं औदारिकादि शरीरन के समय प्रबद्धन की संख्या दोय गाथान कर कहते हैं–

(गाथा)

परमाणूहिं अणंतेहिं वग्गणसण्णा हु होदि एक्का हु।
ताहि अणंतहिं णियमा, समयपबद्धो हवे एक्को।।245।।

अर्थ– अनन्त (अनन्तानन्त) परमाणुओं की एक वर्गणा होती है और अननत वर्गणाओं का नियम से एक समयप्रबद्ध होता है।

(चौपाई)

परमाणू अनंत की सार, एक वर्गणा ह्वे सुखकार।
पुन तिनके हि वर्गना तनौ, समय प्रबद्धिक ह्वे इम भनौ।।30।।

(गाथा)

ताणं समयपबद्धा, सेढि असंखेज्जभागगुणिदकमा।
णंतेण य तेजदुगा, परं परं होदि सुहुमं खु।।246।।

अर्थ– औदारिक, वैक्रियिक, आहारक इन तीन शरीरों के समयप्रबद्ध उत्तरोत्तर क्रम से श्रेणी के असंख्यातवें भाग से गुणित हैं और तैजस तथा

कार्मण शरीरों के समयप्रबद्ध अनन्तगुणे हैं। किन्तु ये पाँचों ही शरीर उत्तरोत्तर सूक्ष्म हैं।

(अडिल्ल)

तिनके समय प्रबद्ध न सम क्रम से सबै,
श्रेणि असंखम भाग गुणित अधिके फबै।
गुण अनंत अनुक्रमन तैज कार्माण के,
उपर उपर पन सूक्ष्म सूक्ष्म सब थान के।।31।।

आगैं औदारिकादि समय प्रबद्ध वर्गणा की अवगाहना के भेदन को कहैं हैं–

(गाथा)

ओगाहणाणि ताणं, समयपबद्धाण वग्गणाणं च।
अंगुलअसंखभागा, उवरुवरिमसंखगुणहीणा।।247।।

अर्थ– इन शरीरों के समयप्रबद्ध और वर्गणाओं की अवगाहना का प्रमाण सामान्य से घनांगुल के असंख्यातवें भाग है किन्तु विशेषताया आगे आगे के शरीरों के समयबद्ध और वर्गणाओं की अवगाहना का प्रमाण क्रम से असंख्यातगुणा असंख्यातगुणा हीन है।

(चौपाई)

तिनके समय प्रबद्धन कीय, अवगाहन वरगन की भीय।
अंगुल भाग असंखम चीन, क्रम से उपर संख गुण हीन।।32।।

(गाथा)

तस्समयबद्धवग्गणओगाहो सूइअंगुलासंख-
भागहिदविंदअंगुलमुवरुवरिं तेण भजिदकमा।।248।।

अर्थ– औदारिकादि शरीरों के समयप्रबद्ध तथा वर्गणाओं का अवगाहन सूच्यंगुल के असंख्यातवें भाग से भक्त घनांगुल प्रमाण है और पूर्व–पूर्व की

अपेक्षा आगे आगे की अवगाहना क्रम से असंख्यातगुणी असंख्यातगुणी हीन है।

(अडिल्ल)

सूच्यंगुल संख्येय भाग से भक्त ही,
घन अंगुल मित समय प्रबद्धऽवगाह ही।
तातैं वर्गन तनी बहुर आगैं अबै,
क्रम सेती तिसही करि भाजित से फबै।।33।।

(गाथा)

जीवादो णंतगुणा, पडिपरमाणुम्हि विस्ससोवचया।
जीवेण य समवेदा, एक्केक्कं पडि समाणा हु।।249।।

अर्थ– पूर्वोक्त कर्म और नोकर्म के प्रत्येक परमाणु पर समान संख्या को लिए हुए जीवराशि से अनन्तगुणे विस्रसोपचय रूप परमाणु जीव के साथ संबद्ध है।

(चौपाई)

जीव राशि तैं गुणी अनंत, विस्रसोपचय अनु राजंत।
इक इक परमाणू प्रति सार, व्यक्ति कर्म नोकर्म निवार।।34।।

(दोहा)

आत्म प्रदेश इकेक पर, तिष्ठै सो अप्रमाणु।
कर्मरूप कारण मिलैं, होत वही परमाणु।।35।।

(गाथा)

उक्कस्सट्ठिदिचरिमे, सगसगउक्कस्स संचओ होदि।
पणदेहाणं वरजोगादि ससामग्गिसहियाणं।।250।।

अर्थ– उत्कृष्ट योग को आदि लेकर जो जो सामग्री तत्तत् कर्म या नोकर्म के उत्कृष्ट संचय में कारण है उस उस सामग्री के मिलने पर औदारिकादि

पाँचों ही शरीर वालों के उत्कृष्ट स्थिति के अन्त समय में अपने-अपने कर्म और नोकर्म का उत्कृष्ट संचय होता है।

(कवित्त)

निज निज वर योगादि समग्री सहित सु जीवन के सुखदाय।
औदारिक आदिक सु पंच देहन का वर संचय जो आय।।
सो अपनी-अपनी वर थित का चरम समय में ह्वै है भाय।
रहै सत्त्व गुण हानि हेठ गुण समय प्रबद्ध प्रमित तित थाय।।36।।

(गाथा)

आवासया हु भव अद्धाउस्सं जोगसंकिलेसो य।
ओकट्टुक्कट्टणगा, छच्चेदे गुणिदकम्मंसे।।251।।

अर्थ- कर्मों का उत्कृष्ट संचय करने के लिये प्रवर्तमान जीव के उनका उत्कृष्ट संचय करने के लिये ये छह आवश्यक कारण होते हैं- भवाद्धा, आयुष्य, योग, संक्लेश, अपकर्षण, उत्कर्षण।

(अडिल्ल)

वर संचय जुत जीवन के तिहि निमित जी,
होंय भवाद्धा आयु योग संक्लेश जी।
अपकर्षण उत्कर्षण ये षट विध सही,
तातैं तिनके आवासक कहिये यही।।37।।

आगैं औदारिकादि पंच शरीरन की उत्कृष्ट स्थिति के प्रमाण को कहैं हैं-

(गाथा)

पल्लतियं उवहीणं, तेत्तीसंतोमुहुत्तउवहीणं।
छवट्ठी कम्मट्ठिदि, बंधुक्कस्सट्ठिदी ताणं।।252।।

अर्थ- औदारिक शरीर की उत्कृष्ट स्थिति तीन पल्य, वैक्रियिक शरीर

की तेतीस सागर, आहारक शरीर की अन्तर्मुहूर्त, तैजस शरीर की छ्यासठ सागर है। कार्मण शरीर की उत्कृष्ट स्थिति उतनी ही समझनी चाहिये जितनी कि कर्मों के स्थिति बंध प्रकरण में बातई गई है। वह सामान्यतया तो सत्तर कोड़ाकोड़ी सागर है किन्तु विशेषरूप से ज्ञानावरण, दर्शनावरण, वेदनीय और अन्तराय कर्म की उत्कृष्ट स्थिति तीस कोड़ाकोड़ी सागर है। मोहनीय की सत्तर कोड़ाकोड़ी सागर, नाम गोत्र की बीस कोड़ाकोड़ी सागर और आयु कर्म की केवल तेतीस सागर उत्कृष्ट स्थिति है।

(चौपाई)

बंधोत्कृष्ट स्थिति तिन तनी, पल्य त्रिदधि तेतिस मित भनी।
अंत मुहूर्त उदध सत साठ, कर्मस्थिति मित क्रम तैं बाँट।।38।।

आगैं औदारिकादि पंच शरीरन की उत्कृष्ट स्थिति की गुणहानि के आयाम को कहैं हैं–

(गाथा)

अंतोमुहुत्तमेत्तं, गुणहाणी होदि आदिमतिगाणं।
पल्लासंखेज्जदिमं, गुणहाणी तेजकम्माणं।।253।।

अर्थ– औदारिक, वैक्रियिक और आहारक इन तीन शरीरों में से प्रत्येक की उत्कृष्ट स्थिति संबंधी गुणहानि तथा गुणहानि आयाम का प्रमाण अपने अपने योग्य अन्तर्मुहूर्त मात्र है और तैजस तथा कार्मण शरीर की उत्कृष्ट स्थिति संबंधी गुणहानि का प्रमाण यथायोग्य पल्य के असंख्यातवें भाग मात्र है।

(चौपाई)

अंत मुहुर्त मात्र गुण हानि, आदि त्रितन की प्रथम सु जान।
तैजस कारमाण द्वे तनी, पल्य असंखम भाग सु भनी।।39।।

(दोहा)

पंच शरीरन की सु वर, थित संबंधिन सार।
गुणहानी आयाम का, इम प्रमाण अवधार।।40।।
इनका विशद विशेष के, जानन रुची पुमान।
गुरु टीका अवलोक कर, जान करहु भ्रम हान।।41।।

आगैं औदारिकादि समय प्रबद्धान की बंध उदय सत्त्व अवस्था में द्रव्य के प्रमाण को कहैं हैं–

(गाथा)

एक्कं समयपबद्धं, बंधदि एक्कं उदेहि चरिमम्मि।
गुणहाणीण दिवड्ढं, समयपबद्धं हवे सत्तं।।254।।

अर्थ– प्रतिसमय एक समयप्रबद्ध का बंध होता है और एक ही समयप्रबद्ध का उदय होता है। किन्तु फिर भी अन्त में कुछ कम डेढ़ गुण हानि गुणित समयप्रबद्धों की सत्ता रहती है।

(चौपाई)

बंधत समय प्रबद्धिक मेय, समय प्रचर मति तीह गलेय।
कछु घट गुणित डेड़ गुण हान, समय प्रबद्ध सत्त्व नित जान।।42।।

आगैं औदारिक वैक्रियक शरीर के विशेष को कहैं हैं–

(गाथा)

णवरि य दुसरीराणं, गलिदवसेसाउमेत्तठिदिबंधो।
गुणहाणीण दिवड्ढं, संचयमुदयं च चरिमम्हि।।255।।

अर्थ– औदारिक और वैकियिक शरीर में यह विशेषता है कि इन दोनों शरीरों के बध्यमान समयप्रबद्धों की स्थिति भुक्त आयु से अवशिष्ट आयु की स्थितिप्रमाण हुआ करती है और इनका आयु के अन्त्य समय में डेढ़ गुण हानि मात्र उदय तथा संचय रहता है।

(अडिल्ल)

समय प्रबद्ध दु प्रथम शरीरन के सही।
तिहिं थित बंध गलित अविशेष प्रथम कही।।
कछुय घाट गुण हानि द्विर्द्ध मित पुन तहाँ।
आयु अंत में सत्त्व उदय युगपत कहा।।43।।

आगैं किस स्थान विषैं कैसी सामग्री रूप आवासक संयुक्त जीव विषैं उत्कृष्ट संचय होय सो कहैं हैं–

(गाथा)

ओरालियवरसंचं, देवुत्तरकुरुवजादजीवस्स।
तिरियमणुस्सस्स हवे, चरिमदुचरिमे तिपल्लठिदि गस्स।।256।।

अर्थ– तीन पल्य की स्थिति वाले देवकुरु तथा उत्तरकुरु में उत्पन्न होने वाले तिर्यंच और मनुष्यों के चरम तथा द्विचरम समय में औदारिक शरीर का उत्कृष्ट संचय होता है।

(दोहा)

तन औदारिक आद की बहु प्रमाण जहँ सार।
इकठी जियके होय तहँ, वर संचय अवधार।।44।।

(अडिल्ल)

भोग भूमि त्रय पल्य आयु धृत जीव सू,
देवकुरू वा उत्तरकुरु जा नर पशू।।
ते सु आयु के द्वि चरम अर इक चरम में।
समय सु औदारिक का वर संचय पमैं।।45।।

(गाथा)

वेगुव्वियवरसंचं, बावीससमुद्दआरणदुगम्हि।
जम्हा वरजोगस्स य, वारा अण्णत्थ ण हि बहुगा।।257।।

अर्थ– वैक्रियिक शरीर का उत्कृष्ट संचय, बाईस सागर की आयु वाले आरण और अच्युत स्वर्ग के ऊपर के विमानों में रहने वाले देवों के ही होता है, क्योंकि वैक्रियिक शरीर का उत्कृष्ट योग तथा उसके योग्य दूसरी सामग्रियाँ अन्यत्र अनेक बार नहीं होती।

(अडिल्ल)

आरण अच्युत जा सुर बाइस दधि थिती,
धारी ही वर संचय वैगूर्वक धृती।।
जातैं वैगूर्वक के वर योगन तनौं।
परिवर्तन बहु बार अन्य थल नहिं भनौं।।46।।

आगैं तैजस शरीर अर कार्माण शरीर के उत्कृष्ट संचय स्थान का विशेष कहैं हैं–

(गाथा)

तेजासरीरजेट्ठं, सत्तमचरिमम्हि विदियवारस्स।
कम्मस्स वि तत्थेव य, णिरये बहुवारभमिदस्स।।258।।

अर्थ– तैजस शरीर का उत्कृष्ट संचय सप्तम पृथिवी में दूसरी बार उत्पन्न होने वाले जीव के होता है और कार्मण शरीर का उत्कृष्ट संचय अनेकबार नरकों में भ्रमण करके सप्तम पृथिवी में उत्पन्न होने वाले जीव के होता है। आहारक शरीर का उत्कृष्ट संचय आहारक शरीर का उत्थान करने वाले प्रमत्तविरत के ही होता है।

(दोहा)

तैजस देह तनौं भि वर, संचय सो अवधार।
औदारिक तन वत तहाँ, कछु विशेष पै सार।।47।।

(चौपाई)

सप्तम धरा माहिं दुति बार, उपजे जीवन के ह्वै सार।
आहारक का भी सम तास, पै संयमी प्रमति के नाश।।48।।

(दोहा)

पुन कार्माण शरीर का, वर संचय तिहिं केय।
जो सप्तम पृथ्वी विषैं, बहुती वार भ्रमेय।।49।।

(गाथा)

बादरपुण्णा तेऊ, सगरासीए असंखभागमिदा।
विक्किरियसत्तिजुत्ता, पल्लासंखेज्जया वाऊ।।259।।

अर्थ– बादर पर्याप्तक तैजसकायिक जीवों का जितना प्रमाण है उनमें असंख्यातवें भाग प्रमाण विक्रिया शक्ति से युक्त हैं और वायुकायिक जितने जीव हैं उनमें पल्य के असंख्यातवें भाग विक्रिया शक्ति से युक्त हैं।

(चौपाई)

थूल प्रयाप्त तेज कायीक, भाग असंखम निज राशीक।
वैक्रिय शक्तिवंत पुन वात, पल्य असंखम भाग सुहात।।50।।

(गाथा)

पल्लासंखेज्जाहय-विंदंगुलगुणिदसेढिमेत्ता हु।
वेगुव्वियपंचक्खा, भोगभुमा पुह विगुव्वंति।।260।।

अर्थ– पल्य के असंख्यातवें भाग से अभ्यस्त (गुणित) घनांगुल का जगच्छ्रेणी के साथ गुणा करने पर जो लब्ध आवे उतने ही पर्याप्त पंचेन्द्रिय तिर्यंचों और मनुष्यों में वैक्रियिक योग के धारक हैं। भोगभूमिया तिर्यंच तथा मनुष्य तथा कर्मभूमियाओं में चक्रवर्ती पृथक् विक्रिया भी करते हैं।

(चौपाई)

पल्य असंखम भाग सु भित्त, विंदांगुल गुण श्रेणि प्रमित्त।
योग वैक्रियक धारी संच, पूर्ण पचेंद्री नर तिरयंच।।51।।

(दोहा)

भोग भूमि नर पशु बहुर, कर्म भूमि चक्रीय।
पृथक विक्रिया को करैं, शेषा पृथक धनीय।।52।।

(गाथा)

देवेहिं सादिरेया, तिजोगिणो तेहिं हीणतसपुण्णा।
वियजोगिणो तदूणा, संसारी एक्कजोगा हु।।261।।

अर्थ– देवों से कुछ अधिक त्रियोगियों का प्रमाण है। पर्याप्त त्रसराशि में से त्रियोगियों को घटाने पर जो शेष रहे उतना द्वियोगियों का प्रमाण है। संसारराशि में से द्वियोगी तथा त्रियोगियों का प्रमाण घटाने से एकयोगियों का प्रमाण निकलता है।

(अडिल्ल)

देव राशि में नारक नर परयाप्त ही,
संज्ञि पचेंद्रि प्रयाप्त त्रियंच मिलात ही।
त्रय योगी पुन तिहिं बिन त्रस परयाप्तिया।
योग दु धृत हृत द्वै संश्रत इक योगिया।।53।।

(गाथा)

अंतोमुहुत्तमेत्ता, चउमणजोगा कमेण संखगुणा।
तज्जोगो सामण्णं, चउवचिजोगा तदो दु संखगुणा।।262।।

अर्थ– सत्य, असत्य, उभय, अनुभय इन चार मनोयोगों में प्रत्येक का काल यद्यपि अन्तर्मुहूर्त मात्र है तथापि पूर्व पूर्व की अपेक्षा उत्तरोत्तर का काल क्रम से संख्यातगुणा संख्यातगुणा है और चारों की जोड़ का जितना प्रमाण है उतना सामान्य मनोयोग का काल है। इस प्रकार चारों मनोयोगों के जोड़ का जितना प्रमाण है उससे संख्यातगुणा काल चारों वचनयोगों का है। और प्रत्येक वचनयोग का काल भी अन्तर्मुहूर्त है। तथा पूर्व पूर्व की अपेक्षा

उत्तरोत्तर का प्रमाण संख्यातगुणा संख्यातगुणा है। और चारों के जोड़ का प्रमाण भी अन्तर्मुहूर्त है।

तज्जोगो सामण्णं, काओ संखाहदो तिजोगमिदं।
सव्वसमासविभजिदं, सगसगगुणसंगुणे दु सगरासी।।263।।

अर्थ– चारों वचनयोगों के जोड़ का जो प्रमाण हो वह सामान्य वचनयोग का काल है। इससे संख्यातगुणा काययोग का काल है। तीनों योगों के काल को जोड़ देने से जो समयों का प्रमाण हो उसका पूर्वोक्त त्रियोगि जीव राशि में भाग देने से जो लब्ध आवे उस एक भाग से अपने अपने काल के समयों से गुणा करने पर अपनी अपनी राशि का प्रमाण निकलता है।

(चौपाई)

चतु प्रकार मन योग प्रतेक, थित धृत अंत महूर्त इकेक।
तो भी क्रम सैं संख गुणेह, काल अधिक अधिको जानेहु।।54।।
चतु का मिल मन योग समान, तिहिं तैं बहु संखम गुण जान।
चतु वच योगन का क्रम सेय, सो भि अधिक अधिको जानेय।।55।।
चतु का मिलै काल सामान, वचन योग धारन कर जान।
तिहिं तैं संख गुनो जु संभाल, काय योग धारन का काल।।56।।
सब मिल त्रय योगन का भनौं, पुर राशिन सेसो भक्तनौं।
जो प्रमाण ह्वै गुणिये ताय, निज–निज राशि मान से भाय।।57।।

(दोहा)

जो प्रमान आवह सही, सो स्व स्व योगन कीय।
राशिन का परमाण लख, इम वरनी सुमतीय।।58।।

(गाथा)

कम्मोरालियमिस्सय-ओरालद्धासु संचिदअणंता।
कम्मोरालियमिस्सय-ओरालियजोगिणो जीवा।।264।।

अर्थ– कार्मण काययोग, औदारिक मिश्रयोग तथा औदारिक काययोग के समय में एकत्रित होने वाले कार्मण योगी, औदारिक मिश्रयोगी तथा औदारिक काययोगी जीव अनन्तानन्त हैं।

(अडिल्ल)

कारमाण औदारिक मिश्र सु काय जी,
अर उराल वपु योग काल में आय जी।
इकठे भए सु तेहि योग धारी जिया,
तेसु अनंतानंत एक इक वर्णिया।।59।।

आगैं इस ही अर्थ को स्पष्ट करैं हैं–

(गाथा)

समयत्तयसंखावलि-संखगुणावलिसमासहिदरासी।
सगगुणगुणिदे थोवो, असंखसंखाहदो कमसो।।265।।

अर्थ– कार्मण काययोग काकाल तीन समय, औदारिक मिश्रयोग का काल संख्यात आवली, औदारिक काययोग का काल संख्यात गुणित (औदारिक मिश्र के काल से) आवली हैं इन तीनों को जोड़ देने से जो समयों का प्रमाण हो उसका एकयोगी जीवराशि में भाग देने से लब्ध एक भाग के साथ कार्मण काल का गुणा करने पर कार्मण कायपयोगी जीवों का प्रमाण निकलता है। इस ही प्रकार उसी एक भाग के साथ औदारिक मिश्रकाल तथा औदारिक काल का गुणा करने पर औदारिक मिश्रकायोगी और औदारिक काययोगी जीवों का प्रमाण होता है। इन तीनों तरह के जीवों में सबसे कम कार्मण काययोगी हैं उनसे असंख्यातगुणे औदारिक मिश्रयोगी हैं और उनसे संख्यातगुणे औदारिक काययोगी हैं।

(अडिल्ल)

कार्माण का काल त्रि समय सु शरदहौ,
मिश्रौदारिक का संख्यातावलि कहौ।।
पुन तातैं संख्यात गुणौ सब सार जू,
औदारिक वपु योग काल अवधार जू।।60।।

(दोहा)

जोड़ काल इन सबन का, ह्वै जो समय प्रमान।
ता कर इक योगीन की, राशी कौं भक्तान।।61।।
भागिक को कार्माण के, काल सेय गुण तेय।
जो प्रमाण ह्वै योगि सो, कारमाण जानेय।।62।।
मिश्रौदारिक काल तैं, गुणै बहुर सो हीय।
जो प्रमाण ह्वै तिते मिश्रौदारिक योगीय।।63।।
औदारिक के काल कर, पुन सो ही इक भाग।
गुणै प्रमित ऊराल वपु, योगी जीव सु पाग।।64।।

वैक्रियिक का मिश्र अर वैक्रियिक काय योग के धारक जीवन की संख्या चार गाथान कर कहैं हैं–

(गाथा)

सोवक्कमाणुवक्कम-कालो संखेज्जवासठिदिवाणे।
आवलिअसंखभागो, संखेज्जावलिपमा कमसो।।266।।

अर्थ– संख्यात वर्ष की स्थिति वाले उसमें भी प्रधानतया जघन्य दस हजार वर्ष की स्थिति वाले व्यन्तर देवों का सोपक्रम तथा अनुपक्रम काल क्रम से आवली के असंख्यातवें भाग और संख्यात आवली प्रमाण है।

(वीर छन्द)

है संख्यात वर्ष जिनकी थित ऐसे व्यंतर देवन वाल।
थित में दोय भाग हर जानहु सोपक्रम अनुपक्रम काल।।

आवलि भाग असंख प्रमित है सोपक्रम यम केरी चाल।
आवलि असंख्यात मित जानहु अनुपक्रम कृतांत का हाल।।65।।

(दोहा)

आवलि भाग असंख लौं, इकदम उपज लहाहिं।
नहिं उपजै तो महूरत, बारह लौं रुक जाहिं।।66।।

(गाथा)

तहिं सव्वे सुद्धसला, सोवक्कमकालदो दु संखगुणा।
तत्तो संखगुणूणा, अपुण्णकालम्हि सुद्धसला।।267।।

अर्थ– जघन्य दस हजार वर्ष की स्थिति में अनुपक्रम काल को छोड़कर पर्याप्त तथा अपर्याप्त काल संबंधी सोपक्रम काल की शलाकाओं का प्रमाण सोपक्रम काल के प्रमाण से संख्यात गुणा है और इससे संख्यात गुणा कम अपर्याप्त काल संबंधी सोपक्रम काल की शलाकाओं का प्रमाण है।

(कवित्त)

तहि दश सहस साल की थित में सब प्रयाप्त अप्रयाप्त तनीय।
संख गुणी सोपक्रम यम तैं शुद्ध शलाक उपक्रम कीय।।
पुन अप्रयाप्त काल संबंधी शुद्ध उपक्रम शला सहीय।
तातैं घाट संख गुणि जानहु इहि विधि वरणन कियो मतीय।।67।।

(गाथा)

तं सुद्धसलागाहिद, णियरासिमपुण्णकाललद्धाहिं।
सुद्धसलागाहिं गुणे, वेंतरवेगुव्वमिस्सा हु।।268।।

अर्थ– पूर्वोक्त व्यन्तर देवों के प्रमाण में उपर्युक्त सर्वकाल संबंधी शुद्ध उपक्रम शलाका प्रमाण का भाग देने से जो लब्ध आवे उसका अपर्याप्त काल संबंधी शुद्ध उपक्रम शलाका के साथ गुणा करने पर जो प्रमाण हो उतने ही वैक्रियिक मिश्रयोग के धारक व्यन्तरदेव समझने चाहिये।

(कवित्त)

तिस जघन्य थिति संबंधी शुद्धोपक्रम शलाक का भाग।
वान मान में दिये मान ह्वै सो अप्रयाप्त काल की पाग।।
शुद्धोपक्रम शला मान कर गुणै प्रमाण होय तिहिं लाग।
वैक्रिय मिश्र योग के धारक व्यंतर देवन तनौं विभाग।।68।।

(गाथा)

तहिं सेसदेवणारय-मिस्सजुदे सव्वमिस्सवेगुव्वं।
सुरणिरयकायजोगा, वेगुव्वियकायजोगा हु।।269।।

अर्थ– वैक्रियिक मिश्र काययोग के धारक उक्त व्यन्तरों के प्रमाण में शेष भवनवासी, ज्योतिषी, वैमानिक और नारकियों के मिश्र काययोग वालों का प्रमाण मिलाने से संपूर्ण मिश्र वैक्रियिक काययोग वालों का प्रमाण होता है और देव तथा नारकियों के काययोग वालों का प्रमाण मिलाने से समस्त वैक्रियिक काययोग वालों का प्रमाण होता है।

(कवित्त)

तिहिं वैक्रियक मिश्र वपु योगी वान मान में शेष जु सार।
सुर नारकि वैक्रियक मिश्र यति मान मिलावत ही सुखकार।।
सब वैक्रियक मिश्र वपु योगी जीवन का प्रमाण अवधार।
काय योग धृत सुर नारकि मिल वैगूर्वक वपु योगी विच्यार।।69।।

(गाथा)

आहारकायजोगा, चउवण्णं होंति एकसमयम्हि।
आहारमिस्सजोगा, सत्तावीसा दु उक्कस्सं।।270।।

अर्थ– एक समय में आहारक काययोग वाले जीव अधिक से अधिक चौअन होते हैं और आहारकमिश्र योग वाले जीव अधिक से अधिक सत्ताईस होते हैं। यहाँ पर जो उत्कृष्ट शब्द है वह मध्यदीपक है।

(चौपाई)

जिय आहारक वपु योगीय, चौंवन ह्वैं इक समय महीय।
पुन तिहिं मिश्र योग धृत रिसी, ह्वैं उत्कृष्ट सप्त अरु विसी।।70।।

(दोहा)

गाथा छप्पन के सरस, छंद चुहत्तर माहिं।
मार्गण योगऽधिकार यह पूर्ण कियौ श्रुत छाहिं।।71।।

इत्याचार्य श्री नेमिचन्द्र सिद्धान्त चक्रवर्ती विरचित गोम्मटसार दुतिय नाम पंचसंग्रह ताकी जीवतत्त्व प्रदीपिका नाम संस्कृत टीका का सम्यग्ज्ञान चन्द्रिका नाम भाषा टीका के अनुसार मूल गाथार्थ छन्द बन्ध छन्दोदय ग्रन्थ में योग प्ररूपणा नाम नवम अधिकार समाप्त भया।

***

अधिकार–10

वेद मार्गणा

(दोहा)

छ्यालिस गुण कल्याण पन, पुन श्री शीतलनाथ।
शीतल करता तीर्थ पति, नमौं लाय भुय माथ।।1।।

(गाथा)

पुरिसिच्छिसंढवेदोदयेण पुरिसिच्छिसंढओ भावे।
णामोदयेण दव्वे, पाएण समा कहिं विसमा।।271।।

अर्थ– पुरुष, स्त्री और नपुंसक वेदकर्म के उदय से भावपुरुष, भावस्त्री, भावनपुंसक होता है और नामकर्म के उदय से द्रव्यपुरुष, द्रव्यस्त्री, द्रव्यनपुंसक होता है। सो यह भाववेद और द्रव्यवेद प्रायः करके समान होता है, परन्तु कहीं कहीं विषम भी होता है।

(अडिल्ल)

वेद पुरुष त्रिय षंढ उदय कर ह्वैं जिया,
भाव विषैं पुरुषरु त्रिय षंढ स्वरूपिया।
पुन नामोदय द्रव्यविषैं सोइ उपजहीं।
बाहुलता कर समरु विषम भी ह्वैं कहीं।।2।।

(गाथा)

वेदस्सुदीरणाए, परिणामस्स य हवेज्ज संमोहो।
संमोहेण ण जाणदि, जीवो हि गुणं व दोसं वा।।272।।

अर्थ– वेद नोकषाय के उदय तथा उदीरणा होने से जीव के परिणामों में बड़ा भारी मोह उत्पन्न होता है और इस मोह के होने से यह जीव गुण अथवा दोष का विचार नहीं कर सकता।

(चौपाई)

वेद उदीरन कर जो होह, जिय परणामन को सम्मोह।
तिहिं कर जिय जानैं नहिं सार, गुण दोषन का रंच विचार।।3।।

(गाथा)

पुरुगुणभोगे सेदे, करेदि लोयम्मि पुरुगुणं कम्मं।
पुरु उत्तमो य जम्हा, तम्हा सो वण्णिओ पुरिसो।।273।।

अर्थ– उत्कृष्ट, गुण अथवा उत्कृष्ट भोगों का जो स्वामी हो, अथवा जो लोक में उत्कृष्ट गुणयुक्त कर्म को करे, यद्वा जो स्वयं उत्तम हो उसको पुरुष कहते हैं।

(कवित्त)

वर गुण भोगन में जु प्रवर्तैं क्रम कर स्वामी भुक्ता होय।
पुन धर्मार्थ काम शिवरूपी चतु पुरुषार्थ करै जिय जोय।।
बहुर पुरोत्तम जो परमेष्ठी तिहिं पद भाँति रहै जथि होय।
तातैं द्रव्य भाव लक्षण युत पुरुष जगत में वरणों सोय।।4।।

(गाथा)

छादयदि सयं दोसे, णयदो छाददि परं वि दोसेण।
छादणसीला जम्हा, तम्हा सा वण्णिया इत्थी।।274।।

अर्थ– जो मिथ्यादर्शन, अज्ञान असंयम आदि दोषों से अपने को आच्छादित करे और मृदु भाषण, तिरछी चितवन आदि व्यापार से जो दूसरे पुरुषों को भी हिंसा, अब्रह्म आदि दोषों से अच्छादित करे, उसको आच्छादन स्वभाव युक्त होने से स्त्री कहते हैं।

(अडिल्ल)

निज आतम कौं दोषन कर आछादही,
पर कौं भी छादेय न केवल आप ही।।

जातैं छादन रूप जु तासु स्वभाव ही।
तातैं स्त्री सोहि द्रव्य भावा कही।।5।।

(दोहा)

निज पर की तृष्णानि, जो दोषन कर सो हीय।
स्त्री इम वरणन करी, आगम माहिं कवीय।।6।।

(गाथा)

णेवित्थी णेव पुमं, णउंसओ उहयलिंगविदिरित्तो।
इट्ठावग्गिसमाणग-वेदणगरुओ कलुसचित्तो।।275।।

अर्थ- जो न स्त्री हो और न पुरुष हो ऐसे दोनों ही लिंगों से रहित जीव को नपुंसक कहते हैं। इसके अवा (भट्टा) में पकती हुई ईंट की अग्नि के समान तीव्र कषाय होती है। अतएव इसका चित्त प्रतिसमय कलुषित रहता है।

(चौपाई)

उभय पुरुष त्रिय चिह्न विहीन, लिंग नपुंसक सो लख लीन।
इष्टावाग्नि सभागर वित्त, दुरमण इच्छा युत तसु चित्त।।7।।

आगैं वेद रहित जीवों का वर्णन करिये हैं-

(गाथा)

तिणकारिसिट्ठपागग्गिसरिसपरिणामवेदणुम्मुक्का।
अवगयवेदा जीवा, सगसंभवणंतवरसोक्खा।।276।।

अर्थ- तृण की अग्नि, कारीष अग्नि, इष्टपाक अग्नि (अवा की अग्नि) के समान वेद के परिणामों से रहित जीवों को अपगतवेद कहते हैं। ये जीव अपनी आत्मा से ही उत्पन्न होने वाले अननत और सर्वोत्कृष्ट सुखको भोगते हैं।

(चौपाई)

तृण कारीस इष्ट दव समा, वेद त्रि परनाम हृत पमा।
अवगत वेदी जीव सु जान, स्वजवर अमित शर्म युत मान।।8।।

आगैं माधवचन्द्र त्रिविध देव वेद मार्गणा विषैं जीवन की संख्या पाँच गाथान कर कहैं हैं–

(गाथा)

जोइसियवाणजोणिणि-तिरिक्खपुरुसा य सण्णिणो जीवा।
तत्ते उपम्मलेस्सा, संखगुणूणा कमेणेदे।।277।।

अर्थ– ज्योतिषी, व्यन्तर, योनिनी तिर्यंच, तिर्यक् पुरुष, संज्ञी तिर्यंच, तेजोलेश्या वाले संज्ञी तिर्यंच तथा पद्मलेश्या वाले संज्ञी तिर्यंच जीव क्रम से उत्तरोत्तर संख्यातगुणे संख्यातगुणे हीन हैं।

(चौपाई)

ज्योतिष वानरु योन मतीय, पशुय पुरुष वेदी संज्ञीय।
पीत पद्म लेश्या धृत जीव, क्रम सैं संख गुणूण कहीव।।9।।

(गाथा)

इगि पुरिसे बत्तीसं, देवी तज्जोगभजिददेवोघे।
सगगुणगारेण गुणे, पुरुसा महिला य देवेसु।।278।।

अर्थ– देवगति में एक देव की कम से कम बत्तीस देवियाँ होती हैं। इसलिये देव और देवियों के जोड़रूप तेतीस का समस्त देवराशि में भाग देने से जो लब्ध आवे उसका अपने अपने गुणाकार के साथ गुणा करने से देव और देवियों का प्रमाण निकलता है।

(चौपाई)

पुरुषिक प्रति बत्तीस सुरीय, तेतिस भक्त देव राशीय।
तहँ इक भाग देव पहिचान, बत्तिस भाग सुरिन के जान।।10।।

(गाथा)

देवेहिं सादिरेया, पुरिसा देवीहिं साहिया इत्थी।
तेहिं विहीण सवेदो, रासी संढाण परिमाणं।।279।।

अर्थ– देवों से कुछ अधिक, मनुष्य और तिर्यग्गति सहित पुंवेद वालों का प्रमाण है और देवियों से कुछ अधिक, मनुष्य तथा तिर्यग्गति सहित स्त्रीवेद वालों का प्रमाण है। सवेद राशि में से पुंवेद तथा स्त्रीवेद का प्रमाण घटाने से जो शेष रहे वह नपुंसकवेदियों का प्रमाण है।

(अडिल्ल)

पुरुष वेदि देवन में नर पशु पुरुष ही,
मिलैं पुरुष ह्वैं सर्व बहुर देविन मही।
नर सुत्रिय वेदी मिल त्रिय वेदी लहै,
जीव सवेदि उभय हृत षँढवेदी कहै।।11।।

(गाथा)

गब्भणपुइत्थिसण्णी, सम्मुच्छणसण्णिपुण्णगा इदरा।
कुरुजा असण्णिगब्भजणपुइत्थी वाणजोइसिया।।280।।
थोवा तिसु संखगुणा, तत्तो आवलिअसंखभागगुणा।
पल्लासंखेज्जगुणा, तत्तो सव्वत्थ संखगुणा।।281।।

अर्थ– 1–2–3 गर्भज संज्ञी नपुंसक, पुल्लिंगी तथा स्त्रीलिंगी तथा4–5 सम्मूर्च्छन संज्ञी पर्याप्त और अपर्याप्त, 6 भोगभूमिया, 7–8–9 असंज्ञी गर्भज नपुंसक, पुल्लिंगी तथा स्त्रीलिंगी, तथा 10 व्यन्तर और 11 ज्योतिषी–इन ग्यारह स्थानों को क्रम से स्थापन करना चाहिये। जिसमें पहला स्थान सबसे स्तोक है। और उससे आगे के तीन स्थान संख्यातगुणे संख्यातगुणे हैं। पाँचवाँ स्थान आवली के असंख्यातवें भाग गुणा है। छट्ठा स्थान पलय के असंख्यातवें भागगुणा है। इससे आगे के पाँचों ही स्थान क्रम से संख्यातगुणे संख्यातगुणे हैं।

(अडिल्ल)

संज्ञि पचेंद्रिय गर्भज षंढ पुरुष त्रिया,
सम्मूर्छन संज्ञिय पंचेन्द्रि प्रयाप्तिया।

अपरयाप्त पुन करुज अमन गर्भज त्रिही,
षंढ पुरूष त्रिय वान जोतिषी वे सही।।12।।
थोड़े पुन त्रय संख गुणैं क्रम से कहै,
आवलि भाग असंख गुणे पंचम लहे।
पल्य असंख गुणे छठवें पुन तासतैं,
तातैं पुन सब संख्यगुणैं क्रम भासते।।13।।

(दोहा)

गाथा एकादश बहुर, चतुदश छंद मँझार।
वेद मार्गणा दशम यह, पूर्ण कियौ अधिकार।।14।।

इत्याचार्य श्री नेमिचन्द्र सिद्धान्त चक्रवर्ती विरचित गोम्मटसार दुतिय नाम पंचसंग्रह ताकी जीवतत्त्व प्रदीपिका नाम संस्कृत टीका वा सम्यग्ज्ञान चन्द्रिका नाम भाषा टीका के अनुसार मूल गाथार्थ छन्द बन्ध छन्दार्णव ग्रन्थ में वेद प्ररूपणा नाम दशम अधिकार सम्पूर्ण भया।

***

अधिकार–11

कषाय मार्गणा

(दोहा)

श्रेयमार्ग के दातृ अरु, मत जसु श्रिय करतार।
तीर्थंकर श्रीयांस मम, देउ श्रेय पद सार।।1।।

आगैं श्री शास्त्रकारक आचार्य 14 गाथान कर कषाय मार्गणा को कहैं हैं–

(गाथा)

सुहदुक्खसुबहुसस्सं, कम्मक्खेत्तं कसेदि जीवस्स।
संसारदूरमेरं, तेण कसाओत्ति णं वेंति।।282।।

अर्थ– जीव के सुख दुःख आदि रूप अनेक प्रकार के धान्य को उत्पन्न करने वाले तथा जिसकी संसार रूप मर्यादा अत्यन्त दूर है ऐसे कर्म रूपी क्षेत्र (खेत) का यह कर्षण करता है, इसीलिये इसको कषाय कहते हैं।

(चौपाई)

संश्रत रूप हद्द धारीय, कर्म खेत्र कौं जीव कृषीय।
कृष जिन कर लह सुख दुख धान, सो कषाय वरनी भगवान।।2।।

(गाथा)

सम्मत्तदेससयलचरित्तजहक्खादचरणपरिणामे।
घादंति वा कसाया, चउसोल असंखलोगमिदा।।283।।

अर्थ– सम्यक्त्व, देशचारित्र, सकलचारित्र, यथाख्यातचारित्ररूपी परिणामों को जो कषे, घाते, न होने दे, उसको कषाय कहते हैं। इसके अनन्तानुबंधी, अप्रत्याख्यानावरण, प्रत्याख्यानावरण, संज्वलन इस प्रकार चार भेद हैं। अनन्तानुबंधी आदि चारों के क्रोध, मान, माया, लोभ इस तरह

चार-चार भेद होने से कषाय के उत्तर भेद सोलह होते हैं। किन्तु कषाय के उदयस्थानों की अपेक्षा से असंख्यात लोकप्रमाण भेद हैं। जो सम्यक्त्व को रोके उसको अनन्तानुबंधी, जो देशचारित्र को रोके उसको अप्रत्याख्यानावरण, जो सकलचारित्र को रोके उसको प्रत्याख्यानावरण, जो यथाख्यातचारित्र को रोके उसको संज्वलन कषाय कहते हैं।

(चौपाई)

वा दृग देश सकल चरणेय, यथाख्यात घातत क्रम सेय।
सो चतु सोल असंख प्रकार, मित धृत भेद कषाय विचार।।3।।

(गाथा)

सिलपुढविभेदधूली-जलराइसमाणओ हवे कोहो।
णारयतिरियणरामर-गईसु उप्पायओ कमसो।।284।।

अर्थ- क्रोध चार प्रकार का होता है। एक पत्थर की रेखा के समान, दूसरा पृथ्वी की रेखा के समान, तीसरा धूलिरेखा के समान, चौथा जलरेखा के समान। ये चारों प्रकार के क्रोध क्रम से नरक, तिर्यक्, मनुष्य तथा देवगति में उत्पन्न करने वाले हैं।

(चौपाई)

सिल भू भेद धूल जलरेख, समसो क्रोध कषाय हि पेख।
नारक पशु नर सुर गति जोय, उपजावत क्रम से चतु सोय।।4।।

(गाथा)

सेलट्ठिकट्ठवेत्ते, णियभेएणणुहरंतओ माणो।
णारयतिरियणरामर-गईसु उप्पायओ कमसो।।285।।

अर्थ- मान भी चार प्रकार का होता है। पत्थर के समान, हड्डी के समान, काठ के समान तथा बेंत के समान। ये चार प्रकार के मान भी क्रम से नरक, तिर्यंच, मनुष्य तथा देवगति के उत्पादक हैं।

(चौपाई)

शैल अस्थि दारु अर बैंत, थंभ समान सु मान कहेत।
नारक पशु नर सुर गति माहिं, उपजावत क्रम से जीवाहिं।।5।।

(गाथा)

वेणुवमूलोरब्भय-सिंगे गोमुत्तए य खोरप्पे।
सरिसी माया णारय-तिरियणरामरगईसु खिवदि जियं।।286।।

अर्थ– माया भी चार प्रकार की होती है। बाँस की जड़ के समान, मेंढ़क के सींग के समान, गोमूत्र के समान, खुरपा के समान। यह चार तरह की माया भी क्रम से जीव को नरक, तिर्यंच, मनुष्य और देवगति में ले जाती है।

(चौपाई)

वेणु मूल पुन उर भृक श्रृंग, गाय मूत्र खुरपा सम अंग।
नारक पशु नर सुरग मँझार, उपजावत माया क्रम धार।।6।।

(गाथा)

किमिरायचक्कतणुमल-हरिद्दराएण सरिसओ लोहो।
णारयतिरिक्खमाणुस-देवे सुप्पायओ कमसो।।287।।

अर्थ– लोभ कषाय भी चार प्रकार का है। क्रिमिराग के समान, चक्रमल (रथ आदि के पहियों के भीतर का ओंगन) के समान, शरीर के मल के समान, हल्दी के रंग के समान। यह भी क्रम से नरक, तिर्यंच, मनुष्य और देवगति का उत्पादक है।

(चौपाई)

क्रिमिरँग चक्र देह मल पुना, हरदी रँग सम लोभहि भना।
क्रम से नारक पशु नर देव, गति उपजावत सो चतु एव।।7।।

(गाथा)

णारयतिरिक्खणरसुर-गईसु उप्पण्णपढमकालम्हि।
कोहो माया माणो, लोहुदओ अणियमो वापि।।288।।

अर्थ– नरक, तिर्यंच, मनुष्य तथा देवगति में उत्पन्न होने के प्रथम समय में क्रम से क्रोध, माया, मान और लोभ का उदय होता है। अथवा यह नियम नहीं भी है।

(चौपाई)

नरक पशु नर सुरग मँझार, उपजत प्रथम समय क्रम धार।
क्रोधरु माया मानरु लोह, उदय होय वा नेम न जोह।।8।।

(दोहा)

वृषभाचार यती तनैं, अभिप्राय कर नेम।
कहैं सु इस विध नेम नहिं, सूर भूतबल एम।।9।।

आगैं कषाय रहित जीवों को कहिये हैं–

(गाथा)

अप्पपरोभयबाधण - बंधासंजमणिमित्तकोहादी।
जेसिं णत्थि कसाया, अमला अकसाइणो जीवा।।289।।

अर्थ– जिनके स्वयं को दूसरे को तथा दोनों को ही बाधा देने और बन्धन करने तथा असंयम करने में निमित्तभूत क्रोधादिक कषाय नहीं है तथा जो बाह्य और अभ्यन्तर मल से रहित हैं ऐसे जीवों को अकषाय कहते हैं।

(अडिल्ल)

निज पर उभय सु बंधन वा बाधा महा,
वासु असंयम निमित न क्रोधादिक जहाँ।
अरु कषाय चतु नोकषाय की परिव्रती,
ते श्री सिद्ध अमल अकषाय पना धृती।।10।।

आगैं क्रोधादिक कषायों के शक्ति की अपेक्षा से स्थान कहैं हैं–

(गाथा)

कोहादि कसायाणं, चउ चउदस वीस होंति पदसंखा।
सत्तीलेस्साआउग-बंधाबंधगदभेदेहिं।।290।।

अर्थ– शक्ति, लेश्या तथा आयु के बन्धाबन्धगत भेदों की अपेक्षा से क्रोधादि कषायों के क्रम से चार, चौदह और बीस स्थान होते हैं।

(अडिल्ल)

क्रोधादिक सु कषायन की शक्ती तनैं,
चतु लेश्या के थान सु चतुदश पावनैं।
आयुष बंधाबंध तनैं भेदान तैं,
कहैं बीस इस्थान जु संख्या वान तैं।।11।।

आगैं ते स्थान कहिये हैं–

(गाथा)

सिलसेलवेणुमूलक्किमिरायादी कमेण चत्तारि।
कोहादिकसायाणं, सत्तिं पडि होंति णियमेण।।291।।

अर्थ– शिलाभेद आदि के समान चार प्रकार का क्रोध, शैल आदि के समान चार प्रकार का मान, वेणु (बाँस) मूल आदि के समान चार तरह की माया, क्रिमिराग आदि के समान चार प्रकार का लोभ, इस तरह क्रोधादिक कषायों के उक्त नियम के अनुसार क्रम से शक्ति की अपेक्षा चार-चार स्थान हैं।

(अडिल्ल)

शिला शैल जड़ बाँस रंग क्रम आदि चऊ,
शक्ति स्थान क्रोधादि कषायन के प्रऊ।
होएँ नेमकर क्रम से थान सु तेय जी,
उत्कृष्टानुत्कृष्ट अजघन जघन्य जी।12।।

(दोहा)

वासु तीव्रतर तीव्र अर, मंद मंदतर रूप।
शक्ति थान इन इकिक प्रति, शिलभू आदि प्ररूप।।13।।

आगैं लेश्याओं की अपेक्षा कर होने वाले चौदह स्थान तिनकौं कहिये हैं-

(गाथा)

किण्हं सिलासमाणे, किण्हादी छक्कमेण भूमिम्हि।
छक्कादी सुक्को त्ति य, धूलिम्हि जलम्मि सुक्केक्का।।292।।

अर्थ- शिला समान क्रोध में केवल कृष्ण लेश्या की अपेक्षा से एक ही स्थान होता है। पृथ्वी समान क्रोध में कृष्ण आदिक लेश्या की अपेक्षा छह स्थान हैं। धूलि समान क्रोध में छह लेश्याओं से लेकर शुक्ल लेश्या पर्यंत छह स्थान होते हैं और जल समान क्रोध में केवल एक शुक्ल लेश्या ही होती है।

(चौपाई)

शिलभिद सम क्रुध में कृष्ण ही, छै कृष्णादि भूमिभिद मही।
रज में छ्यादि शुक्ल तक सार, लेश्या शुक्लिक जल में धार।।14।।

आगैं आयु के बंधाबंध की अपेक्षा तीन गाथाओं द्वारा बीस स्थानों को कहैं हैं-

(गाथा)

सेलगकिण्हे सुण्णं, णिरयं च य भूगएगविट्ठाणे।
णिरयं इगि वितिआऊ, तिट्ठाणे चारि सेसपदे।।293।।

अर्थ- शैलगत कृष्णलेश्या में कुछ स्थान तो ऐसे हैं कि जहाँ पर आयुबन्ध नहीं होता। इसके अनन्तर कुछ स्थान ऐसे हैं कि जिनमें नरक आयु का बन्ध होता है। इसके बाद पृथ्वीभेदगत पहले और दूसरे स्थान में नरक आयु का ही बन्ध होता है। इसके भी बाद कृष्ण, नील, कपोत लेश्या के

तीसरे भेद में (स्थान में) कुछ स्थान ऐसे हैं जहाँ नरक आयु का ही बन्ध होता है और कुछ स्थान ऐसे हैं जहाँ पर नरक, तिर्यंच दो आयु का बन्ध हो सकता है तथा कुछ स्थान ऐसे हैं जहाँ पर नरक, तिर्यंच तथा मनुष्य तीनों ही आयु का बन्ध हो सकता है। शेष के तीन स्थानों में चारों आयु का बन्ध हो सकता है।

(चौपाई)

शिलभिद सम क्रुध में नहिं बंध, तसुहि अग्र नरकायु प्रबंध।
पुन भूगत इक दुक थल मही, बंधिक नर्क आयु ही कही।।15।।

(दोहा)

पुन तहँ ही लेश्या त्रि गति, थल में इक बिति आयु।
चतु पन षट कृष्णादि गति, त्रय में चतु चतु पायु।।16।।

(गाथा)

धूलिगछक्कट्ठाणे, चउराऊतिगदुगं च उवरिल्लं।
पणचदुठाणे देवं, देवं सुण्णं च तिट्ठाणे।।294।।

अर्थ– धूलिभेदगत छह लेश्या वाले प्रथम भेद के कुछ स्थानों में चारों आयु का बन्ध होता है। इसके अनन्तर कुछ स्थानों में नरक आयु को छोड़कर शेष तीन आयु का और कुछ स्थानों में नरक, तिर्यंच को छोड़कर शेष दो आयु का बन्ध होता है। कृष्ण लेश्या को छोड़कर पाँच लेश्या वाले दूसरे स्थान में तथा कृष्ण, नील लेश्या को छोड़कर शेष चार लेश्या वाले तृतीय स्थान में केवल देव आयु का बंध होता है। अंत की तीन लेश्या वाले चौथे भेद के कुछ स्थानों में देवायु का बंध होता है और कुछ स्थानों में आयु का अबन्ध है।

(चौपाई)

रज गत षट कृष्णादि थान, चतु त्रि दु नारक पशु हृत मान।
पन चतु थल कृषनादि जही, सुरसुर त्रिम सुर अर कछु नहीं।।17।।

(गाथा)

सुण्णं दुगइगिठाणे, जलम्हि सुण्णं असंखभजिदक्मा।
चउचोदसवीसपदा, असंखलोगा हु पत्तेयं।।295।।

अर्थ– इसी के (धूलि भेदगत के ही) पद्म और शुक्ल लेश्या वाले पाँचवे स्थान में और केवल शुक्ल लेश्या वाले छट्ठे स्थान में आयु का अबन्ध है। तथा जल भेदगत केवल शुक्ल लेश्या वाले एक स्थान में भी आयु का अबन्ध है। इसप्रकार कषायों के शक्ति की अपेक्षा चार भेद, लेश्याओं की अपेक्षा चौदह भेद, आयु के बन्धाबन्ध की अपेक्षा बीस भेद होते हैं। इनमें प्रत्येक के अवान्तर भेद असंख्यात लोकप्रमाण हैं। तथा अपने-अपने उत्कृष्ट से अपने अपने जघन्य पर्यन्त क्रम से असंख्यातगुणे असंख्यातगुणे हीन हैं।

(चौपाई)

दुइक लेश्यगत तहँ कछु नाहिं, जल सम में भिन बंध कहाहिं।
भजित असंख जु क्रम से सेय, चतु चतु दस पद बीस कहेय।।18।।

(दोहा)

शक्ति जु लेश्या थान पुन, आयु बंध के थान।
क्रम से ये पुन इकिक ते, लोक असंख प्रमान।।19।।

आगैं श्री माधवचंद्र त्रिविद्य देव कषाय मार्गणा में तीन गाथान कर जीवन की संख्या कहैं हैं–

(गाथा)

पुह पुह कसायकालो, णिरये अंतोमुहुत्तपरिमाणो।
लोहादी संखगुणो, देवेसु य कोहपहुदीदो।।296।।

अर्थ– नरक में नारकियों के लोभादि कषाय का काल सामान्य से अन्तर्मुहूर्त मात्र होने पर भी पूर्व-पूर्व की अपेक्षा उत्तरोत्तर कषाय का काल

पृथक्-पृथक् संख्यातगुणा संख्यातगुणा है और देवों में क्रोधादिक लोभपर्यन्त कषायों का काल सामान्य से अंतर्मुहूर्त किन्तु विशेषरूप से पूर्व-पूर्व की अपेक्षा उत्तरोत्तर का संख्यातगुणा सुख्यातगुणा काल है।

(अडिल्ल)

चउ लोभादि कषायन काल नरक मही,
अंतमहूर्त प्रतेक संख गुण सो मही।
सुर गति में यम क्रोधादिक जु कषाय का,
भिन भिन अंतमहूर्त संख गुण सो छका।20।।

(दोहा)

लोभ काल लघु नरक में, क्रोध तनौ बहु जान।
स्वल्प त्रिदिव में क्रोध यम, लोभ तनों अधिकान।।21।।

(गाथा)

सव्वसमासेणवहिद-सगसगरासी पुणो वि संगुणिदे।
सगसगगुणगारेहिं य, सगसगरासीण परिमाणं।।297।।

अर्थ- अपनी-अपनी गति में सम्भव जीवराशि में समस्त कषायों के उदयकाल के जोड़ का भाग देने से जो लब्ध आवे उसका अपने-अपने गुणाकार से गुणन करने पर अपनी-अपनी राशि का परिणाम निकलता है।

(अडिल्ल)

सर्व कषाय समास भक्त स्व स्व गति तना,
जिय प्रमाण सो निज निज काल तने पुना।
समय समान कर गुणे होय जु प्रमाण है,
सो ही स्व स्व क्रोधादि युक्त जियमान है।।22।।

(गाथा)

णरतिरिय लोहमाया-कोहो माणो विइंदियादिव्व।
आवलिअसंखभज्जा, सगकालं वा समासेज्ज।।298।।

अर्थ– जिसप्रकार द्वीन्द्रिय, त्रीन्द्रिय, चतुरिन्द्रिय तथा पंचेन्द्रिय जीवों की संख्या पहले निकाली है उस ही क्रम से मनुष्य तथा तिर्यंचों के लोभ, माया, क्रोध और मान वाले जीवों का प्रमाण आवली के असंख्यातवें भाग क्रम से निकालना चाहिये। अथवा अपने-अपने काल की अपेक्षा से उक्त कषायवाले जीवों का प्रमाण निकालना चाहिये।

(गीतिका)

नर पशू गति में लोभ माया क्रोध मान तनों सही।
बेइंदियाद तनी जु संख्या इंद्रि मग में जिम कही।।
त्यौं ही यहाँ बहु भागित्यादिक सूत्र उक्त सुजानिये।
आवलि असंखम भाग भक्ति स्वकाल माहीं आनिये।।23।।

(चौपाई)

गाथा सत्रह के सुखकार, छंद सबी चतु बीस मँझार।
यह कषाय मारगणा नाम, पूर्ण हुवौ अधिकार ललाम।।24।।

इत्याचार्य श्री नेमिचन्द्र सिद्धान्त चक्रवर्ती विरचित गोम्मटसार दुतिय नाम पंचसंग्रह ताकी जीवतत्त्व प्रदीपिका नाम संस्कृत टीका वा सम्यग्ज्ञान चन्द्रिका नाम भाषा टीका के अनुसार मूल गाथार्थ छन्द बन्ध छन्दोदय ग्रन्थ में कषाय प्ररुपणा नाम एकादशम अधिकार समाप्त भया।

***

अधिकार-12

ज्ञान मार्गणा

मंगलाचरण

(दोहा)

वासव पूजत जासु पद, वासुपूज्य जिन पाय।
वन्दौं जो गर्भादि में, पूज्य मणिन से थाय।।1।।

आगैं श्री नेमिचन्द्र सिद्धान्त चक्रवर्ती ज्ञान मार्गणा का प्रारंभ करैं हैं। ज्ञान का निरुक्ति सिद्ध सामान्य लक्षण कहते हैं–

(गाथा)

जाणइ तिकालविसए, दव्वगुणे पज्जए य बहुभेदे।
पच्चक्खं च परोक्खं, अणेण णाणं ति णं बेंति।।299।।

अर्थ– जिसके द्वारा जीव त्रिकालविषयक भूत भविष्यत् वर्तमान काल संबंधी समसत द्रव्य और उनके गुण तथा उनकी अनेक प्रकार की पर्यायों को जाने उसको ज्ञान कहते हैं। इसके दो भेद हैं, एक प्रत्यक्ष और दूसरा परोक्ष।

(चौपाई)

इस कर गति त्रिकाल विषयेह, बहु विध द्रव गुण पर्यय येह।
जाने जिय प्रतक्ष व परुक्ष, तातैं ज्ञान कहौ यह स्वच्छ।।2।।

आगैं ज्ञान के भेद कहैं हैं–

(गाथा)

पंचेव होंति णाणा, मदिसुदओहीमणं च केवलयं।
खयउवसमिया चउरो, केवलणाणं हवे खइयं।।300।।

अर्थ– ज्ञान के पांच भेद हैं– मति, श्रुत, अवधि, मनःपर्यय तथा केवल। इनमें आदि के चार ज्ञान क्षायोपशमिक हैं और केवलज्ञान क्षायिक है।

(चौपाई)

सम्यग्ज्ञान पंच ही जान, मति श्रुत अवधि जु मनपर्यान।
केवल इम सु क्षयोपशम तहा, चतु केवल इक क्षायिक कहा।।3।।

आगैं मिथ्याज्ञान उपजने का कारण वा स्वरूप वा स्वामित्वपना को कहैं हैं–

(गाथा)

अण्णाणतियं होदि हु, सण्णाणतियं खु मिच्छअणउदये।
णवरि विभंगं णाणं, पंचिंदियसण्णिपुण्णेव।।301।।

अर्थ– आदि के तीन (मति, श्रुत, अवधि) ज्ञान समीचीन भी होते हैं और मिथ्या भी होते हैं। ज्ञान के मिथ्या होने का अन्तरंग कारण मिथ्यात्व तथा अनन्तानुबंन्धी कषाय का उदय है। मिथ्या अवधि को विभंग भी कहते हैं। इसमें यह विशेषता है कि यह विभंगज्ञान संज्ञी पर्याप्त पंचेन्द्रिय के ही होता है।

(अडिल्ल)

सम्यग्ज्ञान जु मति श्रुत अवधि सु ये सही,
मिथ्या वानंतानुबंधि के उदय ही।
होएँ कुज्ञान विशेष पै ज्ञान विभंग है,
सो संज्ञी पंचेन्द्रि प्रयाप्तहिं के पहै।।4।।

आगैं तीसरे गुणस्थान में ज्ञान के स्वरूप को कहैं हैं–

(गाथा)

मिस्सुदये सम्मिस्सं, अण्णाणतियेण णाणतियमेव।
संजमविसेससहिए, मणपज्जवणाणमुद्दिट्ठं।।302।।

अर्थ– मिश्र प्रकृति के उदय से आदि के तीन ज्ञानों में समीचीनता तथा मिथ्यापना दोनों ही पाये जाते हैं, इसलिये इस तरह के इन तीनों ही ज्ञानों को मिश्रज्ञान कहते हैं। मनःपर्यय ज्ञान जिनके संयम होता है उन्हीं के होता है।

(अडिल्ल)

मिश्र प्रकृति उद ह्वै त्रय सम्यक ज्ञान ही,
त्रि अज्ञान मिलि मिश्र रूप ह्वैं हैं सही।
पुन विशेष संयम धारी मुनि के कहौ,
मनपर्यय तुरि ज्ञान अन्य के नहिं पहौ।।5।।

आगैं मिथ्याज्ञान का विशेष तीन गाथान कर कहैं हैं–

(गाथा)

विसजंतकूडपंजर-बंधादिसु विणुवएसकरणेण।
जा खलु पवट्टइ मई, मइअण्णाणं ति णं बेंति।।303।।

अर्थ– दूसरे के उपदेश के बिना ही विष यन्त्र कूट पंजर तथा बंध आदिक के विषय में जो बुद्धि प्रवृत्त होती है उसको मत्यज्ञान कहते हैं।

(पद्धरि)

विष यंत्र कूट पंजर बँधाद, मध स्वयम हि पर उपदेशवाद।
जो प्रगट बुद्धि वर्तै सहीय, सो मति अज्ञान इम कहु मतीय।।6।।

(दोहा)

वरतै पर उपदेश तैं, सो ह्वै कुश्रुत वहीय।
जाने बिन उपदेश ही, कुमत प्रवर्ति कहीय।।7।।

(गाथा)

आभीयमासुरक्खं, भारहरामायणादि उवएसा।
तुच्छा असाहणीया, सुयअण्णाणं ति णं बेंति।।304।।

अर्थ– चौरशास्त्र तथा हिंसाशास्त्र, भारत, रामायण आदि के परमार्थ-शून्य अतएव अनादरणीय उपदेशों को मिथ्या श्रुतज्ञान कहते हैं।

(चौपाई)

अप्रमाण परमार्थ व्यतीत, भारत रामायण आभीत।
असुरक्षादि श्रुतादिक सेय, ह्वै सो श्रुत अज्ञान कहेय।।8।।

(गाथा)

विवरीयमोहिणाणं, खओवसमियं च कम्मबीजं च।
वेभंगो त्ति पउच्चइ, समत्तणाणीण समयम्हि।।305।।

अर्थ- सर्वज्ञों के उपदिष्ट आगम में विपरीत अवधिज्ञान को विभंग कहते हैं। इसके दो भेद हैं- एक क्षायोपशमिक दूसरा भवप्रत्यय।

(अडिल्ल)

अवधिज्ञान वीर्यांतराय विध तिहि तनै,
क्षय उपशम सैं मिथ्या तिनके ऊपनै।
रुचि विपरीत तिसै पूरण ज्ञानी जिया,
ज्ञान विभंगा आगम में इम भाषिया।।9।।

(दोहा)

सो गुण भव प्रत्यय दुविध, नर पशु नारकि देव।
तिनके क्रम लैं ऊपजै, द्रव तप कर स्वयमेव।।10।।

आगैं मतिज्ञान का स्वरूप, उत्पत्ति, कारण, भेद वा विषय इनका आश्रय सहित नव गाथाओं द्वारा कहैं हैं-

(गाथा)

अहिमुहणियमियबोहण-माभिणिबोहियमणिंदिइंदियजं।
अवगहईहावाया-धारणगा होतिं पत्तेयं।।306।।

अर्थ- इन्द्रिय और अनिन्द्रिय (मन) की सहायता से अभिमुख और नियमित पदार्थ का जो ज्ञान होता है उसको अभिनिबोधिक कहते हैं। इसमें प्रत्येक के अवग्रह, ईहा, अवाय, धारणा- ये चार-चार भेद हैं।

(अडिल्ल)

अभिमुख नियमत बोधन रूप ज ज्ञान ही,
आभिनिबोधक सौ मनेंद्रि तैं उपजहीं।
अवग्रह ईहावाय धारणा ये चउ,
ह्वै चौबिस इक इक षट मन इंद्रिन प्रउ।।11।।

आगैं अवग्रह के भेदादिक कहैं हैं-

(गाथा)

***वेंजणअत्थअवग्गह-भेदा हु हवंति पत्तपत्तत्थे।
कमसो ते वावरिदा, पढमं णहि चक्खुमणसाणं।।307।।***

अर्थ- अवग्रह के दो भेद हैं, एक व्यञ्जनावग्रह दूसरा अर्थावग्रह। जो प्राप्त अर्थ के विषय में होता है उसको व्यञ्जनावग्रह कहते हैं और जो अप्राप्त अर्थ के विषय में होता है उसको अर्थावग्रह कहते हैं। और ये पहले व्यञ्जनावग्रह पीछे अर्थावग्रह इस क्रम से होते हैं। तथा व्यञ्जनावग्रह चक्षु और मन से नहीं होता।

(चौपाई)

द्विविध ज्ञान मति विषय विचार, व्यंजन अर्थ अवग्रह धार।
अक्षन कर ते प्राप्त अप्राप्त, क्रम सैं ह्वैं भाषी इम आप्त।।12।।

(दोहा)

तहँ मन दृग इंद्री विना, चतु कर जो उपजेय।
सो व्यंजन अवग्रह प्रथम, चतु परकार कहेय।।13।।

(गाथा)

***विसयाणं विसईणं, संजोगाणंतरं हवे णियमा।
अवगहणाणं गहिदे, विसेसकंखा हवे ईहा।।308।।***

अर्थ- पदार्थ और इन्द्रियों का योग्य क्षेत्र में अवस्थानरूप संबंध होने

पर सामान्य अवलोकन या निर्विकल्प ग्रहणरूप दर्शन होता है और इसके अनन्तर विशेष आकार आदिक को ग्रहण करने वाला अवग्रह ज्ञान होता है। इसके अनन्तर जिस पदार्थ को अवग्रह ने ग्रहण किया है उसी के किसी विशेष अंश को ग्रहण करने वाला ईहा ज्ञान होता है।

(अडिल्ल)

विषयन से विषयी का योग सु होत ही,
तासु अनंतर अवग्रह ज्ञान जु ह्वै सही।
जो यह है इम ग्रहण रूप सो पुन यहाँ,
वांछा रूप विशेष सोइ ईहा कहा।।14।।

(गाथा)

ईहणकरणेण जदा, सुणिण्णओ होदि सो अवाओ दु।
कालांतरे वि णिण्णिद-वत्थुसमरणस्स कारणं तुरियं।।309।।

अर्थ– ईहा ज्ञान के अनन्तर वस्तु के विशेष चिह्नों को देखकर जो उसका विशेष निर्णय होता है उसको अवाय कहते हैं। जैसे भाषा, वेष, विन्यास आदि को देखकर 'यह दक्षिणात्य ही है' इस तरह के निश्चय को अवाय कहते हैं। जिसके द्वारा निर्णीत वस्तु का कालान्तर में भी विस्मरण न हो उसको धारणा ज्ञान कहते हैं।

(अडिल्ल)

ईहा करनैं कर ताके पीछे जदा,
ह्वै पदार्थ निरणय अवाय सोई तदा।
निरणित अक्षन का पुन कालांतर विषैं,
विस्मृत होय न रंच धारणा सो असैं।।15।।

आगैं पूर्वें कहै हुवे चार प्रकार जे ज्ञान तिनका बारह प्रकार का विषय कहैं हैं–

(गाथा)

बहु बहुविहं च खिप्पाणिस्सिदणुत्तं धुवं च इदरं च।
तत्थेक्के क्के जादे, छत्तीसं तिसयभेदं तु।।310।।

अर्थ– उक्त मतिज्ञान के विषयभूत पदार्थ के बारह भेद हैं– बहु, अल्प, बहुविध, एकविध या अल्पविध, क्षिप्र, अक्षिप्र, अनिःसृत, निःसृत, अनुक्त, उक्त, ध्रुव, अध्रुव। इनमें से प्रत्येक विषय में मतिज्ञान के उक्त अट्ठाईस भेदों की प्रवृत्ति होती है, इसलिये बारह को अट्ठाईस से गुणा करने पर मतिज्ञान के तीन सौ छत्तीस भेद होते हैं।

(गीतिका)

बहु एक बहुविध एक विध अरु क्षिप्र अक्षिप्र सु मानिये।
अनिसृत सु निःसृत पुन अनुक्त जु उक्त एह प्रछानिये।।
ध्रुव अवर अध्रुव सर्व द्वादश भेद द्वे मतिज्ञान के।
प्रति प्राप्त इक इक कर त्रिशत छत्तीस भेद सबान के।।16।।

(गाथा)

बहुवत्तिजादिगहणे, बहुबहुविहमियरमियरगहणम्हि।
सगणामन्दरे [illegible], खिप्पादी सेदरा य तहा।।311।।

अर्थ– एक जाति की बहुत सी व्यक्तियों को बहु कहते हैं। अनेक जाति के बहुत पदार्थों को बहुविध कहते हैं। एक जाति की एक दो व्यक्ति को अल्प (एक) कहते हैं। एक जाति की अनेक व्यक्तियों को एकविध कहते हैं अथवा दो जातियों की अनेक व्यक्तियों को अल्पविध कहते हैं। क्षिप्रादिक तथा उनके प्रतिपक्षियों का उनके नाम से ही अर्थ सिद्ध है।

(गीतिका)

बहु व्यक्त ग्राहक होय जह मतिज्ञान सो बहु जानिये।
पुन जाति बहु का ग्राह ताका विषय बहु विधि मानिये।।

इक व्यक्त ग्राहक एक इक ही जाति ग्रह इक विध सही।
क्षिप्ररु अक्षिप्रादिक सब स्वै स्व नाम कर है सिद्ध ही।।17।।

आगैं अनिःसृत ज्ञान विशेष को कहते हैं-

(गाथा)

वत्थुस्स पदेसादो, वत्थुग्गहणं तु वत्थुदेसं वा।
सयलं वा अवलंबिय, अणिस्सिदं अण्णवत्थुगई।।312।।

अर्थ- वस्तु के एकदेश को देखकर समस्त वस्तु का ज्ञान होना, अथवा वस्तु के एकदेश या पूर्ण वस्तु का ग्रहण करके उसके निमित्त से किसी दूसरी वस्तु के होने वाले ज्ञान को भी अनिःसृत कहते हैं।

(गीतिका)

वस्तू तनैं इकदेश ते अप्रगट रूप जु वस्तु का।
ग्रहण कीजे सो अनिःसृत ज्ञान वच इम शास्त्र का।।
अथवा किसी वस्तू तनैं इकदेश कौ वा सर्व ही।
वस्तु कौ अवलंब औरहिं जान सो अनिसृत सही।।18।।

आगैं इनके उदाहरण कहैं हैं-

(गाथा)

पुक्खरगहणे काले, हत्थिस्स य वदणगवयगहणे वा।
वत्थुंतर चंदस्स य, धेणुस्स य बोहणं च हवे।।313।।

अर्थ- जल में डूबे हुए हस्ती की सूंड को देखकर उसी समय में जलमग्न हस्ती का ज्ञान होना, अथवा मुख को देखकर उस ही समय उससे भिन्न किन्तु उसके सदृश चन्द्रमा का ज्ञान होना, अथवा गवय को देखकर उसके सदृश गौ का ज्ञान होना। इनको अनिःसृत ज्ञान कहते हैं।

(गीतिका)

जल मग्न गज की सूँड लखकर जानिये गजराज ही।
मुख देखते ह्वै ज्ञान शशि वा गवय लख गउ जान ही।।
अनुमान इस्मृत प्रतभि तर्क परोक्ष चारों जानिये।
इन विषय अनसृत ज्ञान है ये भेद मत के मानिये।।19।।

(गाथा)

एक्कचउक्कं चउवीसट्ठावीसं च तिप्पडिं किच्चा।
इगि छव्वारसगुणिदे, मदिणाणे होंति ठाणाणि।।314।।

अर्थ– मतिज्ञान सामान्य की अपेक्षा एक भेद, अवग्रह, ईहा, अवाय धारणा की अपेक्षा चार भेद, पाँच इन्द्रिय और छट्ठे मन से अवग्रहादि चार के गुणा करने की अपेक्षा चौबीस भेद, अर्थावग्रह और व्यञ्जनावग्रह दोनों की अपेक्षा से अट्ठाईस भेद, इस प्रकार मतिज्ञान के अलग अलग भेद होते हैं। इनको क्रम से तीन पंक्तियों में स्थापना करके इनका एक, छह और बारह के यथाक्रम से गुणा करने पर मतिज्ञान के सामान्य, अर्ध और पूर्ण स्थान होते हैं।

(गीतिका)

सामान्य कर इक भाँति अवग्रह आद से चतु विध सही।
मन इंद्रि षट गुण अवग्रहादिक बीस चतु विध इम वही।।
व्यंजन अरथ का भेद कर पुन अष्ट विंशत विध छके।
सो चतुक त्रिजगह थान इक षट वार से गुण जे थके।।20।।

(दोहा)

ह्वैं मतिज्ञान तनैं सरब, भेद त्रिशत षट तीस।
अड़तालिस व्यंजन सबै, शेष अर्थ के दीस।।21।।

आगैं श्रुतज्ञान की प्ररूपणा का आरंभ करते संते प्रथम ही श्रुतज्ञान का सामान्य लखण कहैं हैं–

(गाथा)

अत्थादो अत्थंतरमुवलंभंतं भणंति सुदणाणं।
आभिणिबोहियपुव्वं, णियमेणिह सद्दजं पमुहं।।315।।

अर्थ– मतिज्ञान के विषभूत पदार्थ से भिन्न पदार्थ के ज्ञान को श्रुतज्ञान कहते हैं। यह ज्ञान नियम से मतिज्ञानपूर्वक होता है। इस श्रुतज्ञान के अक्षरात्मक और अनक्षरात्मक अथवा शब्द जन्य और लिंगजन्य इस तरह से दो भेद हैं, किन्तु इनमें शब्दजन्य श्रुतज्ञान मुख्य है।

(गीतिका)

मतिग्ज्ञान निश्चित अर्थ कौ अवलंब तिसहि पदार्थ का।
संबंध लेकर अन्य कोइ पदार्थ को जानत थका।।
श्रुत आवरण वीर्यांतराय तनै क्षयोपशम से जनै।
श्रुतज्ञान सो मतिज्ञान पूर्वक नेम कर मुनि जन भनै।।22।।

(दोहा)

सो द्वे विध अवधार इक, अक्षरात्मक सार।
अनक्षरात्मक इक तहा, पहिलौ प्रमुख विचार।।23।।

आगैं श्रुतज्ञान के अक्षरात्मक अनक्षरात्मक भेदन को दिखावैं हैं–

(गाथा)

लोगाणमसंखमिदा, अणक्खरप्पे हवंति छट्ठाणा।
वेरूवछट्ठवग्गपमाणं रूऊणमक्खरगं।।316।।

अर्थ– अनन्तभागवृद्धि, असंख्यातभागवृद्धि, संख्यातभागवृद्धि, संख्यातगुणवृद्धि, असंख्यातगुणवृद्धि, अनन्तगुणवृद्धि इन षट्स्थानपतित वृद्धि की अपेक्षा से पर्याय पर्यायसमासरूप अनक्षरात्मक श्रुतज्ञान के सबसे जघन्य स्थान से लेकर उत्कृष्ट स्थान पर्यन्त असंख्यात लोकप्रमाण भेद होते हैं। द्विरूपवर्गधारा में छट्ठे वर्ग का जितना प्रमाण है (एकट्ठी) उसमें एक कम

करने से जितना प्रमाण बाकी रहे उतना ही अक्षरात्मक श्रुतज्ञान का प्रमाण है।

(कवित्त)

सो श्रुतज्ञान अनक्षरात्मक दुविध प्रजाय प्रजाय समास।
तिहि में ले जघन्य से वर तक लोक असंख प्रमित भिद भास।।
ते भिद लोक असंख वार षट थान पतित वृध लये प्रकाश।
बहुर अक्षरात्मक श्रुतज्ञान सो वर्ग धार द्वै रूप उजास।।24।।

(दोहा)

तासु अपेक्षा लेय कर, असंख्यात परमान।
भेद लिये अवधारिये, यह श्रुतज्ञान सु जान।।25।।

आगैं श्रुतज्ञान को अन्य प्रकार कहैं हैं–

(गाथा)

पज्जायक्खरपदसंघादं पडिवत्तियाणि जोगं च।
दुगवारपाहुडं च य, पाहुडयं वत्थु पुव्वं च।।317।।
तेसिं च समासेहि य, वीसविहं वा हु होदि सुदणाणं।
आवरणस्स वि भेदा, तत्तियमेत्ता हवंति त्ति।।318।।

अर्थ– पर्याय, पर्यायसमास, अक्षर, अक्षरसमास, पद, पदसमास, संघात, संघातसमास, प्रतिपत्तिक, प्रतिपत्तिकसमास, अनुयोग, अनुयोगसमास प्राभृतप्राभृत, प्राभृतप्राभृतसमास, प्राभृत, प्राभृतसमास, वस्तु, वस्तुसमास, पूर्व, पूर्वसमास, इस तरह श्रुतज्ञान के बीस भेद हैं। इसलिये श्रुतज्ञानावरण कर्म के भी बीस भेद होते हैं। किन्तु पर्यायावरण कर्म के विषय में कुछ भेद हैं उसको आगे की गाथा में बतावेंगे।

(गीतिका)

पर्याय अक्षर पद सँघातरु प्रतिपतिक अनुयोग जी।
प्राभृत्त प्राभृतप्राभृत जु वस्तु पूर्व ये दश भेद जी।।

इक इक समास सहित किये हुव बीस विध श्रुतज्ञान ये।
आवरण के भी भेद से विध बीस श्रुत इम जान ये।।26।।

आगैं पर्याय नाम श्रुतज्ञान के स्वरूप को गाथा चार कर कहैं हैं-

(गाथा)

णवरि विसेसं जाणे, सुहमजहण्णं तु पज्जयं णाणं।
पज्जायावरणं पुण, तदणंतरणाणभेदम्हि।।319।।

अर्थ- सूक्ष्म निगोदिया लब्ध्यपर्याप्तक के जो सबसे जघन्य ज्ञान होता है उसको पर्याय ज्ञान कहते हैं। इसमें विशेषता केवल यही है कि इसके आवरण करने वाले कर्म के उदय का फल इसमें (पर्याय ज्ञान में) नहीं होता, किन्तु इसके अनन्तर ज्ञान के (पर्यायसमास) प्रथम भेद में ही होता है।

(चौपाई)

यहै नवीन विशेषण जान, नाम प्रयाय जघन श्रुत ज्ञान।
सूक्ष्म निगोदिय संबंधीय, पुन पर्यायावरण सुहीय।।27।।

(दोहा)

होय प्रयाय समास के, प्रथम भेद में सार।
तासु अनंतर भेद जो, नहिं परयाय मँझार।।28।।

(गाथा)

सुहमणिगोदअपज्जत्तयस्स जादस्स पढमसमयम्हि।
हवदि हु सव्वजहण्णं, णिच्चुग्घाडं णिरावरणं।।320।।

अर्थ- सूक्ष्म निगोदिया लब्ध्यपर्याप्तक जीव के उत्पन्न होने के प्रथम समय में सबसे जघन्य ज्ञान होता है। इसी को पर्याय ज्ञान कहते हैं। इतना ज्ञान हमेशा निरावरण तथा प्रकाशमान रहता है।

(चौपाई)

सूक्ष्म निगोद अपरयाप्त ये ही, प्रथम समय तहँ उपजत के ही।
ह्वै श्रुतज्ञान जघन शक्तीय, सदा प्रकाशि निरावरणीय।।29।।

आगैं पर्याय ज्ञान के स्वामी की विशेषता दिखाते हैं–

(गाथा)

सुहमणिगोदअपज्जत्तगेसु सगसंभवेसु भमिऊण।
चरिमापुण्णतिवक्काणादिमवक्कट्ठियेव हवे।।321।।

अर्थ– सूक्ष्मनिगोदिया लब्ध्यपर्याप्तक जीव के अपने–अपने जितने भव (छह हजार बारह) संभव हैं उनमें भ्रमण करके अन्त के अपर्याप्त शरीर को तीन मोड़ाओं के द्वारा ग्रहण करने वाले जीव के प्रथम मोड़ा के समय में यह सर्व जघन्य ज्ञान होता है।

(गीतिका)

सूक्षम निगोदिय लब्ध अप्रयापत स्व छुद्र भवन मही।
भ्रम चरम भव में वक्र त्रिय जसु प्रथम वक्र समै सही।।
थित वान के श्रुत ज्ञान जघन प्रयाय नाम कहाय हैं।
फर्सेन्द्रि सम्बंधी सु मत पुन दृग अचक्षु भि थाय हैं।।30।।

(गाथा)

सुहमणिगोदअपज्जत्तयस्स जादस्स पढमसमयम्हि।
फासिंदियमदिपुव्वं, सुदणाणं लद्धिअक्खरयं।।322।।

अर्थ– सूक्ष्मनिगोदिया लब्ध्यपर्याप्तक जीव के उत्पन्न होने के प्रथम समय में स्पर्शन इन्द्रिय जन्य मतिज्ञानपूर्वक लब्ध्यक्षररूप श्रुतज्ञान होता है।

(चौपाई)

सूक्ष्मनिगोद अपूरण तास, उपजत प्रथम समय में भास।
फर्सेन्द्रियज पूर्व मत जोय, अक्षर लब्ध ज्ञान श्रुत होय।।31।।

आगैं दश गाथान कर पर्याय नामा श्रुत ज्ञान कौ प्ररूपैं हैं-

(गाथा)

अवरुवरिम्मि अणंतमसंखं संखं च भागवड्ढीए।
संखमसंखमणंतं, गुणवड्ढी होंति हु कमेण।।323।।

अर्थ- सर्व जघन्य पर्याय ज्ञान के ऊपर क्रम से अनन्तभागवृद्धि, असंख्यातभागवृद्धि, संख्यातभागवृद्धि, संख्यातगुणवृद्धि, असंख्यातगुणवृद्धि, अनन्तगुणवृद्धि ये छह वृद्धि होती हैं।

(चौपाई)

जघन ज्ञान ऊपर क्रम सेय, अमित असंख संख भागेय।
वृद्धी पुन गुण संख प्रमान, होत असंख अनंत गुणान।।32।।

(दोहा)

यहाँ अमित भागादि षट, थानक में षट येह।
संदृष्टी अब जानिये, नेम रूप क्रम सेह।।33।।

(गाथा)

जीवाणं च य रासी, असंखलोगा वरं खु संखेज्जं।
भागगुणम्हि य कमसो, अवट्ठिदा होंति छट्ठाणे।।324।।

अर्थ- समस्त जीवराशि, असंख्यात लोकप्रमाण राशि, उत्कृष्ट संख्यात राशि ये तीन राशि पूर्वोक्त अनन्तभागवृद्धि आदि छह स्थानों में भागहार और गुणकार की क्रम से अवस्थित राशि है।

(चौपाई)

अमित माहिं जिय राशि प्रमान, लोक असंख असंखे थान।
वर संख्यात संख थानेय, होत सु देखहु गुरु श्रुत मेय।।34।।

आगैं लाघव के लिये छह वृद्धियों की छह संज्ञा रखते हैं-

(गाथा)

उव्वंकं चउरंकं, पणछस्सत्तंक अट्ठअंकं च।
छव्वड्ढीणं सण्णा, कमसो संदिट्ठिकरणट्ठं।।325।।

अर्थ– लघुरूप संदृष्टि के लिये क्रम से छह वृद्धियों की ये छह संज्ञाएँ हैं– अनन्तभागवृद्धि की उर्वंक, असंख्यातभागवृद्धि की चतुरंक, संख्यातभाग वृद्धि की पंचांक, संख्यातगुणवृद्धि की षडंक, असंख्यातगुणवृद्धि की सप्तांक, अनन्तगुणवृद्धि की अष्टांक।

(गीतिका)

भाग वृद्धि अनंत की उवंक संदृष्टी कही।
चतु अंक भाग असंख की पंचांक संख जु भाग ही।।
गुण संख वृद्धि विषैं गुणैं षट असंखी के थान जी।
सप्तांक वृद्धि अनंत गुण में अष्ट अंक प्रमान जी।।35।।

ऐसैं सहनानी जाननी।

(गाथा)

अंगुल असंखभागे, पुव्वगवड्ढीगदे दु परवड्ढी।
एक्कं वारं होदि हु, पुणो पुणो चरिमउड्ढित्ती।।326।।

अर्थ– सूच्यंगुल के असंख्यातवें भागप्रमाण पूर्व वृद्धि हो जाने पर एक बार उत्तर वृद्धि होती है। यह नियम अंत की वृद्धि पर्यन्त समझना चाहिये।

(अडिल्ल)

पूर्व पूर्व वृद्धी सूच्यंगुल के सही,
असंख्यातवें भाग प्रमाण जु होत ही।
एक एक पर वृद्धि होय सुखकार जू,
बार-बार इम अंत वृद्धि तक धार जू।।36।।

(दोहा)

इन वृद्धिन का अर्थ सब, विस्तृत रूप सु जान।
देखौ भाषा टीक में, करहु ध्वांत निज हान।।37।।

(गाथा)

आदिमछट्ठाणम्हि य, पंच य वड्ढी हवंति सेसेसु।
छव्वड्ढीओ होंति हु, सरिसा सव्वत्थ पदसंखा।।327।।

अर्थ– असंख्यात लोकप्रमाण षट्स्थानों में से प्रथम षट्स्थान में पाँच ही वृद्धि होती हैं, अष्टांक वृद्धि नहीं होती। शेष संपूर्ण षट्स्थानों में अष्टांक सहित छहों वृद्धि होती हैं। सूच्यंगुलका असंख्यातावाँ भाग अवस्थित है, इसलिये पदों की संख्या सब जगह सदृश ही समझनी चाहिए।

(कवित्त)

इस पर्याय समास ज्ञान में मात्र जु लोक असंखी बार।
षट स्थान संभवत सु तिन में पहिली बार होय सुखकार।।
पंच स्थान पतित वृद्धी से सन में षट थल पतित विचार।
पुन सब थान प्रमाण तनीं संख्या सदृशता लिये सम्हार।।38।।

(दोहा)

असंख्यातवाँ भाग जो, सुच्यंगुल का सार।
मात्र सु तिहिं सब थलन में, सदृशताइ विचार।।39।।

(गाथा)

छट्ठाणाणं आदी, अट्ठंकं होदि चरिममुव्वंकं।
जम्हा जहण्णणाणं, अट्ठंकं होदि जिणदिट्ठं।।328।।

अर्थ– संपूर्ण षट्स्थानों में आदि के स्थान को अष्टांक और अन्त के स्थान को उर्वंक कहते हैं, क्योंकि जघन्य पर्यायज्ञान भी अगुरुलघु गुण के अविभाग प्रतिच्छेदों की अपेक्षा अष्टांक प्रमाण होता है ऐसा जिनेन्द्रदेव ने प्रत्यक्ष देखा है।

(चौपाई)

आद थान षट के अष्टंक, है तिहि चरम थान उर्वंक।
है जातैं जघन्य सो ज्ञान, जिन भाषित अष्टांक प्रमान।।40।।

(गाथा)

एक्कं खलु अट्ठंकं, सत्तंकं कंडयं तदो हेट्ठा।
रूवहियकंडएण य, गुणिदकमा जावमुव्वंकं।।329।।

अर्थ– एक षट्स्थान में एक ही अष्टांक होता है। और सप्तांक अर्थात् असंख्यातगुणवृद्धि काण्डक– सूच्यंगुल के असंख्यातवें भागप्रमाण हुआ करती है इसके नीचे षडंक अर्थात् संख्यातगुणवृद्धि और पंचांक अर्थात् संख्यातभागवृद्धि तथा चतुरंक– असंख्यातभागवृद्धि एवं उर्वंक– अनंतभागवृद्धि ये चार वृद्धियाँ अत्तरोत्तर क्रम से एक अधिक सूच्यंगुल के असंख्यातवें भाग से गुणित हैं।

(सवैया इकतीसा)

बार इक षट थान होय जो ताके मँझार,
गुण वृद्धि अमित सो होय एक बार ही।
पुन असंख्यात गुणि वृद्धि सो सूच्यंगुल के,
असंख्यातवाँ जु भाग मात्र होय है सही।।
फिर ताके नीची षडंक पंच अंक चतु,
अंक उरवंक रूप चारौं एकाधिक ही।
सूच्यंगुल के असंखवें भाग ले गुणित,
अनुक्रम तैं जानौ उरवंक परयंत ही।।41।।

आगैं सम्पूर्ण षड् वृद्धियों का जोड़ कहैं हैं–

(गाथा)

सव्वसमासोणियमा, रूवाहियकंडयस्स वग्गस्स।
विंदस्स य संवग्गो, होदि त्ति जिणेहिं णिदिट्ठं।।330।।

अर्थ– एक अधिक काण्डक के वर्ग और घन को परस्पर गुणा करने से जो प्रमाण लब्ध आवे उतना ही एक षट्स्थानपतित वृद्धियों के प्रमाण का जोड़ है ऐसा जिनेन्द्रदेव ने कहा है।

(चौपाई)

वर्ग इकाधिक कांडिक तनौ, अरु घन का संवर्ग जु भनौ।
इतौ छहौं वृद्धिन का मान, जुड़ै कह्यौ नियमत भगवान।।42।।

(गाथा)

उक्कस्ससंखमेत्तं, तत्तिचउत्थेक्कदालछप्पण्णं।
सत्तदसमं च भागं, गंतूणय लद्धिअक्खरं दुगुणं।।331।।

(दोहा)

इस गाथा के अर्थ को गुरु टीका के माहिं।
देखहु बहु विस्तार लख, यहाँ न छंद रचाहिं।।43।।

उपर्युक्त गाथा का अर्थ लिखिये हैं–

अर्थ – एक अधिक काण्डक से गुणित सूच्यंगुल के असंख्यातवें भाग प्रमाण अनंत भाग वृद्धि के स्थान, और सूच्यंगुल के असंख्यातवें भाग प्रमाण असंख्यात भाग वृद्धि के स्थान, इन दो वृद्धियों के जघन्य ज्ञान के ऊपर हो जाने पर एक बार संख्यात भाग वृद्धि का स्थान होता है। इसके आगे उक्त क्रमानुसार उत्कृष्ट संख्यात मात्र संख्यात भाग वृद्धियों के हो जाने पर उसमें प्रक्षेपक वृद्धि के होने से लब्ध्यक्षर का प्रमाण दूना हो जाता है। परन्तु प्रक्षेपक की वृद्धि कहाँ पर कितनी–कितनी होती है यह बताते हैं। उत्कृष्ट संख्यात मात्र पूर्वोक्त संख्यात भाग वृद्धि के स्थानों में से तीन– चौथाई भाग प्रमाण स्थानों के हो जाने पर प्रक्षेपक और प्रक्षेपक प्रक्षेपक इन दो वृद्धियों को जघन्य ज्ञान के ऊपर हो जाने से लब्ध्यक्षर का प्रमाण दूना हो जाता है। पूर्वोक्त संख्यात भाग वृद्धि युक्त उत्कृष्ट संख्यात मात्र स्थानों के छप्पन भागों

में से इकतालीस भागों के बीत जाने पर प्रक्षेपक और प्रक्षेपक-प्रक्षेपक की वृद्धि होने से साधिक (कुछ अधिक) जघन्य का दूना प्रमाण हो जाता है। अथवा संख्यात भाग वृद्धि के उत्कृष्ट संख्यात मात्र स्थानों में से सत्रह स्थानों के अनंतर प्रक्षेपक और प्रक्षेपक-प्रक्षेपक तथा पिशूलि इन तीन वृद्धियों को साधिक जघन्य के ऊपर करने से साधिक जघन्य का दूना प्रमाण होता है।

(गाथा)

एवं असंखलोगा, अणक्खरप्पे हवंति छट्ठाणा।
ते पज्जायसमासा, अक्खरगं उवरि वोच्छामि।।332।।

अर्थ- इस प्रकार अनक्षरात्मक श्रुतज्ञान में असंख्यात लोकप्रमाण षट्स्थान होते हैं। ये सब ही पर्यायसमास ज्ञान के भेद हैं। अब इसके आगे अक्षरात्मक श्रुतज्ञान का वर्णन करेंगे।

(चौपाई)

इस प्रकार परजाय समास, ज्ञान अनक्षररु जु भास।
ता महिं होय वृद्ध षट थान, पतित असंख लोक बारान।।44।।

(दोहा)

अब आगैं श्रुत ज्ञान कहुँ, अक्षरात्मक सार।
ताकौ भविजन धार उर, होहु श्रुतोदधिपार।।45।।

आगैं अर्थाक्षर श्रुतज्ञान कूँ प्ररूपैं हैं-

(गाथा)

चरिमुव्वं केणवहिद-अत्थक्खरगुणिदचरिममुव्वंकं।
अत्थक्खरं तु णाणं, होदि त्ति जिणेहिं णिद्दिट्ठं।।333।।

अर्थ- अन्त के उर्वंक का अर्थाक्षर समूह में भाग देने से जो लब्ध आवे उसको अन्त के उर्वंक से गुणा करने पर अर्थाक्षर ज्ञान का प्रमाण होता है ऐसा जिनेन्द्र देव ने कहा है।

(गीतिका)

अन्त के उर्वंक से भाजित जु अर्थाक्षर सही।
आवहि प्रमाण सु तिहिं प्रमित अष्टांक कर उर्वंक ही।।
जो अंत कौ सो गुणे हो वह ज्ञान अर्थाक्षर यहाँ।
इह कथन युक्त हि जान ऐसे देव जिनवर ने कहा।।46।।

(दोहा)

याके विस्तृत कथन को, लखौ ग्रन्थ के माँह।
गाथारथ संक्षेप सौं, कह्यौ यहाँ श्रुत छाँह।।47।।

आगैं श्रुत निबद्ध विषय का प्रमाण बताते हैं-

(गाथा)

पण्णवणिज्जा भावा, अणंतभागो दु अणभिलप्पाणं।
पण्णवणिज्जाणं पुण, अणंतभागो सुदणिबद्धो।।334।।

अर्थ- अनभिलप्य पदार्थों के अनन्तवें भाग प्रमाण प्रज्ञापनीय पदार्थ होते हैं और प्रज्ञापनीय पदार्थों के अनन्तवें भाग प्रमाण श्रुत में निबद्ध हैं।

(चौपाई)

केवल गोचर भावो तनै, दिवधुनि भाग अनंतम भनै।
दिवधुनि के पुन भाग अनंत, द्वादशांग श्रुतबंध लसंत।।48।।

आगैं श्रुतज्ञान का अक्षर समास ज्ञान को कहैं हैं-

(गाथा)

एयक्खरादु उवरिं, एगेगेणक्खरेण बड्ढंतो।
संखेज्जे खलु उड्ढे, पदणामं होदि सुदणाणं।।335।।

अर्थ- अक्षर ज्ञान के ऊपर क्रम से एक-एक अक्षर की वृद्धि होते होते जब संख्यात अक्षरों की वृद्धि हो जाय तब पद नामक श्रुतज्ञान होता है। अक्षर ज्ञान के ऊपर और पद ज्ञान के पूर्व तक जितने ज्ञान के विकल्प हैं वे सब अक्षरसमास ज्ञान के भेद हैं।

(चौपाई)

इक अक्षरज ज्ञान ऊपरै, इक इक वर्णहि वर्द्धत खरै।
वरण संख वृद्धि में होय, पदनाम श्रुतज्ञान जु सोय।।49।।

आगैं एक पद के अक्षरों का प्रमाण बताते हैं–

(गाथा)

सोलससयचउतीसा, कोडी तियसीदिलक्खयं चेव।
सत्तसहस्साट्ठसया, अट्ठासीदी य पदवण्णा।।336।।

अर्थ– सोलह सौ चौंतीस कोटि तिरासी लाख सात हजार आठ सौ अठासी (16348307888) एक पद में अक्षर होते हैं।

(चौपाई)

सोलह अरब कोड चौंतीस, तेरासी पुन लक्ष सु दीस।
सप्त सहस वसु शत अठ असी, कहे वर्ण मध्यम पद वसी।।50।।

आगैं संघात श्रुतज्ञान कहते हैं–

(गाथा)

एयपदादो उवरिं, एगेगेणक्खरेण वड्ढंतो।
संखेज्जसहस्सपदे, उड्ढे संघादणाम सुदं।।337।।

अर्थ– एक पद के आगे भी क्रम से एक–एक अक्षर की वृद्धि होते–होते संख्यात हजार पदों की वृद्धि हो जाय उसको संघातनामक श्रुतज्ञान कहते हैं। एक पद के ऊपर और संघातनामक ज्ञान के पूर्व जितने ज्ञान के भेद हैं वे सब पदसमास के भेद हैं। यह संघात नामक श्रुतज्ञान चार गति में से एक गति के स्वरूप का निरूपण करने वाले अपुनरुक्त मध्यम पदों के समूह से उत्पन्न अर्थज्ञानरूप है।

(अडिल्ल)

इक पद ऊपर इक इक वर्ण सु वर्द्धते,
होय दुगुण पद पुन वर्द्धत इक वर्णते।
तिगुण चतुर्गुण इम संख्यात सहस्र मित,
पद वृद्धी में ह्वैं संघात सु नाम श्रुत।।51।।

(गाथा)

एक्कदरगदिणिरूवय-संघादसुदादु उवरि पुव्वं वा।
वण्णे संखेज्जे संघादे उड्ढम्हि पडिवत्ती।।338।।

अर्थ- चार गति में से एक गति का निरूपण करने वाले संघात श्रुतज्ञान के ऊपर पूर्व की तरह क्रम से एक-एक अक्षर की तथा पदों और संघातों की वृद्धि होते-होते जब संख्यात हजार संघात की वृद्धि हो जाय तब एक प्रतिपत्ति नामक श्रुतज्ञान होता है। संघात और प्रतिपत्ति श्रुतज्ञान के मध्य में जितने ज्ञान के विकल्प हैं अतने ही संघातसमास के भेद हैं। यह ज्ञान नरकादि चार गतियों का विस्तृत स्वरूप जानने वाला है।

(गीतिका)

इक गति प्ररूपक नाम श्रुत संघात ताके ऊपरै।
पूर्वोक्त इक इक वर्ण वृधि जुत इकिक पद वृद्धी करै।
पद सहस संख समूह रूप सु होय श्रुत संघात ही।
इस ही अनुक्रम श्रुत सँघात जु ह्वै सहस संख्यात ही।।52।।

(दोहा)

तामहि वर्णिक घटत ही, श्रुत संघात समास।
जोड़े वह इक वर्ण कहँ, प्रतिपत्तिक श्रुत भास।।53।।

आगैं अनुयोग नामा श्रुतज्ञान कहैं हैं-

(गाथा)

चउगइसरूवरूवय-पडिवत्तीदो दु उवरि पुव्वं वा।

वण्णे संखेज्जे पडिवत्तीउड्डम्हि अणियोगं।।339।।

अर्थ- चारों गतियों के स्वरूप का निरूपण करने वाले प्रतिपत्ति ज्ञान के ऊपर क्रम से पूर्व की तरह एक-एक अक्षर की वृद्धि होते होते जब संख्यात हजार प्रतिपत्ति की वृद्धि हो जाय तब एक अनुयोग श्रुतज्ञान होता है। इसके पहले और प्रतिपत्ति ज्ञान के ऊपर संपूर्ण प्रतिपत्तिसमास ज्ञान के भेद हैं। अंतिम प्रतिपत्तिसमास ज्ञान के भेद में एक अक्षर की वृद्धि होने से अनुयोग श्रुतज्ञान होता है। इस ज्ञान के द्वारा चौदह मार्गणाओं का विस्तृत स्वरूप जाना जाता है।

(चौपाई)

चतु गति रूप प्ररूपक ज्ञान, प्रतिपत्तिक पर पूर्व समान।
वर्णिक इक वृद्धित पद थाय, सहस संख पद मिल पुन भाय।।54।।
ह्वै संघातित तिहि संघात, मित प्रतिपत्तिक श्रुत अवदात।
प्रतिपत्तिक तित मेहि प्रमान, वर्णिक हृत समास तिहिं जान।।55।।

(दोहा)

सो अक्षर तिहिं माहिं पुन, जोड़े होय जु सार।
श्रुत अनुयोग जु नाम वर, ज्ञान सबै सुखकार।।56।।

आगैं प्राभृतप्राभृतक श्रुत ज्ञान को दोय गाथान कर कहिये हैं-

(गाथा)

चोद्दसमग्गणसंजुद-अणियोगादुवरि वड्ढिदे वण्णे।
चउरादीअणियोगे, दुगवारं पाहुडं होदि।।340।।

अर्थ- चौदह मार्गणाओं का निरूपण करने वाले अनुयोग ज्ञान के ऊपर पूर्वोक्त क्रम के अनुसार एक-एक अक्षर की वृद्धि होते होते जब चतुरादि अनुयोगों की वृद्धि हो जाय तब प्राभृतप्राभृतक श्रुत ज्ञान होता है। इसके पहले और अनुयोग ज्ञान के ऊपर जितने ज्ञान के विकल्प हैं वे सब अनुयोग समास के भेद जानना।

अहियारो पाहुडयं, एयट्ठो पाहुडस्स अहियारो।
पाहुडपाहुडणामं, होदि त्ति जिणेहिं णिद्दिट्ठं।।341।।

अर्थ– प्राभृत और अधिकार ये दोनों शब्द एक ही अर्थ के वाचक हैं। अतएव प्राभृत के अधिकार को प्राभृतप्राभृत कहते हैं ऐसा जिनेन्द्रदेव ने कहा है।

(चौपाई)

चतुदश मार्गन जुत अनुयोग, तिहिं पर वृद्धित वर्ण मनोग।
पद संघात प्रतिपत्तिक तनी, पूर्व उक्त क्रम वृद्धी भनी।।57।।

(दोहा)

सोहै ते चतु आद अनुयोगन की वृधि माहिं।
तसु समास इक वर्ण घट, लग भास्यौ सक नाहिं।।58।।
तासु अंत के भेद मँह, सो ही वर्ण मिलेय।
तब श्रुत प्राभृत प्राभृतक, होय कर्तृ भ्रम छेय।।59।।

(चौपाई)

वस्तु नाम श्रुत इक अधिकार, कहिये ताहि प्राभृतक सार।
इक अधिकार प्राभृतक तनौ, जिन प्राभृतक प्राभृतक भनौ।।60।।

आगे प्राभृतक श्रुतज्ञान का स्वरूप कहैं हैं–

(गाथा)

दुगवारपाहुडादो, उवरिं वण्णे कमेण चउवीसे।
दुगवारपाहुडे संउड्ढे खलु होदि पाहुडयं।।342।।

अर्थ– प्राभृतप्राभृत ज्ञान के ऊपर पूर्वोक्त क्रम से एक–एक अक्षर की वृद्धि होते–होते जब चौबीस प्राभृतप्राभृत की वृद्धि हो जाय तब एक प्राभृतक श्रुतज्ञान होता है। प्राभृत के पहले और प्राभृतप्राभृत के ऊपर जितने ज्ञान के विकलप हैं वे सब ही प्राभृतप्राभृतसमास के भेद जानना। उत्कृष्ट प्राभृतप्राभृतसमास के भेद में एक–एक अक्षर की वृद्धि होने से प्राभृत ज्ञान होता है।

(गीतिका)

श्रुत प्राभृतक प्राभृतक पर पूर्वोक्त क्रम से इक इकै।
अक्षर तनी वृद्धी लिये चतुबीस प्राभृत दुक छकै।।
तिन माहिं अक्षर एक घटक तसु समासहि जानिये।
सो मिलावत तसु भेद अंतमष्टा प्राभृतक श्रुत मानिये।।61।।

(दोहा)

इक इक प्राभृत के मही, चतुर्बीस अधिकार।
कहै प्राभृतक प्राभृतक, नाशक भ्रम अँधियार।।62।।

आगैं वस्तु नाम श्रुतज्ञान को कहैं हैं-

(गाथा)

वीसं वीसं पाहुड-अहियारे एक्कवत्थुअहियारो।
एक्केक्कवण्णउड्ढी, कमेण सव्वत्थ णायव्वा।।343।।

अर्थ- पूर्वोक्त क्रमानुसार प्राभृत ज्ञान के ऊपर एक-एक अक्षर की वृद्धि होते-होते जब क्रम से बीस प्राभृत की वृद्धि हो जाय तब एक वस्तु अधिकार पूर्ण होता है। वस्तु ज्ञान के पहले और प्राभृत ज्ञान के ऊपर जितने विकल्प हैं वे सब प्राभृतसमास ज्ञान के भेद हैं। उत्कृष्ट प्राभृतसमास में एक अक्षर की वृद्धि होने से वस्तु नामक श्रुतज्ञान पूर्ण होता है।

(चौपाई)

वस्तु नाम अधिकार मँझार, बीस बीस प्राभृत हैं सार।
तिहिं पर वर्णिक इक क्रम सेय, बढै एय सर्वत्र लखेय।।63।।

(दोहा)

वर्णों ते पद तासु तैं, श्रुत संघात बखान।
तिहि तैं प्रतिपत्तिक सु इम, वृद्धि सर्वथल जान।।64।।

आगैं तीन गाथान कर पूर्व नामा श्रुत ज्ञान का स्वरूप प्ररूपणा करैं हैं-

(गाथा)

दस चोदसट्ठअट्ठारसयं बारं च बार सोलं च।
वीसं तीसं पण्णारसं च दस चुदसु वत्थूणं।।344।।

अर्थ– पूर्व ज्ञान के चौदह भेद हैं जिनमें से प्रत्येक में क्रम से दश, चौदह, आठ, अठारह, बारह, बारह, सोलह, बीस, तीस, पन्द्रह, दस, दस, दस दस वस्तु नामक अधिकार हैं।

(चौपाई)

दश चतुदश वसु अठदश जान, द्वादश द्वादश सोलह मान।
बीस तीस पन्द्रह दश दशै, दश दश वस्तु जु क्रम से लसै।।65।।

आगैं चौदह पूर्वों के नाम कहैं हैं–

(गाथा)

उप्पायपुव्वगाणिय-विरियपवादत्थिणत्थियपवादे।
णाणासच्चपवादे, आदाकम्मप्पवादे य।।345।।
पच्चाक्खाणे विज्जाणुवादकल्लाणपाणवादे य।
किरियाविसालपुव्वे, कमसोथ तिलोयविंदुसारे य।।346।।

अर्थ– उत्पादपूर्व, आग्रायणीयपूर्व, वीर्यप्रवाद, अस्तिनास्तिप्रवाद, ज्ञानप्रवाद, सत्यप्रवाद, आत्मप्रवाद, कर्मप्रवाद, प्रत्याख्यान, वीर्यानुवाद, कल्याणवाद, प्राणवाद, क्रियाविशाल, त्रिलोकबिन्दुसार इस तरह से ये क्रम से पूर्वज्ञान के चौदह भेद हैं।

(सवैया इकतीसा)

उतपाद अग्रायणी वीरज प्रवाद अस्त,
नासत प्रवाद ज्ञान प्रवाद बखानिये।
सत्य अरु आतम प्रवाद कर्म प्रवाद सु,
पचखानु वादरु विद्यानुवाद मानिये।।

बहुर कल्यानुवाद प्राणवाद अवर,
क्रिया विशाल तीन लोक विंदसार जानिये।
ये चौदह पूर्वों के नाम वरणये आगैं,
लक्षण कहेंगे तहँ जान भ्रम मानिये।।66।।

आगैं चौदह पूर्वन में वस्तु नामाधिकार प्राभृतक नामाधिकारों की संख्या कहैं हैं–

(गाथा)

पणणउदिसया वत्थू, पाहुडमा तियसहस्सणवयसया।
एदेसु चोद्दसेसु वि, पुव्वेसु हवंति मिलिदाणि।।347।।

अर्थ– इन चौदह पूर्वों के संपूर्ण वस्तुओं का जोड़ एक सौ पंचानवे (195) होता है और एक एक वस्तु में बीस बीस प्राभृत होते हैं इसलिये संपूर्ण प्राभृतों का प्रमाण तीन हजार नौ स्रौ (3900) होता है।

(चौपाई)

इक शत पंचानू अधिकार, वस्तु नाम सब पूर्व मँझार।
सहस त्रि नव शत प्राभृत नाम, हू सब मिल अधिकार जु ताम।।67।।

आगैं पूर्व कहे जे श्रुत ज्ञान के बीस भेद तिनका दो गाथन कर उपसंहार कहैं हैं–

(गाथा)

अत्थक्खरं च पदसंघातं पडिवत्तियाणिजोगं च।
दुगवारपाहुडं च य, पाहुडयं वत्थु पुव्वं च।।348।।
कमवण्णुत्तरवड्ढिय, ताण समासा य अक्खरगदाणि।
णाणवियप्पे वीसं, गंथे बारस य चोद्दसयं।।349।।

अर्थ– अर्धाक्षर, पर, संघात, प्रतिपत्तिक, अनुयोग, प्राभृतप्राभृत, प्राभृत, वस्तु, पूर्व ये नव तथा क्रम से एक–एक अक्षर की वृद्धि के द्वारा उत्पन्न होने

वाले अक्षरसमास आदि नव इस तरह अठारह भेद द्रव्यश्रुत के होते हैं। पर्याय और पर्यायसमास के मिलाने से बीस भेद ज्ञानरूप श्रुत के होते हैं। यदि ग्रन्थरूप श्रुत की विवक्षा की जाय तो आचाराङ्ग आदि बारह और उत्पाद पूर्व आदि चौदह भेद होते हैं।

(चौपाई)

अर्थाक्षर पद अरु संघात, प्रतिपत्तिक अनुयोग विख्यात।
प्राभृत प्राभृतप्राभृत वस्त, पूरव मे नव भेद प्रशस्त।।68।।

(अडिल्ल)

आगैं क्रम से इक इक वर्ण सु वृद्धते,
ह्वै समास अर्थाक्षरादि ही के छते।
मे वर्णात्मक अवर्णात्मक द्वै मिले,
बीस ज्ञान के भेदन में द्रव श्रुत रले।।69।।

(दोहा)

लेय विवक्षा श्रुत तनी, द्वादश अंग प्रमान।
पूर्व भेद से चतुर्दश, सब श्रुत भेद बखान।।70।।
वा समतादि प्रकीर्णकन, चतु दश द्रव्य पुरान।
तासु श्रवण तैं भाव श्रुत हू भ्रम तम हर भान।।71।।

आगैं द्वादशांग के पदन की संख्या कहैं हैं–

(गाथा)

बारुत्तरसमकोडी, तेसीदी तह य होंति लक्खाणं।
अट्ठावण्णसहस्सा, पंचेव पदाणि अंगाणं।।350।।

अर्थ– द्वादशांग के समस्त पद एक सौ बारह करोड़ तेरासी लाख अट्ठावन हजार पाँच (1128358005) होते हैं।

(चौपाई)

एक अरब अर द्वादश कोड़, लक्ष तेरासी ऊपर जोड़।
अट्ठावन सहस्र पुन पंच, द्वादशांग के पद सब संच।।72।।

आगैं अंग बाह्य जो प्रकीर्णक तिनके के अक्षरन की संख्या कहैं हैं–

(गाथा)

अडकोडिएयलक्खा, अट्ठसहस्सा य एयसदिगं च।
पण्णत्तरि वण्णाओ, पइण्णयाणं पमाणं तु।।351।।

अर्थ– आठ करोड़ एक लाख आठ हजार एक सौ पचहत्तर (80108175) प्रकीर्णक (अंग बाह्य) अक्षरों का प्रमाण है।

(चौपाई)

अष्ट कोड़ इक लक्ष सुजान, सहस अष्ट पुन शत इक मान।
अवर पचत्तर वर्ण जु सबै, बाह्य प्रकीर्णक तिनके फवै।।73।।

आगैं इस अर्थ के निर्णम निमित्त चार गाथाओं द्वारा अक्षरन की प्रक्रिमा कहैं हैं–

(गाथा)

तेत्तीस वेंजणाईं, सत्तावीसा सरा तहा भणिमा।
चत्तारि य जोगवहा, चउसट्ठी मूलवण्णाओ।।352।।

अर्थ– तेतीस व्यंजन, सत्ताईस स्वर, चार योगवाह इस तरह कुल चौंसठ मूल वर्ण होते हैं।

(चौपाई)

अहो सर्व व्यंजन तेतीस, अरु भाषे स्वर सत्राबीस।
बहुर जोग वह चार बखान, चौंसठ मूल वर्ण ये जान।।74।।

(गाथा)

चउसट्ठिपदं विरलिय, दुगं च दाउण संगुणं किच्चा।
रूऊणं च कए पुण, सुदणाणस्सक्खरा होंति।।353।।

अर्थ– उक्त चौंसठ अक्षरों का विरलन करके प्रत्येक के ऊपर दो अंक देकर परस्पर संपूर्ण दो के अंकों का गुणा करने से लब्ध राशि में एक घटा देने पर जो प्रमाण रहता है उतने ही श्रुतज्ञान के अपुनरुक्त अक्षर होते हैं।

(चौपाई)

चौंसठ वर्ण सु ते विरलेय, इक इक पद दु दु दे सु गुनेय।
ह्वै इकठी नित तहँ इक हीन, जान द्रव्य श्रुत वर्ण प्रवीन।।75।।

आगैं तिन अपुनरुक्त अक्षरों का प्रमाण कितना है सो कहैं हैं–

(गाथा)

एक्कट्ठ च च य छस्सत्तयं, च च य सुण्णसत्ततियसत्ता।
सुण्णं णव पण पंच य, एक्कं छक्केक्कगो य पणगं च।।354।।

अर्थ– परस्पर गुणा करने से उत्पन्न होने वाले अक्षरों का प्रमाण इस प्रकार है– एक आठ चार चार छह सात चार चार शून्य सात तीन सात शून्य नव पाँच पाँच एक छह एक पाँच (18446744073709551615)।

(दोहा)

इक वसु चतु चतु षट सपत, चतु चतु शून्यरु सात।
त्रि सपत सुन नव पंच पन, इक षट इक पन भात।।76।।

आगैं इन अक्षरों में से अंगप्रविष्ट और अंगबाह्य श्रुत के अक्षरों का विभाग करते हैं–

(गाथा)

मज्झिमपदक्खरवहिद-वण्णा ते अंगपुव्वगपदाणि।
सेसक्खरसंखा ओ, पइण्णयाणं पमाणं तु।।355।।

अर्थ– मध्यम पद के अक्षरों का जो प्रमाण है उसका समस्त अक्षरों के प्रमाण में भाग देने से जो लब्ध आवे उतने अंग और पूर्वगत मध्यम पद होते हैं। शेष जितने अक्षर रहें उतना अंगबाह्य अक्षरों का प्रमाण है।

(चौपाई)

मध्यम पद के वर्णों सेम, उक्त वर्ण जेते भक्तेय।
लब्ध अंग पूरव पद जान, शेषक्षरहिं प्रकीर्णक मान।।77।।

आगैं अंग पूर्वन के पदन की संख्या के विशेष को त्रयोदश गाथा कहिये हैं–

(गाथा)

आयारे सुद्दयडे, ठाडे समवायणामगे अंगे।
तत्तो विक्खापण्णत्तीए णाहस्स धम्मकहा।।356।।
तोवासयअज्झयणे, अंतमडे णुत्तरोववाददसे।
पण्हाणं वायरणे, विवायसुत्ते म पदसंखा।।357।।

अर्थ– आचारांग, सूत्रकृतांग, स्थानांग, समवायांग, व्याख्याप्रज्ञप्ति, धर्मकथांग, उपासकाध्ययनांग, अन्तःकृद्दशांग, अनुत्तरौपपादिकदशांग, प्रश्नव्याकरण और विपाकसूत्र इन ग्यारह अंगों के पदों की संख्या क्रम से निम्नलिखित है।

(गीतिका)

प्रथम आचारांग सूत्र कृतांग दूजौ जानिये।
स्थान समवायांग पुन व्याख्या प्रज्ञप्ति प्रमानिये।।
ज्ञातृकथारु उपासकाध्मन अंतकृतरु दशांग जी।
अनुत्तर उपपाद दस पुन प्रश्नव्याकर्णांग जी।।78।।

(दोहा)

ग्यारम सूत्र विपाक है, अब इन सबके माहिं।
संख्या मध्यम पदन की, वरणन करहुँ बनाँइ।।79।।

(गाथा)

अट्ठारस छत्तीसं, वादालं अडकडी अड वि छप्पण्णं।
सत्तरि अट्ठावीसं, चउदालं सोलससहस्सा।।358।।
इगिदुगपंचेयारं, तिवीसदुतिणउदिलक्ख तुरियादी।
चुलसीदिलक्खमेया, कोडी म विवागसुत्तम्हि।।359।।

अर्थ– आचारांग में अठारह हजार पद हैं, सूत्रकृतांग में छत्तीस हजार, स्थानांग में बियालीस हजार, समयायांग में एक लाख चौंसठ हजार, व्याख्याप्रज्ञप्ति में दो लाख अट्ठाईस हजार, धर्मकथांग में पाँच लाख छप्पन हजार, उपासकाध्ययनांग में ग्यारह लाख सत्तर हजार, अंतःकृद्दशांग में तेईस लाख अट्ठाईस हजार, अनुत्तरौपपादिक दशांग में बानवे लाख चवालिस हजार, प्रश्नव्याकरण अंग में तिरानवे लाख सोलह हजार पद तथा ग्यारहवें विपाकसूत्र अंग में एक करोड़ चौरासी लाख पद हैं।

(सवैया इकतीसा)

आचारांग माहिं पद अठारा हजार पुन,
छत्तिस सहस सूत्रकृत माहिं जानिये।
ब्यालीस सहस थान अंग माहिं एक लक्ष,
चौंसठ सहस समवाय में प्रमानिये।।
अष्ठ बीस सहस दु लक्ष ब्याख्य प्रज्ञप्ति में,
छप्पन सहस पन लक्ष छठे थानिये।
ग्यारा लाख सत्तर सहस सातै में आठे में,
अठवीस सहस तेइस लक्ष आनिये।।80।।

(अडिल्ल)

ब्यानूँ लक्ष च वाल सहस नव में सही,
सोलह सहस तिरानूँ लक्ष दस में ठही।

एक कोड़ चौरासी लक्ष सबै कहै,
सूत्र विपाक मँझार मध्म पद गुण महै।।81।।

आगैं सम्पूर्ण पदों का जोड़ कहैं हैं-

(गाथा)

वापणनरनोनानं, एयारंगे जुदी हु वादम्हि।
कनजतजमतानननमं, जनकनजयसीम बाहिरे वण्णा।।360।।

अर्थ- पूर्वोक्त ग्यारह अंगों के पदों का जोड़ चार करोड़ पन्द्रह लाख दो हजार (41502000) होता है। बारहवें दृष्टिवाद अंग में सम्पूर्ण पद एक अरब आठ करोड़ अड़सठ लाख छप्पन हजार पाँच (1086856005) होते हैं। अंगबाह्य अक्षरों का प्रमाण आठ करोड़ एक लाख आठ हजार एक सौ चपहत्तर (80108175) है।

(सवैया तेईसा)

चार करोड़रु पंद्रहलक्ष सहस्र दु पद ग्यारैं अँग केरे।
कोड़िक शत वसु अठ सठ लक्षरु छप्पन सहसरु पंच धरेरे।।
दृष्टिवाद द्वादशम तही पुन अंग बाह्य परकीर्णक टेरे।
अष्ट कोड़ इक लक्ष सहस वसु शतिक पचत्तर वर्ण कहे रे।।82।।

आगैं बारहवें अंग में पंच भेद कहे हैं सो तिनका पदन सहित भिन्न-भिन्न वर्णन करिये हैं-

(गाथा)

चंदरविजंबुदीवय-दीवसमुद्दयवियाहपण्णत्ती।
परियम्मं पंचविहं, सुत्तं पढमाणिजोगमदो।।361।।
पुव्वं जलथलमाया, आगासयरूवगयमिमा पंच।
भेदा हु चूलियाए, तेसु पमाणं इणं कमसो।।362।।

अर्थ- बारहवें दृष्टिवाद अंग के पाँच भेद हैं- परिकर्म, सूत्र, प्रथमानुयोग, पूर्वगत, चूलिका। इसमें परिकर्म के पाँच भेद हैं- चन्द्रप्रज्ञप्ति, सूर्यप्रज्ञप्ति,

जम्बूद्वीपप्रज्ञप्ति, द्वीपसागरप्रज्ञप्ति, व्याख्याप्रज्ञप्ति। सूत्र का अर्थ सूचित करने वाला है। इस भेद में जीव अबंधक ही है, अकर्त्ता ही है, निर्गुण ही है अभोक्ता ही है, स्वप्रकाशक ही है, परप्रकाशक ही है, अस्तिरूप ही है, नास्तिरूप ही है, इत्यादि क्रियावाद आक्रियावाद अज्ञान विनयरूप 363 मिथ्यामतों को पूर्वपक्ष में रखकर दिखाया गया है। प्रथमानुयोग का अर्थ है कि प्रथम अर्थात् मिथ्यादृष्टि या अव्रतिक अव्युत्पन्न श्रोता को लक्ष्य करके जो प्रवृत्त हो। इसमें 63 शलाका पुरुषों आदि का वर्णन किया गया है। पूर्वगत के चौदह भेद हैं, जिनका वर्णन आगे करेंगे। चूलिका के पाँच भेद हैं- जलगता, स्थलगता, मायागता, अकाशगता, रूपगता। अब इनके पदों का प्रमाण क्रम से बताते हैं।

गतनम मनगं गोरम, मरगत जवगातनोननं जजलक्खा।
मननन धममननोनन-नामं रनधजधराननजलादी।।363।।
याजक्कनामेनाननमेदाणि पदाणि होंति परिकम्मे।
कानवधिवाचनाननमेसो पुण चूलियाजोगो।।364।।

अर्थ- क्रम से चन्द्रप्रज्ञप्ति में छत्तीस लाख पाँच हजार, सूर्यप्रज्ञप्ति में पाँच लाख तीन हजार, जम्बूद्वीपप्रज्ञप्ति में तीन लाख पच्चीस हजार, द्वीपसागरप्रज्ञप्ति में बावन लाख छत्तीस हजार, व्याख्याप्रज्ञप्ति में चौरासी लाख छत्तीस हजार पद हैं। सूत्र में अठासी लाख पद हैं। प्रथमानुयोग में प्रत्येक में दो करोड़ नौ लाख नवासी हजार दो सौ पद हैं। चन्द्रप्रज्ञप्ति आदि पाँच प्रकार के परिकर्म के पदों का जोड़ एक करोड़ इक्यासी लाख पाँच हजार है। पाँच प्रकार की चूलिका के पदों का जोड़ दस करोड़ उनचास लाख छ्यालीस हजार (104946000) है।

(चौपाई)

तहँ परिकर्म पंच परकार, ससि प्रज्ञाप्ति प्रथम अवधार।
पंच सहस अरु छत्तिस लाख, पदन मध्म ससि चर नहँ भाष।।83।।

रवि प्रज्ञप्ति दुतिय पहिचान, पदवि सहस पन लक्ष प्रमान।
पद त्रि लक्ष पच्चीस हजार, जंबूदीप प्रज्ञप्ति सुधार।।84।।
दीप उदधि प्रज्ञप्ति मँझार, बावन लक्ष छतीस हजार।
व्याख्य प्रज्ञप्ति तनै पद दीस, लक्ष असी चतु सहस छतीस।।85।।
इम परिकर्म कहौ इम दुती, सूत्र भेद भाषौ शुभ मती।
लक्ष अठासी पद या माँह, चिति प्रथमानुयोग पुन आँह।।86।।
पंच सहस पद या महि लहौ, भेद चतुर्थ पूर्व गत कहौ।
सो सादै पंचानूँ कोड़, पंच अधिक पद में कहँ जोड़।।87।।
जल थल मामा नभगत जान, रूपग तेम चूलिका पान।
तिनके पद दु कोड़ि नव लाख, सहस नवासी दो शत भाष।।88।।

(दोहा)

इते इते पन चूल कण, माहिं जुड़ै सब भाम।
दस कोड़ी गुणचास लख, छ्यालिस सहस सु आम।।89।।

(चौपाई)

पद परिकर्म पंच के भाष, एक कोड़ि इक्यासी लाख।
पंच सहस ऊपर सुखदाय, अब कहु पूर्वभिनन के भाय।।90।।

(गाथा)

पण्णद्धदाल पणतीस तीस पण्णास पण्ण तेरसदं।
णउदी दुदाल पुव्वे, पणवण्णा तेरससयाइं।।365।।
छस्सयपण्णासाइं चउसयपण्णास छसयपणुवीसा।
विहि लक्खेहि दु गुणिया, पंचम रूऊण छज्जुदा छट्ठे।।366।।

अर्थ– दोनों गाथाओं में उत्पादपूर्व आदि 14 पूर्वों की बताई गयी संख्या को दो लाख से गुणा करना चाहिये। विशेष यह है कि इस तरह से गुणित करने पर जो संख्या उत्पन्न हो उनमें से पाँचवे पूर्व की संख्या निकालने के लिये एक

कम कर देना चाहिये और छट्ठे पूर्व का प्रमाण जानने के लिये छह जोड़ देने चाहिये। ऐसा करने से पूर्वों का नियत प्रमाण निकल आता है। दो लाख से गुणा जिस जिस संख्या के साथ करना चाहिये वह उत्पादपूर्वादि की गाथोक्त संख्या क्रम से इस प्रकार है- उत्पादपूर्व की 50, आग्रायणीय 48, वीर्यप्रवाद 35, अस्तिनास्तिप्रवाद 30, ज्ञानप्रवाद 50, सत्यप्रवाद 50, आत्मप्रवाद 1300, कर्मप्रवाद 90, प्रत्याख्यान 42, विद्यानुवाद 55, कल्याणवाद 1300, प्राणवाद 650, क्रियाविशाल 450, त्रिलोकीबिन्दुसार 625।

(सवैया इकतीसा)

उत्पाद पूर्व ताके एक कोड़ पद जान,
पूर्व अग्रामणी ताके छ्मानूँ लक्ष जानिये।
वीरमानुवाद में सत्तर लाख पद कहे,
साठ लाख अस्तिनास्ति वाद में प्रछानिये।।
एक घाट कोड़ ज्ञान प्रवाद में जान सत्य,
प्रवाद में छै अधिक कोड़ इक आनिये।
द्विकोड़ छब्बीस लाख आतम प्रवाद माहिं,
कर्मवाद में कोड़ेक असी लाख मानिये।।91।।
प्रत्याख्यानुवाद पूर्व में चौरासी लाख इक,
कोड़ दश लक्ष विद्या अनुवाद माहीं हैं।
षट बीस कोड़ पद हैं कल्याणवाद माहिं,
तेरह करोड़ पद प्राणवाद ठाहीं हैं।।
नव कोड़ पद जु क्रिमा विशाल महिं साढ़े,
बारा कोड़ तीन लोक विंदुसार थाहीं हैं।
इन पूर्वन माहिं कथन जो जो बखानौ देखौ,
गुरुटीक माहिं सो सो रुचि लाही है।।92।।

आगैं प्रकीर्णक कहैं हैं-

(गाथा)

सामाइय चउवीसत्थयं तदो वंदणा पडिक्कमणं।
वेणइयं किदियम्मं, दसवेयालं च उत्तरज्झयणं।।367।।
कप्पववहारकप्पा-कप्पियमहकप्पियं च पुंडरियं।
महपुंडरीयणिसिहियमिदि चोद्दसमंगबाहिरयं।।368।।

अर्थ- सामायिक, चतुर्विंशतिस्तव, वंदना, प्रतिक्रमण, वैनयिक, कृतिकर्म, दशवैकालिक, उत्तराध्ययन, कल्प्यव्यवहार, कल्प्याकल्प्य, महाकल्प्य, पुंडरीक, महापुंडरीक, निषिद्धिका ये अंगबाह्यश्रुत के चौदह भेद हैं।

(सवैया इकतीसा)

बहुर प्रकीरणक चौदह प्रकार कहे,
तहाँ पैलौ सामामिक भेद उर आनिये।
चतुबीस स्तवन वंदना प्रतिक्रमण,
वैनमिक और कृतकर्म पहिचानिये।।
दस वैकालिक अरु उत्तराध्ङ्गन मान,
कल्प विवहार पुन कल्पाकल्प जानिये।
महाकल्प पुंडरीक महापुंडरीक अरु,
नि:सिद्धिका ऐसे सब जान भ्रम हानिये।।93।।

आगैं श्रुतज्ञान की महिमा वर्णन करैं हैं-

(गाथा)

सुदकेवलं च णाणं, दोण्णि वि सरिसाणि होंति बोहादो।
सुदणाणं तु परोक्खं, पच्चक्खं केवलं णाणं।।369।।

अर्थ- ज्ञान की अपेक्षा श्रुतज्ञान तथा केवलज्ञान दोनों ही सदृश हैं। परन्तु

दोनों में अन्तर यही है कि श्रुतज्ञान परोक्ष है और केवलज्ञान प्रत्यक्ष है।

(चौपाई)

श्रुत अरु केवल ज्ञान दु जेह, ज्ञान अपेक्षा हैं सम तेह।
पै परोक्ष जानहु श्रुतज्ञान, केवल ज्ञान प्रतक्ष बखान।।94।।

आगैं शास्त्रकर्ता पैंसठ गाथान कर अवधि ज्ञान को प्ररूपैं हैं–

(गाथा)

अवहीयदि त्ति ओही, सीमाणाणे त्ति वण्णियं समये।
भवगुणपच्चयविहियं, जमोहिणाणे त्ति णं बेंति।।370।।

अर्थ– द्रव्य, क्षेत्र, काल, भाव की अपेक्षा से जिसके विषय की सीमा हो उसको अवधिज्ञान कहते हैं। इस ही लिये परमागम में इसको सीमाज्ञान कहा है। तथा इसके जिनेन्द्रदेव ने दो भेद कहे हैं– एक भवप्रत्यय दूसरा गुणप्रत्यय।

(चौपाई)

अवधीमत इम अवधि उजास, सीमा रूप विषम जिह भास।
भवगुण प्रत्ङ्ग दुविध सु ज्ञान, अवधि कहौ जिनराज पुरान।।95।।

(गाथा)

भवपच्चइगो सुरणिरयाणं तित्थे वि सव्वअंगुत्थो।
गुणपच्चइगो णरतिरियाणं संखादिचिण्हभवो।।371।।

अर्थ– भवप्रत्यय अवधिज्ञान देव, नारकी तथा तीर्थंकरों के भी होता है और यह ज्ञान सम्पूर्ण अंग से उत्पन्न होता है। गुणप्रत्यय अवधिज्ञान पर्याप्त मनुष्य तथा संज्ञी पंचेन्द्रिय तिर्यंचों के भी होता है और यह ज्ञान शंखादि चिह्नों से होता है।

(चौपाई)

सुर नारकि तीर्थंकर तेय, भव प्रत्यँग सर्वांग जनेय।
नर पशु के गुण प्रत्यय सोय, शंखादिक चिह्नों से होय।।96।।

(गाथा)

गुण पच्चइगो छद्धा, अणुगावट्ठिदपवड्ढमाणिदरा।
देसोही परमोही, सव्वोहि त्ति य तिधा ओही।।372।।

अर्थ– गुणप्रत्यय अवधिज्ञान के छह भेद हैं– अनुगामी, अननुगामी, अवस्थित, अनवस्थित, वर्धमान, हीयमान। तथा सामान्य से अवधिज्ञान के देशावधि, परमावधि, सर्वावधि इस तरह से तीन भेद भी होते हैं।

(गीतिका)

सो ज्ञान गुण प्रत्यय अवधि षट भाँति सब सुखदा छता।
अनुगामि अरु पुन अननुगामी अवस्थित अनवस्थिता।।
अरु वर्द्धमान जु हीममान सु बहुर त्रिविध बखानिये।
देशावधिरु परमावधिम सर्वावधिम इम जानिये।।97।।

(दोहा)

गुण प्रत्यय देशावधिय, सो ही षट्‌विध जान।
परमावधि सर्वावधिय, में ये भेद न मान।।98।।

(गाथा)

भवपच्चइगो ओही, देसोही होदि परमसव्वोही।
गुणपच्चइगो णियमा, देसोही वि य गुणे होदि।।373।।

अर्थ– भवप्रत्यय अवधि नियम से देशावधि ही होता है और परमावधि तथा सर्वावधि नियम से गुणप्रत्यय ही हुआ करते हैं। देशावधिज्ञान भवप्रत्यय और गुणप्रत्यय दोनों तरह का होता है।

(चौपाई)

भवप्रत्यय देशावधि हीय, गुणप्रत्यय तीनों अवधीय।
परमावधि सर्वावधि दोय, नियमत गुण प्रत्यय ही होय।।99।।

(गाथा)

देसोहिस्स म अवरं, णरतिरिये होदि संजदम्हि वरं।
परमोही सव्वोही, चरमसरीरस्स विरदस्स ।।374।।

अर्थ– जघन्य देशावधिज्ञान संयत तथा असंयत दोनों ही प्रकार के मनुष्य तथा देशसंयमी संयतासंयत तिर्यंचों के होता है। उत्कृष्ट देशावधिज्ञान संयत जीवों के ही होता है। किन्तु परमावधि और सर्वावधि चरमशरीरी महाव्रतों के ही होता है।

(चौपाई)

देशावधि जघन्य पशु नरा, संयम हृत के ह्वै पुन वरा।
संयम सहितन के अवलोम, परमावधि सर्वावधि दोय।।100।।

(दोहा)

चरम शरीरी संयमी, हीवहिं जोव पुमान।
सो तिहिं के तप मोग मे, उपजै अति सुखदान।।101।।

(गाथा)

पडिवादी देसोही, अप्पडिवादी हवंति सेसा ओ।
मिच्छत्तं अविरमणं, ण य पडिवज्जंति चरमदुगे।।375।।

अर्थ– देशावधिज्ञान प्रतिपाती होता है और परमावधि तथा सर्वावधि अप्रतिपाती होते हैं। परमावधि और सर्वावधि वाले जीव नियम से मिथ्यात्व और अव्रत अवस्था को प्राप्त नहीं होते।

(चौपाई)

प्रतिपाती तहँ प्रथम सु जान, शेष अप्रतिपाती पहिचान।
परमावधि सर्वावधि वंत, मिथ्या अविरत को न लहंत।।102।।

(गाथा)

दव्वं खेत्तं कालं, भावं पडि रूवि जाणदे ओही।
अवरादुक्कस्सो त्ति य, वियप्परहिदो दु सव्वोही।।376।।

अर्थ– जघन्य भेद से लेकर उत्कृष्ट भेदपर्यन्त अवधिज्ञान के जो असंख्यात लोक प्रमाण भेद हैं वे सब ही द्रव्य, क्षेत्र, काल, भाव की अपेक्षा से प्रत्यक्षतया रूपी (पुद्गल) द्रव्य को ही ग्रहण करते हैं। तथा उसके संबंध से संसारी जीव द्रव्य को भी जानते हैं। किन्तु सर्वावधिज्ञान में जघन्य उत्कृष्ट आदि भेद नहीं हैं। यह निर्विकल्प– एक प्रकार का है।

(गीतिका)

अवधि ज्ञान जघन्य तैं ले भेद वर तक सार जू।
धारे जु भेद असंख्म लोक प्रमाण सो सुखकार जू।।
सब द्रव्य क्षेत्ररु काल भावन प्रति प्रयाद लिये सही।
रूपी जु पुद्गल वा ति संबंधि नहिं परतख जानही।।103।।

(दोहा)

पुन सर्वावधि ज्ञान सो, जघन मध्य उत्कृष्ट।
भेद रहित राजत सदा, हानि वृद्धि वित सृष्ट।।104।।

(गाथा)

णोकम्मुरालसंचं, मज्झिमजोगज्जियं सविस्सचयं।
लोयविभत्तं जाणादि, अवरोही दव्वदो णियमा।।377।।

अर्थ– मध्यम योग के द्वारा संचित विस्रसोपचय सहित नोकर्म औदारिक वर्गणा के संचय में लोक का भाग देने से जितना द्रव्य लब्ध आवे उतने को नियम से जघन्य अवधिज्ञान द्रव्य की अपेक्षा से जानता है।

(अडिल्ल)

मध्यम योगज सहित विस्रसपचय यही,
नो विध रूप उदारिक वर संचम सही।
तास लोक मित असंख्मात से भत्तमषै,
भागिक द्रव्यहिं जघन अवधि ज्ञानी लखै।।105।।

(दोहा)

याति अल्प सकंध को, जाने नाहिं सुज्ञान।
यातैं योग जघन्यजा, संचय सूक्षम जान।।106।।

ऐसे जघन्य देशावधि का विषयभूत द्रव्य का नियम कहा। आगैं अवधिज्ञान के विषयभूत जघन्य क्षेत्र का प्रमाण बताते हैं –

(गाथा)

सुहुमणिगोदअपज्जत्तयस्स जादस्स तदियसमयम्हि।
अवरोगाहणमाणं, जहण्णयं ओहिखेत्तं तु।।378।।

अर्थ– सूक्ष्म निगोदिया लब्ध्यपर्याप्तक की उत्पन्न होने से तीसरे समय में जो जघन्य अवगाहना होती है उसका जितना प्रमाण है उतना ही अवधिज्ञान के जघन्य क्षेत्र का प्रमाण है।

(अडिल्ल)

सूक्ष्म निगोदिय लब्ध अपर्याप्तक सही,
ताके जन्मत त्रितिय समय में हो वही।
अवगाहन सु जघन्य सु क्षेत्र अवधि तनौ,
जीव समासधिकार देख भ्रम को हनौ।।107।।

आगैं जघन्य क्षेत्र के विषय में विशेष कथन कहैं हैं–

(गाथा)

अवरोहिखेत्तदीहं, वित्थारुस्सेहयं ण जाणामो।
अण्णं पुण समकरणे, अवरोगाहणपमाणं तु।।379।।

अर्थ– अघन्य अवधिज्ञान के क्षेत्र की ऊँचाई, लम्बाई, चौड़ाई का भिन्न–भिन्न प्रमाण हम नहीं जानते। तथापि यह मालूम है कि समीकरण करने से जितना जघन्य अवगाहना का प्रमाण होता है उतना ही जघन्य अवधि का क्षेत्र है।

(अडिल्ल)

जघन अवधि का क्षेत्र तासु लंबाई चौड़ाई,
अरु उचाई का मान नाहिं हम जानत भाई।
परिभुज कोटी वेध तासु सम करण विधान,
प्रमित जघन अवगाहन है मह श्री गुरुवान।।108।।

(दोहा)

जो जघन्म अवगाहना, रूप क्षेत्र फलसार।
जघन अवधि का क्षेत्र भी, तिहिं परमान विचार।।109।।

(गाथा)

अवरोगाहणमाणं-, उस्सेहंगुलअसंखभागस्स।
सूइस्स म घणपदरं, होदि हु तक्खेत्तसमकरणे।।380।।

अर्थ– उत्सेधांगुल की अपेक्षा से उत्पन्न व्यवहार सूच्यंगुल के असंख्यातवें भागप्रमाण– भुजा कोटी और वेध में परस्पर गुणा करने से जितना जघन्य अवगाहन का प्रमाण होता है उतना ही समीकरण करने से जघन्य अवधिज्ञान का क्षेत्र होता है।

(सवैया तेईसा)

जघनवगाहन मान क्षेत्र खंडन विधान तैं सदृश कीजे।
तब भुज कोटी वेध प्रमित जो उत्सेधांगुल सों भाक्तीजे।।
मोग्म असंख्म से तहँ इक भाग जु होम प्रमाण सो हि जानीजे।
बहुर भुजादि परस्पर गुणत घनांगुल भाग असंखम लीजे।।110।।

(दोहा)

तिहिं प्रमान जो क्षेत्रफल, सो अवगाहन मान।
जघन वा जघन अवधि का, क्षेत्र सो हि पहिचान।।111।।

(गाथा)

अवरं तु ओहिखेत्तं, उस्सेहं अंगुलं हवे जम्हा।
सुहमोगाहणमाणं, उवरि पमाणं तु अंगुलयं।।381।।

अर्थ– जो अघन्य अवधि का क्षेत्र पहले बताया है वह भी व्यवहारांगुल की अपेक्षा उत्सेधांगुल ही है, क्योंकि वह सूक्ष्म निगोदिया लब्ध्यपर्याप्तक की जघन्य अवगाहना प्रमाण है। परन्तु आगे अंगुल से प्रमाणांगुल का ग्रहण करना।

(चौपाई)

बहुर जघन्म अवधि का खेत, उत्सेधांगुल से सु कहेत।
जातैं सूक्षम अवगाहना, तिस ही अंगुल से कहि जिना।।112।।

(दोहा)

इस अवगाहन ऊपरै, अंगुल जहाँ कहेय।
तहाँ प्रमाणांगुलहिं लख, करहु भ्रांति निज छेय।।113।।

(गाथा)

अवरोहिखेत्तमज्झे, अवरोही अवरदव्वमवगमदि।
तद्दव्वस्सवगाहो, उस्सेहासंखघणपदरो।।382।।

अर्थ– जघन्य अवधि अपने जघन्य क्षेत्र में जितने भी असंख्यात प्रमाण जघन्य द्रव्य हैं जिसका कि प्रमाण ऊपर बताया जा चुका है उन सबको जानता है। उस द्रव्य का अवगाह उत्सेधांगुल के असंख्यातवें घनप्रतर होता है।

(चौपाई)

अवधि जघन्य क्षेत्र में सर्व, तिष्ठै जघन अवधि के दर्व।
अवगाहन तिहिं द्रव्य तनीय, भाग असंख्यातम जानीय।।114।।

(दोहा)

जघन अवधि के क्षेत्र के, तो भि घनांगुल केय।
असंख्यातवें भाग मित, जान सु भरम हरेय।।115।।

(गाथा)

आवलिअसंखभागं, तीदभविस्सं च कालदो अवरं।
ओही जाणादि भावे, कालअसंखेज्जभागं तु।।383।।

अर्थ– जघन्य अवधिज्ञान काल की अपेक्षा से आवलि के असंख्यातवें भागप्रमाण अपने विषयभूत द्रव्य की व्यंजन पर्यायों को जानता है तथा जितनी पर्यायों को काल की अपेक्षा से जानता है उसके असंख्यातवें भागप्रमाण वर्तमान काल की पर्यायों को भाव की अपेक्षा से जानता है।

(अडिल्ल)

जघन अवधि सो काल सेति आवलिय के,
भाग असंख्यम तीतानागत समय के।
बहुर भाव ते द्रव्य तनैं यम से सही,
भाग असंखय प्रमित सु जीवहिं जानही।।116।।

ऐसे जघन्य देशावधि ज्ञान के विषयभूत द्रव्य, क्षेत्र, काल, भाव की सीमा मर्यादा का भेद कहा।

आगैं अवधिज्ञान के दुतियादिक भेदन को चार प्रकार विषय भेदन कर कहैं हैं–

(गाथा)

अवरद्दव्वादुवरिम-दव्ववियप्पाय होदि धुवहारो।
सिद्धाणंतिमभागो, अभव्वसिद्धादणंतगुणो।।384।।

अर्थ– जघन्य द्रव्य के ऊपर द्रव्य के दूसरे भेद निकालने के लिये ध्रुवहार होता है। इसका (ध्रुवहार का) प्रमाण सिद्धराशि से अनन्तवें भाग और अभव्यराशि से अनन्तगुणा है।

(चौपाई)

जघन द्रव्य उपरम द्रव सार, तिहिं भिद ल्यावन है ध्रुवहार।
सो सिद्धन के भाग अंनत, वा गुण अमित अभवतैं संत।।117।।

आगैं अवधिज्ञान के विषयभूत समय प्रबद्ध का प्रमाण बताते हैं–

(गाथा)

धुवहारकम्मवग्गण-गुणगारं कम्मवग्गणं गुणिदे।
समयपबद्धपमाणं, जाणिज्जो ओहिविसयम्हि।।385।।

अर्थ– ध्रुवहाररूप कार्मणवर्गणा के गुणाकार का और कार्मणवर्गणा का परस्पर गुणा करने से अवधिज्ञान के विषय में समयप्रबद्ध का प्रमाण निकलता है।

(सवैया इकतीसा)

देशावधि का विषय भूत द्रव्य की अपेक्षा,
जिते भेद होंम तिन में से दो घटाइये।
जो प्रमाण आवै तिते ध्रुवहार माड कर,
गुणतैं परस्पर जो प्रमाण पाइये।
सोई कारमाण वर्गणा का गुणकार जान,
पुन ताहि ताही से आपस में गुणाइये।
आवै जो प्रमाण सो अवधि का विषम विषैं,
समय प्रबद्ध का प्रमाण सब गाइये।।118।।

(दोहा)

जो देशावधि जघन का, विषय द्रव्य पुर थान।
कह्यौ महाँ तिस हीय कौ, समम प्रबद्ध पिछान।।119।।

आगैं ध्रुवहार का प्रमाण समान्यपनै सिद्ध राशि के अनन्तवें भाग कह्या, ताहि आगैं विशेष कहैं हैं–

(गाथा)

मणदव्ववग्गणाण-वियप्पाणंतिमसमं खु धुवहारो।
अवरुक्कस्स विसेसा, रूवहिया तव्वियप्पा हु।।386।।

अर्थ– मनोद्रव्य वर्गणा के उत्कृष्ट प्रमाण में से जघन्य प्रमाण के घटाने पर जो शेष रहे उसमें एक मिलाने से मनोद्रव्यवर्गणाओं के विकल्पों का प्रमाण होता है। इन विकल्पों का जितना प्रमाण हो उसके अनन्त भागों में से एक भाग के बराबर अवधिज्ञान के विषयभूत द्रव्य के ध्रुवहार का प्रमाण होता है।

(सवैमा इकतीसा)

मनो वर्गणा के जु भेदों का भाग अनंतवाँ,
ध्रुवहार का प्रमाण जान भ्रम ठाइमे।
सो मनो वरगणा का जघन प्रमाण,
ताहि के जु वर परमाण में घटाइये।
होवै जो प्रमाण तिहि में इक अधिक किये,
मनो वर्गणा के भेदौं का प्रमाण गाइये।
इनका प्रमाण आगैं सम्मक मारगणा में,
तेईस वर्गणा भाषी तहाँ लखाइये।।120।।

अब इस मनोवर्गणा का जघन्य भेद अर अत्कृष्ट भेदन का प्रमाण दिखाइये हैं–

(गाथा)

अवरं होदि अणंतं, अणंतभागेण अहियमुक्कस्सं।
इदि मणभेदाणंतिम-भागो दव्वम्मि धुवहारो।।387।

अर्थ– मनोद्रव्यवर्गणा का जघन्य प्रमाण अनन्त है, इसमें इसी के (जघन्य के ही) अनन्त भागों में से एक भाग के मिलाने पर मनोवर्गणा का उत्कृष्ट प्रमाण होता है। इस प्रकार जितने मनोवर्गणा के भेद हुए उसके अनन्त भागों में से एकभाग प्रमाण अवधिज्ञान के विषयभूत द्रव्य के ध्रुवहार का प्रमाण होता है।

(चौपाई)

सो मन वर्गण जघन अनंत, भाग अनंत अधिक वर संत।
इम मन भेद अनंतम भाग, मान महाँ ध्रुवहार हि पाग।।121।।

अथवा अन्य प्रकार कहैं हैं-

(गाथा)

धुवहारस्स पमाणं, सिद्धाणंतिमपमाणमेत्तं पि।
समयपबद्धणिमित्तं, कम्मणवग्गणगुणादो दु।।388।।
होदि अणंतिमभागो, तग्गुणगारो वि देसओहिस्स।
दोऊणदव्वभेदपमाणद्धुवहारसंवग्गो।।389।।

अर्थ- यद्यपि ध्रुवहार का प्रमाण सिद्धराशि के अनन्तवें भाग हैं, तथापि अवधिज्ञान विषयक समयप्रबद्ध का प्रमाण निकालने के निमित्तभूत कार्मणवर्गणा के गुणकार से अनन्तवें भाग समझना चाहिये। द्रव्य की अपेक्षा से देशावधिज्ञान के जितने भेद हैं उनमें दो कम करने से जो प्रमाण शेष रहे उतनी बार ध्रुवहार का परस्पर गुणा करने से कार्मण वर्गणा के गुणकार का प्रमाण निकलता है।

(सवैया इकतीसा)

ध्रुवहार का प्रमाण सिद्धों के नंतम भाग,
है तो भि समम परबद्ध मान ल्मावनैं।
कारमाण वर्गणा का गुणकार जो बखानौ,
ताहि के अनंतवें जु भाग मात्र माचनै।।
देशावधि के विषयभूत द्रव्य की अपेक्ष,
जिते भेद कहे तिनमें से दो घटावनै।
शेष मात्र ध्रुवहार मांड संवरगै जो हो,
सो कार्मण वर्गण का गुणकार भावनै।।122।।

आगैं देशावधि ज्ञान के द्रव्य की अपेक्षा कितने भेद हैं सो कहिये हैं–

(गाथा)

अंगुलअसंखगुणिदा, खेत्तवियप्पा म दव्वभेदा हु।
खेत्तवियप्पा अवरुक्कस्सविसेसं हवे एत्थ।।390।।

अर्थ– देशावधिज्ञान के क्षेत्र की अपेक्षा जितने भेद हैं उनको सूच्यंगुल के असंख्यातवें भाग से गुणा करने पर द्रव्य की अपेक्षा से देशावधि के भेदों का प्रमाण निकलता है। क्षेत्र की अपेक्षा उत्कृष्ट प्रमाण में से सर्व जघन्य प्रमाण को घटाने से जो प्रमाण शेष रहे उतने ही क्षेत्र की अपेक्षा से देशावधि के विकल्प होते हैं। इसका सूच्यंगुल के असंख्यातवें भाग से गुणा करके उसमें एक मिलाने पर द्रव्य की अपेक्षा से देशावधि के भेद होते हैं।

अंगुलअसंखभागं, अवरं उक्कस्समं हवे लोगो।
इदि वग्गणगुणगारो, अंसखधुवहारसंवग्गो।।391।।

अर्थ– देशावधि का पूर्वोक्त सूक्ष्म निगोदिया लब्ध्यपर्याप्तक की जघन्य अवगाहना प्रमाण, अर्थात् घनागुंल के असंख्यातवें भागस्वरूप जो प्रमाण बताया है वही जघन्य देशावधि के विषयभूत क्षेत्र का प्रमाण है। सम्पूर्ण लोकप्रमाण उत्कृष्ट क्षेत्र है। इसलिये देशावधि के सर्व द्रव्य विकल्पों के प्रमाण में से दो कम करने पर जो प्रमाण शेष रहे उतने ही ध्रुवहारों को रखकर परस्पर गुणा करने से कार्मण वर्गणा का गुणकार निष्पन्न होता है।

(सवैया इकतीसा)

देशावधि ज्ञान का विषयभूत क्षेत्र की,
अपेक्षा जिते भेद कहे तिनको गुणीजिये।
अंगुल के असंखवें भाग से जो हो प्रमाण,
तिते द्रव्य की अपेक्षा भेद गण लीजिये।।

पुन देशावधि के जघन क्षेत्र का प्रदेश,
मान तासु वर क्षेत्र मान तैं घटीजिये।
अविशेष मान मित भेद देशावधि तनै,
क्षेत्र की अपेक्षा लख संशय हरीजिये।।123।।

(दोहा)

इनको सूच्यांगुल तनौं, असंख्यातवों भाग।
तिहि कर गुण इक मिलातैं, जो प्रमाण मह पाग।।124।।
सो देशवधि द्रव्य की, आपेक्षा कर भेद।
कहैं जु तिन विस्तार गुरु, टीका लख भ्रम छेद।।125।।

(सवैया इकतीसा)

देशावधिज घन का विषैभूत क्षेत्र सो तो,
घनांगुल के असंख्यातवें भाग मात है।
पुन तासु ही के उत्कृष्ट क्षेत्र का प्रमाण,
लोकाकाश के प्रमाण मात्र सुखदात है।।
ऐसे दोय घाट देशावधि द्रव्य की अपेक्षा,
जिते भेद तिते ध्रुवहार मांडि रात है।
गुणन परस्पर कीजे होम मान जो सो,
कारमाण वर्गणा का गुणकार भात है।।126।।

आगैं वर्गणा का प्रमाण कहते हैं-

(गाथा)

वग्गणरासिपमाणं-, सिद्धाणंतिमपमाणमेत्तं पि।
दुगसहिमपरमभेदपमाणवहाराण संवग्गो।।392।।

अर्थ- कार्मणवर्गणा का प्रमाण यद्यपि सिद्ध राशि के अनन्तवें भाग है, तथापि परमावधि के भेदों में दो मिलाने से जो प्रमाण हो उतनी जगह ध्रुवहार

रखकर परस्पर गुणा करने से लब्ध राशिप्रमाण कार्मणवर्गणा का प्रमाण होता है।

(पद्धरि)

कार्माण वर्गणा राशि जोम, मित सिद्धानंतम भग सोम।
तौ भि दु अधिक परमाब्धि केम, सब भेद मात्र ध्रुवहार जेम।।127।।

(दोहा)

करतैं तसु संवर्ग जो, होम मान तिहि मेम।
उक्त वर्गणा राशि का, सब परमाण लखेय।।128।।

ते परमावधि के भेद कितने हैं सो कहैं हैं–

(गाथा)

परमावहिस्स भेदा, सगओगाहणवियप्पहदतेऊ।
इदि धुवहारं वग्गण-गुणगारं वग्गणं जाणे।।393।।

अर्थ– तेजस्कायिक जीवों की अवगाहना के जितने विकल्प हैं उसका और तेजस्कायिक जीवराशि का परस्पर गुणा करने से जो राशि लब्ध आवे उतना ही परमावधि ज्ञान के द्रव्य की अपेक्षा से भेदों का प्रमाण होता है। इसप्रकार ध्रुवहार, वर्गणा का गुणकार और वर्गणा का स्वरूप समझना चाहिये।

(चौपाई)

निज अवगाहन भेदन सेम, तेज काइ जिस राशि गुणयम।
जो परमाण होम तिहिं मात, परमावधि के भेद कहात।।129।।

(दोहा)

इम ध्रुवहार प्रमाण वर, गण गुणकार प्रमान।
अरु वर्गणा प्रमाण भव, जानहु भरम जघान।।130।।

(गाथा)

देसोहिअवरदव्वं, धुवहारेणवहिदे हवे विदियं।
तदियादिवियप्पेसु वि, असंखवारो त्ति एस कमो।।394।।

अर्थ– देशावधिज्ञान के जघन्य द्रव्य का जो प्रमाण पहले बताया गया है उसमें ध्रुवहार का एक बार भाग देने से देशावधि के दूसरे विकल्प के द्रव्य का प्रमाण निकलता है। दूसरे विकल्प के द्रव्य में ध्रुवहार का एक बार भाग देने से तीसरे विकल्प के द्रव्य का और तीसरे विकल्प के द्रव्य में ध्रुवहार का भाग देने से चौथे विकल्प के द्रव्य का प्रमाण निकलता है। इसी तरह आगे के विकल्पों के द्रव्य का प्रमाण निकालने के लिये क्रम से असंख्यात बार ध्रुवहार का भाग देना चाहिये।

(गीतिका)

देशाब्धि का पूर्वोक्त द्रव्य जघन्य भक्तैं सो सही।
ध्रुवहार से ह्वै मान जो सो भेद दुति तिहिं सा सही।।
इम देत देत सु भाग तहँ ध्रुवहार का सो हो वही।
त्रितियादि भेदन द्रव्य ऐसे करत बार असंख ही।।131।।

(दोहा)

अनुक्रम तैं करते थकैं, होम महाँ जो हाल।
वरणन ताका अब सुनो, मन की कर थिर चाल।।132।।

(गाथा)

देसोहिमज्झभेदे, सविस्ससोवचयतेजकम्मंगं।
तेजोभासमणाणं, वग्गणयं केवलं जत्थ।।395।।
पस्सदि ओही तत्थ, असंखेज्जाओ हवंति दीउवही।
वासाणि असंखेज्जा, होंति असंखेज्जगुणिदकमा।।396।।

अर्थ– इसप्रकार असंख्यात बार ध्रुवहार का भाग देते देते देशावधिज्ञान के मध्य भेदों में से जहाँ पर प्रथम भेद विस्रसोपचय सहित तेजस शरीर को

विषय करता है, अथवा इसके आगे का दूसरा मध्यभेद विस्रसोपचय सहित कार्मण शरीर को विषय करता है, अथवा तीसरा भेद विस्रसोपचय रहित तैजस वर्गणा को विषय करता है, अथवा चौथा भेद विस्रसोपचय रहित भाषा वर्गणा को विषय करता है, अथवा पाँचवाँ भेद विस्रसोपचय रहित मनोवर्गणा को विषय करता है, वहाँ पर सामान्य से देशावधि के उक्त पाँचों ही मध्य भेदों के क्षेत्र का प्रमाण असंख्यात द्वीप-समुद्र और काल का प्रमाण असंख्यात वर्ष है। परंतु विशेषता की अपेक्षा से पूर्व-पूर्व भेद के क्षेत्र और काल के प्रमाण से उत्तरोत्तर भेद के क्षेत्र और काल का प्रमाण असंख्यातगुणा असंख्यातगुणा है, क्योंकि असंख्यात के भी असंख्यात भेद होते हैं।

(सवैया इकतीसा)

देशावधि के मध्य भेदों में देशावधिज्ञान,
जिस भेद में सहित विस्रसोपचय ही।
तैजस शरीर रूप सखंध हि जानैं पुन,
ताही क्रम जहाँ विस्रसोपचय सह ही।।
कारमाण शरीर सखंध हि औ आगैं जहाँ,
विस्रसोपचय बिन तैजस वर्गण ही।
पुन विस्रसोपचम बिन भाषा वर्गणाऔ,
मनो वर्गणा वि विस्रसोपचय जान ही।।133।।

(दोहा)

तिन पन थानन में यहै, क्षेत्र तनौ परमान।
असंख्मात दधि दीप है, मम असंख वर्षान।।134।।
पर विशेष मह क्षेत्र मम, प्रथम भेद का जोम।
गुणा असंख क्रम, सौं आगैं अवलोम।।135।।

(गाथा)

तत्तो कम्मइयस्सिगि-सममपबद्धं विविस्ससोवचयं।
धुवहारस्स विभज्जं, सव्वोही जाव ताव हवे।।397।।

अर्थ– इसके अनन्तर मनोवर्गणा में ध्रुवहार का भाग देना चाहिये। इस तरह भाग देते देते विस्रसोपचय रहित कार्मण का एक समयप्रबद्ध प्रमाण विषय आता है। उक्त क्रमानुसार इसमें भी सर्वावधि के विषय पर्यंत ध्रुवहार का भाग देते जाना चाहिये।

(सवैया इकतीसा)

तहाँ पीछे मनो वर्गणा को ध्रुवहार सेय,
भक्तै पुन पुन ऐसे भाग देत देत ही।
बिना विस्रसोपचय कारमाण का समय,
परबद्ध रूप द्रव्य होम पुन योग ही।।
ध्रुवहार ही का भाग दीजे ऐसे देत देत,
जावत सर्वावधि का ज्ञान होय है सही।
तावत मे भाग जानकर हिये शरधान,
योगमार्गणा में किमौ सो हि वरणन ही।।136।।

(गाथा)

एदम्हि विभज्जंते, दुचरिमदेसावहिम्मि वग्गणयं।
चरिमे कम्मइयस्सिगि-वग्गणमिगिवारभजिदं तु।।398।।

अर्थ– इस समयप्रबद्ध में भी ध्रुवहार का भाग देने से देशावधिज्ञान के द्विचरम भेद के विषयभूत द्रव्य का कार्मणवर्गणारूप प्रमाण निकलता है। इस एक कार्मणवर्गणा में भी एक बार ध्रुवहार का भाग देने से जो लब्ध आवे उतना देशवाधि के चरम भेद के विषयभूत द्रव्य का प्रमाण निकलता है।

(गीतिका)

कार्माण समम प्रबद्ध मह ध्रुवहार से भक्तैं थकैं।
देशाब्धि द्वि चरम भेद में कार्माण वर्गण द्रव छकैं।।
पुन वार इक ध्रुवहार से मह भक्त ते संते सही।
देशाब्धि अंतिम भेद में द्रव विषमभूत सु हो वही।।137।।

(गाथा)

अंगुलअसंखभागे, दव्ववियप्पे गदे दु खेत्तम्हि।
एगागासपदेसो, वड्ढदि संपुण्णलोगो त्ति।।399।।

अर्थ– सूच्यंगुल के असंख्यातवें भागप्रमाण जब द्रव्य के विकल्प हो जाएँ तब क्षेत्र की अपेक्षा जघन्य क्षेत्र का जितना प्रमाण है उसके ऊपर आकाश का एक प्रदेश बढ़ता है। इस ही क्रम से एक एक आकाश के प्रदेश की वृद्धि वहाँ तक करनी चहिए कि जहाँ तक देशावधि का उत्कृष्ट क्षेत्र सर्वलोक हो जाय।

(सवैया इकतीसा)

सूच्मंगुल का असंखवाँ भाग प्रमाण द्रव्य,
तासु की अपेक्षा लेय कर भेद होत ही।
क्षेत्र माहिं आकाश का एक परदेश बधै,
ऐसे ही बधत जाम अनुक्रम से यही।।
सो जघन्य देशावधि का क्षेत्र तहाँ तैं लेय,
वर देशावधि का विषयभूत जो सही।
संपूरण लोक तिह परमंत जान सोय,
टीका में माकौ कथन कहौ पूर्व गाय ही।।138।।

(गाथा)

आवलिअसंखभागो, जहण्णकालो कमेण समयेण।
वड्ढदि देसोहिवरं, पल्लं समऊणयं जाव।।400।।

अर्थ- जघन्य देशावधि के विषयभूत काल का प्रमाण आवली का असंख्यातवाँ भाग है। इसके ऊपर उत्कृष्ट देशावधि के विषयभूत एक समय कम एक पल्यप्रमाण काल पर्यन्त, ध्रुव तथा अध्रुव वृद्धिरूप क्रम से एक-एक समय की वृद्धि होती है।

(चौपाई)

काल जघन देशावधि तनौ, आवलि भाग असंखय भनौ।
इक-इक समय बढ़त क्रम सेय, समय हीन सो पल्य प्रमेय।।139।।

(दोहा)

बढ़ै पल्य तक जाहि तैं, देशावधि का काल।
पल्य प्रमित इक समय हृत, है उत्कृष्ट विशाल।।140।।
उगनिस कांडन के विषैं, क्षेत्र काल परमान।
कह्याचात है कांड का, नाम पर्व सो जान।।141।।
जिम सांठे के पेलि ह्वै, लेम गाँठ तैं सोम।
अग्र गाँठ तक ह्वै तिसे, पर्व कहै सब कोय।।142।।
त्यौं लै कोई भेद तैं कोइ भेम पर्यंत।
जो समूह है तासु को, पर्व कहैं मुनि संत।।143।।

सो देशावधि ज्ञान में 19 काण्ड हैं तहाँ प्रथम काण्ड में क्षेत्र काल का प्रमाण अट्ठाइस गाथाओं कर कहैं हैं-

(गाथा)

अंगुलअसंखभागं, धुवरूवेण य असंखवारं तु।
असंखसंखं भागं, असंखवारं तु अद्धुवगे।।401।।

अर्थ- प्रथम काण्डक में चरम विकल्पपर्यन्त असंख्यातवार घनांगुल में आवली का भाग देने पर जितना प्रमाण आवे इस तरह के अंगुल के असंख्यातवें भाग प्रमाण ध्रुव वृद्धि होती है और इस ही काण्डक के अन्त पर्यंत

घनांगुल के असंख्यातवें और संख्यातवें भागप्रमाण ध्रुव वृद्धि भी असंख्यात बार होती है।

(सवैया इकतीसा)

आवलि से भक्त घनांगुल के असंखभाग,
ध्रुव रूप कर वृद्धी का प्रमाण है सही।
सो प्रथम कांडक में अंत भेद तक होय,
अंसख्यात बार पुन ताही कांड के मही।।
चरम के भेद लग अध्रुव वृद्धि भी होय,
असंख्यात बार है सो तासु परमाण ही।
असंख्यातवें भाग वा संख्यातवें भाग घनां-
गुल के सो जान भव धारौ शरधान ही।।144।।

(गाथा)

धुवअद्धुवरूवेण य, अवरे खेत्तम्हि वड्ढिदे खेत्ते।
अवरे कालम्हि पुणो, एक्केक्कं वड्ढदे समयं।।402।।

अर्थ- जघन्य काल के देशावधि के विषभूत क्षेत्र के ऊपर ध्रुवरूप से अथवा अध्रुवरूप से क्षेत्र की वृद्धि होने पर जघन्य काल के ऊपर एक-एक समय की वृद्धि होती है।

(चौपाई)

से ध्रुव अध्रुव वृद्धि कर खेत, जघन अवधि के मे वृद्धेत।
जघन काल ऊपर पुन सही, इक इक समय बढ़ै भ्रम नहीं।।145।।

(गाथा)

संखातीदा समया, पढमे पव्वम्मि उभयदो वड्ढी।
खेत्तं कालं अस्सिय, पढमादी कंडये वोच्छं।।403।।

अर्थ- प्रथम काण्डक में ध्रुवरूप से और अध्रुवरूप से असंख्यात समय

की वृद्धि होती है। इसके आगे प्रथमादि काण्डकों का क्षेत्र और काल के आश्रय से वर्णन करते हैं।

(चौपाई)

उभम वृद्धि को लिमे असंख, समम प्रथम कांड में अंख।
आगैं आश्रम क्षेत्ररु काल, कहुँ प्रथमादि कांड की चाल ।।146।।

(गाथा)

अंगुलमावलियाए, भागमसंखेज्जदो वि संखेज्जो।
अंगुलमावलियंतो, आवलियं चांगुलपुधत्तं।।404।।

अर्थ– प्रथम काण्डक में जघन्य क्षेत्र का प्रमाण घनांगुल के असंख्यातवें भागप्रमाण और उत्कृष्ट क्षेत्र का प्रमाण घनांगुल के संख्यातवें भाग प्रमाण है। और जघन्य काल का प्रमाण आवली का असंख्यातवाँ भाग तथा उत्कृष्ट काल का प्रमाण आवली का संख्यातवाँ भाग है। दूसरे काण्डक में क्षेत्र घनांगुल प्रमाण और काल कुछ कम एक आवली प्रमाण है। तीसरे काण्डक में क्षेत्र घनांगुल पृथक्त्व और काल आवली पृथक्त्व प्रमाण है।

आवलियपुधत्तं पुण, हत्थं तह गाउयं मुहुत्तं तु।
जोयणभिण्णमुहुत्तं, दिवसंतो पण्णुवीसं तु।।405।।

अर्थ– चतुर्थ काण्डक में काल आवली पृथक्त्व और क्षेत्र हस्तप्रमाण है। पाँचवें काण्डक में क्षेत्र एक कोश और काल अन्तर्मुहूर्त है। छट्ठे काण्डक में क्षेत्र एक योजन और काल भिन्न मुहूर्त है। सातवें काण्डक में काल कुछ कम एक दिन और क्षेत्र पच्चीस योजन है।

भरहम्मि अद्धमासं, साहियमासं च जम्बुदीवम्मि।
वासं च मणुवलोए, वासपुधत्तं च रुचगम्मि।।406।।

अर्थ– आठवें काण्डक में क्षेत्र भारतक्षेत्र प्रमाण और काल अर्धमास (पक्ष) प्रमाण है। नौवें काण्डक में क्षेत्र जम्बूद्वीप प्रमाण और काल एक मास

से कुछ अधिक हैं। दशवें काण्डक में क्षेत्र मनुष्य लोक प्रमाण और काल एक वर्ष प्रमाण है। ग्यारहवें काण्डक में क्षेत्र रुचक द्वीप और काल वर्ष पृथक्त्व प्रमाण है।

संखेज्जपमे वासे दीवसमुद्दा हवंति संखेज्जा।
वासम्मि असंखेज्जे, दीवसमुद्दा असंखेज्जा।।407।।

अर्थ– बारहवें काण्डक में संख्यात वर्षप्रमाण काल और संख्यात द्वीप-समुद्र प्रमाण क्षेत्र है। इसके आगे तेरहवें से लेकर उन्नीसवें काण्डक पर्यंत असंख्यात वर्षप्रमाण काल और असंख्यात द्वीप-समुद्रप्रमाण क्षेत्र है।

(सवैया इकतीसा)

प्रथम कांड में क्षेत्र जघन घनांगुल के,
असंख्यातवें भाग औ घनांगुल के यही।
असंखवें भाग वर पुन तहाँ यम धर,
जघन आवली के असंख्यातवें भाग ही।।
आवलि के ही असंखवें भाग उत्कृष्ट जान,
आगैं उत्कृष्ट भेद की अपेक्ष ले सही।
दूसरे कांड में क्षेत्र घनांगुल के प्रमाण,
काल आवलि तैं कछु घाट कहौ तितही।।147।।
पुन तीजे कांडक में क्षेत्र अंगुल प्रथक्त,
काल आवलि प्रथक्त परमान जानिये।
चौथे में प्रथक्त आवलि प्रमाण काल जान,
अरु क्षेत्र एक हाथ परमान आनिये।।
पाँचवें में एक कोस क्षेत्र अरु काल अंत,
मुहूरत मित आगैं छठे में प्रमानिये।
एक क्षेत्र मोजन औ काल अंतमुहूरत,
सप्तम में यम कछु न्यून दिन ठानिये।।148।।

क्षेत्र पन विंसत सु योजन प्रमाण अब,
अष्टम में क्षेत्र क्षेत्र भरत प्रमान है।
काल अर्द्ध मास पुन नवमें मैं काल कछु,
अधिक सु मास इक क्षेत्र जम्बूदीप है।।
दसवें कांड में यम वरष प्रमाण क्षेत्र,
नर लोक मान अवै एकदश में कहै।
क्षेत्र द्वीप रुचक औ काल वर्ष प्रथक्त जु,
बारवें में क्षेत्र द्वीप उदधि संख्यात है।।149।।

(दोहा)

वर्ष हि संख्य जु काल अब, कछु विशेष इन माँह।
असंख्यात गुण क्षेत्र यम, तेरम चौदम थाँह।।150।।
मौं हि उत्तरोत्तर कहौ, गुण असंख मम खेत।
अब आगैं उगनीसवें, कांड विषैं कहुँ हेत।।151।।
द्रव्य भक्त ध्रुवहार से, कर्म वर्गणा मान।
क्षेत्र लोक सब काल इक, पल्य समय घट जान।।।152।।

(गाथा)

कालविसेसेणवहिद-खेत्तविसेसो धुवा हवे वड्ढी।
अद्धुववड्ढी वि पुणो अविरुद्धं इट्ठकंडम्मि।।408।।

अर्थ– किसी विवक्षित काण्डक के क्षेत्र विशेष में कालविशेष का भाग देने से जो शेष रहे उतना ध्रुव वृद्धि का प्रमाण है। इस ही तरह अविरोधरूप से इष्ट काण्डक में अध्रुव वृद्धि का भी प्रमाण समझना चाहिये। इस अध्रुव वृद्धि का क्रम आगे की गाथा में कहेंगे।

(चौपाई)

काल विशेष से जु भक्तेय, क्षेत्र विशेष वृद्धि ध्रुव तेय।
अध्रुव वृद्धि भी साधिम शुद्ध, मोग क्षेत्र मम में अविरुद्ध।।153।।

(गाथा)

अंगुलअसंखभागं, संखं वा अगुलं च तस्सेव।
संखमसंखं एवं, सेढीपदरस्स अद्धुवगे।।409।।

अर्थ– घनांगुल के असंख्यातवें भाग प्रमाण, वा घनांगुल के संख्यातवें भागप्रमाण, वा घनांगुलमात्र, वा संख्यात घनांगुलमात्र, वा असंख्यात घनांगुलमात्र इसी प्रकार श्रेणी के असंख्यातवें भागप्रमाण, वा श्रेणी के संख्यातवें भागप्रमाण, वा श्रेणीप्रमाण, वा संख्यात श्रेणीप्रमाण, वा असंख्यात श्रेणीप्रमाण, वा प्रतर के असंख्यातवें भाग प्रमाण, वा प्रतर के संख्यातवें भाग प्रमाण, वा प्रतर प्रमाण, वा संख्यात प्रतरप्रमाण, वा असंख्यात प्रतरप्रमाण प्रदेशों की वृद्धि होने पर एक एक समय की वृद्धि होती है। यही अध्रुव वृद्धि का क्रम है।

(सवैया इकतीसा)

बधै घनांगुल के असंख्यातवें भाग क्षेत्र,
माहिं तब काल में समम एक वृद्धही।
वा संख्यातवाँ भाग वा घनांगुल मिल बँधै,
संख्यात वा असंख्यात घनांगुल मित ही।।
वा श्रेणी का असंखय भाग वा संख्यम भाग,
वा श्रेणी वा संख वा श्रेणी बधही।
वा प्रतर का असंखवाँ संखवाँ भाग वा,
प्रतर वा संख्यात वा असंख्यात प्रतर ही।।154।।

(दोहा)

इह विध क्षेत्र महीं बधै, तबै काल में सार।
बधै समय इक मौं अध्रुव, वृद्धि अनुक्रम धार।।155।।

ऐसे ही और कांडन में अध्रुव वृद्धि जाननी।

(गाथा)

कम्मइमवग्गणं धुव-हारेणिगिवारभाजिदे दव्वं।
उक्कस्सं खेत्तं पुण, लोगो संपुण्णओ होदि।।410।।

अर्थ– कार्मणवर्गणा में एक बार ध्रुवहार का भाग देने से जो लब्ध आवे उतना देशावधि के उत्कृष्ट द्रव्य का प्रमाण है तथा सम्पूर्ण लोक उत्कृष्ट क्षेत्र का प्रमाण है।

(चौपाई)

कारमाण वर्गण भागेय, एकबार ध्रुवहार सहेम।
तिहिं मित अनुषंधन परमान, जानै वर देशावधि ज्ञान।।156।।

(दोहा)

बहुर क्षेत्र माहीं सरव, लोकाकाश मँझार।
जितने अणुक सखंध ह्वै, जानहिं ते सब सार।।157।।

(गाथा)

पल्लसमऊणकाले, भावेण असंखलोगमेत्ता हु।
दव्वस्स म पज्जाया, वरदेसोहिस्स विसया हु।।411।।

अर्थ– काल की अपेक्षा एक समय कम एक पल्य और भाव की अपेक्षा असंख्यात लोकप्रमाण द्रव्य की पर्याय उत्कृष्ट देशावधि का विषय है।

(चौपाई)

घट इक समय पल्य वर काल, लोक असंख भाव की चाल।
इम दु शब्द कर द्रव्य प्रयाय, वर देशावधि विषय कहाय।।158।।

बहुर देशावधि के मध्य भेदन विषैं भाव का प्रमाण आगैं सूत्र कहेंगे तिस अनुक्रम कर जानना।

(गाथा)

काले चउण्ण उड्ढी, कालो भजिदव्व खेत्तउड्ढी य।
उड्ढीए दव्वपज्जय, भजिदव्वा खेत्तकाला हु।।412।।

अर्थ– काल की वृद्धि होने पर चारों प्रकार की वृद्धि होती है। क्षेत्र की वृद्धि होने पर काल की वृद्धि होती है और नहीं भी होती है। इस ही तरह द्रव्य और भाव की अपेक्षा वृद्धि होने पर क्षेत्र और काल की वृद्धि होती भी है और नहीं भी होती है। परन्तु क्षेत्र और काल की वृद्धि होने पर द्रव्य और भाव की वृद्धि अवश्य होती है।

(गीतिका)

इहि अवधि तनैं विशेष विषय मँझार मम वृद्धी जबै।
ह्वै होंय द्रव्यरु क्षेत्र काल सु भाव चारों की तबै।।
जब खेत्र की ह्वै काल की तब होय वा नहिं होव हीं।
ह्वै द्रव्य भाव तनी तबै यम क्षेत्र की ह्वै वा नहीं।।159।।

(दोहा)

बहुर द्रव्य अरु भाव की, युगपत वृद्धी थाय।
यह विचार तैं कथन सब, मुक्तहिं जानों भाय।।160।।

इस प्रकार देशावधि ज्ञान का द्रव्य, क्षेत्र, काल, भाव का प्रमाण कहा। आगैं परमावधि ज्ञान का निरूपण करिये हैं–

(गाथा)

देसावहिवरदव्वं, धुवहारेणवहिदे हवे णियमा।
परमावहिस्स अवरं, दव्वपमाणं तु जिणदिट्ठं।।413।।

अर्थ– देशावधि का जो उत्कृष्ट द्रव्यप्रमाण है उसमें एक बार ध्रुवहार का भाग देने से जो लब्ध आवे उतना ही नियम से परमावधि के जघन्य द्रव्य का प्रमाण निकलता है, ऐसा जिनेन्द्र देव ने कहा है।

(अडिल्ल)

वर देशावधि विषय भूत द्रव्यहिं सही,
भागीजे ध्रुवहार सेति इक बार ही।

जे ह्वै मानति तौ परमाब्धि जघन तनौं,
विषयभूत द्रव मान नमे कर जिन भनौं।।1161।।

अब परमावधि का उत्कृष्ट द्रव्य प्रमाण कहैं हैं–

(गाथा)

परमावहिस्स भेदा, सगउग्गाहणवियप्पहदतेऊ।
चरमे हारपमाणं, जेट्ठस्स य होदि दव्वं तु।।414।।

अर्थ– अपनी (तेजस्कायिक जीवराशि की) अवगाहना के भेदों का जितना प्रमाण है उसका तेजस्कायिक जीवराशि के साथ गुणा करने पर जो राशि उत्पन्न हो उतने ही परमावधिज्ञान के भेद होते हैं। इनमें से सर्वोत्कृष्ट अंतिम भेद में द्रव्य ध्रुवहार प्रमाण होता है।

(गीतिका)

दव काइ जियन प्रमाण तैं अवगाहना निज को गुणै।
परमान ह्वै परमाब्धि ज्ञान तनैं सुभेद तिते भनै।।
तहँ प्रथम भिद के द्रव्य को ध्रुवहार सैं भक्तै तबै।
दुति भेद का ह्वै द्रव्य पुन तब ताहि को भक्तै जबै।।162।।

(दोहा)

ध्रुवहार हि से तब तृतिय, भेद द्रव्य ह्वै तेय।
अंतभेद तक जान जो, है ध्रुवहार प्रमेय।।163।।

(गाथा)

सव्वावहिस्स एक्को, परमाणू होदि णिव्वियप्पो सो।
गंगामहाणइस्स पवाहोव्व धुवो हवे हारो।।415।।

अर्थ– परमावधि के उत्कृष्ट द्रव्यप्रमाण में ध्रुवहार का एक बार भाग देने से लब्ध एक परमाणुमात्र द्रव्य आता है, वही सर्वावधिज्ञान का विषय होता है। यह ज्ञान तथा इसका विषयभूत परमाणु निर्विकल्पक है। यहाँ पर जो

भागहार है वह गंगा महानदी के प्रवाह की तरह ध्रुव है।

(चौपाई)

सर्वावधि की विषय सु जोय, इक अनुमित विकलप सोय।
पुन ध्रुवहार कहा सो महा, गंगा नदि प्रवाह सम लहा।।164।।

(गाथा)

परमोहिदव्वभेदा, जेत्तियमेत्ता हु तेत्तिया होंति।
तस्सेव खेत्तकाल-विमप्पा विसया असंखगुणिदकमा।।416।।

अर्थ– परमावधि के जितने द्रव्य की अपेक्षा से भेद हैं उतने ही भेद क्षेत्र और काल की अपेक्षा से हैं। परन्तु उनका विषय असंख्यात गुणित क्रम है।

(चौपाई)

द्रव्य भेद परमावधि केम, जिते तिते मम खेत्र धरेय।
जघन भेद से वर अवसान, क्रमतैं गुण असंख सो जान।।165।।

आगैं असंख्यात गुणित क्रम कैसे जानना सो कहिये हैं–

(गाथा)

आवलिअसंखभागा, इच्छिदगच्छधणमाणमेत्ताओ।
देसावहिस्स खेत्ते, काले वि य होंति संवग्गे।।417।।

अर्थ– किसी भी परमावधि के विवक्षित क्षेत्र के विकल्प में अथवा विवक्षित काल के विकल्प में संकल्पित धन का जितना प्रमाण हो उतनी जगह आवली के असंख्यातवें भागों को रखकर परस्पर गुणा करने से जो राशि उत्पन्न हो वही देशावधि के उत्कृष्ट क्षेत्र और उत्कृष्ट काल में गुणकार का प्रमाण होता है।

(सवैया इकतीसा)

परमावधि ज्ञान का विवक्षत क्षेत्र वा काल,
के भेद में तिनका संकिलत धन ह्वै सही।

ते ते आवलि के असंखवें भाग माँड कर,
संवर्गित करने तैं जो प्रमाण आवही।।
सोई गुणकार विवक्षत भेद विषैं जान,
इस कर देशावधि ज्ञान का प्रवर ही।
खेत्र काल को गुणै तैं परमावधि के इच्छत,
भेद विषैं क्षेत्र काल का प्रमाण हो वही।।166।।

(दोहा)

माडिक तैं इक इक अधिक, भेद विवक्षत ताहिं।
जोड़े होय प्रमान सो, धन संकिलत कहाहिं।।167।।

आगैं संकिलत धन का जो प्रमान कहा था ताको और प्रकार कर कहैं हैं-

(गाथा)

गच्छसमा तक्कालिय-तीदे रूऊणगच्छधणमेत्ता।
उभये वि य गच्छस्स य, धणमेत्ता होंति गुणगारा।।418।।

अर्थ- विवक्षित गच्छ की जो संख्या हो उतने प्रमाण को विवक्षित गच्छ से अव्यवहित पूर्व के गच्छ के प्रमाण में मिलाकर एक कम करने से जो राशि उत्पन्न हो उसमें विवक्षित गच्छ की संख्या मिलाने से संकल्पित धन का प्रमाण होता है। यही गुणकार का प्रमाण है।

(सवैया इकतीसा)

गच्छ के समान धन अरु तिहिं ते तत्काला-
तीत भयौ ऐसो पेलो भेद विवक्षत ही।
तहाँ गच्छ ते ऊनेक गच्छ धन मान लेख,
सोए दोऊ मिलाइये तब गच्छ का सही।।

संकिलत धन परमाण गुणकार होय,
अब या का उदाहर्ण देखौ श्रुत के यही।
सो गच्छ का मान जे थवौ भेद विवक्षत ह्वै,
जैसे भेद चौथे में प्रमाण गच्छ चार ही।।168।।

आगैं उत्कृष्ट अवधिज्ञान के क्षेत्र का परमाण कहिये हैं-

(गाथा)

परमावहिवरखेत्ते-णवहिदउक्कस्स ओहिखेत्तं तु।
सव्वावहिगुणगारो, काले वि असंखलोगो दु।।419।।

अर्थ- उत्कृष्ट अवधिज्ञान के क्षेत्र में परमावधि के उत्कृष्ट क्षेत्र का भाग देने से जो लब्ध आवे उतना सर्वावधि संबंधी क्षेत्र के लिए गुणकार है। तथा सर्वावधि संबंधी काल का प्रमाण लाने के लिये असंख्यात लोक का गुणकार है।

(सवैया इकतीसा)

द्वि रूप घना घना धारा में लोक अरु गुण-
कार सलाका अवर वर्ग सलाका सही।
अर्द्ध क्षेद सलाका अगन काम थित मान,
औ अवधि वर क्षेत्र मानए थानक ही।।
क्रम तैं असंख्यात असंख्यात वरग थान,
गये उपजे हैं तिहिं सेती पंच बार ही।
असंख्यात लोक मानकर लोक को गुणै जो,
मान होय तितौ कहैं उत्कृष्ट क्षेत्र ही।।169।।

(दोहा)

सर्वावधि का पुन इसै, वर परमावधि केउ।
खेत्र सैं जु भक्तैं थकैं, सो सर्वाब्धि तनेउ।।170।।

क्षेत्र मान ल्मावन निमित, ह्वै गुणकार जु एह।
वर परमावधि क्षेत्र को, इस ही कर गुणिमेह।।171।।
तब सर्वावधि ज्ञान कौ, खेत्र मान ह्वै सार।
है मित लोक असंख माके मम कौ गुणकार।।172।।

आगैं परमाधि के विषमभूत उत्कृष्ट काल का प्रमाण निकालने के लिये दो करण सूत्रों को कहते हैं–

(गाथा)

इच्छितरासिच्छेदं, दिण्णच्छेदेहिं भाजिदे तत्थ।
लद्धमिददिण्णरासीणब्भासे इच्छिदो रासी।।420।।

अर्थ– विवक्षित राशि के अर्धच्छेदों में देयराशि के अर्धच्छेदों का भाग देने से जो लब्ध आवे उतनी जगह देयराशि को रखकर परस्पर गुणा करने से विवक्षित राशि का प्रमाण निकलता है।

(सवैया इकतीसा)

इच्छित राशी के अर्द्ध छेदन को देय राशि,
तनैं अर्द्ध छेदन के मान से भक्तीजिये।
आवै जो प्रमाण तिसै विरलन कर एक,
एक पर उक्त देय राशि कौं मांडीजिये।।
गुठान परस्पर करनैं तें विविक्षत,
राशी का प्रमाण होम हृदै मौं धरीजिये।
गणित अलौकिक विषै उदाहरण याकौ,
देख महाग्रंथ निज भरम हरीजिये।।173।।

(गाथा)

दिण्णच्छेदेणवहिद–लोगच्छेदेण पदधणे भजिदे।
लद्धमिदलोगगुणणं, परमावहिचरिमगुणगारो।।421।।

अर्थ– देयराशि के अर्धच्छेदों का लोक के अर्धच्छेदों में भाग देने से जो लब्ध आवे उसका विवक्षित संकल्पित धन में भाग देने से जो लब्ध आवे उतनी जगह लोकप्रमाण को रखकर परस्पर गुणा करने से जो राशि उत्पन्न हो वह विवक्षित पद में क्षेत्र या काल का गुणकार होता है। ऐसे ही परमावधि के अंतिम भेद में भी गुणकार जानना।

(सवैया इकतीसा)

लोक तनै अर्द्ध छेदन कौं देय राशि केय,
अर्द्ध छेदन कौ भाग दैं जो मान आवही।
तिहिं का विवक्षित पद के संकलित धन,
में भाग दियै तै आवै परमाण जो सही।।
तिता लोक मात्र परमण मांड संवर्गित,
कियै मान ह्वै जो सो विवक्षित पद मही।
क्षेत्र वा काल का गुणकार जान यौं हि पर–
माब्धि के चरम भेद में ह्वै गुणकार ही।।174।।

(दोहा)

कह्यौ अंक संदृष्टि कर, इसका कथन विशेष।
लखन रुची लखियौ तिसै, गुरु सिद्धांतहिं पेश।।175।।

(गाथा)

आवलिअसंखभागा, जहण्णदव्वस्स होंति पज्जाया।।
कालस्स जहण्णादो, असंखगुणहीणमेत्ता हु।।422।।

अर्थ– जघन्य देशावधि के विषयभूत द्रव्य की पर्याय आवली के असंख्यातवें भाग प्रमाण हैं तथापि जघन्य देशावधि के विषयभूत काल का जितना प्रमाण है उससे असंख्यातगुणा हीन जघन्य देशावधि के विषयभूत भाव का प्रमाण है।

(अडिल्ल)

देशावधि सु जषन के द्रव्य प्रजायते,
भाग असंख्यम आवलि के जु कहावते।
तौ भि तिसी के विषय भूत यम मान सैं।
असंख्यात गुण हीन मात्र परगट लसैं।।176।।

(गाथा)

सव्वोहि त्ति य कमसो, आवलिअसंखभागगुणिदकमा।
दव्वाणं भावाणं, पदसंखा सरिसगा होंति।।423।।

अर्थ– देशावधि के जघन्य द्रव्य की पर्यायरूप भाव, जघन्य देशावधि से सर्ववधिपर्यन्त आवली के असंख्यातवें भाग से गुणितक्रम हैं। अतएव द्रव्य तथा भाव के पदों की संख्या सदृश है।

(सवैया इकतीसा)

देशावधि जघन्य के द्रव्य तनै परयाय,
रूप भाव सो जघन्य देशावधि हीयतैं।
सर्ववधिज्ञान परयंत क्रम कर असं-
ख्यात आवली गुणित क्रम जानिएयते।।
द्रव्य की अपेक्षा पुन जेते भेद याके कहे,
तितनै ही भेद भाव की अपेक्ष हैं छते।
तातैं द्रव्य अरु भाव के थानन की संख्या,
समान ही है जिनश्रुत माहीं यौं वरणते।।177।।

आगैं नरक गति विषैं अवधिज्ञान का विषयभूत क्षेत्र का प्रमाण कहैं हैं–

(गाथा)

सत्तमखिदिम्मि कोसं, कोसस्सद्धं पवड्ढदे ताव।
जाव य पढमे णिरये, जोयणमेक्कं हवे पुण्णं।।424।।

अर्थ– सातवीं भूमि में अवधिज्ञान के विषयभूत क्षेत्र का प्रमाण एक कोस है। इसके ऊपर आध–आध कोस की वृद्धि तब तक होती गई है जब तक कि प्रथम नरक में अवधिज्ञान के विषयभूत क्षेत्र का प्रमाण पूर्ण एक योजन हो जाता है।

(चौपाई)

कोश एक सप्तमि भू माहिं, अवध विषय का क्षेत्र बताहिं।
कोसर्द्धर्द्ध बढत ऊपरै, प्रथम धरा इक योजन धरै।।178।।

(गाथा)

तिरिये अवरं ओघो, तेजोयंते य होदि उक्कस्सं।
मणुए ओघं देवे, जहाकमं सुणह वोच्छामि।।425।।

अर्थ– तिर्यंचों के अवधिज्ञान जघन्य देशावधि से लेकर उत्कृष्टता की अपेक्षा उस भेदपर्यन्त होता है कि जो देशावधि का भेद तैजस शरीर को विषय करता है। मनुष्यगति में अवधिज्ञान जघन्य देशावधि से लेकर उत्कृष्टतया सर्वावधिपर्यन्त होता है। देवगति में अवधिज्ञान को यथाक्रम से कहूँगा सो सुनो।

(सवैया इकतीसा)

त्रियंचन में जघन्य देशावधि तैं लगाय,
तैजस वपु विषय भेदन प्रयंत ही।
जे सरब सामान्य अवधिज्ञान तनैवर-
णन विषैं भेद कहे होंय ते सरब ही।।
बहुर मनुष्य गति में जघन्य देशावधि,
तैं लगाय वर सरवावधि लौं है सही।
अब आगैं देवगति विषैं जो अनुक्रम है,
तिस भाँति कहैं हम सुनो नीके तुम ही।।179।।

(गाथा)

पणुवीसजोयणाइं, दिवसंतं च य कुमारभोम्माणं।
संखेज्जगुणं खेत्तं, बहुगं कालं तु जोइसिगे।।426।।

अर्थ– भवनवासी और व्यन्तरों के अवधि के क्षेत्र का जघन्य प्रमाण पच्चीस योजन और जघन्य काल कुछ कम एक दिन है और ज्योतिषी देवों के अवधि का क्षेत्र इससे संख्यातगुणा है और काल इससे बहुत अधिक है।

(गीतिका)

है भवनवासी व्यंतरन के अवध विषय जघन पनै।
पनबीस योजन क्षेत्र की अरु काल कछु घट इक दिनै।।
पुन ज्योतिषन के क्षेत्र इस तैं संख गुण पहिचानिये।
अरु काल इनके काल तैं बहु जान संशय भानिये।।180।।

(गाथा)

असुराणमसंखेज्जा, कोडीओ सेसजोइसंताणं।
संखातीदसहस्सा, उक्कस्सोहीण विसओ दु।।427।।

अर्थ– असुरकुमारों के अवधि का उत्कृष्ट विषयक्षेत्र असंख्यात कोटि योजन है। असुरों को छोड़कर बाकी के ज्योतिषी देवों तक के सभी भवनात्रिक अर्थात् नौ प्रकार के भवनवासी तथा संपूर्ण व्यन्तर और ज्योतिषी इनके अवधि का विषयक्षेत्र असंख्यात हजार योजन है।

(चौपाई)

असुर कुमारन के वर खेत, योजन कोड असंख कहेत।
शेषरु वान ज्योतिषिन माहिं, योजन सहस असंख मिताहिं।।181।।

(गाथा)

असुराणमसंखेज्जा, वस्सा पुण सेसजोइसंताणं।
तस्संखेज्जदिभागं, कालेण य होदि णियमेण।।428।।

अर्थ– असुरकुमारों के अवधि के उत्कृष्ट काल का प्रमाण असंख्यात

वर्ष है और शेष नौ प्रकार के भवनवासी तथा व्यन्तर और ज्योतिषी इनके अवधि के उत्कृष्ट काल का प्रमाण असुरों के अवधि के उत्कृष्ट काल के प्रमाण से नियम से संख्यातवें भागमात्र है।

(चौपाई)

असुर कुमारन के यम मान, वर्ष असंख प्रमित पहिचान।
इसतैं भाग संखवें मात, शेषरु ज्योतिष वान लहात।।182।।

(गाथा)

भवणतियाणमधोधो, थोवं तिरियेण होदि बहुगं तु।
उड्ढेण भवणवासी, सुरगिरिसिहरो त्ति पस्संति।।429।।

अर्थ– भवनवासी व्यन्तर ज्योतिषी इनके अवधि का क्षेत्र नीचे नीचे कम होता है, और तिर्यग् रूप से अधिक होता है तथा भवनवासी देव अपने अवस्थित स्थान से सुरगिरि के (मेरु के) शिखरपर्यंत अवधि के द्वारा देखते हैं।

(चौपाई)

अधु प्रति विषय भवन त्रय तनौ, थोड़ा त्रियग बहुत सो भनौ।
अवधिदर्श तैं तुन भवनेश, सुरगिरि सिर तक लखैं प्रदेश।।183।।

(गाथा)

सक्कीसाणा पढमं, बिदियं तु सणक्कुमारमाहिंदा।
तदियं तु बम्हलांतव-सुक्कसहस्सारया तुरियं।।430।।

अर्थ– सौधर्म और ऐशान स्वर्ग के देव अवधि के द्वारा प्रथम भूमिपर्यन्त देखते हैं। सनत्कुमार और माहेन्द्र स्वर्ग के देव दूसरी पृथ्वी तक देखते हैं। ब्रह्म, ब्रह्मोत्तर, लांतव और कापिष्ठ स्वर्ग वाले देव तीसरी भूमि तक देखते हैं। शुक्र, महाशुक्र, शतार और सहस्रार स्वर्ग के देव चौथी भूमि तक देखते हैं।

आणदपाणदवासी, आरण तह अच्चुदा य पस्संति।
पंचमखिदिपेरंतं, छट्ठिं गेवेज्जगा देवा।।431।।

अर्थ– आनत, प्राणत, आरण और अच्युत स्वर्ग के देव पाँचवी भूमि तक अवधि के द्वारा देखते हैं और ग्रैवेयकवासी देव छट्ठी भूमि तक देखते हैं।

सव्वं च लोयणालिं, पस्संति अणुत्तरेसु जे देवा।
सक्खेत्ते य सकम्मे, रूवगदमणंतभागं च।।432।।

अर्थ– नव अनुदिश तथा पंच अनुत्तरवासी देव संपूर्ण लोकनाली को अवधि द्वारा देखते हैं। अवधि के विषयभूत क्षेत्र का जितना प्रदेशप्रचय है उसमें से एक एक प्रदेश कम करते जाना चाहिये और अपने-अपने अवधिज्ञानावरण कर्म का जितना द्रव्य है उसमें ध्रुवहार का भाग देते जाना चाहिये।

(सवैया इकतीसा)

सौधरम ईशान वाले देव अवधिकर,
प्रथम नरक पृथ्वी परयंत देखैं हैं।
सनतकुमार औ माहेन्द्र के दूजी भू तक,
पुन ब्रह्म ब्रह्मोत्तर लांतव कापिष्ट है।।
तहाँ वाले तृतीय भूमि तक शुक्र महाशुक्र,
सतार सहस्रार के भू चौथी लौं लखैं हैं।
आनत प्राणत तथा आरण अच्युत वासी,
पंचमी धरा प्रयंत हाल सब देखैं हैं।।184।।

(दोहा)

छठवीं भू तक देखहीं, नव ग्रैवेयक इष्ट।
अनुदिश अनुतर केन की, लोक नालि तक दृष्ट।।185।।
सौधर्मादिक वासि सुर, निज निज स्वर्ग विमान।
ध्वजा दंड के शिखर लौं, लखैं ऊर्ध्व के थान।।186।।
नव अनुदिश पन अनुत्तर, के अहमेन्द्र सु जेह।
स्व स्व विमान के शिखर तक, लखैं अवधिधर तेह।।187।।

जितौ जितौ इनके अवधि, क्षेत्र कलौं तिहिं थान।
जाहिं तौ भि तहिं तक लखैं, लखैं न बाह्य पदान।।188।।
पुन निज क्षेत्र विषय विषैं, एक प्रदेश घटाय।
अरु स्व अवधि ज्ञानावरण, द्रव्य कौं सु भक्ताय।।189।।
बार एक ध्रुवहार सैं, जहाँ प्रदेश सबीय।
पूर्ण होंय सु तिसै अवधि, विषय द्रव्य जानीय।।190।।

आगैं इस ही अर्थ को दिखाइये हैं–

(गाथा)

कप्पसुराणं सगसग-ओहीखेत्तं विविस्ससोवचयं।
ओहीदव्वपमाणं, संठाविय धुवहरेण हरे।।433।।
सगसगखेत्तपदेससलायपमाणं समप्पदे जाव।
तत्थतणचरिमखंडं, तत्थतणोहिस्स दव्वं तु।।434।।

अर्थ– कल्पवासी देवों में अपने अपने अवधि के क्षेत्र का जितना प्रमाण है उसका एक जगह स्थापन कर और दूसरी जगह विस्रसोपचय रहित अवधिज्ञानावरण कर्मरूप द्रव्य का जितना प्रमाण है उसका स्थापन कर, द्रव्यप्रमाण में ध्रुवहार का भाग देना चाहिये और प्रदेशप्रमाण में एक कम करना चाहिये। द्रव्य प्रमाण में ध्रुवहार का एक बार भाग देने से लब्धद्रव्य प्रमाण में पुनः दूसरी बार ध्रुवहार का भाग देना चाहिये और प्रदेश प्रचय में एक और कम करना चाहिये। दूसरी बार भाग देने से लब्ध द्रव्य प्रमाण में तीसरी बार ध्रुवहार का भाग देना चाहिये और प्रदेशप्रचय में तीसरी बार एक कम करना चाहिये। इस प्रकार उत्तरोत्तर लब्ध द्रव्य प्रमाण में ध्रुवहार का भाग देते जाना चाहिये और प्रदेशप्रचय में एक–एक कम करते जाना चाहिये। इस तरह से एक–एक प्रदेश कम करते करते जब सम्पूर्ण प्रदेशप्रचयरूप शलाका राशि समाप्त हो जाय वहाँ तक करते जाना चाहिये। इस तरह से प्रदेशप्रचय में एक एक प्रदेश कम करते करते और द्रव्यप्रमाण में ध्रुवहार का भाग देते–देते जहाँ

पर प्रदेश प्रचय समाप्त हो वहाँ पर द्रव्य का जो स्कन्ध शेष रहे उतने बड़े स्कन्ध को अवधि के द्वारा वे कल्पवासी देव जानते हैं कि जिनके अवधि के विषयभूत क्षेत्र का प्रदेश प्रचय विवक्षित हो।

(सवैया इकतीसा)

कल्पवासी देवन के निज-निज अब्धि क्षेत्र,
अरु द्रव्य अवधि ज्ञानावरण का सही।
विस्रसोपचय बिन थाप अब या द्रव्य कौं,
ध्रुवहार करकैं जु एक बार भक्त ही।।
तब क्षेत्र तैं एक प्रदेश को घटाय ऐसैं,
कि ये क्षेत्र के प्रदेश पूर्ण होंय सब ही।
तहाँ जो चरम विषैं सूक्षम पुदगल खंध,
होय सो अवधिज्ञान का द्रव्य कहा वही।।191।।

(गाथा)

सोहम्मीसाणाणमसंखेज्जाओ हु वस्सकोडीओ।
उवरिमकप्पचउक्के, पल्लासंखेज्जभागो दु।।435।।
तत्तो लांतवकप्पप्पहुदी सव्वत्थसिद्धिपेरंतं।
किंचूणपल्लमेत्तं, कालपमाणं जहाजोग्गं।।436।।

अर्थ– सौधर्म और ईशान स्वर्ग के देवों के अवधि का काल असंख्यात कोटि वर्ष है। इसके ऊपर सनत्कुमार माहेन्द्र ब्रह्म ब्रह्मोत्तर कल्प वाले देवों के अवधि का काल यथायोग्य पल्य का असंख्यातवाँ भाग है। इसके ऊपर लान्तव स्वर्ग से लेकर सर्वार्थसिद्धिपर्यन्त वाले देवों के अवधि का काल यथायोग्य कुछ कम पल्यप्रमाण है।

(सवैया इकतीसा)

सौधर्म ईशान बावों के अवधि का विषय,
भूतकाल वर्ष कोड असंख प्रमान है।

यातैं परे चतु कल्प वालन के यथायोग्य,
पल्य का असंख्यातवाँ भाग तक ज्ञान है।।
पुन तातैं ऊपर लांतव कल्प आदि देय,
सर्वारथ सिद्धि परयंत जे ते थान है।
तहाँ वालों के अवधि काल यथायोग्य,
कछु घाट एक पल्य परमान सुखदान है।।192।।

(गाथा)

जोइसियंताणोही-खेत्ता उत्ता ण होंति घणपदरा।
कप्पसुराणं च पुणो, विसरित्थं आयदं होदि।।437।।

अर्थ– भवनवासी व्यन्तर ज्योतिषी इनके अवधि के क्षेत्र का प्रमाण जो पहले बताया गया है वह विसदृश है, बराबर घनरूप नहीं है, उनकी लंबाई चौड़ाई और ऊँचाई का प्रमाण आगम में सर्वथा समान नहीं बताया गया है। तिर्यक् अधिक और ऊर्ध्वाधः कम है। कल्पवासी देवों के अवधि का क्षेत्र आयतचतुरस्र (चौकोर) किन्तु लंबाई में ऊर्ध्वअधः अधिक और चौड़ाई में अर्थात् तिर्यक् थोड़ा है। शेष मनुष्य तिर्यञ्च नारकी इनके अवधि का विषयभूत क्षेत्र बराबर घनरूप है।

(सवैया इकतीसा)

ज्योतिषी प्रयंत भवनादि त्रय देवन के,
अवधि विषय क्षेत्र सम चतुरस्रना।
जातैं सूत्र विषैं तिनके लंबाई चौड़ाई,
उँचाई का स्वरूप कहौ कदाच समान ना।।
याही तैं जु शेष है नर नारकि तिरयंच,
तिनके अवधि क्षेत्र चौकारे प्रमाण ना।
कल्पवासी देवन के विसदृश आय तजौ,
लाँबा बहु चौड़ा कम ऐसा क्षेत्र जानना।।193।।

(दोहा)

इम संक्षेप विधान कर, गाथारथ महँ एव।
अवधिज्ञान का कथन कह, कहुँ मनपर्यय केव।।194।।

(गाथा)

चिंतियमचिंतियं वा, अद्धं चिंतियमणेयभेयगयं।
मणपज्जवं ति उच्चइ, जं जाणइ तं खु णर लोए।।438।।

अर्थ– जिसका भूतकाल में चिंतवन किया हो, अथवा जिसका भविष्यत्काल में चिंतवन किया जायगा, अथवा अर्धचिंतित– वर्तमान में जिसका चिंतवन किया जा रहा है, इत्यादि अनेक भेद स्वरूप दूसरे के मन में स्थित पदार्थ जिसके द्वारा जाना जाय उस ज्ञान को मनःपर्यय कहते हैं। यह मनःपर्यय ज्ञान मनुष्य क्षेत्र में ही उत्पन्न होता है, बाहर नहीं।

(चौपाई)

चिंते ना चिंते अध चिंत, बहु भेदन युत पर मन संत।
अर्थहिं मनपर्यय जानेय, सो नर लोक मध्य ही केय।।195।।

(गाथा)

मणपज्जवं च दुविहं, उजुविउलमदि त्ति उजुमदी तिविहा।
उजुमणवयणे काए, गदत्थविसया त्ति णियमेण।439।।

अर्थ– सामान्य की अपेक्षा मनःपर्यय एक प्रकार का है और विशेष भेदों की अपेक्षा दो प्रकार का है– एक ऋजुमति दूसरा विपुलमति। ऋजुमति के भी तीन भेद हैं– ऋजुमनोगतार्थविषयक, ऋजुवचनगतार्थविषयक, ऋजुकायगतार्थविषयक। परकीयमनोगत होने पर भी जो सरलतया मन, वचन, काय के द्वारा किया गया हो ऐसे पदार्थ को विषय करने वाले ज्ञान को ऋजुमति कहते हैं। अतएव सरल मन, वचन, काय के द्वारा किये हुए पदार्थ को विषय करने की अपेक्षा ऋजुमति के पूर्वोक्त तीन भेद हैं।

(चौपाई)

सो मनपर्यय पुन दुविधेय, ऋजुमति विपुलमती जु सहेय।
तहँ ऋजु मन वच तन किय अर्थ, सो जानन ऋजुमती समर्थ।।196।।

(दोहा)

सरल मन वचन काय कर, चिंते अर्थ लखेय।
नियमरूप तैं कह्यौ ऋजुमति त्रिविध जु एह।।197।।

(गाथा)

विउलमदी वि य छद्धा, उजुगाणुजुवयणकायचित्तगयं।
अत्थं जाणदि जम्हा, सद्दत्थगया हु ताणत्था।।440।।

अर्थ– विपुलमति के छह भेद हैं– ऋजु मन, वचन, काय के द्वारा किये गये परकीय मनोगत पदार्थों को विषय करने की अपेक्षा तीन भेद और कुटिल मन, वचन, काय के द्वारा किये हुए परकीय मनोगत पदार्थों को विषय करने की अपेक्षा तीन भेद। ऋजुमति तथा विपुलमति मनःपर्यय के विषय शब्दगत तथा अर्थगत दोनों ही प्रकार के होते हैं।

(चौपाई)

वितुलमती भी षट विध केय, सरल वक्र मन वच तन जेय।
चितगत अर्थ लखै पुन तिना, विषय प्राप्त शब्दर्थहि भना।।198।।

(गाथा)

तियकालविसयरूविं, चिंतियं वट्टमाणजीवेण।
उजुमदिणाणं जाणदि, भूदभविस्सं च विउलमदी।।441।।

अर्थ– वर्तमान जीव के द्वारा चिन्त्यमान– वर्तमान में जिसका चिंतवन किया जा रहा है ऐसे त्रिकाल विषयक रूपी पदार्थ को ऋजुमति मनःपर्यय ज्ञान जानता है और विपुलमति ज्ञान भूत भविष्यत् को भी जानता है।

(गीतिका)

त्रिय काल सम्बन्धी जु पुदगलद्रव्य को कोइ जीवड़ा।
कर वर्तमानसु काल में चितवन मुनी के तट खड़ा।।
जाने तिस हि ऋजुमती पुन चिंतेव चितवेगा सही।
वा चिंतवत तिहिं अर्थ को मति विपुल धारी जानही।।199।।

(गाथा)

सव्वंगअंगसंभव-चिण्हादुप्पज्जदे जहा ओही।
मणपज्जवं च दव्वमणादो उप्पज्जदे णियमा।।442।।

अर्थ– जिस प्रकार अवधिज्ञान समस्त अंग से अथवा शरीर में होने वाले शंखादि शुभ चिह्नों से उत्पन्न होता है उसी तरह मनःपर्यय ज्ञान जहाँ पर द्रव्यमन होता है उन्हीं प्रदेशों से उत्पन्न होता है।

(चौपाई)

जैसे अवधिज्ञान उपजेय, सर्व अंग वा चिन्हन सेय।
त्यौं हि द्रव्य मन से उपजही, मनपर्यय जु नेमकर सही।।200।।

(गाथा)

हिदि होदि हु दव्वमणं, वियसियअट्ठच्छदारविंदं वा।
अंगोवंगुदयादो, मणवग्गणखंधदो णियमा।।443।।

अर्थ– आंगोपांग नामकर्म के उदय से मनोवर्गणा के स्कन्धों के द्वारा हृदयस्थान में नियम से विकसित आठ पांखड़ी के कमल के आकार में द्रव्यमन उत्पन्न होता है।

(चौपाई)

सो हद विषैं द्रव्य मन सजै, सम वसु दल के विकसत कजै।
ह्वै मन वर्गण खंधन सेय, नियमत आंगोपांगुदयेय।।201।।

(गाथा)

णोइंदियं त्ति सण्णा, तस्स हवे सेसइंदियाणं वा।
वत्तत्ताभावादो, मणमणपज्जं च तत्थ हवे।।444।।

अर्थ– इस द्रव्यमन की नोइन्द्रिय संज्ञा भी है, क्योंकि दूसरी इन्द्रियों की तरह यह व्यक्त नहीं है। इस द्रव्यमन के निमित्त से भावमन तथा मनःपर्ययज्ञान उत्पन्न होता है।

(चौपाई)

शेषेंद्रिय वत प्रगटन भास, तातैं नोइंद्री कहँ तास।
तिस द्रव मन में ह्वै मन भाव, मनपर्ययभी उपज लहाव।।202।।

(गाथा)

मणपज्जवं च णाणं, सत्तसु विरदेसु सत्तइड्ढीणं।
एगादिजुदेसु हवे, वड्ढंतविसिट्ठचरणेसु।।445।।

अर्थ– प्रमत्तादि क्षीणकषायपर्यन्त सात गुणस्थानों में से किसी एक गुणस्थान वाले के इस पर भी सात ऋद्धियों में से कम से कम किसी भी एक ऋद्धि को धारण करने वाले के, ऋद्धिप्राप्त में भी वर्धमान तथा विशिष्ट चारित्र को धारण करने वाले के ही यह मनःपर्यय ज्ञान उत्पन्न होता है।

(चौपाई)

सो षट सप्तम थानी मुनी, ह्वै विशिष्ट चारित्री गुणी।
ह्वै सप्त रिध मध कुइ युक्त, ते मनपर्यय लहँ भ्रम मुक्त।।203।।

(गाथा)

इंदियणोइंदियजोगादिं पेक्खित्तु उजुमदी होदि।
णिरवेक्खिय विउलमदी, ओहिं वा होदि णियमेण।।446।।

अर्थ– अपने तथा घर के स्पर्शनादि इन्द्रिय और मन तथा मनोयोग, काययोग, वचनयोग की अपेक्षा से ऋजुमति मनःपर्यय ज्ञान उत्पन्न होता है।

अर्थात् वर्तमान में विचारप्राप्त स्पर्शनादि के विषयों को ऋजुमति जानता है। किन्तु विपुलमति अवधि की तरह इनकी अपेक्षा के बिना ही नियम से होता है।

(चौपाई)

इंद्रिय मन अरु योग अपेख, उपज ज्ञान रिजुमति की लेख।
पुन सम अवधि विपुलमति जोय, तिहिं अपेक्ष बिन नियमत होय।।204।।

(गाथा)

पडिवादी पुण पढमा, अप्पडिवादी हु होदि विदिया हु।
सुद्धो पढमो बोहो, सुद्धतरो विदियबोहो दु।।447।।

अर्थ– ऋजुमति प्रतिपाती है, क्योंकि ऋजुमति वाला उपशमक तथा क्षपक दोनों श्रेणियों पर चढ़ता है। उसमें यद्यपि क्षपक की अपेक्षा ऋजुमति वाले का पतन नहीं होता, तथापि उपशम श्रेणी की अपेक्षा चारित्र मोहनीय कर्म का उद्रेक हो आने के कारण कदाचित् उसका पतन भी संभव है। विपुलमति सर्वथा अप्रतिपाती है। तथा ऋजुमति शुद्ध है और विपुलमति इससे भी शुद्ध होता है। अर्थात् दोनों में विपुलमति की विशुद्धि प्रतिपक्षी कर्म के क्षयोपशम विशेष के कारण अधिक है।

(चौपाई)

प्रतिपाती तहँ प्रथम सुजान, अप्रतिपाति पुन दुतिय बखान।
ऋजुमति ज्ञान विशुद्ध कहेय, तर विशुद्ध तहँ दुतिय लखेय।।205।।

(गाथा)

परमणसि ट्ठियमट्ठं, ईहामदिणा उजुट्ठियं लहियं।
पच्छा पच्चक्खेण य, उजुमदिणा जाणदे णियमा।।448।।

अर्थ– ऋजुमति वाला दूसरे के मन में सरलता के साथ स्थित पदार्थ को पहले ईहा मतिज्ञान के द्वारा जानता है, पीछे प्रत्यक्ष रूप से नियम से ऋजु मतिज्ञान के द्वारा जानता है।

(चौपाई)

सरल पनै जो पर मन माहिं, चितवन रूप पदार्थ रहाहिं।
ईहा मति कर तहँ चिंतेय, याके मन में क्या तिष्ठेय।।206।।

(दोहा)

पाछैं ऋजुमति ज्ञान कर, तिहिं पदार्थ कौ सार।
जान प्रतक्षहि उच्चरै, ज्ञान सु ऋजुमति धार।।207।।

(चौपाई)

चिंतियमचिंतियं वा, अद्धं चिंतियमणेयभेयगयं।
ओहिं वा विउलमदी, लहिऊण विजाणए पच्छा।। 449।।

अर्थ– चिन्तित, अचिन्तित, अर्धचिन्तित इस तरह अनेक भेदों को प्राप्त दूसरे के मनोगत पदार्थ को अवधि की तरह विपुलमति प्रत्यक्षरूप से जानता है।

(चौपाई)

चिते अनचिते वा अध चिंत, पर मन तिष्ठत नाना भंत।
अर्थहिं लखकर विपुल मतीय, जानैं पाछैं अवधीय।।208।।

(गाथा)

दव्वं खेत्तं कालं, भावं पडि जीवलक्खियं रूविं।
उजुविउलमदी जाणदि, अवरवरं मज्झिमं च तहा।।450।।

अर्थ– द्रव्य–क्षेत्र–काल–भाव में से किसी की भी अपेक्षा से जीव के द्वारा चिंतित रूपी (पुद्गल) द्रव्य को तथा उसके संबंध से जीवद्रव्य को भी ऋजुमति और विपुलमति जघन्य, मध्यम, उत्कृष्ट तीन–तीन प्रकार से जानते हैं।

(चौपाई)

द्रव्य क्षेत्र यम भावन प्रती, जिय कर चितवन किय हुव अती।
पुदगल द्रव्यहिं वा तिहिं युक्त, जीव द्रव्य तिष्ठै बिन मुक्त।।209।।

(दोहा)

चिते जघन मध्यम प्रवर, भेदन कर जु सहीय।
जानैं ऋजुमति विपुलमति, मनपर्यय ज्ञानीय।।210।।

(गाथा)

अवरं दव्वमुरालिय-सरीरणिज्जिण्णसमयबद्धं तु।
चक्खिंदियणिज्जण्णं, उक्कस्सं उजुमदिस्स हवे।।।।451।।

अर्थ– ऋजुमति का जघन्य द्रव्य औदारिक शरीर के निजीर्ण समयप्रबद्ध प्रमाण है। तथा उत्कृष्ट द्रव्य चक्षुरिन्द्रिय के निर्जरा द्रव्य प्रमाण है।

(चौपाई)

ऋजुमति जघन पने जानेय, समय प्रबध औदारिक केय।
निर्जर द्रव्य वर पने भाय, चक्षु इंद्रि निर्जरा लखाय।।211।।

(गाथा)

मणदव्ववग्गणाणमणंतिमभागेण उजुगउक्कस्सं।
खंडिदमेत्तं होदि हु, विउलमदिस्सावरं दव्वं।।452।।

अर्थ– मनोद्रव्यवर्गणा के जितने विकल्प हैं, उसमें अनन्त का भाग देने से लब्ध एक भागप्रमाण ध्रुवहारका, ऋजुमति के विषयभूत उत्कृष्ट द्रव्यप्रमाण में भाग देने से जो लब्ध आवे उतने द्रव्यस्कन्ध को विपुलमति जघन्य की अपेक्षा से जानता है।

(सवैया इकतीसा)

मनोद्रव्य वर्गणा के जघन तैं लेय कर,
उत्कृष्ट द्रव्य परयंत जेते भेद हैं।
तिनको अनंत तनौ भाग दिये तहाँ इक,
भागमित ध्रुवहार यहाँ कहियेत है।।
ताका ऋजुमति के विषयभूत वर द्रव्य,
माहिं दिये भाग आवै प्रमाण अभेद है।।

सोहि द्रव्य विपुलमति तनौ जघन्य जान,
करै शरधान ज्ञानवान सो अखेद है।।212।।

(गाथा)

अट्ठण्हं कम्माणं, समयपवद्धं विविस्ससोवचयं।
धुवहारेणिगिवारं, भजिदे विदियं हवे दव्वं।।453।।

अर्थ– विस्रसोपचय से रहित आठ कर्मों के समयप्रबद्ध का जो प्रमाण है उसमें एक बार ध्रुवहार का भाग देने से जो लब्ध आये उतना विपुलमति के द्वितीय द्रव्य का प्रमाण होता है।

(चौपाई)

समय प्रबध वसु विध समुदाय, रहित विस्र सोपचय सु ताय।
भक्तैं धुवहारस इक बार, दुतिय द्रव्य होवै सुखकार।।213।।

(गाथा)

तव्विदियं कप्पाणमसंखेज्जाणं च समयसंखसमं।
धुवहारेणवहरिदे, होदि हु उक्कस्सयं दव्वं।।454।।

अर्थ– असंख्यात कल्पों के जितने समय हैं उतनी बार विपुलमति के द्वितीय द्रव्य में ध्रुवहार का भाग देने से विपुलमति के उत्कृष्ट द्रव्य का प्रमाण निकलता है।

(अडिल्ल)

पुन भक्तै ध्रुवहार से जु दुति द्रव्यहीं,
शेषहिं पुन पुन भक्तै तिसही से सही।
कल्प असंख समय परमाण सु भाजितै,
अंत द्रव्य वर विपुलमती का कहु मतै।।214।।

(गाथा)

गउयपुधत्तमवरं, उक्कस्सं होदि जोयणपुधत्तं।
विउलमदिस्स य अवरं, तस्स पुधत्तं वरं खु णरलोयं।।455।।

अर्थ– ऋजुमति का जघन्य क्षेत्र गव्यूति पृथक्त्व– दो तीन कोस और उत्कृष्ट योजनपृथक्त्व– सात आठ योजन है। विपुलमति का जघन्य क्षेत्र पृथक्त्वयोजन– आठ नव योजन तथा उत्कृष्ट क्षेत्र मनुष्यलोक प्रमाण है।

(अडिल्ल)

रिजुमति खेत्र जघन्य कोश द्वै त्रय कहौ,
सप्त अष्ट योजन प्रमाण वर शर्दहौ।।
वसु नव योजन जघन विपुल मति का सही,
पुन नर क्षेत्र प्रमाण तासु उत्कृष्ट ही।।215।।

(गाथा)

णरलोए त्ति य वयणं, विक्खंभणियामयं ण वट्टस्स।
जम्हा तग्घणपदरं, मणपज्जवखेत्तमुद्दिट्ठं।।456।।

अर्थ– मनःपर्यय के उत्कृष्ट क्षेत्र का प्रमाण जो नरलोक प्रमाण कहा है सो यहाँ नरलोक इस शब्द से मनुष्यलोक का विष्कम्भ ग्रहण करना चाहिये न कि वृत्त, क्योंकि मानुषोत्तर पर्वत के बाहर चारों कोणों में स्थित तिर्यंच अथवा देवों के द्वारा चिंतित पदार्थ को भी विपुलमति जानता है, कारण यह है कि मनःपर्ययज्ञान का उत्कृष्ट क्षेत्र ऊँचाई में कम होते हुए भी समचतुरस्र घनप्रतररूप पैंतालीस लाख योजन प्रमाण है।

(सवैया इकतीसा)

जो विपुलमति का विषय उत्कृष्ट क्षेत्र,
यु पन में नरलोक ऐसे कैं जतायो है।
सो यो सम चतुरस्र घान प्रतर स्वरूप,
लाँबो चौंडो सम ऊँचा अलप बतायो है।।
गोलरूप नाहिं जातैं मानुषोत्र बाह्य सुर,
पशु मन माहिं माय अर्थ जोर हायो है।

ताकौं जाने भलीभाँति कर भान्त मुक्त भ्रत,
शरधौ स्वरूप वर क्षेत्र कौ यो गायो है।।216।।

(गाथा)

दुगतिगभवा हु अवरं, सत्तट्ठभवा हवंति उक्कस्सं।
अडणवभवा हु अवरमसंखेज्जं विउलउक्कस्सं।।457।।

अर्थ– काल की अपेक्षा से ऋजुमति का विषयभूत जघन्यकाल अतीत और अनागत दो–तीन भव तथा उत्कृष्ट सात–आठ भव है। इसी प्रकार विपुलमति का जघन्य काल अतीत और अनागत आठ–नौ भव तथा उत्कृष्ट पल्य के असंख्यातवें भाग प्रमाण है।

(अडिल्ल)

द्वे त्रय भव की जघन ऋजूमति जानही,
सप्त अष्ट भव की उत्कृष्ट बतावही।।
विपुलमती का विषय जघन वसु नव भवै,
पल्य असंखम भाग मात्र तसु वर फवै।।217।।

(गाथा)

आवलिअसंखभागं, अवरं च वरं च वरमसंखगुणं।
तत्तो असंखगुणिदं असंखलोगं तु विउलमदी।। 458।।

अर्थ– भाव की अपेक्षा से ऋजुमति का जघन्य तथा उत्कृष्ट विषय आवली के असंख्यातवें भागप्रमाण है, तथापि जघन्य प्रमाण से उत्कृष्ट प्रमाण असंख्यातगुणा है। विपुलमति का जघन्य प्रमाण ऋजुमति के उत्कृष्ट विषय से असंख्यातगुणा है और उत्कृष्ट विषय असंख्यात लोकप्रमाण है।

(अडिल्ल)

जघन ऋजूमती भाव आवली के सही,
असंख्यातवैं भागहि वर जानैं यही।

पर असंख गुण गुण असंख यातैं मुनी,
जघन विपुलमति लोक असंख्य प्रवर धनी।।218।।

(गाथा)

मज्झिम दव्वं खेत्तं, कालं भावं च मज्झिमं णाणं।
जाणदि इदि मणपज्जवणाणं कहिदं समासेण।।459।।

अर्थ– इस प्रकार द्रव्य, क्षेत्र, काल, भाव का जघन्य और उत्कृष्ट प्रमाण बताया। इनके मध्य के जितने भेद हैं उनको मनःपर्यय ज्ञान के मध्यम भेद विषय करते हैं। इस तरह संक्षेप से मनःपर्यय ज्ञान का निरूपण किया।

(गीतिका)

जघन वा उत्कृष्ट द्रव्यरु क्षेत्र काल सु भाव ही।
ऋजु विपुल मति का जघन अरु वर भेद है सो जानही।।
अरु जघन वर के मध्यवरती द्रव्य क्षेत्रादिक चहू।
ते रिजु विपुल मति के जु मध्यम भेद जानैं अब सहू।।219।।

(दोहा)

इम संक्षेप विधान कर, मनपर्यय दुय भंत।
तासु विषय वरनन कियौ, सुन धारहु उर संत।।220।।

आगैं केवल ज्ञान का स्वरूप वर्णन करैं हैं–

(गाथा)

संपुण्णं तु समग्गं केवलमसवत्तसव्वभावगयं।
लोयालोयवितिमिरं, केवलणाणं मुणेदव्वं।।460।।

अर्थ– यह केवलज्ञान सम्पूर्ण, समग्र, केवल, प्रतिपक्ष रहित, सर्वपदार्थगत और लोकालोक में अन्धकार रहित होता है।

(सवैया इकतीसा)

जीव द्रव्य शक्तिगत सर्वज्ञान तनैं अवि–
भागी प्रतिछेद प्रगटैं संपूर्ण गत हैं।

मोहनीय वीर्य अंतराय छय सैं अहत,
शक्ति युक्त वा निश्चल सैं समग्र कत हैं।।
पुन इंद्रियन के सहाय बिना भयौ तातैं,
केवल औ चार घातीयन का सुघात हैं।
तासैं अनुक्रम बिन सर्व पदारथन में,
प्राप्त भये असपत कहिये प्रशस्त हैं।।221।।

(दोहा)

लोकालोकऽधियार पुन, रहित प्रकाशी येव।
इम अनेक भेदन सहित, केवल ज्ञान कहेव।।222।।

(गाथा)

चदुगदिमदिसुदबोहा, पल्लासंखेज्जया हु मणपज्जा।
संखेज्जा केवलिणो, सिद्धादो होंति अतिरित्ता।।461।।

अर्थ– चारों गति संबंधी मतिज्ञानियों का अथवा श्रुतज्ञानियों का प्रमाण पल्य के असंख्यातवें भागप्रमण है, मनःपर्यय वाले कुल संख्यात हैं तथा केवलियों का प्रमाण सिद्धराशि से कुछ अधिक है।

(अडिल्ल)

पल्यासंखम भाग चार गत के मई,
मति श्रुत ज्ञान प्रतेक बहुर मनपर्ययी।
संख्याते पुन केवलि तेरम चौदमें।
थानि अधिक सब सिद्ध राशि मित जिय पमैं।।223।।

(गाथा)

ओहिरहिदा तिरिक्खा, मदिणाणिअसंखभागगा मणुगा।
संखेज्जा हु तदूणा, मदिणाणी ओहिपरिमाणं।।462।।

अर्थ– अवधिज्ञान रहित तिर्यंच मतिज्ञानियों की संख्या के असंख्यातवें

भागप्रमाण हैं और अवधिज्ञान रहित मनुष्य संख्यात हैं। तथा इन दोनों ही राशियों को मतिज्ञानियों के प्रमाण में से घटाने पर जो शेष रहे उतना ही अवधिज्ञानियों का प्रमाण है।

(अडिल्ल)

मतिज्ञानिन के भाग असंखम पशु कहे,
संख्याते नर अवधि हीन सब शर्दहे।।
ये युग राशि घटात ज्ञात मतिमान तैं,
शेषराशि मित अवधिज्ञानि जि कहे मतै।।224।।

(गाथा)

पल्लासंखघणंगुल-हदसेणितिरिक्खगदिविभंगजुदा।
णरसहिदा किंचूणा, चदुगदिवेभंगपरिमाणं।।463।।

अर्थ– पल्य के असंख्यातवें भाग से गुणित घनांगुल का और जगच्छ्रेणी का गुणा करने से जो राशि उत्पन्न हो उतने तिर्यंच और संख्यात मनुष्य, घनांगुल के द्वितीय वर्गमूल से गुणित जगच्छ्रेणी प्रमाण नारकी, तथा सम्यग्दृष्टियों के प्रमाण से रहित सामान्य देवराशि, इन चारों राशियों के जोड़ने से जो प्रमाण हो उतने विभंगज्ञानी हैं।

(सवैया इकतीसा)

पल्य असंखम भाग गुणित घनांगुलभा,
जित जगश्रेणी मित तिरयंच ये सही।
संख्यात मनुष पुन घनांगुल का दुतीय,
वर्गमूल कर जगश्रेणी कौं गुणित ही।।
जो प्रमाण होय तिते नारकी सरब तामें,
जीव समकितन की संख्या को घटात ही।
नारकी औ ज्यौतिषी भवनवासी व्यंतर वै,
मानिक असमकिती ये सब जोड़त ही।।225।।

(दोहा)

जो परमान सुआवही, तितने चतुगत केय।
ज्ञान विभंगा धनी जिय, जिनमत माहिं कहेय।।226।।

(गाथा)

सण्णाणरासिपंचय-परिहीणो सव्वजीवरासी हु।
मदिसुदअण्णाणीणं, पत्तेयं होदि परिमाणं।।464।।

अर्थ– पाँच सम्यग्ज्ञानी जीवों के प्रमाण को (केवलियों के प्रमाण से कुछ अधिक) सम्पूर्ण जीवराशि के प्रमाण में से घटाने पर जो शेष रहे उतने कुमतिज्ञानी तथा उतने ही कुश्रुतज्ञानी जीव हैं।

(गीतिका)

पन ज्ञान सम्यक युक्त जियन प्रमाण के बलि मान तैं।
कछु अधिक वरणैं सो सरब जिय राशि माहिं जघान तैं।।
अविशेष रहै प्रमाण मित जिय कुमतिज्ञानी जानिये।
अरु तिते ही जिय कुश्रुत ज्ञानी जान शरधा आनिये।।227।।

(चौपाई)

इकशत सड़सठ गाथा सार, छंद दु शत बत्तीस मँझार।
पूरण ज्ञान मार्गाणा नाम, हुव बारम अधिकार ललाम।।228।।

इत्याचार्य श्री नेमचन्द्र सिद्धान्त चक्रवर्ती विरचित गोम्मटसार दुतिय नाम पंचसंग्रह ताकी जीवतत्त्व प्रदीपिका नाम संस्कृत टीका वा सम्यग्ज्ञान चन्द्रिका नाम भाषा टीका के अनुसार मूल गाथार्थ छन्द बन्ध छन्दोदय ग्रन्थ में ज्ञान मार्गणा नाम द्वादशम अधिकार समाप्त भया।

***

अधिकार - 13

संयम मार्गणा

(दोहा)

निज पुण तैं सब का करत, विमल जिन पाय।
नमौं विमल पद निमित युत, अतिशय तीरथराय।।1।।

अब आगैं संयम मार्गणा कहैं हैं–

(गाथा)

वदसमिदिकसायाणं, दंडाण तहिंदियाण पंचण्हं।
धारणपालणणिग्गह-चागजओ संजमो भणिओ।।465।।

अर्थ– अहिंसा, अचौर्य, सत्य, शील (ब्रह्मचर्य), अपरिग्रह इन पाँच महाव्रतों का धारण करना, ईर्या भाषा एषणा आदाननिक्षेपण उत्सर्ग इन पाँच समितियों का पालना, क्रोधादि चार प्रकार की कषायों का निग्रह करना, मन, वचन, काय रूप दण्ड का त्याग तथा पाँच इन्द्रियों का जय इसको संयम कहते हैं। अतएव संयम के पाँच भेद हैं।

(गीतिका)

धारण अहिंसा आद व्रत– ईर्यादि समिति सु पालना।
निग्रह कषायन करन मन वच काय दंडहि त्यागना।।
पुन सपरर्शादिक पंच इंद्रिन तनौं तीतन जोय है।
पन भेद वरणे सोहि संयम पंचविध सुखदाय है।।2।।

(गाथा)

बादरसंजलणुदये, सुहुमुदये समखये य मोहस्स।
संजमभावो णियमा, होदि त्ति जिणेहिं णिद्दिट्ठं।।466।।

अर्थ– बादर संज्वलन के उदय से अथवा सूक्ष्मलोभ के उदय से और

मोहनीय कर्म के उपशम से अथवा क्षय से नियम से संयमरूप भाव उत्पन्न होते हैं ऐसा जिनेन्द्रदेव ने कहा है।

(गीतिका)

संज्वलन बादर उदय सूक्षम लोभ उदय जु होत ही।
पुन मोहनी के उपशमन तैं क्षपण तैं पुन मोह ही।।
होवहिं जु संयम भाव निश्चय कर सु इम जिननाह जी।
भाषौ जिनागम के महीं धारहु सुधी उर माँह जी।।3।।

आगैं इस ही अर्थ को स्पष्ट कहैं हैं–

(गाथा)

बादरसंजलणुदये, बादरसंजमतियं खु परिहारो।
पमदिदरे सुहुमुदये, सुहुमो संजमगुणो होदि।।467।।

अर्थ– जो संयम के विरोधी नहीं हैं ऐसे बादर संज्वलन कषाय के देशघाति स्पर्धकों के उदय से सामायिक, छेदोपस्थापना, परिहारविशुद्धि ये तीन संयम- चारित्र होते हैं। इनमें से परिहारविशुद्धि संयम तो प्रमत्त और अप्रमत्त में ही होता है, किन्तु सामायिक और छेदोपस्थापना प्रमत्तादि अनिवृत्तिकरणपर्यन्त होते हैं। सूक्ष्मकृष्टि को प्राप्त संज्वलन लोभ के उदय से सूक्ष्मसांपराय गुणस्थानवर्ती संयम होता है।

(गीतिका)

संज्वलन बादर देश घातिय के उदय ह्वै सार है।
सामायिक रु छेदुपस्थापन विशुद्धी परिहार है।।
तहँ विशुद्धी पहिार सो ह्वै प्रमत अप्रमत ही मही।
पुन शेष द्वे प्रमतादि अनवृति करण तक ह्वै हैं सही।।4।।

(दोहा)

सूक्ष्मकृष्टि को प्राप्त जो, सूक्ष्म लोभ उदतास।
है सूक्षम संप्राय यह, संयम गुणन निवास।।5।।

(गाथा)

जहखादसंजमो पुण, उवसमदो होदि मोहणीयस्स।
खयदो वि य सो णियमा, होदि त्ति जिणेहिं णिद्दिट्ठं।।468।।

अर्थ– यथाख्यात संयम नियम से मोहनीय कर्म के उपशम या क्षय से होता है ऐसा जिनेन्द्रदेव ने कहा है।

(चौपाई)

यथाख्यात संयम पुन सोय, मोह तनैं उपशम तैं होय।।
वा क्षप तैं ह्वै निश्चय भाय, इम श्री जिनवर कह्यौ बनाय।।6।।

(गाथा)

तदियकसायुदयेण य, विरदाविरदो गुणो हवे जुगवं।
विदियकसायुदेण य, असंजमो होदि णियमेण।।469।।

अर्थ– तीसरी प्रत्याख्यानावरण कषाय के उदय से विरताविरत– देशविरत–मिश्रविरत–संयमासंयम नाम का पाँचवा गुणस्थान होता है और दूसरी अप्रत्याख्यान कषाय के उदय से असंयम (संयम का अभाव) होता है।

(चौपाई)

तृतिय कषाय उदय कर होय, विरताविरत जु संयम सोय।
बहुर कषाय दुतिय उदयात, होत असंयम निश्चय भ्रात।।7।।

आगैं सामायिक संयम का स्वरूप कहैं हैं–

(गाथा)

संगहिय सयलसंजम-मेयजममणुत्तरं दुरवगम्मं।
जीवो समुव्वहंतो, सामाइयसंजमो होदि।।470।।

अर्थ– उक्त व्रतधारण आदिक पाँच प्रकार के संयम में संग्रह नय की अपेक्षा से एकयम– भेद रहित होकर अर्थात् अभेद रूप से मैं सर्व सावद्य का त्यागी हूँ– इस तरह से जो संपूर्ण सावद्य का त्याग करना इसको सामायिक संयम कहते हैं। यह संयम अनुपम है तथा दुर्लभ है और दुर्धर्ष है। इसके

पालन करने वाले को समायिकसंयमी कहते हैं।

(गीतिका)

व्रत धारणादिक सकल संयम का जु संग्रह करह ही।
जो सकल सावध त्याग रूप अभेद संयम हो वही।।
सो जान सामायिक अनुत्तर बहुर अति दुरलभ तिसैं।
पालें जिया संयम सु सामायिक तनैं धारी लसैं।।8।।

आगैं छेदोपस्थापना संयम का स्वरूप निरूपण करैं हैं-

(गाथा)

छेत्तूण य परियायं, पोराणं जो ठवेइ अप्पाणं।
पंचजये धम्मे सो, छेदोवट्ठावगो जीवो।।471।।

अर्थ- प्रमाद के निमित्त से समाधिकादि से च्युत होकर जो सावद्य क्रिया के करनेरूप सावद्य पर्याय होती है उसका प्रायश्चित्त विधि के अनुसार छेदन करके जो जीव अपनी आत्मा को व्रतधारणादिक पाँच प्रकार के संयमरूप धर्म में स्थापन करता है उसको छेदोपस्थापन संयमी कहते हैं।

(सवैया इकतीसा)

सामायिक चरित्री संयमी होकर पुन च्युत,
होय सावद्य कियान को प्राप्त हो आय कैं।
पुन भयौ हुवौ जो सावद्य रूप परयाय,
ताकौं प्रायश्चित विध से छेद कराय कैं।।
निज आत्मा कौं व्रत धारणादि पंच पर-
कार रूप संयम धरम माहिं ल्याय कैं।
थापन करै संयम सो छेदोपस्थापन है,
याकौं धारैं दोषगण भागत डराय कैं।।9।।

आगैं परिहार विशुद्धि संयमी का स्वरूप कहैं हैं-

(गाथा)

पंचसमिदो तिगुत्तो, परिहरइ सदा वि जो हु सावज्जं।
पंचेक्कजमो पुरिसो, परिहारयसंजदो सो हु।।472।।

अर्थ– पाँच प्रकार के संयमियों में से सामान्य– अभेदरूप से अथवा विशेष– भेदरूप से सर्व सावद्य का सर्वथा परित्याग करने वाला जो जीव पाँच समिति और तीन गुप्ति को धारण कर उनसे युक्त रहकर सदा सावद्य का त्याग करता है उस पुरुष को परिहारविशुद्धि संयमी कहते हैं। अर्थात् जो इस तरह से सावद्य से सदा दूर रहता है वह जीव पाँच प्रकार के संयमियों में तीसरे परिहार विशुद्धि संयम का धारक माना जाता है।

(अडिल्ल)

पंच समित वय गुप्त युक्त ह्वै जिय सही,
सदा करै सावद्य का जु परहार ही।
सो सामा–यक आद पंच संयमन में,
इक परिहार विशुद्धि नाम संयम पमै।।10।।

आगैं इस ही अर्थ को स्पष्ट करैं हैं–

(गाथा)

तीसं वासो जम्मे, वासपुधत्तं खु तित्थयरमूले।
पच्चक्खाणं पढिदो, संझूणदुगाउयविहारो।।473।।

अर्थ– जन्म से लेकर तीस वर्ष तक सदा सुखी रहकर पुनः दीक्षा ग्रहण करके श्री तीर्थंकर भगवान के पादमूल में आठ वर्ष तक प्रत्याख्यान नामक नौवें पूर्व का अध्ययन करने वाले जीव के यह संयम होता है। इस संयम वाला जीव तीन संध्याकालों को छोड़कर प्रतिदिन दो कोस पर्यन्त गमन करता है, रात्रि को गमन नहीं करता। और इसके वर्षाकाल में गमन करने का या न करने का कोई नियम नहीं है।

(गीतिका)

जो जन्म तैं ह्वै बरस तीस तनों सुखी पुन सर्वदा।
तप लेय वर्ष पृथक्त तीर्थंकर समीप सु पढ़ मुदा।।
प्रतख्यान नामा नवम पूरब का जु पाठी ह्वै सही।
दो कोश करै विहार निश अरु तीन काल जु वर्जही।।11।।

(दोहा)

जुत परिहार विशुद्धि ह्वै, धारक संयम सोय।
वर्षा रितु में गमन का याका नेम न कोय।।12।।

(गाथा)

अणुलोहं वेदंतो, जीवो उवसामगो व खवगो वा।
सो सुहुमसांपराओ, जहखादेणूणओ किंचि।।474।।

अर्थ– जिस उपशमश्रेणी वाले अथवा क्षपक श्रेणी वाले जीव के अणुमात्र लोभ– सूक्ष्मदृष्टि को प्राप्त लोभ कषाय के उदय का अनुभव होता है उसको सूक्ष्मसांपराय संयमी कहते हैं। इसके परिणाम यथाख्यात चारित्र वाले जीव के परिणामों से कुछ ही कम होते हैं, क्योंकि यह संयम दशवें गुणस्थान में होता है और यथाख्यात संयम ग्यारहवें से शुरु होता है।

(चौपाई छंद)

उपशमकी वा क्षायिकि जीव, वेदत किंचित लोभ सहीय।
सो सूक्षम संप्रायी जान, यथाख्यात से कछु घट मान।।13।।

आगैं यथाख्यात संयम का स्वरूप कहैं हैं–

(गाथा)

उवसंते खीणे वा, असुहे कम्मम्मि मोहणीयम्मि।
छदुमट्ठो व जिणो वा, जहखादो संजदो सो दु।।475।।

अर्थ– अशुभरूप मोहनीय कर्म के सर्वथा उपशम हो जाने से ग्यारहवें गुणस्थानवर्ती जीवों के और सर्वथा क्षीण हो जाने से बारहवें गुणस्थानवर्ती

जीवों के तथा तेरहवें चौदहवें गुणस्थान वाले जीवों के यथाख्यात संयम होता है।

(गीतिका)

अशुभ रूप जु मोहनी उपशमन तैं वा छयत ही।
उपशम कषाय कथान क्षीण कषाय थल वा पात ही।।
छदमस्थ ह्वै अथवा सँजोगी अजोगी जिन ह्वै सही।
धृत यथाख्यात सु नाम संयम जानिये जीवा वही।।14।।

(गाथा)

पंचतिहिचहुविहेहिं य, अणुगुणसिक्खावयेहिं संजुत्ता।
उच्चंति देसविरया, सम्माइट्ठी झलियकम्मा।।476।।

जो सम्यग्दृष्टि जीव पाँच अणुव्रत, तीन गुणव्रत, चार शिक्षाव्रत इस तरह कुल बारह व्रतों से युक्त हैं, उनको देशविरत अथवा संयमासंयमी कहते हैं। इस देशसंयम के द्वारा जीवों के असंख्यातगुणी कर्मों की निर्जरा होती है।

(चौपाई)

पन अणुव्रत गुणव्रत त्रि सहेय, वत शिक्षाव्रत जुत जिय जेय।
समदृष्टी विध निर्जरवान, देशव्रती संयमी सुजान।।15।।

आगैं देशसंयमी के ग्यारह भेदों को कहैं हैं–

(गाथा)

दंसणवयसामाइय - पोसहसच्चित्तरायभत्ते य।
बम्हारंभपरिग्गह-अणुमणमुद्दिट्ठदेसविरदेदे।।477।।

अर्थ– दार्शनिक, व्रतिक, सामायिकी, प्रोषधोपवासी, सचित्तविरत, रात्रिभुक्तिविरत, ब्रह्मचारी, आरंभविरत, परिग्रहविरत, अनुमतिविरत, उद्दिष्टविरत ये देशविरत (पाँचवे गुणस्थान) के ग्यारह भेद हैं।

(सवैया इकतीसा)

श्रद्धा कर व्रत पालै सामायिक दोष टालै,
यो सो मांड सचित कौं त्यागै लौं घटाय कै।
रात्रिभुक्ति परिहरैं ब्रह्मचर्य नित्य धरैं,
आरंभ को त्याग करैं मन वच काय कैं।।
परिग्रह काज टालैं अघ अनुमत छारैं,
स्वनिमित कृत त्यागैं अशन बनाय कैं।
सब एकादश येह प्रतमा जु शर्म गेह,
धारैं देशव्रती उर हरष बढ़ाय कैं ।।16।।

(दोहा)

इनका अर्थ विशेष सब, अन्य ग्रंथ के माँह।
देख सुधी पालौ सदा, जिम अघ पुंज नशाँह।।17।।

आगैं असंयत का स्वरूप कहैं हैं–

(गाथा)

जीवा चोद्दसभेया, इंदियविसया तहट्ठवीसं तु।
जे तेसुणेव विरया, असंजदा ते मुणेदव्वा।।478।।

अर्थ– चौदह प्रकार के जीवसमास और अट्ठाईस प्रकार के इन्द्रियों के विषय इनसे जो विरक्त नहीं हैं उनको असंयम कहते हैं।

(चौपाई)

चतुदश भेद जीव पुन सार, करण विषय अठबीस मँझार।
जे नहिं होंय विरत्त पुमान, जानहु ते सु असंयमवान।।18।।

आगैं अट्ठाईस इंद्रिय विषयों के नाम बताइये हैं–

(गाथा)

पंचरसपंचवण्णा, दो गंधा अट्ठफाससत्तसरा।
मणसहिदट्ठावीसा, इंदियविसया मुणेदव्वा।।479।।

अर्थ– पाँच रस (मीठा, खट्टा, कषायला, कडुवा, चरपरा), पाँच वर्ण (सफेद, पीला, हरा, लाल, काला), दो गंध (सुगंध, दुर्गन्ध), आठ स्पर्श (कोमल, कठोर, हलका, भारी, शीत, उष्ण, रूखा, चिकना), सात स्वर (षड्ज, ऋषभ, गांधार, मध्यम, पंचम, धैवत, निषाद) और एक मन इस तरह ये इन्द्रियों के अट्ठाईस विषय है।

(चौपाई)

पन रस पंच वरण गँध केय, द्वे वसु फर्स सप्त स्वर एय।
मन युत अष्टबीस पहिचान, इंद्रिय विषय महा दुखखान।।19।।

आगैं सप्त सुरन के नाम कहिये हैं–

(दोहा)

ड्ज ऋषम गंधार पुन, मध्यम पंचम नाम।
धैवत और निषाद ये, सातों सुर अभिराम।।20।।

आगैं संयम मार्गणा में जीवन की संख्या कहैं हैं–

(गाथा)

पमदादिचउण्हजुदी, सामयियदुगं कमेण सेसत्तियं।
सत्तसहस्सा णवसय-णवलक्खा तीहिं परिहीणा।।480।।

अर्थ– प्रमत्तादि चार गुणस्थानवर्ती जीवों का जितना प्रमाण है उतने सामायिकसंयमी होते हैं और उतने ही छेदोपस्थापना संयमी होते हैं। परिहारविशुद्धि संयमवाले तीन कम सात हजार (6997), सूक्ष्मसंपराय संयमवाले तीन कम नौ सौ (897) यथाख्यात संयम वाले तीन कम नौ लाख (899997) होते हैं।

(सवैया इकतीसा)

प्रमतादि चतु गुणथानी जीव वसु कोड़,
नब्बै लाख निन्यानू सहस त्रि अधिक सै।
जोड़े हुये इतौ इतौ सामाइक छेदोपस-
थापन जियन कौ प्रमाण जानौं श्रुत सैं।।

परिहार विशुद्ध संयमी तीन घाट सप्त,
सहस पुन त्रि हीन नव सै सबै लसैं।
सूक्षम संप्राय संजमी पुन त्रि हृत नव,
लक्ष यथाख्यात संजमी मुनि अघै कसैं।।21।।

(गाथा)

पल्लासंखेज्जदिमं, विरदाविरदाणदव्वपरिमाणं।
पुव्वुत्तरासिहीणा, संसारी अविरदाण पमा।।481।।

अर्थ– पल्य के असंख्यातवें भाग देशसंयमी जीवों का प्रमाण है। इस प्रकार उक्त संयमियों और देशसंयमियों को मिलाकर छह राशियों को संसारी जीवराशियों से घटाने पर जो शेष रहे उतना असंयमियों का प्रमाण है।

(चौपाई)

पल्य असंखम भाग प्रमान, विरताविरति जीव पहिचान।
पूर्व उक्त षट राशि घटात, जान अविरती संश्रत मात।।22।।

(दोहा)

गाथा दश अरु सप्त के, छंद त्रि बीस मँझार।
मार्गण संयम नाम यह, पूर्ण कियौ अधिकार।।23।।

इत्याचार्य श्री नेमिचन्द्र सिद्धान्त चक्रवर्ती विरचित गोम्मटसार दुतिय नाम पंचसंग्रह ताकी जीव तत्त्व प्रदीपिका नाम संस्कृत टीका वा सम्यग्ज्ञान चन्द्रिका नाम भाषा टीका के अनुसार मूल गाथार्थ छन्द बन्ध छन्दोदय ग्रन्थ में संयम मार्गणा नाम त्रयोदशम अधिकार सम्पूर्ण भया।

***

अधिकार - 14

दर्शन मार्गणा

मंगलाचरण

(दोहा)

तारण तरणि समान जो, विकट भवोदधि धार।
सुख अनंत कारण नमौं, श्री अनंत जिन सार।।1।।
इम संयम मार्गण जु कह, पर्म शर्म दातार।
अब मारगणा वरणउँ, दरशन नाम उदार।।2।।

(गाथा)

जं सामण्णं गहणं, भावाणं णेव कट्टुमायारं।
अविसेसदूण अट्ठे, दंसणमिदि भण्णदे समये।।482।।

अर्थ– सामान्य–विशेषात्मक पदार्थ के विशेष अंश को ग्रहण न करके केवल सामान्य अंशका जो निर्विकल्परूप से ग्रहण होता है उसको परमागम में दर्शन कहते हैं।

(चौपाई)

भेद गहन बिन जो सामान, गहन पदार्थन का सुखदान।
बाह्यर्थहिं पुन अविशेषेय, सो दर्शन जिन मार्ग भणेय।।3।।

उक्त अर्थ को स्पष्ट करैं हैं–

(गाथा)

भावाणं सामण्ण-विसेसयाणं सरूवमेत्तं जं।
वण्णणहीणग्गहणं, जीवेण य दंसणं होदि।।483।।

अर्थ– सामान्य–विशेषात्मक पदार्थों की स्वरूपमात्र स्व–परसत्ता का निर्विकल्परूप से जीव के द्वारा जो अवभासन होता है उसको दर्शन कहते हैं।

(अडिल्ल)

जो सामान्य विशेषात्मक सु पदार्थहीं,
मात्र स्वरूपिक भेद रहित ज्यौं है सही।
त्यौं जिय सहित स्व-पर सत्ता परकाशना,
सो दर्शन का भेद जान भ्रम नाशना।।4।।

(दोहा)

जे देखै वा जासु कर, लखै पदारथ जाँह।
वा अवलोकन मात्र सो, दर्शन है भ्रम नाँह।।5।।

आगैं चक्षुदर्शन का लक्षण कहैं हैं-

(गाथा)

चक्खूण जं पयासइ, दिस्सइ तं चक्खुदंसणं वेंति।
सेसिंदियप्पयासो, णायव्वो सो अचक्खू त्ति।।484।।

अर्थ- चक्षुरिन्द्रिय संबंधी जो सामान्य प्रकाश- आभास अथवा देखना, अथवा वह ग्रहणविषय का प्रकाशनमात्र जिसके द्वारा हो- जिसके द्वारा वह देखा जाय, यद्वा उसके कर्ता देखने वाले को चक्षुर्दर्शन कहते हैं और चक्षु के सिवाय दूसरी चार इन्द्रियों के द्वारा अथवा मन के द्वारा जो पदार्थ का सामान्यरूप ग्रहण होता है उसको अचक्षुदर्शन कहते हैं।

(गीतिका)

जे नेत्र संबधी ग्रहण सामान्य विषय प्रकाशिये।
वा देखिये जाकर सु दर्शन चक्षु उर अवधारिये।।
चतु शेष इंद्री अवर मन के विषय का परकाशना।
दर्शन अचक्षु सु जान श्री गणराज जिनश्रुत इम भना।।6।।

आगैं अवधिदर्शन का स्वरूप कहैं हैं-

(गाथा)

परमाणुआदियाइं, अंतिमखंधं त्ति मुत्तिदव्वाइं।
तं ओहिदंसणं पुण, जं पस्सइ ताइं पच्चक्खं।।485।।

अर्थ– अवधिज्ञान होने के पूर्व समय में अवधि के विषयभूत परमाणु से लेकर महास्कन्ध पर्यन्त मूर्तद्रव्य का जो सामान्य रूप से प्रत्यक्ष देखना– ग्रहण– प्रकाश– अवभासन होता है उसको अवधिदर्शन कहते हैं। इस अवधिदर्शन के अनन्तर प्रत्यक्ष अवधिज्ञान होता है।

(चौपाई)

अनूआद मह खंध प्रयंत, मूरतीक जे द्रव्य लसंत।
देखै ते प्रतक्ष जो भाय, दर्शन अवधि सोहि सुखदाय।।7।।

आगैं केवल दर्शन को कहिये हैं–

(गाथा)

बहुविहबहुप्पयारा, उज्जोवा परिमियम्मि खेत्तम्मि।
लोगालोगवितिमिरो, जो केवलदंसणुज्जोओ।।486।।

अर्थ– तीव्र, मंद, मध्यम आदि अनेक अवस्थाओं की अपेक्षा तथा चंद्र–सूर्य आदि पदार्थों की अपेक्षा अनेक प्रकार के प्रकाश जगत् में पाये जाते हैं, परन्तु वे परिमित क्षेत्र में ही रहते और काम करते हैं, किन्तु जो लोक और अलोक दोनों जगह प्रकाश करता है ऐसे आत्मा के सामान्य आभासरूप प्रकाश को केवलदर्शन कहते हैं।

(चौपाई)

बहु विध बहु भाँतन उद्योत, पर मित खेत प्रकाशी होत।
तम बिन लोकालोक मँझार, केवल दर्शन द्योत विचार।।8।।

आगैं दर्शनमार्गणा में जीवों की संख्या गाथा दोय कर बतावैं हैं–

(गाथा)

जोगे चउरक्खाणं, पंचक्खाणं च खीणचरिमाणं।
चक्खूणमोहिकेवल–परिमाणं ताण णाणं च।।487।।

अर्थ– मिथ्यादृष्टि से लेकर क्षीणकषाय गुणस्थानपर्यन्त जितने पंचेन्द्रिय हैं उनका तथा चतुरिन्द्रिय जीवों की संख्या का परस्पर जोड़ देने से जो राशि उत्पन्न हो उतने ही चक्षुर्दर्शनी जीव हैं। और अवधिज्ञानी तथा केवलज्ञानी जीवों

का जितना प्रमाण है उतना ही क्रम से अवधिदर्शनी तथा केवलदर्शन वालों का प्रमाण है।

(गीतिका)

चतुइन्द्रि अरु पंचेन्द्रि मिथ्या आदि खीन गुणांत के।
जीवन तनैं परमाण मित जिय चक्षुदर्शन सब छके।।
पुन अवधि ज्ञानिन मान मित दर्शन अवधिधारी कहे।
केवल दरशनी जीव केवल ज्ञानि जीवन मित लहे।।9।।

(दोहा)

सो इनका परमाण सब, ज्ञान मार्गणा माहिं।
बरणौ तहँ ते जानियौ, जिम संशय नश जाहिं।।10।।

(गाथा)

एइंदियपहुदीणं, खीणकसायंतणंतरासीणं।
जोगो अचक्खुदंसण-जीवाणं होदि परिमाणणं।।488।।

अर्थ– एकेन्द्रिय जीवों से लेकर क्षीणकषाय पर्यन्त अनन्तराशि के जोड़ को अचक्षुदर्शन वाले जीवों का प्रमाण समझना चाहिये।

(चौपाई)

एकेन्द्रिय आदिक जे जीव, क्षीणकषाय प्रयंत अतीव।
तिन सब के प्रमाण मित जान, जिय अचक्षु दरशनिन प्रमान।।11।।

(दोहा)

मागण दृग नाम यह, पूर्ण कियौ अधिकार।
सब हि सप्त गाथान के, द्वादश छंद मँझार।।12।।

इत्याचार्य श्री नेमिचन्द्र सिद्धान्त चक्रवर्ती विरचित गोम्मटसार दुतिय नाम पंचसंग्रह ताकी जीत्त्वप्रदीपिका नाम संस्कृत टीका वा सम्यज्ञान चन्द्रिका नाम भाषा टीका के अनुसार मूल गाथार्थ छन्द बन्ध छन्दोदय ग्रन्थ में दर्शन मार्गणा नाम चतुर्दशम अधिकार समाप्त।

***

अधिकार - 15

लेश्या मार्गणा

(दोहा)

समय यूष वृष वृष्टि कर, पुष्ट किये भवि धान्य।
प्राप्त कियो निज इष्ट जिन, भजौं धर्म धन मान्य।।1।।
दरशन मारगणा तनौ, इम वरनन कर भाय।
लेश्या मार्गण नाम अब, कहुँ अधिकारहिं गाय।।2।।

(गाथा)

लिंपइ अप्पीकीरइ, एदीए णियअपुण्णपुण्णं च।
जीवो त्ति होदि लेस्सा, लेस्सागुणजाणयक्खादा।।489।।

अर्थ- लेश्या के गुण को- स्वरूप को जानने वाले गणधरादि देवों ने लेश्या का स्वरूप ऐसा कहा है कि जिसके द्वारा जीव अपने को पुण्य और पाप से लिप्त करे- पुण्य और पाप के अधीन करे उसको लेश्या कहते हैं

(सोरठा)

लेश्या द्वे परकार, द्रव्य भाव के भेद कर।
तहँ इस सूत्र मँझार, लेश्या भाव स्वरूप कह।।3।।

(चौपाई)

जिस कर अघ पुन्यहिं भव जीय, करै लिप्त निज संबंधीय।
सो लेश्या गुण जानन धनी, गणधरादि कर लेश्या भनी।।4।।

इस ही अर्थ को स्वष्ट करैं हैं-

(गाथा)

जोगपउत्ती लेस्सा, कसायउदयाणुरंजिया होई।
तत्तो दोण्णं कज्जं, बंधचउक्कं समुद्दिट्ठं।।490।।

अर्थ– कषायोदय से अनुरक्त योगप्रवृत्ति को लेश्या कहते हैं इस ही लिये दोनों का बन्धचतुष्करूप कार्य परमागम में कहा है।

(चौपाई)

योग प्रवृत्ति जु लेश्या सोय, उदय कषाय नु रंजत होय।
तातैं कार्य दुहन का सार, भाष्यौ बंध चार परकार।।5।।

आगैं दोय गाथान कर लेश्या के प्ररूपण विषैं सोलह अधिकार कहैं हैं–

(गाथा)

णिद्देसवण्णपरिणामसंकमो कम्मलक्खणगदी य।
सामी साहणसंखा, खेत्तं फासं तदो कालो।।491।।
अंतरभावप्पबहु, अहियारा सोलसा हवंति त्ति।
लेस्साण साहणट्ठं, जहाकमं तेहिं वोच्छामि।।492।।

अर्थ– निर्देश, वर्ण, परिणाम, संक्रम, कर्म, लक्षण, गति, स्वामी, साधन, संख्या, क्षेत्र, स्पर्शन, काल, अन्तर, भाव, अल्पबहुत्व ये लेश्याओं की सिद्धि के लिये सोलह अधिकार परमागम में कहे गये हैं। इनके ही द्वारा आगे क्रम से लेश्याओं का निरूपण करेंगे।

(पद्धरि)

निर्देश वरण परिणाम जान, संक्रमण कर्म लक्षण बखान।
गति स्वामी पुन साधन विचार, संख्यारु क्षेत्र सपरश विचार।।6।।
अंतक अरु अंतर भाव जेह, पुन अल्प बहुत अधिकार येह।
सोलह लेश्या साधन निमित्त, है तिनकर कहुँ सौ क्रम सहित्त।।7।।

1. निर्देश

अब निर्देश कर कहैं हैं–

(गाथा)

किण्हा णीला काऊ, तेऊ पम्मा य सुक्कलेस्सा य।
लेस्साणं णिद्देसा, छच्चेव हवंति णियमेण।।493।।

अर्थ– लेश्याओं के नियम से ये छह ही निर्देश– संज्ञाएँ हैं– कृष्णलेश्या, नीललेश्या, कापोतलेश्या, तेजोलेश्या (पीतलेश्या), पद्मलेश्या, शुक्ललेश्या।

(चौपाई)

कृष्ण नील कापोत सु जान, पीत पद्म पुन शुक्ल बखान।
है जु नेम कर षट परकार, लेश्या इम निर्देश विचार।।8।।

(दोहा)

नैगम नय कर वरणई, लेश्या ये षट भेय।
पर्यार्थिक नय कर जु लख, लोक असंख प्रमेय।।9।।

2. वर्ण

आगैं वर्ण अधिकार कहैं हैं–

(गाथा)

वण्णोदयेण जणिदो, सरीरवण्णो दु दव्वदो लेस्सा।
सा सोढा किण्हादी, अणेयभेया सभेयेण।।494।।

अर्थ– वर्ण नामकर्म के उदय से जो शरीर का वर्ण होता है उसको द्रव्यलेश्या कहते हैं। इसके कृष्ण, नील, कापोत, पीत, पद्‌म, शुक्ल ये छह भेद हैं तथा प्रत्येक के अनेक उत्तर भेद हैं।

(चौपाई)

वर्ण नाम कर्मुदय वसेय, ह्वै वपु द्रव्य जु लेश्या तेय।
सो कृष्णादि छविध पुन ताम, इक निज भिद तैं बहु भिद धाम।।10।।

सोई कहिये हैं–

(गाथा)

छप्पयणीलकवोदसुहेमंवुजसंखसण्णिहा वण्णे।
संखेज्जासंखेज्जाणंतवियप्पा य पत्तेयं।।495।।

अर्थ– वर्ण की अपेक्षा से भ्रमर के समान कृष्णलेश्या, नीलमणि के (नीलम के) समान नीललेश्या, कबूतर के समान कापोतलेश्या, सुवर्ण के

समान पीतलेश्या, कमल के समान पद्मलेश्या, शंख के समान शुक्ललेश्या होती है। इनमें से प्रत्येक के इन्द्रियों से प्रकट होने की अपेक्षा संख्यात भेद हैं, तथा स्कन्धों के भेदों की अपेक्षा असंख्यात और परमाणुभेद की अपेक्षा अनंत तथा अनंतानंत भेद होते हैं।

(सवैया इकतीसा)

वर्ण कृष्ण लेश्या तनौं भ्रमर के सम भनों,
नील लेश्या नील नीलमणि सम जानिये।
कापोत वरण अंग कापोत का सरवंग,
तेज केरो रंग हेम के सम प्रमाणिये।।
अंबुज समान काय पद्म लेश्या की सुहाय,
संख उनहार शुक्ल शुक्ल पहिचानिये।
पुन इन एक एक तनैं भेद संख्यात,
असंख्यात अनंत मित जान संशै भानिये।।11।।

(गाथा)

णिरया किण्हा कप्पा, भावाणुगया हु तिसुरणरतिरिये।
उत्तरदेहे छक्कं, भोगे रविचंदहरिदंगा।।496।।

अर्थ– संपूर्ण नारकी कृष्णवर्ण ही हैं। कल्पवासी देवों की द्रव्यलेश्या (शरीर का वर्ण) भावलेश्या सदृश होती है। भवनवासी, व्यन्तर, ज्योतिषी, मनुष्य, तिर्यंच इनकी द्रव्यलेश्या छहों होती हैं तथा देवों की विक्रिया के द्वारा उत्पन्न होने वाले शरीर का वर्ण भी छह प्रकार में से किसी भी एक प्रकार का होता है। उत्तम भोगभूमि वाले मनुष्य तिर्यंचों का शरीर सूर्यसमान, मध्यम भोगभूमि वाले मनुष्य तिर्यंचों का शरीर चंद्रसमान तथा जघन्य भोगभूमि वाले मनुष्य तिर्यंचों का शरीर हरितवर्ण होता है।

(अडिल्ल)

नारकि सब ही कृष्ण जु भ्रमर समान हैं,
कल्पेश्वर भावानुकूल रँगवान हैं।
भवन वान ज्योतिष नर पशु सुर विक्रिय,
इन सब के वपु छहों वर्ण के वर्णिया।।12।।

(गाथा)

बादरआऊतेऊ, सुक्का तेऊय वाउकायाणं।
गोमुत्तमुग्गवण्णा, कमसो अव्वत्तवण्णो य।।497।।

अर्थ– क्रम से बादर जलकायिक की द्रव्यलेश्या शुक्ल और बादर तेजस्कायिक की पीतलेश्या होती है। वायुकायिक के तीन भेद हैं– घनोदधिवात, घनवात, तनुवात। इनमें से प्रथम का शरीर गोमूत्रवर्ण, दूसरे का शरीर मूंगसमान और तीसरे के शरीर का वर्ण अव्यक्त है।

(चौपाई)

बादर जल दव तन कम सेयु, श्वेत पीत पुन मारुत केयु।
गाय मूत्र अरु मूँग समान, वर्ण अव्यक्त सु क्रम सैं जान।।13।।

(सोरठा)

प्रथम घनोदधि जान, पुन घनवात प्रछानिये।
तृति तनुवात हि मान, वात वलय इन उक्त रँग।।14।।

(गाथा)

सव्वेसिं सुहुमाणं, कावोदा सव्वविग्गहे सुक्का।
सव्वो मिस्सो देहो, कवोदवण्णो हवे णियमा।।498।।

अर्थ– संपूर्ण सूक्ष्म जीवों का देह कपोत वर्ण है। विग्रहगति में संपूर्ण जीवों का शरीर शुक्लवर्ण होता है। तथा अपनी-अपनी पर्याप्ति के प्रारम्भ समय से शरीर पर्याप्ति पर्यन्त समस्त जीवों का मिश्र शरीर नियम से कपोत वर्ण होता है।

(चौपाई)

सब सूक्ष्मन तन सम कापोत, विग्रह में जिय सब सित होत।
सम कपोत सब मिश्र शरीर, जानहु नेम रूप धर धीर।।15।।

इति वर्ण अधिकार समाप्त।

3. परिणाम

आगैं परिणामाधिकार कहैं हैं-

(गाथा)

लोगाणमसंखेज्जा, उदयट्ठाणा कसायगा होंति।
तत्थ किलिट्ठा असुहा, सुहा विसुद्धा तदालावा।।499।।

अर्थ- कषायों के अनुभाग रूप उदयस्थान असंख्यात लोकप्रमाण हैं। इनमें से अशुभ लेश्याओं के संक्लेशरूप स्थान यद्यपि सामान्य से असंख्यात लोक प्रमाण ही हैं तथापि विशेषा की अपेक्षा असंख्यात लोक प्रमाण में असंख्यात लोक प्रमाण राशि का भाग देने से जो लब्ध आवे उसके बहुभाग प्रमाण संक्लेशरूप स्थान हैं और एक भागप्रमाण शुभ लेश्याओं के विशुद्ध स्थान हैं। परन्तु सामान्य से ये भी असंख्यात लोक प्रमाण ही हैं। जो संक्लेशरूप स्थान हैं वे अशुभलेश्या संबंधी हैं और जो विशुद्धि स्थान हैं वे शुभलेश्या संबंधी हैं।

(सवैया इकतीसा)

अनुभाग रूप उद थानक कषायन के,
असंख्यात लोक परमान पहिचानिये।
तामें लोक असंख्यात भाग संकलेश थान,
एक भाग मित थान विशुद्धि के जानिये।।
सोहू लोक असंख प्रमान जान तहाँ संक-
लेश थान अशुभ त्रि लेश्यान के मानिये।
शुभ त्रि लेश्यान तनैं थानक विशुद्धि जान,
कर शरधान भव रुचि उर आनिये।।16।।

(गाथा)

तिव्वतमा तिव्वतरा, तिव्वा असुहा सुहा तहा मंदा।
मंदतरा मंदतमा, छट्ठाणगया हु पत्तेयं।।500।।

अर्थ- अशुभ लेश्यासंबंधी तीव्रतम, तीव्रतर, तीव्र ये तीन स्थान और शुभलेश्या सम्बन्धी मन्द, मन्दतर, मन्दतम ये तीन स्थान होते हैं। इन कृष्ण लेश्यादिक छहों लेश्याओं में से जो शुभ स्थान हैं उनमें तो जघन्य से उत्कृष्टपर्यन्त और जो अशुभ स्थान हैं उनमें उत्कृष्ट से जघन्यपर्यन्त प्रत्येक भेद में असंख्यात लोकप्रमाण षट्स्थानपतित हानि- वृद्धि होती है।

(सवैया इकतीसा)

अशुभ त्रि कृष्ण नील कापोत लेश्यान तनैं,
कषायन थान क्रम सेति इम जानिये।
तीव्रतम तीव्रतर तीव्र पुन शुभ त्रि के,
मंद मंदतर मंदतम एम मानिये।।
उक्त मान माँह सो ये असंख्यत भाग हीन,
क्रम से अशुभ शुभ में शुभहिं भानिये।
तहाँ इन कृष्ण लेश्या आद षट इकिक में,
षटथान अनंत भागादिक भि आनिये।।17।।

(गाथा)

असुहाणं वरमज्झिम-अवरंसे किण्हनीलकाउतिये।
परिणमदि कमेणप्पा, परिहाणीदो किलेसस्स।।501।।

अर्थ- कृष्ण नील कापोत इन तीन अशुभ लेश्याओं के उत्कृष्ट मध्यम जघन्य अंशरूप में यह आत्मा क्रम से संक्लेश की हानिरूप से परिणमन करता है।

(अडिल्ल)

कृष्ण नील कापोत त्रि थानन के सही,
अशुभ रूप वर मध्यम जघनांशन मही।

संकलेश परिणामन की हानीय सै।
जीवन का परिणमन जु कमसेती लसै।।18।।

(गाथा)

काऊ णीलं किण्हं, परिणमदि किलेसवड्ढिदो अप्पा।
एवं किलेसहाणी, वड्ढीदो होदि असुहतियं।।502।।

अर्थ– उत्तरोत्तर संक्लेशपरिणामों की वृद्धि होने से यह आत्मा कापोत से नील और नील से कृष्णलेश्यारूप परिणमन करता है। इस तरह यह जीव संक्लेश की हानि और वृद्धि की अपेक्षा से तीन अशुभ लेश्यारूप परिणमन करता है।

(अडिल्ल)

नुन कापोतरु नील कृष्ण में जीयरा,
क्लेश तनी वृद्धी से परिणम है खरा।
इम संक्लेश कि हानि वृद्धि सेती सही,
अशुभ तीन अस्थान होय संशय नहीं।।19।।

(गाथा)

तेऊ पउमे सुक्के, सुहाणमवरादिअंसगे अप्पा।
सुद्धिस्स य वड्ढीदो, हाणीदो अण्णहा होदि।।503।।

अर्थ– उत्तरोत्तर विशुद्धि की वृद्धि होने से यह आत्मा पीत, पद्म, शुक्ल इन तीन शुभ लेश्याओं के जघन्य, मध्यम, उत्कृष्ट अंशरूप में परिणमन करता है। तथा विशुद्धि की हानि होने से उत्कृष्ट से जघन्य पर्यन्त शुक्ल, पद्म, पीत लेश्या रूप परिणमन करता है। इस तरह शुद्धि की हानि वृद्धि होने से शुभ लेश्याओं का परिणमन होता है।

(अडिल्ल)

जे विशुद्ध परिणामन की वृद्धी हवै,
तोयह पीतरु पद्म शुक्ल केरे सबै।

जघन मध्य वर रूप अंश परिणत हैं।
हानि रूप परमाण अन्यथा ते लहै।।20।।

आगैं उक्त परिणामाधिकार को मन में रख कर संक्रमण अधिकार गाथा तीन कर कहैं हैं–

4. संक्रमण

(गाथा)

संकमणं सट्ठाणपरट्ठाणं होदि किण्हसुक्काणं।
वड्ढीसु हि सट्ठाणं, उभयं हाणिम्मि सेस उभये वि।।504।।

अर्थ– परिणामों की पलटन को संक्रमण कहते हैं। उसके दो भेद हैं–एक स्वस्थान संक्रमण दूसरा परस्थान संक्रमण। किसी विवक्षित लेश्या का एक परिणाम छूटकर उस ही लेश्यारूप जब दूसरा परिणाम होता है वहाँ स्वस्थान संक्रमण होता है। और किसी विवक्षित लेश्या का एक परिणाम छूटकर किसी दूसरी लेश्या (विवक्षित लेश्या से भिन्न) का जब कोई परिणाम होता है वहाँ परस्थान संक्रमण होता है।

(सवैया इकतीसा)

संक्रमण नाम परिणामों के पलटने का,
सो स्वथान परथान कर दो प्रकार है।
तहाँ कृष्ण अरु शुक्ल लेश्या तनी वृद्धी विषैं,
स्वस्थान संक्रमण तनौं ही परचार है।।
पुन इन दोनों की हानी में दोय संक्रमण,
जान अविशेष नील आदि लेश्या चार हैं।
तिनकी वृद्धी अरु हानी में दोय दोय भाँति,
संक्रमण जान भव भ्रान्त निरवार हैं।।21।।

(गाथा)

लेस्साणुक्कस्सादोवरहाणी अवरगादवरवड्डी।
सट्ठाणे अवरादो, हाणी णियमा परट्ठाणे।।505।।

अर्थ– स्वस्थान की अपेक्षा लेश्याओं के उत्कृष्ट स्थान के समीपवर्ती स्थान का परिणाम उत्कृष्ट स्थान के परिणाम से अनन्त भागहानि रूप है। तथा स्वस्थान की अपेक्षा से ही जघन्य स्थान के समीपवर्ती स्थान का परिणाम जघन्य स्थान से अनन्त भागवृद्धिरूप है। सम्पूर्ण लेश्याओं के जघन्य स्थान से यदि हानि हो तो नियम से अनन्त गुणहानिरूप परस्थान संक्रमण ही होता है।

(सवैया इकतीसा)

कृष्णादि लेश्यान के उत्कृष्ट थानी प्रणामों से,
ताही के समीपी तिसी लेश्या ही के थान में।
अनंतवें भाग हानी लिये परिणाम पाग,
बहुर कृष्णादि छहौं लेश्यौं का स्वथान में।।
जघन्य सथान के समीपी थान में प्रणाम,
जघन्य थानी के तैं वृद्धी तिती लिये पमें।
पुन परथान में सबै लेश्यौं के जघन्य,
थानीतैं समीपी के गुणामित हानी लै रमें।।22।।

(दोहा)

से समीप सित जघन के, पद्युत्कृष्ट स्थान।
कृष्ण जघन के अनंतर, नील थान वर जान।।23।।
इमही सब लेश्यान में, वृद्धि हानि के ठाम।
संकलेश के अशुभ में, शुभम विशुद्ध प्रणाम।।24।।

4. संक्रमण

आगैं पूर्वे कहा निरूपण ताका क्या कारण है सो बताइये हैं–

(गाथा)

संकमणे छट्ठाणा, हाणिसु वड्ढीसु होंति तण्णामा।
परिमाणं च य पुव्वं, उत्तकमं होदि सुदणाणे।।506।।

अर्थ- संक्रमणाधिकार में हानि और वृद्धि दोनों अवस्थाओं में षट्स्थान होते हैं। इन षट्स्थानों के नाम तथा परिणाम पहले श्रुतस्थान मार्गणा में जो कहे हैं वे ही यहाँ पर भी समझना।

(सोरठा)

इस संक्रमण मँझार, हान माहिं षट थान हैं।
षटहि वृद्धि में सार, भाग अनंतादिक कहैं।।25।।

(दोहा)

तिनका नाम प्रमान सब, ज्ञान मार्गणा माहिं।
भाष्यौ श्रुत वरणन विषैं, दैख्यौ भव तिहि थाहिं।। 26।।

5. कर्म

आगैं लेश्याओं के कर्म अधिकार कहैं हैं-

(गाथा)

पहिया जे छप्पुरिसा, परिभट्ठारण्णमज्झ देसम्हि।
फलभरियरुक्खमेगं, पेक्खित्ता ते विचिंतंति।।507।।
णिम्मूलखंधसाहुवसाहं छित्तु चिणित्तु पडिदाइं।
खाउं फलइं इदि जं, मणेण वयणं हवे कम्मं।।508।।

अर्थ- कृष्ण आदि छह लेश्या वाले कोई छह पथिक वन के मध्य में मार्ग से भ्रष्ट होकर फलों से पूर्ण किसी वृक्ष को देखकर अपने अपने मन में इस प्रकार विचार करते हैं और उसके अनुसार वचन कहते हैं। कृष्णलेश्या वाला विचार करता है और कहता है कि मैं इस वृक्ष को मूल से उखाड़कर इसके फलों का भक्षण करूँगा। नीललेश्या वाला विचारता है और कहता

है कि मैं इस वृक्ष को स्कन्ध से काटकर इसके फल खाऊँगा। कापोतलेश्या वाला विचारता है और कहता है कि मैं इस वृक्ष की बड़ी-बड़ी शाखाओं को काटकर इसके फलों को खाऊँगा। पीतलेश्या वाला विचरता है और कहता है कि मैं इस वृक्ष की छोटी-छोटी शाखाओं को काटकर इसके फलों को खाऊँगा। पद्म लेश्या वाला विचारता है और कहता है कि मैं इस वृक्ष के फलों को तोड़कर खाऊँगा। तथा शुक्ल लेश्या वाला विचारता है और कहता है कि मैं इस वृक्ष से स्वयं टूट कर पड़े हुए फलों को खाऊँगा। इस तरह जो मनःपूर्वक वचनादि की प्रवृत्ति होती है वह लेश्या का कर्म है। यहाँ पर यह एक दृष्टान्तमात्र दिया गया है इसलिये इस ही तरह अन्यत्र भी समझना चाहिये।

(सवैया इकतीसा)

कृष्णादि एकेक लेश्या वाले छै पथिक जन,
मार्ग भूल वन में फलित तरु देख कैं।
चिंतवन करैं तहाँ कृष्ण लेश्यावान चिंतै,
याकौं मूलतैं उपाड़ धापौं फल भष कैं।।
नील वालौ पेड़ काट फल चावै कापोती,
बड़ी शाखय छेद तृप्त हूवा चाहै चख कैं।
पीत वाला छोटी डोर पद्मेश फलै ही टोर,
शुक्ल धृती तृप्ती लहै टूटे फल लख कैं।।27।।

(दोहा)

इस प्रकार मन पूरवक, वचन होय जो सोय।
लेश्यन तनैं जु कर्म हैं, उदाहर्ण ये जोय।।28।।

इति कर्माधिकार।

6. लक्षण

आगैं लक्षणाधिकार का निरूपण करैं हैं-

(गाथा)

चंडो ण मुचई वेरं, भंडणसीलो य धम्मदयरहिओ।
दुट्ठो ण य एदि वसं, लक्खणमेयं तु किण्हस्स।।509।।

अर्थ– तीव्र क्रोध करने वाला हो, वैर को छोड़ता न हो, युद्ध करने का (लड़ने का) जिसका स्वभाव हो, धर्म और दया से रहित हो, दुष्ट हो, जो किसी के भी वश न हो, ये सब कृष्णलेश्या वाले के चिह्न लक्षण हैं।

(चौपाई)

कोधी तीव्र न वैरहिं तजै, युद्ध स्वभावी दया न सजै।
वृष बिन दुष्ट न वश गुरु केय, लक्षण कृष्ण तनै लख एय।।29।।

(गाथा)

मंदो बुद्धिविहीणो, णिव्विण्णाणी य विसयलोलो य।
माणी मायी य तहा, आलस्सो चेव भेज्जो य।।510।।

(चौपाई)

किया मंद अति ही बुध खीन, विषय लुब्ध चातुर्य विहीन।
मानी माई आलसवान, ये सब चिन्ह कृष्ण के मान।।30।।

(गाथा)

णिद्दावंचणबहुलो, धणधण्णे होदि तिव्वसण्णा य।
लक्खणमेयं भणियं, समासदो णीललेसस्स।।511।।

अर्थ– जो काम करने में मन्द हो, अथवा स्वच्छन्द हो, वर्तमान कार्य करने में विवेक रहित हो, कला चातुर्य से रहित हो, स्पर्शनादि पाँच इन्द्रियों के विषयों में लम्पट हो, मानी हो, मायाचारी हो, आलसी हो, दूसरे लोग जिसके अभिप्राय को सहसा न जान सके तथा जो अति निद्रालु और दूसरों को ठगने में अतिदक्ष हो और धनधान्य के विषय में जिसकी अतितीव्र लालसा हो ये नीललेश्या वाले के संक्षेप से चिह्न बताये हैं।

(चौपाई)

बहु निद्रा ठगई युत जान, अरु बहु धन धान्यादिक थान।
अभिलाषी ये लक्षण सबै, संक्षिप नीलवान के फवै।।31।।

आगैं कापोत लेश्या वाले का लक्षण कहिये हैं-

(गाथा)

रूसइ णिंदइ अण्णे, दूसइ बहुसो य सोयभयबहुलो।
असुयइ परिभवइ परं, पसंसये अप्पयं बहुसो।।512।।
ण य पत्तियइ परं सो, अप्पाणं यिव परं पि मण्णंतो।
थूसइ अभित्थुवंतो, ण य जाणइ हाणिवड्ढिं वा।।513।।
मरणं पत्थेइ रणे, देइ सुबहुगं वि थुव्वमाणोदु।
ण गणइ कज्जाकज्जं, लक्खणमेयं तु काउस्स।।514।।

अर्थ- दूसरे के ऊपर क्रोध करना, दूसरे की निन्दा करना, अनेक प्रकार से दूसरों को दुःख देना अथवा औरों से बैर करना, अधिकतर शोकाकुलित रहना तथा भयग्रहस्त रहना या हो जाना, दूसरों के ऐश्वर्यादि को सहन न कर सकना, दूसरे का तिरस्कार करना, अपनी नानाप्रकार से प्रशंसा करना, दूसरे के ऊपर विश्वास न करना, अपने समान दूसरों को भी मानना, स्तुति करने वाले पर संतुष्ट हो जाना, अपनी हानि वृद्धि को कुछ भी न समझना, रण में मरने की प्रार्थना करना, स्तुति करने वाले को खूब धन दे डालना, अपने कार्य अकार्य की कुछ भी गणना न करना, ये सब कपोतलेश्या वाले के चिह्न हैं।

(सवैया इकतीसा)

पर पैरोषित होय निंदै बहु अन्य लोय,
बहुत प्रकार ही दुखावै अन्य जीव ही।
शोक भय बहु जाके अन्य को न देख सकै,
पर अपमान बहु बड़ाई स्व चव ही।।

आप सम पापी छली अन्य को सु माने कली,
रंच न विश्वास जाके हिये पर आव ही।
पुन जो पुरुष आप तनी थुत आय थापै,
तापै तुष्टै निज हानि वृद्धी न लखाव ही।।32।।

(चौपाई)

युद्ध विषैं निज मरण चहेय, स्वथुत कृती कौं बहु धन देय।
कार्याकार्य न रंच लखाँह, ये लक्षण कपोत के आँह।।33।।

आगैं पीत लेश्या वाले का लक्षण कहिये हैं-

(गाथा)

जाणइ कज्जाकज्जं, सेयमसेयं च सव्वसमपासी।
दयदाणरदो य मिदू, लक्खणमेयं तु तेउस्स।।515।।

अर्थ- अपने कार्य-अकार्य सेव्य-असेव्य को समझने वाला हो, सबके विषय में समदर्शी हो, दया और दान में तत्पर हो, मन वचन काय के विषय में कोमल परिणामी हो ये पीतलेश्या वाले के चिह्न हैं।

(चौपाई)

कार्याकार्यरु सेव्य असेव्य, ज्ञायक सब समदृशी कहेव।
दयादानरत मृदु भावीय, तेज तनैं लक्षण ये हीय।।34।।

आगैं पद्म लेश्या वाले का लक्षण कहिये हैं-

(गाथा)

चागी भद्दो चोक्खो, उज्जवकम्मो य खमदि बहुगं पि।
साहुगुरुपूजणरदो, लक्खणमेयं तु पम्मस्स।।516।।

अर्थ- जो दान देने वाला हो, भद्रपरिणामी हो, जिसका उत्तम कार्य करने का स्वभाव हो, कष्टरूप तथा अनिष्टरूप उपद्रवों को सहन करने वाला हो, मुनिजन गुरुजन आदि की पूजा में प्रीतियुक्त हो, ये सब पद्मलेश्या

वाले के लक्षण हैं।

(अडिल्ल)

त्यागी भद्र प्रणामि स्व कार्य स्वभाविया,
शुभ में उद्यमि कष्ट अकष्ट सहन हिया।
साधु गुरूजन की पूजा में रत रहैं,
ऐसे लक्षण लेश्या पद्म घनी लहैं।।35।।

अब शुक्ल लेश्या वाले का लक्षण कहैं हैं-

(गाथा)

ण य कुणइ पक्खवायं, ण वि य णिदाणं समो य सव्वेसिं।
णत्थि य रायद्दोसा, णेहो वि य सुक्कलेस्सस्स।।517।।

अर्थ- पक्षपात न करना, निदानको न बांधना, सब जीवों में समदर्शी होना, इष्ट से राग और अनिष्ट से द्वेष न करना, स्त्री-पुत्र-मित्र आदि में स्नेह रहित होना ये सब शुक्ललेश्या वाले के लक्षण हैं।

(चौपाई)

न करै पक्षपात न निदान, सब जीवन को लखै समान।
राग-द्वेष अरु बेह भि हरै, शुक्लवान ये लक्षण धरै।।36।।

इति लक्षणाधिकार।

7. गति

आगैं गति अधिकार कहैं हैं-

(गाथा)

लेस्साणं खलु अंसा, छव्वीसा होंति तत्थ मज्झिमया।
आउगबंधणजोगा, अट्ठट्ठवगरिसकालभवा।।518।।

अर्थ- लेश्याओं के कुल छब्बीस अंश हैं, इनमें से मध्य के आठ अंश जो कि आठ अपकर्ष काल में होते हैं वे ही आयुकर्म के बन्ध के योग्य होते हैं।

(चौपाई)

लेश्यन तनैं अंश षट बीस, तां मध्य के अष्ट जु दीस।
बंधन योग आयु के सोय, अष्टपकर्षण यम में होय।।37।।

(दोहा)

ते कपोत वर अंस तै, तेज वरांश मँझार।
है कषाय उदथान में, मध्य अंश वसु सार।।38।।

(गाथा)

सेसट्ठारस अंसा, चउगइगमणस्स कारणा होंति।
सुक्कुक्कस्संसमुदा, सव्वट्ठं जांति खलु जीवा।।519।।

अर्थ– अपकर्षकाल में होने वाले लेश्याओं के आठ मध्यमांशों को छोड़कर बाकी के अठारह अंश चारों गतियों के गमन के कारण होते हैं यह सामान्य नियम है। परन्तु विशेष यह है कि शुक्ललेश्या के उत्कृष्ट अंश से संयुक्त जीव मरकर नियम से सर्वार्थसिद्धि को जाते हैं।

(चौपाई)

शेष अठारह अंश जु सोय, चतु गति गमन हेतु अवलोय।
तहँ शुक्लांश वरण से मरै, सो सर्वार्थसिद्धि अवतरै।।39।।

(गाथा)

अवरंसमुदा होंति, सदारदुगे मज्झिमंसगेण मुदा।
आणदकप्पादुवरिं, सव्वट्ठाइल्लगे होंति।।520।।

अर्थ– शुक्ललेश्या के जघन्य अंशों से संयुक्त जीव मरकर शतार सहस्रार स्वर्गपर्यन्त जाते हैं और मध्यमांशों से सहित मरा हुआ जीव सर्वार्थसिद्धि से पूर्व के तथा आनत स्वर्ग से लेकर ऊपर के समस्त विमानों में से यथासंभव किसी भी विमान में उत्पन्न होता है और अनत स्वर्ग में भी उत्पन्न होता है।

(चौपाई)

जघन अंश से मर उपजही, स्वर्ग सतार युग्ल के मही।
आनतादि विजयादि प्रयंत, मध्यम अंशन कर उपजंत।।40।।

(गाथा)

पम्मुक्कस्संसमुदा, जीवा उवजांति खलु सहस्सारं।
अवरंसमुदा जीवा, सणक्कुमारं च माहिंदं।।521।।

अर्थ– पद्मलेश्या के उत्कृष्ट अंशों के साथ मरे हुए जीव नियम से सहस्रार स्वर्ग को प्राप्त होते हैं और पद्मलेश्या के जघन्य अंशों के साथ मरे हुए जीव सानतकुमार और माहेन्द्र स्वर्ग को प्राप्त होते हैं।

मज्झिमअंसेण मुदा, तम्मझं जांति तेउजेट्ठमुदा।
साणक्कुमारमाहिंदंतिमचक्किं दसेढिम्मि।।522।।

अर्थ– पद्मलेश्या के मध्यम अंशों के साथ मरे हुए जीव सनत्कुमार माहेन्द्र स्वर्ग के ऊपर और सहस्रार स्वर्ग के नीचे–नीचे तक विमानों में उत्पन्न होते हैं। पीतलेश्या के उत्कृष्ट अंशों के साथ मरे हुए जीव सानत्कुमार माहेन्द्र स्वर्ग के अन्तिम पटल में जो चक्रनाम का इन्द्रक संबंधी श्रेणीबद्ध विमान है उसमें उत्पन्न होते हैं।

अवरंसमुदा सोहम्मीसाणादिमउडम्मि सेढिम्मि।
मज्झिमअंसेण मुदा, विमलविमाणादिबलभद्दे।।523।।

अर्थ– पीतेलेश्या के जघन्य अंशों के साथ मरा हुआ जीव सौधर्म ईशान स्वर्ग के ऋतु (ऋजु) नामक इन्द्रक विमान में अथवा श्रेणीबद्ध विमान में उत्पन्न होता है। पीतलेश्या के मध्यम अंशों के साथ मरा हुआ जीव सौधर्म ईशान स्वर्ग के दूसरे पटल के विमल नामक इन्द्रक विमान से लेकर सनत्कुमार माहेन्द्र स्वर्ग के द्विचरम पटल के (अंतिम पटल से पूर्व पटल के) बलभद्र नामक इन्द्रक विमानपर्यन्त उत्पन्न होता है।

(सवैया इकतीसा)

पद्म लेश्या तनै वर अंशन से मर्ण पाय,
सहस्रार स्वर्ग जीव उपजे है जायकै।
जघन अंशन से जु रन सनत कुमार,
माहेन्द्र में मध्यमांश से प्राण गमाय के।।
मध्य तिनके केउ पनै पुन तेज लेश्या तनैं,
उत्कृष्ट अंशन सेती मरण पाय कै।
सनत कुमार माहेन्द्र का अंत पटल के,
चक्र नाम इंद्र में रहै सुखी थाय कै।।41।।

(अडिल्ल)

जघनांशन से मृय सौधर्मैशान कै,
रिजु विमान में उपज रहैं सुख में छकै।
विमल नाम इंद्रक से बलभद्राँ तही,
मध्यम अंशन से मर उपजै जिय सही।।42।।

(गाथा)

किण्हवरंसेण मुदा, अवधिट्ठाणम्मि अवरअंसमुदा।
पंचमचरिमतिमिस्से, मज्झे मज्झेण जायंते।।524।।

अर्थ– कृष्णलेश्या के उत्कृष्ट अंशों के साथ मरे हुए जीव सातवीं पृथ्वी के अवधिस्थान नामक इन्द्रक बिल में उत्पन्न होते हैं। जघन्य अंशों के साथ मरे हुए जीव पाँचावीं पृथ्वी के अंतिम पटल के तिमिश्र नामक इन्द्रक बिल में उत्पन्न होते हैं। कृष्णलेश्या के मध्यम अंशों के साथ मरे हुए जीव दोनों के (सातवीं पृथ्वी के अवधिस्थान या अप्रतिष्ठान नामक इन्द्रक बिल और पाँचवीं पृथ्वी के अंतिम पटल संबंधी तिमिश्र नामक बिल के) मध्यस्थानों में यथासंभव योग्यतानुसार उत्पन्न होते हैं।

नीलुक्कस्संसमुदा, पंचमअंधिंदयम्मि अवरमुदा।
बालुकसंपज्जलिदे, मज्झे मज्झेण जायंते।।525।।

अर्थ– नीलेश्या के उत्कृष्ट अंशों के साथ मरे हुए जीव पाँचवीं पृथ्वी के द्विचरम पटल संबंधी अंध्र नामक इन्द्रक बिल में उत्पन्न होते हैं। कोई–कोई पाँचवें पटल में भी उत्पन्न होते हैं। इतना विशेष और भी है कि कृष्ण लेश्या के जघन्य अंश वाले जीव भी मरकर पाँचवीं पृथ्वी के अंतिम पटल में उत्पन्न होते हैं। नील लेश्या के जघन्य अंश वाले जीव मरकर तीसरी पृथ्वी के अंतिम पटलसंबंधी संप्रज्वलित नामक इन्द्रकबिल में उत्पन्न होते हैं। नील लेश्या के मध्यम अंशों वाले जीव मरकर तीसरी पृथ्वी के संप्रज्वलित नामकइन्द्रकबिल के आगे और पाँचवीं पृथ्वी के अन्ध्रनामक इन्द्रकबिल के पहले पहले जितने पटल और इन्द्रक हैं उनमें यथायोग्य उत्पन्न होते हैं।

वरकाओदंसमुदा, संजलिदं जांति तदियणिरयस्स।
सीमंतं अवरमुदा मज्झे मज्झेण जायंते।।526/।।

अर्थ– कापोत लेश्या के उत्कृष्ट अंशों के साथ मरे हुए जीव तीसरी पृथ्वी के नौ पटलों में से द्विचरम–आठवें पटल संबंधी संज्वलित नामक इन्द्रक बिल में उत्पन्न होते हैं। कोई–कोई अंतिम पटल सम्बन्धी संप्रज्वलित नामक इन्द्रक बिल में भी उत्पन्न होते हैं। कापोत लेश्या के जघन्य अंशों के साथ मरे हुए जीव प्रथम पृथ्वी के सीमन्त नामक प्रथम इन्द्रकबिल में उत्पन्न होते हैं। और मध्यम अंशों के साथ मरे हुए जीव प्रथम पृथ्वी के सीमान्त नामक प्रथम इन्द्रक बिल से आगे और तीसरी पृथ्वी के द्विचरम पटल सम्बन्धी संज्वलित नामक इन्द्रक बिल के पहले तीसरी पृथ्वी के सात पटल, दूसरी पृथ्वी के ग्यारह पटल और प्रथम पृथ्वी के बारह पटलों में या घम्मा भूमि के तेरह पटलों में से पहले सीमान्तक बिल के आगे सभी बिलों में यथायोग्य उत्पन्न होते हैं।

(सवैया इकतीसा)

कृष्णा लेश्या के जु वर अंशन से काय त्याग,
सप्तमी धरा के अब्ध थान इंद्रक मही।
उपजै औ जघन अंशन से पंचम धरा,
के अंतिम मिमिश्र विलय में उपजही।।
मध्यम अंशन से तिन के मध्य में उपजै,
पुन नील वर अंश शरीर विहाय ही।
पंचम भूमि के अंध नाम इंद्रक में जाय,
उपजै तहाँ महान दुख कौ उपावही।।43।।

(सवैया इकतीसा)

जघन अंशन से जु मरण लहाय जाय,
वालुका प्रभा के संप्रज्वलत इंद्रक में।
मध्यम अंशन से विहाय गात जीव जात,
तिन उभै थानकों के मध्य थल को पमैं।।
पुन वर कापोत के अंशों से शरीर तज,
तीजी भू के संज्वलत इंद्रक प्रति गमै।
वा सप्रज्वलित माहिं पुन जघन से जाहिं,
सीमंतक घम्माके में मध्यमासौ मध्यमै।।44।।

(गाथा)

किण्हचउक्काणं पुण, मज्झंसमुदा हु भवणगादितिये।
पुढवी आउवणप्फदि-जीवेसु हवंति खलु जीवा।।527।।

अर्थ– कृष्णादिक चार लेश्याओं के संबंध में कुछ विशेष भी वर्णनीय तथा ज्ञातव्य है। वह यह कि कृष्ण नील कपोत इन तीन लेश्याओं के मध्यम अंशों के साथ मरे हुए कर्मभूमिया मिथ्यादृष्टि तिर्यंच व मनुष्य और पीतलेश्या

के मध्यम अंशों के साथ मरे हुए भोगभूमिया मिथ्यादृष्टि तिर्यंच वा मनुष्य, भवनवासी व्यन्तर ज्योतिषी देवों में उत्पन्न होते हैं। तथा कृष्ण नील कापोत और पीतलेश्या के मध्यम अंशों के साथ मरे हुए तिर्यंच और मनुष्य अथवा भवनवासी व्यन्तर ज्योतिषी वा सौधर्म ईशान स्वर्ग के मिथ्यादृष्टि देव, बादर पर्याप्त पृथिवीकायिक जलकायिक तथा पर्याप्त वनस्पतिकायिक जीवों में उत्पन्न होते हैं।

(सवैया इकतीसा)

पै यह विशेष कृष्ण नील कापोत के मध्य,
अंशन सेमर कर्म भूमिया पशु नरा।
मिथ्याती औ तेज मध्यमांशन सैं म्रीये भोग,
भूमि मिथ्यादृष्टि पशु नर प्राण खै करा।।
भावन व्यंतर ज्योतिषी देवन में ऊपजैं,
पुन इन चतु लेश्या के ही धारी जीयरा।
पशु नर सुर सौधरम ईशान तक के,
भूजल वनस्पति में होवै प्राण धरा।।45।।

(गाथा)

किण्हतियाणं मज्झिम-अंसमुदा तेउआउवियलेसु।
सुरणिरयासगलेस्सहिं, णरतिरियं जांति सगजोग्गं।।528।।

अर्थ– कृष्ण नील कापोत इन तीन लेश्याओं के मध्यम अंशों के साथ मरे हुए तिर्यंच वा मनुष्य, तेजस्कायिक वातकायिक विकलत्रय असंज्ञी पंचेन्द्रिय साधारण वनस्पति इनमें यथायोग्य उत्पन्न होते हैं और भवनत्रय आदि सर्वार्थसिद्धि पर्यन्त के देव तथा सातों पृथिवी संबंधी नारकी अपनी-अपनी लेश्या के अनुसार मनुष्यगति या तिर्यंच को प्राप्त होते हैं।

(सवैया इकतीसा)

कृष्ण नील कापोत लेश्यान तनैं मध्य अंशों,
मनुष औ तिरपुच मरण लहाय कै।
तेज वायुकायिक विकल त्रय असैनी,
पंचेंद्री साधारण तरु में उपजै आय कै।।
पुन भवनत्रियादि सर्वारथ सिद्धान्त के,
सुर औ नारकी स्वस्व लेश्या योग पाय कै।
यथायोग मनुष वा त्रियंच गति में आय,
उपजैं यौं जिनराज भाषी हैं बनाय कै।।46।।

इति गत्यधिकार।

8. स्वामी

आगैं स्वामी अधिकार कहैं हैं–

(गाथा)

काऊ काऊ काऊ, णीला णीला य णीलकिण्हा य।
किण्हा य परमकिण्हा, लेस्सा पढमादिपुढवीणं।।529।।

अर्थ– पहली घम्मा या रत्नप्रभा पृथ्वी में कापोतलेश्या का जघन्य अंश है। दूसरी वंशा या शर्कराप्रभा पृथ्वी में कापोत लेश्या का मध्यम अंश है। तीसरी मेघा या बालुकाप्रभा पृथ्वी में कापोतलेश्या का उत्कृष्ट अंश और नीललेश्या का जघन्य अंश है। चौथी अंजना या पंकप्रभा पृथिवी में नील लेश्या का मध्यम अंश है। पाँचवीं अरिष्टा या धूमप्रभा में नील लेश्या का उत्कृष्ट अंश और कृष्णलेश्या का जघन्य अंश है। छट्ठी मघवी या तमःप्रभा पृथिवी में कृष्णलेश्या का मध्यम अंश है। सावतीं माघवी या महातमःप्रभा पृथिवी में कृष्णलेश्या का उत्कृष्ट अंश है।

(सवैया इकतीसा)

घम्मा माहिं कापोत के जघन अंश कहाहिं,
वंशा नामा दूजी में मध्यम अंश पहिये।

मेघा नाम तीजी भू में कापोत वरांश और,
नील अंश जघन यौं दोनों शरदहिये।।
अँजना नामा चौथी में नील कौ मध्यम अंश,
अरिष्टा पाँची में वर या के अंश कहिये।
कृष्ण के जघन पुन मघवी छठी में मध्य,
सातवीं मघवी में वरांश कृष्ण लहिये।।47।।

(गाथा)

णरतिरियाणं ओघो, इगिविगले तिण्णि चउ असण्णिस्स।
सण्णि अपुण्णगमिच्छे, सासणसम्मे वि असुहतियं।।530।।

अर्थ– मनुष्य और तिर्यंचों के सामान्य से छहों लेश्याएँ होती है। परन्तु विशेषरूप से एकेन्द्रिय और विकलत्रय (द्वीन्द्रिय, त्रीन्द्रिय चतुरिन्द्रिय) जीवों के कृष्ण आदि तीन अशुभ लेश्याएँ ही होती हैं। असंज्ञी पंचेन्द्रिय पर्याप्त जीवों के कृष्ण आदि चार लेश्याएँ होती हैं, क्योंकि असंज्ञी पंचेन्द्रिय कपोतलेश्या वाला जीव मरणकर पहले नरक को जाता है तथा तेजोलेश्या सहित मरने से भवनवासी और व्यन्तर देवों में उत्पन्न होता है। कृष्ण आदि तीन अशुभ लेश्या सहित मरने से यथायोग्य मनुष्य या तिर्यंचों में उत्पन्न होता है। संज्ञी लब्ध्यपर्याप्तक मिथ्यादृष्टि मनुष्य और तिर्यंच तथा 'अपि' शब्द से असंज्ञी लब्ध्यपर्याप्तक और सासादान गुणस्थानवर्ती निर्वृत्यपर्याप्त तिर्यंच मनुष्य तथा भवनत्रिक इतने जीवों में कृष्ण आदि तीन अशुभ लेश्याएँ ही होती हैं। तिर्यंच और मनुष्य अपशम सम्यग्दृष्टि जीवों के सम्यक्त्व काल के भीतर विशिष्ट संक्लेश के हो जाने पर भी ये तीन अशुभ लेश्याएँ नहीं हुआ करती। किन्तु उसकी विराधना करके सासादन बनने वालों के अपर्याप्त अवस्था में तीन अशुभ लेश्याएँ ही हुआ करती हैं।

(सवैया इकतीसा)

नर अरु त्रिंयचन के सामान छहौं लेश्या,
ऐकेन्द्री विकलत्रय के अशुभ तीन हैं।

बहुर असैनी पंचइंद्री परयाप्तन के,
कृष्णादिक चार लेश्या कहत प्रवीन हैं।।
पुन सेनी लब्ध अपरयाप्त वा असैनी लब्ध,
अप्रयाप्त नर पशु जे सम्यक हीन है।
और सासादनी निख्रत अप्रयाप्त पशु,
नर त्रि सुर इनके जानों त्रि मलीन हैं।।48।।

(गाथा)

भोगापुण्णगसम्मे, काउस्स जहण्णियं हवे णियमा।
सम्मे वा मिच्छे वा, पज्जत्ते तिण्णि सुहलेस्सा।।531।।

अर्थ– भोगभूमिया निर्वृत्यपर्याप्तक सम्यग्दृष्टि जीवों में कापोतलेश्या का जघन्य अंश होता है तथा भोगभूमिया सम्यग्दृष्टि या मिथ्यादृष्टि जीवों के पर्याप्त अवस्था में पीत आदि तीन शुभ लेश्याएँ ही होतीं हैं।

(अडिल्ल)

सम्यक्ती अप्रयाप्त भोग भूमी जिया,
ते जघनांश कपोत धनी नियमत भिया।
पुन सम्यक्ती वा मिथ्याती के सही,
परयाप्तक में लेश्या शुभ त्रिय ही कही।।49।।

(गाथा)

अयदो त्ति छ लेस्साओ, सुहतियलेस्सा हु देसविरदतिये।
तत्तो सुक्का लेस्सा, अजोगिठाणं अलेस्सं तु।।532।।

अर्थ– चतुर्थ गुणस्थान पर्यन्त छहों लेश्याएँ होती हैं। तथा देशविरत प्रमत्तविरत और अप्रमत्त विरत इन तीन गुणस्थानों में तीन शुभलेश्याएँ ही होती हैं। किन्तु इसके आगे अपूर्वकरण से लेकर सयोगकेवली पर्यन्त एक शुक्ल लेश्या ही होती है। और अयोगकेवली गुणस्थान लेश्या रहित है।

(चौपाई)

अविरत तक लेश्या षट सही, देशव्रतादि त्रि में शुभ त्रि ही।
तहँतैं शुक्लिक लेश्या जान, पुन अयोग थानक सब हान।।50।।

(गाथा)

णट्ठकसाये लेस्सा, उच्चदि सा भूदपुव्वगदिणाया।
अहवा जोगपउत्ती, मुक्खो त्ति तहिं हवे लेस्सा।।533।।

अर्थ– अकषाय जीवों के जो लेश्या बताई है वह भूतपूर्व प्रज्ञापन नय की अपेक्षा से बताई है। अथवा योग की प्रवृत्ति को लेश्या कहते हैं इस अपेक्षा से वहाँ पर मुख्यरूप से भी लेश्या है क्योंकि वहाँ पर योग का सद्भाव है।

(चौपाई)

भूतपूर्व गत न्याय सुजान, लेश्या नष्ट कषायक थान।
अथवा योग प्रवर्ती सेय, लेश्या शुक्ल तहाँ कहि एय।।51।।

(गाथा)

तिण्हं दोण्हं दोण्हं, छण्हं दोण्हं च तेरसण्हं च।
एत्तो य चोद्दसण्हं, लेस्सा भवणादिदेवाणं।।534।।
तेऊ तेऊ तेऊ, पम्मा पम्मा य पम्मसुक्का य।
सुक्का य परमसुक्का, भवणतियापुण्णगे असुहा।।535।।

अर्थ– भवनवासी व्यन्तर ज्योतिषी इन तीन देवों के पीतलेश्या का जघन्य अंश है। सौधर्म ईशान स्वर्गवाले देवों के पीतलेश्या का मध्यम अंश है। सनत्कुमार माहेन्द्र स्वर्ग वालों के पीतलेश्या का उत्कृष्ट अंश और पद्मलेश्या का जघन्य अंश है। ब्रह्म, ब्रह्मोत्तर, लांतव, कापिष्ठ, शुक्र, महाशुक्र इन छह स्वर्ग वालों के पद्मलेश्या का मध्यम अंश है। शतार, सहस्रार स्वर्ग वालों के पद्मलेश्या का उत्कृष्ट अंश और शुक्ललेश्या का जघन्य अंश है। आनत प्राणत आरण अच्युत तथा नव ग्रैवेयक इन तेरह वैमानिक देवों के शुक्ललेश्या का मध्यम अंश है। इसके ऊपर नव अनुदिश

तथा पाँच अनुत्तर इन चौदह विमान वालों देवों के शुक्ल लेश्या का उत्कृष्ट अंश होता है। भवनवासी आदि तीन देवों के अपर्याप्त अवस्था में कृष्ण आदि तीन अशुभ लेश्याएँ ही होती हैं

(सवैया इकतीसा)

प्रयाप्त भवन त्रि में तेज के जघन्य अंश,
सौधर्म ईशान दो में मध्यमांश जानिये।
सनत कुमार औ माहेन्द्र दो में तेज वर,
पद्म के जघन अंश जान भ्रम हानिये।
ब्रह्म आदि महांशुक्र तक छै में पद्म मध्य,
पुन दो सतारादि में याकै वर मानिये।
औ जघन्य शुक्ल धार पुन आनतादि चार,
ग्रीवनौ इम तेरा में शुक्ल मध्य आनिये।।52।।

(दोहा)

ऊपर नव अनुदिश अवर, पंच अनुत्तर थान।
इन चतुदशन मँझार इक, शुक्ल वरांश हि जान।।53।।

इति स्वाम्यधिकार।

9. साधन

आगैं साधन अधिकार कहैं हैं-

(गाथा)

वण्णोदयसंपादित-सरीरवण्णो दु दव्वदो लेस्सा।
मोहुदयखओवसमोवसमखयजजीवफंदणं भावो।।536।।

अर्थ- वर्णनाम कर्म के उदय से जो शरीर का वर्ण (रंग) होता है उसको द्रव्यलेश्या कहते हैं। मोहनीय कर्म के उदय या क्षयोपशम या क्षय से जो जीव के प्रदेशों की चंचलता होती है उसको भावलेश्या कहते हैं।

(सवैया इकतीसा)

वर्ण नामा नामकर्म के उदयतैं ऊपज्यौ,
शरीर का वर्ण सो ही द्रव्य लेश्या जानिये।
पुन अविरत ताईं चार गुण में मोहुदै,
त्रि देशव्रतादि में क्षयोपशम में गनिये।।
उपशम श्रेणी में उपशमैं औ क्षपक में,
मोहनी के क्षय होतैं भयौ परमानिये।
जीवन का संपद जो प्रणामों का चंचल वा,
प्रदेशों का चलपनौं सो भाव लेश्या मानिये।।54।।

इति साधनाधिकार।

10. संख्या

आगैं संख्या अधिकार को छह गाथान कर कहैं हैं–

(गाथा)

किण्हादिरासिमावलि-असंखभागेण भजिय पविभत्ते।
हीणकमा कालं वा, अस्सिय दव्वा दु भजिदव्वा।।537।।

अर्थ– संसारी जीवराशि में से तीन शुभ लेश्या वाले जीवों का प्रमाण घटाने से जो शेष रहे उतना कृष्ण आदि तीन अशुभ लेश्या वाले जीवों का प्रमाण है। यह प्रमाण संसारी जीवराशि से कुछ कम होता है। इस राशि में आवली के असंख्यातवें भाग का भाग देकर एक भाग को अलग रखकर शेष बहुभाग के तीन समान भाग करना। तथा शेष अलग रक्खे हुए एक भाग में आवली के असंख्यातवें भाग का देकर बहुभाग को तीन समान भागों में से एक भाग में मिलाने से कृष्णलेश्या वाले जीवों का प्रमाण होता है। और शेष एक भाग में फिर आवली के असंख्यातवें भाग का भाग देने से लब्ध बहुभाग को तीन समान भागों में से दूसरे भाग में मिलाने से नीललेश्या वाले जीवों का प्रमाण होता है और अवशिष्ट एक भाग को तीसरे भाग में मिलाने

से कापोतलेश्या वाले जीवों का प्रमाण होता है। इस प्रकार अशुभ लेश्या वालों का द्रव्य की अपेक्षा से प्रमाण कहा। यह प्रमाण उत्तरोत्तर कुछ कुछ घटता घटता है। अब काल की अपेक्षा से प्रमाण बताते हैं। कृष्ण नील कापोत इन तीन लेश्याओं का काल मिलाने से जो अन्तर्मुहूर्त मात्र काल होता है, उसमें आवली के असंख्यातवें भाग का भाग देना। इसमें एक भाग को जुदा रखना और बहुभाग के तीन समान भाग करना। तथा अवशिष्ट एक भाग में आवली के असंख्यातवें भाग का भाग देना। लब्ध एक भाग को अलग रखकर बहुभाग को तीन समान भागों से एक भाग में मिलाने से जो प्रमाण हो वह कृष्ण लेश्या का काल है। अलग रखे हुए लब्ध एक भाग में फिर आवली के असंख्यातवें भाग का भाग देने से लब्ध बहुभाग को तीन समान भागों में से दूसरे भाग में मिलाने से जो प्रमाण हो वह नील लेश्या का काल है। अवशिष्ट एक भाग को अवशिष्ट तीसरे समान भाग में मिलाने से जो प्रमाण हो वह कापोत लेश्या का काल है। इस प्रकार तीन अशुभ लेश्याओं के काल का प्रमाण भी उत्तरोत्तर अल्प अल्प समझना चाहिए।

(दोहा)

संसृत राशि प्रमाण में, शुभ त्रय लेश्यावान।
जियन प्रमाण हरैं रहै, अशुभ त्रि लेश्या मान।।55।।

(सवैया इकतीसा)

सो किंचित ऊन भव राशि मात्र जान तिनै,
आवली का असंखम भाग से भागीजिये।
एक भाग बिन बहुभाग के त्रि भाग सम,
कर एक एक जु कृष्णादि त्रि पै दीजिये।।
पुन एक भाग रह्यौ सो आवली के असंख-
वें भाग से भक्त एक भाग भिन्न कीजिये।
बहुभाग कृष्ण पै दै पुन एक भिन्न उक्त,
भागहार से भक्तेक जुदा रख लीजिये।।।56।।

नील लेश्या पर बहुभाग देय एक भाग,
कापोत पै देय इम आवै जो प्रमान है।
सो उक्त लेश्यान वाले जीवों का प्रमाण जान,
वा काल अपेक्षा द्रव्य परमान ल्यान है।।
कृष्णादि त्रि लेश्यान का काल कौं मिलाय ताय,
भक्त उक्त भाग हार से इक बिना रहै।
बहु सो कृष्ण पै दै पुनेक उक्त रीति भक्त,
बहु नील पै एक दै कापोत के थान है।।57।।

(दोहा)

इम करते करते थके, ह्वै जो जो परमान।
तिहि मित कृष्णादिक त्रि में, जीवन संख्या जान।।58।।

(गाथा)

खेत्तादो असुहतिया, अणंतलोगा कमेण परिहीणा।
कालादोतीदादो, अणंतगुणिदा कमा हीणा।।538।।

अर्थ– क्षेत्रप्रमाण की अपेक्षा तीन अशुभ लेश्या वाले जीव लोकाकाश के प्रदेशों से अनन्तगुणे हैं, परन्तु उत्तरोत्तर क्रम से हीन–हीन हैं। कृष्ण लेश्या वालों से कुछ कम नील लेश्या वाले जीव हैं और नील लेश्या वालों से कुछ कम कापोत लेश्या वाले जीव हैं। तथा काल की अपेक्षा अशुभ लेश्या वालों का प्रमाण भूतकाल के जितने समय हैं उससे अनन्तगुणा है। यह प्रमाण भी उत्तरोत्तर हीन क्रम समझना चाहिये।

(अडिल्ल)

खेत्राश्रय कर अशुभ त्रि लेश्या धृत जिया,
लोक अनंत प्रमित पै कम कम क्रम लिया।
कालाश्रय यम तीत समय परमान तैं,
गुण अनंत क्रम हीन कहे बल ज्ञान तैं।।59।।

(गाथा)

केवलणाणाणंतिम-भागा भावादु किण्हतियजीवा।
तेउतियासंखेज्जा, संखासंखेज्जभागकमा।।539।।

अर्थ– भाव की अपेक्षा तीन अशुभ लेश्या वाले जीव, केवलज्ञान के जितने अविभाग प्रतिच्छेद हैं उसके अनन्तवें भाग प्रमाण हैं। यहाँ पर भी पूर्ववत् उत्तरोत्तर हीन क्रम समझना चहिये। पीत आदि तीन शुभ लेश्या वालों का द्रव्य की अपेक्षा प्रमाण सामान्य से असंख्यात है। तथापि पीत लेश्या वालों से संख्यातवें भाग पद्म लेश्या वाले हैं और पद्म लेश्या वालों से असंख्यातवें भाग शुक्ल लेश्या वाले जीव हैं।

(अडिल्ल)

केवल ज्ञान अनंतम भाग जु जिय सही,
कृष्ण नील कापोत धनी भावाश्र ही।
शुभ तेजादि त्रि धृत असंख जियता गहैं,
पै घट क्रम सैं संख असंखम भाग हैं।।60।।

ऐसे भाव कर अशुभ अर द्रव्य कर शुभ लेश्या वालों का प्रमाण कहा। आगैं क्षेत्र प्रमाण की अपेक्षा तीन शुभ लेश्या वालों का प्रमाण बताते हैं–

(गाथा)

जोइसियादो अहिया, तिरिक्खसण्णिस्स संखभागो दु।
सूइस्स अंगुलस्स य, असंखभागं तु तेउतियं।।540।।

अर्थ– ज्योतिषी देवों के प्रमाण से कुछ अधिक तेजोलेश्या वाले जीव हैं और समस्त तेजोलेश्या वाले जीवों से ही संख्यात गुणे कम नहीं अपितु तेजोलेश्या वाले संज्ञी तिर्यंच जीवों के प्रमाण से भी संख्यात गुणे कम पद्मलेश्या वाले जीव हैं और सूच्यंगुल के असंख्यातवें भाग प्रमाण मात्र शुक्ललेश्या वाले जीव हैं।

(सवैया इकतीसा)

जोतिषिन मान माहिं भवनवासी मिलाँह,
वान मान औ सौधर्म ईशानवासीन के।
देव और पशु नर तेजी लेश्या वाले सब,
जोड़े होंय तिते तेज लेष्या वाले जी छके।।
पद्म लेश्या वाले जीव संख्यातवें भाग जान,
तिरयंच सैनी तेजो लेश्या के धारीन के।
शुक्ल लेश्या वाले सब जीवन का मान पुन,
असंख्यातवें भाग प्रमाण सूच्यंगुल के।।61।।

उक्त अर्थ को स्पष्ट करैं हैं–

(गाथा)

वेसदछप्पण्णंगुल-कदिहिदपदरं तु जोइसियमाणं।
तस्सय संखेज्जदिमं, तिरिक्खसण्णीण परिमाणं।।541।।

अर्थ– दो सौ छप्पन अंगुल के वर्गप्रमाण (पण्णट्टीप्रमाण = 65536) प्रतरांगुल का भाग जगत्प्रतर में देने से जो प्रमाण हो उतने ज्योतिषी देव हैं और इसके संख्यातवें भाग प्रमाण संज्ञी तिर्यंच जीव हैं।

(अडिल्ल)

दो सौ छप्पन प्रतरांगुल के वर्ग सैं,
जगत्प्रतर भक्तत प्रमाण ज्योतिष लसैं।।
पुन इनतैं संख्यातम भाग सबै खरा,
सैनि त्रियंचन का प्रमाण वर्णन करा।।62।।

(गाथा)

तेउदु असंखकप्पा, पल्लासंखेज्जभागया सुक्का।
ओहि असंखेज्जदिमा, तेउतिया भावदो होंति।।542।।

अर्थ- असंख्यात कल्पकाल के जितने समय हैं उतने ही सामान्य से तेजोलेश्या वाले और उतने ही पद्म लेश्या वाले जीव हैं। तथापि तेजोलेश्या वालों से पद्म लेश्या वाले संख्यातवें भाग हैं और पल्य के असंख्यातवें भाग प्रमाण शुक्ल लेश्या वाले जीव हैं। इस प्रकार काल की अपेक्षा से तीन शुभ लेश्याओं का प्रमाण समझना चाहिये। तथा अवधिज्ञान के जितने विकल्प हैं उसके असंख्यातवें भाग सामान्य से प्रत्येक शुभ लेश्या वाले जीव हैं। तथापि तेजोलेश्या वालों से संख्यातवें भाग पद्म लेश्या वाले और पद्म लेश्या वालों से शुक्ल लेश्या वाले असंख्यातवें भाग मात्र हैं। यहाँ यह लेश्याओं का प्रमाण भाव की अपेक्षा से है। इस प्रकार संख्या के द्वारा लेश्याओं का वर्णन करने वाला दसवाँ अधिकार समाप्त हुआ।

(सवैया इकतीसा)

तेज पद्म लेश्यावान असंख कल्प प्रमान,
प्रत्येक हैं तौ भि तेज लेश्यावान जियों सैं।
संख्यातवें भाग पद्म लेश्या वाले पुन शुक्ल,
लेश्यावान पल्य के असंखवें भाग लसैं।।
पुन ज्ञान अवधि के असंखवें भाग मात,
तीनों शुभ लेश्या वाले प्रत्येक जिस वसैं।
तथापि संख्यात असंख्यात भाग घाट जान,
क्रमतैं पदम शुक्ल वाले जीव भाव सैं।।63।।

इति संख्याधिकार।

11. क्षेत्र अधिकार

आगैं क्षेत्राधिकार कहैं हैं-

(गाथा)

सट्ठाणसमुग्घादे, उववादे सव्वलोयमसुहाणं।
लोयस्सासंखेज्जदि-भागं खेत्तं तु तेउतिये।।543।।

अर्थ– विवक्षित लेश्या वाले जीवों के द्वारा विवक्षित पद में रहते हुए वर्तमान में जितना आकाश रुके उसको क्षेत्र कहते हैं। यह क्षेत्र तीन अशुभ लेश्याओं का सामान्य से स्वस्थान समुद्घात और उपपाद की अपेक्षा सर्व लोक प्रमाण है और तीन शुभ लेश्याओं का क्षेत्र लोक प्रमाण के असंख्यातवें भाग मात्र है।

(अडिल्ल)

क्षेत्र स्वथानरु समुदघात उत्पाद में,
अशुभ त्रि कृष्णादिक का लोक सरब पमैं।
पुन तेजादिक त्रय शुभ लेश्यन का सही,
असंख्यातवें भाग लोक के वर्ण ही।।64।।

(दोहा)

क्षेत्र सर्व लेश्यान का, इम संक्षेपै जान।
विस्तृत गुरु सिद्धांत लख, करहु भ्रांत भव हान।।65।।

इति क्षेत्र अधिकार।

आगैं उपपाद क्षेत्र के निकालने को करण सूत्र कहैं हैं–

(गाथा)

मरदि असंखेज्जदिमं, तस्सासंखा य विग्गहे होंति।
तस्सासंखं दूरे, उववादे तस्स खु असंखं।544।।

अर्थ– घनांगुल के तृतीय वर्गमूल का जगच्छ्रेणी से गुणा करने पर जो प्रमाण हो उतने सौधर्म और ईशान स्वर्ग के जीवों का प्रमाण है। इसमें पल्य के असंख्यतावें भाग का भाग देने से लब्ध एक भाग प्रमाण प्रति समय मरने वाले जीव हैं। मरने वाले जीवों के प्रमाण में पल्य के असंख्यातवें भाग का भाग देने से जो बहुभाग का प्रमाण रहे उतने विग्रह गति करने वाले जीव हैं। विग्रह गति वाले जीवों के प्रमाण में पल्य के असंख्यातवें भाग का भाग देने से जो बहुभाग का प्रमाण हो उतने मारणान्तिक समुद्घात वाले जीव हैं।

इसमें भी कल्प के असंख्यातवें भाग का भाग देने से लब्ध एक भाग प्रमाण दूर मारणान्तिक समुद्घात वाले जीव है। इसमें भी पल्य के असंख्यातवें भाग का भाग देने से लब्ध एक भाग प्रमाण उपपाद जीव हैं। यहाँ पर तिर्यचों की उत्पत्ति की अपेक्षा से एक जीव सम्बन्धी प्रदेश फैलने की अपेक्षा डेढ़ राजू लंबा संख्यात सूच्यंगुल प्रमाण चौड़ा व ऊँचा क्षेत्र है, इसके घन क्षेत्रफल को उपपाद जीवों के प्रमाण से गुणा करने पर जो प्रमाण हो उतना ही उपपाद क्षेत्र का प्रमाण है।

(गाथा)

सुक्कस्स समुग्घादे, असंखलोगा य सव्वलोगो य।
फासं सव्वं लोयं, तिट्ठाणे असुहलेस्साणं।।545।।

अर्थ– इस सूत्र के पूर्वार्ध में शुक्ल लेश्या का क्षेत्र लोक के असंख्यात भाग में से एक भाग को छोड़कर शेष बहुभाग प्रमाण वा सर्वलोक बताया है सो केवलसमुद्घात की अपेक्षा से है।

कृष्ण आदि तीन अशुभ लेश्या वाले जीवों का स्पर्श स्वस्थान, समुद्घात, उपपाद इन तीन स्थानों में सामान्य से सर्वलोक है।

(सवैया इकतीसा)

शुक्ल लेश्या तनौं क्षेत्र लोक के असंख बहु–
भाग मात्र एक भाग बिन अवधारिये।
केवल समुदघात की अपेक्षा अब इन,
विस्तार गुरू टीका देख भ्रम परिये।।
पुन सपरश कृष्ण आदि त्रि अशुभ लेश्यौं,
का स्वधान वा समुदघात में विचारिये।
उत्पाद विषैं वास मान पनै सर्वलोक,
विशेष तैं देश थानकन में निहारिये।।
ऐसे कृष्णादि अशुभ लेश्या अपेक्षा जानना।।66।।

12. स्पर्शन

आगैं तेजोलेश्या में स्पर्श का वर्णन करने सूत्र कहैं हैं-

(गाथा)

तेउस्स य सट्ठाणे, लोगस्स असंखभागमेत्तं तु।
अडचोद्दसभागा वा, देसूणा होंति णियमेण।।546।।

अर्थ- पीत लेश्या का स्वस्थान-स्वस्थान की अपेक्षा लोक के असंख्यातवें भाग प्रमाण स्पर्श है और विहारवत् स्वस्थान की अपेक्षा त्रस नाली के चौदह भागों में से कुछ कम आठ भाग प्रमाण स्पर्श है।

(गाथा)

एवं तु समुग्घादे, णव चोद्दसभागयं च किंचूणं।
उववादे पढमपदं, दिवड्ढचोद्दस य किंचूणं।।547।।

अर्थ- विहारवत् स्वस्थान की तरह समुद्घात में भी त्रस नाली के चौदह भागों में से कुछ कम आठ भाग प्रमाण स्पर्श है तथा मारणान्तिक समुद्घात की अपेक्षा चौदह भागों में से कुछ कम नव भाग प्रमाण स्पर्श है। और उपपाद स्थान में चौदह भागों में से कुछ कम डेढ़ भाग प्रमाण स्पर्श है। इस प्रकार यह पीत लेश्या का स्पर्श सामान्य से तीन स्थानों में बताया है।

(सवैया इकतीसा)

पुन समुद्घात विषैं स्वसथान वत कछु,
घाट त्रस नालि ताके चौदा भाग करिये।
तामें आठ भाग पुन मारणांतिक अपेक्ष,
उक्त चौदा भाग में नौ भाग पर्श भरिये।।
उपपाद विषैं पुन त्रस नाली के चौदह,
भागकर तामें डेड़ लेय कछु हरिये।
रहै सो सपर्श जान तेजो लेश्या का सामन,
विशेष तैं दश थान लख श्रद्धा धरिये।।67।।

(गाथा)

पम्मस्य य सट्ठाणसमुग्घाददुगेसु होदि पढमपदं।
अड चोद्दस भागा वा, देसूणा होंति णियमेण।।548।।

अर्थ– पद्मलेश्या का विहारवत् स्वस्थान, वेदना कषाय तथा वैक्रियक समुद्घात में चौदह भागों में से कुछ कम आठ भाग प्रमाण स्पर्श है। मारणन्तिक समुद्घात में चौदह भागों में से कुछ कम आठ भाग प्रमाण ही स्पर्श है, क्योंकि पद्म लेश्या वाले भी देव पृथ्वी, जल और वनस्पति में उत्पन्न होते हैं। तैजस तथा आहारक समुद्घात में संख्यात घनांगुल प्रमाण स्पर्श है। यहाँ पर 'च' शब्द का ग्रहण किया है इसलिये स्वस्थान- स्वस्थान में लोक के असंख्यात भागों में से एक भाग प्रमाण स्पर्श है।

(सवैया इकतीसा)

पद्म लेश्या वालन के स्वथान स्वथान बिषैं,
लोकाकाश के असंखवें भाग प्रमानिये।
बहुर विहार वत स्वथान औ वेदना वा,
कषाय वैक्रियक समुद्घात में आनिये।।
अरु मारणांतिक समुद्घात भी में कछु,
घाट त्रस नाली ताके चौदा भाग ठानिये।
तिनमें भाग अष्ट औ तेजस आहारक में,
संख्यात घनांगुल प्रमाण पर्श जानिये।।68।।

(दोहा)

यहाँ पद्म लेश्या धनी, सुरभी आयु खिपाय।
भूजल तरु में ऊपजै, कह्यौ वचन इम भाय।।69।।

(गाथा)

उववादे पढमपदं, पणचोदसभागयं च देसूणं।
सुक्कस्स य तिट्ठाणे, पढमो छच्चोदसा हीणा।।549।।

अर्थ– पद्म लेश्या शतार सहस्रार स्वर्गपर्यन्त संभव है और शतार सहस्रार स्वर्ग मध्यलोक से पाँच राजू ऊपर है, इसलिये उपपाद की अपेक्षा से पद्म लेश्या का स्पर्श त्रस नाली के चौदह भागों में से कुछ कम पाँच भाग प्रमाण है। शुक्ल लेश्या वाले जीवों का स्वस्थान स्वस्थान में तेजोलेश्या की तरह लोक के असंख्यातवें भागप्रमाण स्पर्श है और विहारवत् स्वस्थान तथा वेदना कषाय वैक्रियिक मारणान्तिक समुद्घात और उपपाद इन तीन स्थानों में चौदह भागों में से कुछ कम छह भाग प्रमाण स्पर्श है। तैजस तथा आहारक समुद्घात में संख्यात घनांगुल प्रमाण स्पर्श है।

(सवैया इकतीसा)

उपपाद विषैं पुन उक्त चौदा भागन में,
कछु हीन पंच भाग मात्र पर्श गायौ है।
ऐसे पद्म लेश्या वाले जीवन के कह अब,
शुक्ल लेश्या वालन के कहौ जो बातयौ है।।
स्वथान स्वथान में लोक के असंखवें भाग,
विहार बतादि समुद्घातौं में यौं भायौ है।
चौदा भागन में षट कछु घाट तैजस,
आहारक में घनांगुल संख मित थायौ है।।70।।

(गाथा)

णवरि समुग्घादम्मि य, संखातीदा हवंति भागा वा।
सव्वो वा खलु लोगो, फासो होदि त्ति णिद्दिट्ठो।।550।।

अर्थ– केवल समुद्घात में विशेषता है, वह इस प्रकार है कि दण्ड समुद्घात में स्पर्श क्षेत्र की तरह संख्यात प्रतरांगुल से गुणित जगच्छ्रेणी प्रमाण है। स्थित वा उपदिष्ट कपाट समुद्घात में संख्यात सूच्यंगुलमात्र जनत्प्रतर प्रमाण है। प्रतर समुद्घात में लोक के असंख्यात भागों में से एक भाग के छोड़कर शेष बहु भाग प्रमाण स्पर्श है तथा लोकपूर्ण समुद्घात में

सर्वलोक प्रमाण स्पर्श है।

(दोहा)

समुदघात केवल विषैं, कछु विशेष है सार।
ताके वरणन कौं अबै, सुनहु भव्य रुचि धार।।71।।

(सवैया इकतीसा)

टंड विषैं तो सपर्श क्षेत्र वत संख्या प्रत-
रांगुलौ से गुणा जग श्रेणी मित ठाट है।
करनैं समट ने अपेक्षा से दूनों औ पूर-
वाभिमुखथित वा उपविष्ट कपाट है।।
तहाँ संख सूच्यंगुल मात्र जग प्रतर,
प्रमान सों करने समेटनैं तैं दूनों ठहै।
त्यों हि उत्तराभिमुख स्थित वा उपविष्ट,
कपाट में जान कीजे भ्रम निरघाट है।।72।।

(दोहा)

भाग असंख जु लोक के, तहँ इक बिन बहुभाग।
प्रतर विषैं पुन लोक सब, लोकपूर्ण मे पाग।।73।।
पुन उपपाद विषैं जु चतु, दश भागन के माहिं।
किंचित यह षट भाग मित, कषौ पर्श सक नाहिं।।74।।

इति स्पर्शाधिकार।

आगैं कालाधिकार कहैं हैं-

13. काल

(गाथा)

कालो छल्लेस्साणं, णाणाजीवं पडुच्च सव्वद्धा।
अंतोमुहुत्तमवरं, एगं जीवं पडुच्च हवे।।551।।

अर्थ- नाना जीवों की अपेक्षा कृष्ण आदि छहों लेश्याओं का सर्व काल

है क्योंकि छहों लेश्याएँ संसार में सदा पाईं जातीं हैं। सामान्यतया किसी भी लेश्या से रहित कोई काल नहीं है। तथा एक जीव की अपेक्षा संपूर्ण लेश्याओं का जघन्य काल अन्तर्मुहूर्त मात्र है।

(दोहा)

षट लेश्यन का काल सब, नाना जिय आश्रेय।
इक जिय आश्रय पुन जघन, अंत मुहूर्त कहेय।।75।।

(गाथा)

उवहीणं तेत्तीसं, सत्तर सत्तेव होंति दो चेव।
अट्ठारस तेत्तीसा, उक्कस्सा होंति अदिरेया।।552।।

अर्थ– उत्कृष्ट काल कृष्ण लेश्या का तेतीस सागर, नील लेश्या का सत्रह सागर, कापोत लेश्या का सात सागर, पीत लेश्या का दो सागर, पद्म लेश्या का अठारह सागर, शुक्ल लेश्या का तेतीस सागर और कुछ अधिक है।

(सवैया इकतीसा)

पुन उत्कृष्ट काल कृष्ण लेश्या का सँभाल,
तेतीस उदध नील का सत्रा साग है।
कापोत का सप्त दधि तेजन तनौं दो उदधि,
अरु पद्म लेश्या ताका समुद्र अठार है।।
पुन लेश्या शुक्ल तनौं काल तेतीस जलधि,
कछु–कछु अधिक–अधिक सुखकार है।
सौ दो–दो अंतमहुर्त छहों में बहुर अर्द्ध,
सागर क्यूँ न्यून पीत पद्म लेश्या में रहै।।76।।

(सोरठा)

सो घातायुषवान, सम्यकदृष्टी जिय लहै।
अंतमहूरत हान, सागर अर्द्ध अधिक थिती।।77।।

इति कालाधिकार।

14. अन्तर

आगैं अंतर अधिकार का वर्णन करैं हैं–

(गाथा)

अंतरमवरुक्कस्सं, किण्हतियाणं मुहुत्तअंतं तु।
उवहीणं तेत्तीसं, अहियं होदि त्ति णिद्दिट्ठं।।553।।
तेउतियाणं एवं, णवरि य उक्कस्स विरहकालो दु।
पोग्गलपरिवट्टा हु असंखेज्जा होंति णियमेण।।554।।

अर्थ– कृष्ण आदि तीन अशुभ लेश्याओं का जघन्य अन्तर अन्तर्मुहूर्त मात्र है और उत्कृष्ट अन्तर कुछ अधिक तेतीस सागर होता है। पीत आदि तीन शुभ लेश्याओं का अन्तर भी इस ही प्रकार है, परन्तु कुछ विशेषता है। शुभ लेश्याओं का उत्कृष्ट अन्तर नियम से असंख्यात पुद्गल परिवर्तन है।

(चौपाई)

अंतर जघन सु कृष्णादि का, अंत महूरत एक सु छका।
वर कछु अधिक उदधि तेतीस, यह विधि भाष्यौ श्री जगदीश।।78।।

(सवैया इकतीसा)

सो अंतर वर वर्ष आठ घाट कोड़ पूर्व,
अंतर महूर्त दस तेतीस सागर है।
कृष्ण लेश्या माहिं त्यौं ही नील औ कापोत माहिं,
पै विशेष महूरत दो दो घट वर है।।
तेज का षट अंतमहूर्त संख्य सहस्र,
वर्षाधिक आवली का भाग असंखम रहै।
तिहि परमाण पुदगल परावरतन,
मात्र वर कहौ आगैं पद्म कौ उचर है।।79।।
पंच अंतमहूरत औ पल्ल का असंखवाँ,
भागाधिक दोदध सहस्र वर्ष संख्याता।

अधिक आवली का असंख्यातवाँ भाग मित,
पुदगल परावरतन मात्र विख्याता।।
शुक्ल कौ अंतर वर अंतरमहुर्त सात,
संख्यात सहस्र वर्ष अरु पल्य का ख्याता।
भाग संखवाँ औ दो उदधाधिक आवली का,
असंखवाँ भाग वपु परवर्तन है भ्राता।।80।।

(दोहा)

या प्रकार संक्षेप कर, कृष्णादिक का सार।
अंतर कह अब भाव कहुँ, श्री गुरुश्रुत अनुसार।।81।।

इति अन्तर अधिकार।

15. भाव और

16. अल्पबहुत्व

आगै भाव और अल्पबहुत्व अधिकार का वर्णन करै हैं–

(गाथा)

भावादो छल्लेस्सा, ओदइया होंति अप्पबहुगं तु।
दव्वपमाणे सिद्धं, इदि लेस्सा वण्णिदा होंति।।555।।

अर्थ– भाव की अपेक्षा छहों लेश्याएँ औदयिक हैं, क्योंकि कषाय से अनुरंजित योग परिणाम को ही लेश्या कहते हैं और ये दोनों अपने-अपने योग्य कर्म के उदय से होते हैं। तथा लेश्याओं का अल्पबहुत्व, पहले लेश्याओं का जो संख्या अधिकार में द्रव्यप्रमाण बताया है उसी से सिद्ध है। इनसे सबसे अल्प शुक्ल लेश्या वाले हैं। फिर भी उनका प्रमाण असंख्यात है। इससे अनन्तगुणे पद्म लेश्या वाले और इनसे भी असंख्यातगुणे पीत लेश्या वाले जीव हैं। पीत लेश्या वालों से अनन्तानन्तगुणे कापोत लेश्या वाले हैं, इनसे कुछ अधिक नील लेश्या वाले और इनसे भी कुछ अधिक कृष्ण लेश्या वाले जीव हैं।

(गीतिका)

लेश्या छहों ही भाव कर औदयिक रूप सु जानिये।
पुन अल्प बहुत सुसिद्ध द्रव्य प्रमाण में तिहिं मानिये।।
इन छहों लेश्या कथित सोलह सर्व अधिकारन मही।
भव जानिये अब अग्र लेश्या रहित जीव कहौं सही।।82।।

इति भाव अल्पबहुत्वाधिकार।

(गाथा)

किण्हादिलेस्सरहिया, संसारविणिग्गया अणंतसुहा।
सिद्धिपुरं संपत्ता, अलेस्सिया ते मुणेयव्वा।।556।।

अर्थ– जो कृष्ण आदि छहों लेश्याओं से रहित हैं, अतएव जो पंच परिवर्तन रूप संसार–समुद्र के पार को प्राप्त हो गये हैं तथा जो अतीन्द्रिय अनन्त सुख से तृप्त हैं, आत्मोपलब्धि रूप सिद्धि पुरी को जो प्राप्त हो गये हैं उन जीवों को अयोगकेवली या सिद्ध भगवान् कहते हैं।

(चौपाई)

कृष्णादिक लेश्या बिन संत, भवपारग सुखयुक्त अनंत।
सम्यक शिवपुर जिन पायीय, लेश्या बिन ते जानहु जीय।।83।।

(दोहा)

इस प्रकार गुण अमित जुत, हुय श्री सिद्ध जिनेश।
ते प्रभु भूर असर्मदा, नाशहु कर्म कलेश।।84।।

इत्याचार्य श्री नेमिचन्द सिद्धान्त चक्रवर्ती विरचित गोम्मटसार दुतिय नाम पंचसंग्रह ताकी जीव तत्त्वप्रदीपिका नाम संस्कृत टीका वा सम्यग्ज्ञान चन्द्रिका नाम भाषा टीका के अनुसार मूल गाथार्थ छन्द बन्ध छन्दोदय ग्रन्थ में लेश्या प्ररूपणा नाम पंचदशम अधिकार सम्पूर्ण भया।

***

अधिकार - 16

भव्य मार्गणा

(दोहा)

फलत इष्ट जिन सैं सरव, होत अनिष्ट विनष्ट।
तिन जिन शान्ति जिनेश पद, भजौं शान्तिदा सृष्ट।।1।।

(गाथा)

भविया सिद्धी जेसिं, जीवाणं ते हवंति भवसिद्धा।
तव्विवरीयाऽभव्वा, संसारादो ण सिज्झंति।।557।।

अर्थ– जिन जीवों की अनन्त चतुष्टयरूप सिद्धि होने वाली हो अथवा जो उसकी प्रप्ति के योग्य हों उनको भवसिद्ध कहते हैं। जिनमें इन दोनों में से कोई भी लक्षण घटित न हो उन जीवों को अभव्यसिद्ध कहते हैं।

(अडिल्ल)

होन योग्य वा होनहार जिनके कही,
सिद्धि सु ते भवि सिद्ध दुविध जानो सही।
पुन तिनतैं विपरीत उक्त लक्षण बिना,
ते अभव्य भव से जु मुक्त को पाएँ ना।।2।।

(गाथा)

भव्वत्तणस्स जोग्गा, जे जीवा ते हवंति भवसिद्धा।
ण हु मलविगमे णियमा, ताणं कणं ओवलाणमिव।।558।।

अर्थ– जो जीव अनन्तचतुष्टयरूप सिद्धि की प्राप्ति के योग्य हैं, उनको भवसिद्ध कहते हैं। किन्तु यह बात नहीं है कि इस प्रकार के जीवों का कर्ममल नियम से दूर हो ही। जैसे कनकोपल का।

(अडिल्ल)

केवल जे भव्यत्व योग ही जीव हैं,
होने के तद्रूपन ते भव सिद्ध हैं।
जैसें पाहन कोइ सुवर्ण सहित सही,
मैल हरन की सामग्री बिन त्यौं यही।।3।।

(दोहा)

गमन शक्ति ज्यौं नरक प्रति, अहमेंद्रन के जान।
गमन करैं नहिं त्यौं हि ये, योग्यहि के बलवान।।4।।

(गाथा)

ण य जे भव्वाभव्वा, मुत्तिसुहातीदणंतसंसारा।
ते जीवा णायव्वा, णेव य भव्वा अभव्वा य।।559।।

अर्थ– जिनका पाँच परिवर्तनरूप अनन्त संसार सर्वथा छूट गया है और इसलिये जो मुक्ति सुख के भोक्ता हैं उन जीवों को न तो भव्य समझना चाहिए और न अभव्य समझना चाहिए, क्योंकि अब उनको कोई नवीन अवस्था प्राप्त करना शेष नहीं रहा है इसलिये वे भव्य भी नहीं है। और अनन्त चतुष्टय को प्राप्त हो चुके हैं इसलिये अभव्य भी नहीं हैं।

(अडिल्ल)

जे जिय भव्य अभव्यन पुन भुक्ता सही,
मुक्त सुख्य के रहित अमित संसार ही।
ते जिय नाही भव्य अभव्य भि नहिं कहे,
जान हु इम जीवत्व भाव ही धर रहै।।5।।

(गाथा)

अवरो जुत्ताणंतो, अभव्वरासिस्स होदि परिमाणं।
तेण विहीणो सव्वो, संसारी भव्वरासिस्स।।560।।

अर्थ– जघन्य युक्तानन्त प्रमाण अभव्य राशि है और सम्पूर्ण संसारी जीव राशि में से अभव्य राशि का प्रमाण घटाने पर जो शेष रहे उतना ही भव्य राशि का प्रमाण है।

(चौपाई)

युक्तानंत जघन्य प्रमाण, रशि अभव्यन मान सु जाण।
पुन तिहि बिन मित संसृत राश, मान भव्य जीवन सब भास।।6।।

(दोहा)

अब संसारी जियन के, परवर्तन इस ठाम।
वरणौं संसृत परिभ्रमण, हैं इकर्थ सब नाम।।7।।

(चौपाई)

सो पनविध भाषे कर चाव, द्रव्य क्षेत्र यम अरु भव भावं।
तहाँ द्रव्य परवर्तन अवै, वरणौं सुनिये भवि जन सबै।।8।।
सो यह जानहु द्वैविध भाय, एक कर्म परिवर्तन आय।
दुति नोकर्म प्रवर्तन लहौ, अब नो कर्म प्रवर्तन कहौं।।9।।

(सवैया इकतीसा)

किसी जीव ने ऊदारिकादि शरीरन में,
केइि देह सम्बंधी छै परयाप्त के सही।
परिणमनें को योग पुद्गल किसी समय,
सचिक्कन रुक्ष वर्ण गंधादिक कर ही।।
तीव्र मंद मध्यभाव लिये यथासंभव,
ग्रहे ते पुन दुतियादि समयन के मही।
निरजरा रूप किये बहुर अनंत बार,
अगृहीत अरु मिश्र ग्रह ग्रह छोड़हीं।।10।।

(चौपाई)

बीच ग्रहीत अनअंती बार, ग्रह छोड़े यौं करते सार।
प्रथम समय जो पुद्गल ग्रहै, ते इति से ही पुन जब लहै।।11।।

जितनों काल बितीते तहाँ, सो पुग्गल परिवर्तन कहा।
जियने पूर्व ग्रहे जे सार, ते परमाणु गृहीत विचार।।12।।
ग्रहै न कबहीं ते अगृहीत, अभय मिले अनुमिश्र कहीत।
अग्रहीत कह कोई केम, ते भी अमति कहीं कर नेम।।13।।

(दोहा)

अब विशेष वरणन करौं, श्री जिनश्रुत अनुसार।
इस ही प्रावर्तन तनौं, सुनह भव्य चित धार।।14।।

(चौपाई)

पुद्गल परवर्तन का काल, कहौ तीन परकार सँभाल।
इक अगृहीत गृहीत सु दुती, मिश्र ग्रहण का काल सु तृती।।15।।

(सवैया इकतीसा)

तहाँ विवक्षत नो करम पुदगल पर-
वर्तन का प्रथम समय तैं लेय कैं।
पैली बार समय प्रबद्ध में अगृहीत को,
ग्रहै पुन दुती तृती बार आद देय कैं।।
अगृहीत ही अनंत बार जब ग्रहै तब,
एक बार मिश्र भी को ग्रहै उमगेय कैं।।
बहुर अनंत बार अग्रहीत ग्रहै तब,
एक बार मिश्र पुन को ग्रहै बनेय कैं।।16।।

(चौपाई)

ऐसे करतै बार अनंत, मिश्र भि ग्रहण जु होवहिं संत।
बहुर अनंती बार जु भाय, अग्रहीत कौं ग्रहण कराय।।17।।
तब इक बार ग्रहै जु गृहीत, अमित बार पुन ग्रह अगृहीत।
ग्रहै गृहीत बार इक फेर, पुन अगृहीत ग्रहै बहु बेर।।18।।

तब गृहीत पुन बारिक ग्रहै, इम करतैं गृहीत भी लहै।
बार अंनत तबहिं सब तनौं, प्रथम प्रवर्तन ह्वै इय भनौं।।19।।
इस क्रम बिन कहुँ अन्य प्रकार, अगृहितादिक काल मँझार।
ग्रहने में जो आवै भ्रात, ते प्रमाण में नाहिं रहात।।20।।
तहँ तैं बहुर अनंती बार, ग्रह-ग्रह मिश्रहिं छोड़ै सार।
तब इक बार ग्रहै अगृहीत, बार अमित पुन मिश्रहिं मीत।।21।।
छोड़ै ग्रह-ग्रह तब इक बेर, ग्रहण करै अगृहीतहिं फेर।
बार अनंत मिश्र पुन ग्रहै, तब अगृहीत बार इक लहै।।22।।
यौं करते जब बार अनंत, होंय ग्रहण अग्रहीत सु संत।
तिहिं तैं बार अनंती पुना, ग्रह-ग्रह मिश्र जु छोड़ै मना।।23।।
तब इक बार गृहीत ग्रहेय, बहुर निरंतर बार अमेय।
ग्रह ग्रह मिश्र तजे तब भाय, ग्रहण गृहीत बार इक थाय।।24।।
इस विधि अमित बार जु गृहीत, ग्रहीं जाय पुन जब हो मीत।
होय दुतिय परवरतन तबै, अब कहुँ अग्र सुनहु भव सबै।।25।।
तहँ तैं मिश्र अमित बारेय, ग्रह-ग्रह पुन-पुन छोड़ै तेय।
तब इक बार ग्रहै जु गृहीत, अमित बार पुन मिश्रहिं मीत।।26।।
ग्रह-ग्रह तजै गृहीत जु फेर, ग्रहण करै तब ही इक बेर।
ऐसे करत अमित बारानु, होंय गृहीत ग्रहण परमानु।।27।।
तब पुन मिश्रहिं बार अनंत, ग्रह-ग्रह पुन-पुन तजै महंत।
तब अगृहीत ग्रहै इक बार, बहुर मिश्र ही ग्रहै जु सार।।28।।
बार अमित अगृहीतहिं तबै, एक बार ग्रहनों ही फवै।
बार अनंत करत यौं हीय, होंय ग्रहण अगृहीत सहीय।।29।।
तब तृति परवर्तन ह्वै संत, अब आगैं कहिये विरतंत।
पुन पूवोक्त भये क्रम सार, ग्रहै गृहीत अनंती बार।।30।।

तब इक बार ग्रहै मिश्राणु, बहुर गृहीत ग्रहै परमाणु।
बार अनंत तबहिं इक बार, मिश्र ग्रहै इम करतैं सार।।31।।
हो वह ग्रहण मिश्र का भीय, बार अमित इम कह्यौ मतीय।
बहुर गृहीत अमित बारेय, ग्रह–ग्रह पुन–पुन व्यक्त करेय।।32।।
तब अगृहीत बार इक ग्रहै, पुन गृहीत बहु बार जु लहै।
फिर अगृहीत करत यौं भाय, बार अनंत ग्रहण हो जाय।।33।।
अग्रहीत परवर्तन तबै, चौथी बार हुवौ यह फवै।
पुन तिहिं तुरिय प्रवर्तन केय, समय अनंतर माहीं जेय।।34।।
आदि प्रवर्तन में जिस भाँत, ग्रहे सनिग्धादिक गुण भ्रांत।
तेई तिसी भाँत के फेर, ग्रहण कीजिये अब इहि बेर।।35।।
अब यह सब जोड़त जो होय, है नोकर्म प्रवर्तन सोय।
ताहि जान भवि धर चित मही, आतम काज कीजिये सही।।36।।

(सोरठा)

इस प्रकार नो कर्म, परवर्तन का रूप कह।
द्रव्य प्रवर्तन मर्म, अब भाष्यूँ संक्षेप सूँ।।37।।

(सवैया इकतीसा)

किसी जीव ने एक समय में वसु प्रकार,
कर्म रूप पुद्गल ग्रहे ते जु बनायकैं।
एक समयाधिकावली मात्र अबाधा काल,
गये दुतियादि समै में देवे सराय कैं।।
पीछैं जैसे अनुक्रम आदतैं लगाय अंत,
परयंत नो कर्म का भाषो उमगाय कैं।
तैसौ ही अनुक्रम प्रवर्तन चारौ सम्बन्धी,
कहौ इस कर्म परवर्तन में गाय कैं ।।38।।

(दोहा)

है विशेष इतनो वहाँ, नो कर्मक अनुजान।
यहाँ द्रव्य विध के कहे, अवर फेर नहिं आन।।39।।

(चौपाई)

काल प्रवर्तन दोनों तनौं, जान बराबर इम जिन भनौ।
यहाँ भि जानों इस विधि भाय, पूर्व उक्त अनुक्रम ज्यौं आय।।40।।
त्यौं हि होय तो गिनती मही, आवहिं अन्य भांति ह्वै सही।
तो गिनती में कहिए नाहिं, बहुरै जिन समयन के माहिं।।41।।
अन्य रूप वर्तें सो काल, परवर्तन यम में न सँभाल।
ऐसे ही क्षेत्रादि मँझार, अनुक्रम जानों भव जनसार।।42।।

(दोहा)

त्रय परवर्तन काल का, काल तनौं परमान।
भिन्न-भिन्न टीका विषैं, देख करहु भ्रम हान।।43।।

(गाथा)

सुहमट्ठिदिसंजुत्तं, आसण्णं कम्मणिज्जरामुक्कं।
पाएण एदि गहणं, दव्वमणिद्दिट्ठसंठाणं।।1।।

अर्थ – जिन कर्म रूप पुद्‌गलों की स्थिति अल्प थी अतएव पीछे निर्जीर्ण होकर जिनकी कर्म रहित अवस्था हो गई हो, परन्तु जीव के प्रदेशों के साथ जिनका एक क्षेत्रावगाह हो तथा जिनका संस्थान (आकार) कहा नहीं जा सकता इस तरह के पुद्‌गल द्रव्य को ही प्रायः करके जीव ग्रहण करता है।

भावार्थ – यद्यपि यह नियम नहीं है कि इस ही तरह के पुद्‌गल का जीव ग्रहण करे तथापि बहुधा इस ही तरह के परिणत पुद्‌गल का ग्रहण करता है क्योंकि यह द्रव्य क्षेत्र काल भाव से संस्कारित है।

आगैं द्रव्य परिवर्तन के चार भेदों का निरूपण करैं हैं-

(गाथा)

अगहिदमिस्सं गहिदं, मिस्समगहिदं तहेव गहिदं च।
मिस्सं गहिदमगहिदं, गहिदं मिस्सं अगहिदं च।।2।।

(अडिल्ल)

प्रथम प्रवर्तन अगृहित मिश्र गृहीत का,
दुतिय मिश्र अगृहीत गृहीत सु इम छका।
मिश्र गृहीत जु अगृहीत त्रिति जानिये,
गृहित मिश्र अगृहीत तुरित परमानिये।।44।।

इसका विस्तार पूर्वै कथन किया है। उक्तं च पुनः-

(गाथा)

सव्वे वि पुग्गला खलु, एगे भुत्तुज्झुदा हु जीवेण।
असइ अणंत खुत्तो, पोग्गलपरयट्टसंसारे।।3।।

(आडिल्ल)

पुद्गल परिवर्तन संसार मँझार ही,
यथायोग्य एकै जिय सब पुद्गल सही।
ग्रह-ग्रह बारंबार अमित बारां तजैं।
जो इसतैं हुव मुक्त चरण तिन हम भजैं।।45।।

अब आगैं क्षेत्र परावर्तन कहैं हैं-

(दोहा)

स्वपर भेद तैं दुविध परिवर्तन क्षेत्र सु जान।
तिन में कथन स्वक्षेत्र कौ, प्रथमहिं करौं बखान।।46।।

(सवैया इकतीसा)

कोई जीव सूक्ष्म निगोदी की जघन्य अव-
गाहन को धार कर ऊपजौ स्व श्वांस के।

अट्ठारवें भाग परमान आयु भोग मुवा,
पुन एक-एक परदेश व धते थके।
महामत्स्य की वर ऊगाह परयंत संख्ते,
घनांगुल परमान भेद तिहिं के छके।
क्रम सैं ते सर्व भेद जेते में पूरन करै,
तेते समै जान परिवर्तन स्वक्षेत्र के।।47।।

(दोहा)

परिवर्तन स्व क्षेत्र इम, कह अब कहूँ बखान।
पर परिवर्तन क्षेत्र का, मुनहु स्वरूप सुजान।।48।।

(सवैया इकतीसा)

सूक्षम निगोदी लब्ध अप्रायाप्तक जघन्य,
अवगाहना रूप शरीर धारी जीव सो।
लोक मध्य अष्ट प्रदेश कौ स्व वपु मध्य,
अष्ट प्रदेशन कर रोक उपजेय सो।।
छुद भव काल जीय कर मर पुन ताहीं,
अवगाहना तैं द्वित्रि वार आद देय सो।
घनांगुल का असंखवाँ भाग प्रमाण जो,
जघन्य औगाहन भेद है वार तितीय सो।।49।।

(पद्धरि)

तिहिं थान उपज पुन इक प्रदेश, तसु निकटवर्ति को एक शेष।
तृति तुरियादि सब लोक केय, प्रदेश रोक उपजै क्रमेय।।50।।

(चौपाई)

बीच बीच में पुन अनथान, उपजै सो नहिं गिनिये स्यान।
ऐसे करतैं ह्वै जो काल, सो पर क्षेत्र प्रवर्तन चाल।।51।।

सोई कहैं हैं-

(गाथा)

सव्वम्हि लोयखेत्ते, कमसो तण्णत्थि जहण्ण उच्छिण्णो।
ओगाहिणं हि बहुसो हिंडत्तो खेत्तसंसारो।।4।।

(अडिल्ल)

भ्रमण करत संसार क्षेत्र में जिय सही,
लोक त्रिशत तो ताल राजु ताके मही।
क्षेत्रन जो निज तनऽवगाह तन पर्शिया,
पुन अवगाहन भिद न जोन अंगी किया।।52।।

(दोहा)

क्षेत्र परावर्तन सु इम, कह जिन श्रुत अनुसार।
काल परावर्तन सु अब, कहौं सुनहु रुचि धार।।53।।

(चौपाई)

कोई उत्सर्पणि के सार, जन्मै पहिले समय मँझार।
दूजे उत्सर्पणि के दुती, समय माहिं पुन उपजै मती।।54।।
तृति उत्सर्पणि के तृति सार, उपजै समय माहिं तृति बार।
ऐसे उत्सर्पणि के भ्रात, दस कोड़ा कोड़ी दधि मात।।55।।
समयन में क्रम से उपजही, पुन अवसर्पणि यम के सही।
पहिले समय ऊपजै मती, पुन दुति अवसर्पणि के दुती।।56।।
समय उपज तृति के तृति मही, उपज तुरिय अवसर्पणि सही।
ताके तुरिय समय उपजेय, इम करतैं अवसर्पणि केय।।57।।
दश कोड़ा कोड़ी दधि तनै, जेते समय जिनेश्वर भनै।
धर-धर जन्म पूर्ण सब करै, मर्ण रीति भी यह कम धरै।।58।।
उत्सर्पणि अवसर्पणि केय, कोड़ा कोड़ि बीस दध जेय।
तिन के समयन में मृत होय, पूरे क्रम सैं समय जु सोय।।59।।

जेतो काल लगै सब भ्रात, सोयम परिवर्तन विख्यात।
जान भव्य भव से भय खाय, कीजे आतम काज बनाय।।60।।

(गाथा)

ओसप्पिण्णअसप्पिणि, समयवलियासु णिक्सेसासु।
जादो मुदो य बहुसो, हिंडिंतो काल संसारे।।5।।

(चौपाई)

उत्सर्पणि अवसर्पणि केय, समय समूहन में कस सेय।
जिय ने सब संसार मँझार, जन्म धरे किय मर्ण अपार।।61।।

(दोहा)

काल परावर्तन सु इम, कह अब कहूँ बनाय।
परिवर्तन भव का कथन, सुनहु भव्य चित ल्याय।।62।।

(चौपाई)

कोई जघन नरक गति माहिं, वर्ष सहस दस आयुष पाहिं।
उपज बहुर मर संसृत महीं, भ्रम पुन वही लहै थित तहीं।।63।।
इम दश सहस वर्ष के जितै, समय हों सु पूरै क्रम जुतै।
पुन एकेक समय अधिकीय, लै लै थित उपजे तहँ जीय।।64।।
क्रम सैं दधि तेतिस के जेय, समय तेसु सब ही पूरेय।
पुन पशु नर की महुरत अंत, जघन आयु को धर कर जंत।।65।।
तहँ उपजै भि पूर्व क्रम सेय, अंतर महुरत समय जितेय।
ते जघन्य ही थित धर परैं, इक इक समय वृद्धि पुन करैं।।66।।
स्व स्व थिति पल्य वित्रिय के समै, पूरै सौ पुन सुरपद यमैं।
तहाँ नरक सम क्रम धर जीय, वर्ष सहस दश की थिति लीय।।67।।
सो पूरब क्रम पूर जु भाय, इकतिस दधि तक पूर्ण कराय।
बहुर नरक में जघन थितीय, वर्ष सहस दश की लह जीय।।68।।

(दोहा)

तव भव पर वर्तन सरव, पूरण होय सहीय।
इम लख भविजन भवि विरच, करहु स्व शुद्ध मतीय।।69।।

(गाथा)

णिरयाउ वा जहण्णा, जवदु वरिल्लिया हु गेवेज्जो।
जीवो मिच्छत्तवसा, भविट्ठिदिं हिंडदो बहुसो।।6।।

(चौपाई)

जीवों ने मिथ्या वशि वाद, जघन नरक आयुष दै आद।
उपर ग्रैव तक आयु मँझार, भवथित भोगी है बहुवार।।70।।

(दोहा)

इस प्रकार संक्षेप सूँ, भव परवर्तन भाष।
भाव परावर्तन सु अब, भाषूँ गुरु श्रुत साख।।71।।

(सवैया इकतीसा)

सो यह भाव प्रवरतन योग थान अरु,
अनुभाग बंधाध्यवसाय थान से सही।
कषायाध्यवसाय सथान पुनस्थित थान,
इन चतु के परिवर्तन सेती हो वही।।
एक-एक थिति भेद के बंध निमित्त लोक,
असंख प्रमाणथिति बंधाध्यवसाय ही।
पुन याके एक-एक थान में असंख लोक,
मिल अणु भागाध्यवसाय थान गावहीं।।72।।

(चौपाई)

पुन याके इक इक थानेय, भाग अंसखम श्रेणी केय।
योगस्थान पाइये सबै, अब इन परवर्तन का अबै।।73।।

(दोहा)

अनुक्रम ज्ञानावरण के, उदाहरण कर सार।
कहौं सुनो भविजन सबै, चित निर्मलता धार।।74।।

(सवैया इकतीसा)

कोई सैनी पंचेंद्री प्रयाप्त मिथ्यादृष्टी जीव,
स्वयोग जघन्य ज्ञानावर्ण कर्म की थिती।
अंत कोड़ा कोड़ी दधि परमाण बाँधै तिहिं,
बंध होने योग्य लोक असंख्यात प्रमिती।।
कषायाध्यवसाय थानक भाग अनंतादि,
षट थान लिये पाइये है तहँ ही मती।
पुन तिनमें में भी जघन्य कषाय इस्थान कौं,
निमित जु असंख्यात लोक मित हैं तिती।।75।।

(चौपाई)

थलनुभाग बंधाध्यवसेय, सो पूर्वोक्त कापेई जिय केय।
कोड़ा कोड़ि अंत दधिमान, हैं जघन्य ही तो थित थान।।76।।

(गीतिका)

अरु कषायाध्यवसाय थानक जघन ही तिसके सही।
है जघन ही अनुभाग बंध जु अध्यवसय सथान ही।।
अरु योग्य ह्वै जिम तेम जघनहिं योग थान सु पाइये।
तँह भाव परवर्तन तनौं प्रारंभ भव्य लखाइये।।77।।

(सवैया इकतीसा)

पुन तिस ही जिया के स्थिति स्थान अरु,
कषायाध्यवसाय स्थान है जघन ही।
अरु अनुभाग बंधाध्यवसाय स्थान ये,
जघन्य रहे त्रिआगैं योग स्थान जो सही।।

सो जघन्य तैं असंख्य भाग वृद्धि लैदू जो,
भयौ पीछे थित थानादि त्रि रहे जघन ही।
अरु योग थान तीजो भयौ यौं अनुक्रम तैं,
होंय जगश्रेणी भाग असंखमथान ही।।78।।

(सवैया इकतीसा)

अविभागि प्रतिछेदों की अपेक्ष ते असंख,
संख्य भाग संख औ असंख गुणि सार जो।
बुद्धि रूप चतुथान पतित वृद्धी को लिये,
योगथान भये पुन आगैं थित थान जो।।
औ कषायाध्यवसाय थान तौ जघन रहै,
अनुभागाध्यवसाय थान सो हुवौ दूजो।
तहाँ योग थान जघन्य तै लै पूर्वोक्त रीत,
क्रम तैं सबै भये औ दो थान थितादि जो।।79।।
सो जघन्य ही रहे औ अनुभागाध्यवसाय,
थान तीसरौ भयौ तहाँ भी योग स्थान जी।
पूर्वोक्त प्रकार सब ये ऐसे अनुक्रम तैं,
अपनै योग असंख्यात परमाण जी।।
अनुभाग बंधाध्यवसाय थान भये पुन,
थित थान जो सो तौ जघन्य ही रहाव जी।
अरु कषायाध्यवसाय का दूजौ थान भयौ,
तहाँ पूरवोक्त रीत योग थान ल्याय जी।।80।।
जघन्य तैं लगा अनुभागाध्यवसाय थान,
भये पुन थित थान तौ जघन्य ही रहैं।
अरु कषायाध्यवसाय थान कौ तीजो थान,
भयौ तहँ भी पूर्वोक्त योग थान जो कहैं।।

तिनको लिये क्रम तैं अनुभागाध्यवसाय,
थान भये ऐसे ही क्रम तैं स्व जो योग्य हैं।
कषायाध्यवसाय स्थान सो अंसख्य लोक,
परमान भये ह्वै जघन थित थान हैं।।81।।

(दोहा)

कोड़ा कोड़ी अंत दधि, का यह जघन सु थान।
यातैं इस तैं बंध घट, लहै उक्त जीवान।।82।।
जो क्रम जघन स्थान में, कह्यौ सु त्यौं ही सार।
इक समयाधिक जघन तैं, दुति थित थान मँझार।।83।।
त्यौं हि दु समयाधिक जघन, तैं तृति थित थानेय।
क्रमतैं योग थलादि का, परिवर्तन जानेय।।84।।
समय इकिक इम बधत थित, थानक का कम सेय।
कोड़ा कोड़ी तीस दधि, मित वर थिर तक वेय।।85।।
पुन जिम यह ज्ञानावरण, तनी अपेक्षा आन।
कथन कियौ तिय प्रकृति सब, मूलोत्तर में जान।।86।।
मिल्या हुवा इम सर्व यह, ह्वै जो सो परमान।
भाव परावर्तन तनौं, जान करहु भ्रम हान।।87।।
बहुर विशद जानन रुची, विशद ग्रंथ अवलोय।
जान मान वृष जान चढ़, तरहु यनहिं भव तोय।।88।।

(गाथा)

सव्वासि पगडीणं, अणुभाग य देसबंधठाणाणि।
जीवो मिच्छतवसा, परभमदो भावसंसारे।।7।।

(अडिल्ल)

लोक माहिं संसार भाव में जीवनै,
प्रकृति प्रदेश स्थित अनुभाग सु बंधनै।

योग्य सु योग कषाय इस्थितन थान ते,
भोगे सब ही इम श्री जिन श्रुत में जते।।89।।

(चौपाई)

लै अनादि से भव वन मही, काल अतीत भ्रमौ जिय सही।
तहाँ भाव परवर्तन सोय, किये अनंत कर्म वश होय।।90।।
तिनतैं भव परिभ्रमण अमेय, यम के तिनतैं अमित करेय।
क्षेत्र भ्रमण तिनतैं जु अनंत, तिनतैं द्रव्य भ्रमण अगनंत।।91।।
भोग-भोग दुख पाये घनै, तिन की कथा कहा कवि भनै।
तिनका नाशन भूत उपाय, श्री जिन वृष सम दुतिय न आय।।92।।

(दोहा)

तातैं मन वच काय कर, सेवहु ताहि सदीव।
जिम निज वरणी लक्ष लह, भोगहु शर्म अतीव।।93।।

(दोहा)

इति पंच परावर्तन अधिकार समाप्त।

दश गाथन के ब्यानुं सब, छंदन में अधिकार।
भव्य मार्गणा नाम यह पूर्ण कियौ सुखकार।।94।।

इत्याचार्य श्री नेमिचन्द्र सिद्धान्त चक्रवर्ती विरचित गोम्मटसार दुतिय नाम पंचसंग्रह ताकी जीव तत्त्व प्रदीपिका नामा संस्कृत टीका वा सम्यग्ज्ञान चन्द्रिका नाम भाषा टीका के अनुसार मूल गाथार्थ छन्द बन्ध छन्दार्णव ग्रन्थ में भव्य मार्गणा नाम सोलहवाँ अधिकार सम्पूर्ण भया।

***

अधिकार - 17

सम्यक्त्व मार्गणा

मंगलाचरण

(दोहा)

अमित विकाशी कुंथु जिन, वंदौं शशि दधि ज्ञान।
जन्म मृत्यु दुख नाश किय, सुखि कुंथ्वादि गणान।।1।।
मारगणा सम्यक्त अब, कहौं शर्म दातार।
जानत सरधत भ्रम नशै, अरु होवहिं अघ छार।।2।।

(गाथा)

छप्पंचणवविहाणं, अत्थाणं जिणवरोवइट्ठाणं।
आणाए अहिगमेण य, सद्दहणं होइ सम्मत्तं।।561।।

अर्थ– छह द्रव्य पाँच अस्तिकाय, नव पदार्थ इनका जिनेन्द्रदेव ने जिस प्रकार से वर्णन किया है उस ही प्रकार से इनका जो श्रद्धान करना उसको सम्यक्त्व कहते हैं। यह दो प्रकार से होता है– एक तो केवल आज्ञा से, दूसरा अधिगम से।

(गीतिका)

षट पंच नव विध अक्ष श्री जिन देव कर भाषे सही।
शरधान तिनका यथावत सम्यक्त सो हि कहावही।।
सो आप्त आज्ञा ही लिये सामान्य निर्णय रूप है।
वा विशद निर्णय रूप अधिगम सैं जु होत अनूप है।।3।।

(चौपाई)

सो सम्यक्त्त दोय परकार, राग सहित इक रहित विचार।
प्रशमादिक गुण सहित सराग, आत्म विशुद्धिज जान विराग।।4।।

(गाथा)

छद्दव्वेसु य णामं, उवलक्खणुवाय अत्थणे कालो।
अत्थणखेत्तं संखा, ठाणसरूवं फलं च हवे।।562।।

अर्थ– छः द्रव्यों के निरूपण करने में ये सात अधिकार हैं– नाम, उपलक्षणानुवाद, स्थिति, क्षेत्र, संख्या, स्थानस्वरूप, फल। इन सात अधिकारों के द्वारा छहों द्रव्यों का यहाँ वर्णन किया जायेगा।

(पद्धरि)

षट् द्रव्यन के वर्णन उमँझार, नामुपलक्षण अनुवाद सार।
थित क्षेत्ररु संख्याथान सूप, फल सप्तधिकार जु हैं अनूप।।5।।

(गाथा)

जीवाजीवं दव्वं, रूवारूवि त्ति होदि पत्तेयं।
संसारत्था रूवा, कम्मविमुक्का अरूवगया।।563।।

अर्थ– द्रव्य के सामान्यतया दो भेद हैं– एक जीवद्रव्य, दूसरा अजीव द्रव्य। फिर इनमें भी प्रत्येक के दो–दो भेद हैं– एक रूपी, दूसरा अरूपी। जितने संसारी जीव हैं वे सब रूपी हैं, क्योंकि उनका कर्म पुद्गल के साथ एक क्षेत्रावगाह सम्बन्ध है। जो जीव कर्म से रहित होकर सिद्ध अवस्था को प्राप्त हो चुके हैं वे सब अरूपी हैं, क्योंकि कर्मपुद्गल का सम्बन्ध सर्वथा छूट गया है।

(गीतिका)

सामान्य संग्रह नय अपेक्षा द्रव्य एकहि जानिये।
पुन भेद कर द्वै भाँति जीव अजीव यह विधि मानिये।।
तहँ जीव रूपी अरूपी इम दुविध संसारी जिया।
रूपी अरूपी सिद्ध प्रभु पुन दुविध द्रव्य अजीविया।।6।।

सोई कहिये हैं–

(गाथा)

अज्जीवेसु य रूवी, पुग्गलदव्वाणि धम्म इदरो वि।
आगासं कालो वि य, चत्तारि अरूविणो होंति।।564।।

अर्थ– अजीव द्रव्य के पाँच भेद हैं– पुद्‌गल, धर्म, अधर्म, आकाश, काल। इनमें एक पुद्‌गल द्रव्य रूपी है और शेष धर्म, अधर्म, आकाश, काल ये चार द्रव्य अरूपी हैं।

(चौपाई)

लख अजीव द्रव्यन में सही, पुद्‌गल द्रव्य रूपि ये कही।
धर्म अधर्मरु नभ जु कृतांत, रूप रहित ये चतु लख भ्रांत।।7।।

(गाथा)

उवजोगो वण्णचऊ, लक्खणमिह जीवपोग्गलाणं तु।
गदिठाणोग्गहवत्तण-किरियुवयारो दु धम्मचऊ।।565।।

अर्थ– ज्ञान–दर्शनरूप उपयोग जीवद्रव्य का लक्षण है। वर्ण, गन्ध, रस, स्पर्श यह पुद्‌गल द्रव्य का लक्षण है। जो गमन करते हुए जीव और पुद्‌गल द्रव्य को गमन करने में सहकारी हो उसको धर्म द्रव्य कहते हैं। जो ठहरे हुए जीव तथा पुद्‌गल द्रव्य को ठहरने में सहकारी हो उसको अधर्म द्रव्य कहते हैं। जो सम्पूर्ण द्रव्यों को स्थान देने में सहायक हो उसको आकाश द्रव्य कहते हैं। जो समस्त द्रव्यों के अपने–अपने स्वभाव में वर्तने का सहकारी है उसको काल द्रव्य कहते हैं।

(अडिल्ल)

उपयोगरु चतु वर्ण सु ये लक्षण धृती,
जीव द्रव्य अरु पुद्‌गल द्रव्य लखे मती।
गत थित अवगाहन वर्तन रूपी क्रिया,
तिहिं उपकारक धर्मादिक चतु वर्णिया।।8।।

(गाथा)

गदिठाणोग्गहकिरिया, जीवाणं पुग्गलाणमेव हवे।
धम्मतिये णहि किरिया, मुक्खा पुण साधका होंति।।566।।

अर्थ– गमन करने की या ठहरने की तथा रहने की क्रिया जीव द्रव्य तथा पुद्गल द्रव्य की ही होती है। धर्म, अधर्म, आकाश में ये क्रिया नहीं होती, क्योंकि न तो ये एक स्थान से चलायमान होते हैं, न इनके प्रदेश ही चलायमान होते हैं। किन्तु ये तीनों ही द्रव्य जीव और पुद्गल की उक्त तीनों क्रियाओं के मुख्य साधक हैं।

(चौपाई)

गत थित अवगाहन क्रिय सार, जिय पुद्गल ही के सुविचार।
बहुर अधर्म धरम नभ माँह, क्रिया न पुन साधक मुख्याँह।।9।।

(दोहा)

गत थित अवगाहन क्रिया, जिय पुद्गल के होय।
निमित मात्र तिनको यहै, धर्मादिक अवलोय।।10।।

(गाथा)

जत्तस्स पहं ठत्तस्स आसणं णिवसगस्स वसदी वा।
गदिठाणोग्गहकरणे धम्मतियं साधगं होदि।।567।।

अर्थ– गमन करने वाले को मार्ग की तरह धर्म द्रव्य जीव पुद्गल की गति में सहकारी होता है। ठहरने वाले को आसन की तरह अधर्म द्रव्य जीव पुद्गल की स्थिति में सहकारी होता है। निवास करने वाले को मकान की तरह आकाशद्रव्य जीव पुद्गल आदि को अवगाह देने में सहकारी होता है।

(गीतिका)

जिम पंथियों को मार्ग कारण थान तिष्ठन वाल ही।
पुन करन वाले वास तिनको बस्त का कारण कही।।

तिम गत स्थित अवगाह कारण द्रव्य धर्मादिक कहे।
स्वयमेव गमनादिक करैं तिन निमित भूताहिं बन रहे।।11।।

(दोहा)

जिम पथादि गमनादि स्वय, करें न पर पेरेय।
तिम वृषादि स्वगतादि हृत, पर प्रेरक भि न तेय।।12।।
कारण इतना ही जु जहँ, धर्मादिक द्रव्य आँह।
गमनादिक क्रिय रूप तहँ, जिय पुद्गल वर्ताह।।13।।

(गाथा)

वत्तणहेदू कालो, वत्तण गुणमवियदव्वणिचयेसु।
कालाधारेणेव य, वट्टंति हु सव्वदव्वाणि।।568।।

अर्थ- सम्पूर्ण द्रव्यों का यह स्वभाव है कि वे अपने-अपने स्वभाव में सदा ही वर्तें। परन्तु उनका यह वर्तना किसी बाह्य सहकारी के बिना नहीं हो सकता, इसलिए इनको वर्ताने वाला, सहकारी कारणरूप वर्तना गुण जिसमें पाया जाय उसको काल कहते हैं, क्योंकि काल के आश्रय से ही समस्त द्रव्य वर्तते हैं।

(अडिल्ल)

वर्तावन कारण यम धर्मादिक तिनै,
निच प्रत्यय से भी वर्तावन गुण भनै।
द्रव्यन में पुन वर्तन गुण होते यही,
सब ही कालाधार द्रव्य वर्ते सही।।14।।

यहाँ प्रश्न जो क्रिया का परत्व-अपरत्व जीव पुद्गल विषैं है, धर्मादिक तो अमूर्तिक हैं इन विषैं कैसे संभवै? सोई कहिये हैं-

(गाथा)

धम्माधम्मादीणं, अगुरुगलहुगं तु छहिं वि वड्ढीहिं।
हाणीहिं वि वड्ढंतो, हायंतो वट्टदे जम्हा।।569।।

अर्थ– धर्मादिक द्रव्यों में अगुरुलघु नाम का एक गुण है। इस गुण में तथा इसके निमित्त से धर्मादिक द्रव्य के शेष गुणों में छह प्रकार की वृद्धि तथा छह प्रकार की हानि होती है और इन वृद्धि–हानि के निमित्त से वर्धमान तथा हीयमान धर्मादि द्रव्यों में वर्तना सम्भव है।

(गीतिका)

जातैं दरव धर्मा धरम आदि गुण गुर लघु तिन सही।
ते वृद्धि भाग अनंत आदि कष्ट स्थान जु वति तही।।
तिनकी सु वृद्धी से बधै अरु हानि से घट जाय है।
तातैं तहाँ इम परिणमन में भी प्रमुख यम थाय है।।15।।

(गाथा)

ण य परिणमदि सयं सो, ण य परिणामेइ अण्णमण्णेहिं।
विविहपरिणामियाणं, हवदि हु कालो सयं हेदू।।570।।

अर्थ– परिणामी होने से काल द्रव्य दूसरे द्रव्य रूप परिणत हो जाय यह बात नहीं है, यह न तो स्वयं दूसरे द्रव्य रूप परिणत होता है और न दूसरे द्रव्यों को अपने स्वरूप अथवा भिन्न द्रव्य रूप परिणमाता है, किन्तु अपने-अपने स्वभाव से ही अपने–अपने योग्य पर्यायों से परिणत होने वाले द्रव्यों के परिणमन में कालद्रव्य उदासीनता से स्वयं बाह्य सहकारी हो जाता है।

(गीतिका)

सो काल संक्रम कर स्वगुण तैं पर स्वरूप न हो वहीं।
पुन पर दरव के गुणन कौं परिणवावत नहिं निज महीं।।
ह्वै बहुर प्रेरक अन्य द्रव्यहिं अनगुणन सह नहिं करै।
तो परिणमन बहुविध लिये द्रव स्वयं जो परिणम धरै।।16।।

(दोहा)

उदासीन तिनकौ निमित, सहज तासु का जोय।
ज्यौं प्रभात की कृपा कौं, समझें यम है सोय।।17।।

(गाथा)

कालं अस्सिय दव्वं, सगसगपज्जायपरिणदं होदि।
पज्जायावट्ठाणं, सुद्धणये होदि खणमेत्तं।।571।।

अर्थ– काल के आश्रय से प्रत्येक द्रव्य अपने योग्य पर्यायों से परिणत होता है। इन पर्यायों की स्थिति शुद्धनय से एक क्षण मात्र रहती है।

(चौपाई)

कालाश्रय लै द्रव्य जु सबै, स्व स्व पर्याय रूप परिणवै।
तिहिं पर्याय का अवस्थान, ऋजु नय कर इक समय प्रमान।।18।।

(गाथा)

ववहारो य वियप्पो, भेदो तह पज्जओ त्ति एयट्ठो।
ववहारअवट्ठाणट्ठिदी हु ववहारकालो दु।।572।।

अर्थ– व्यवहार, विकल्प, भेद तथा पर्याय इन शब्दों का एक ही अर्थ है, अर्थात् एक ही अर्थ के ये पर्यायवाचक शब्द हैं। व्यंजन पर्याय के वर्तमान रूप में ठहरने का जितना काल है उतने काल को व्यवहार काल कहते हैं।

(आडिल्ल)

सब व्यवहार विकल्प भेद पर्याय ये,
एक हि अर्थ सुजान जान कहे श्रुत गाय ये।
तहँ व्यंजन परयाय के अवस्थान ते,
थित प्रमाण सो यम व्यवहार कहौ मते।।19।।

(गाथा)

अवरा पज्जायठिदी, खणमेत्तं होदि तं च समओत्ति।
दोण्हमणूणमदिक्कम-कालपमाणं हवे सो दु।।573।।

अर्थ– सम्पूर्ण द्रव्यों की पर्याय की जघन्य स्थिति एक क्षण मात्र होती है, इसी को समय कहते हैं। दो परमाणुओं के अतिक्रमण करने के काल

का जितना प्रमाण है उसको समय कहते हैं।

(अडिल्ल)

जघन प्रयाय थित क्षण मात्र द्रव्यन तनी,
सो क्षण समय हि जान निकट पुन वर्तनी।
द्वे अणु मंद गमन कर आपस में तिने,
करत उलंघन लगै काल सु समय भनैं।।20।।

यहाँ प्रसंग पाय दोय गाथा कहिये हैं–

(गाथा)

णभएयपएसत्थो, परमाणू मंदगइपवट्टंतो।
वीयमणंतर खेत्तं, जावदियं जादि तं समयकालो।।1।।

अर्थ– आकाश के एक प्रदेश पर स्थित एक परमाणु मन्दगति के द्वारा गमन करके दूसरे अनन्तर प्रदेश पर जितने काल में प्राप्त हो उतने काल को एक समय कहते हैं।

(पद्धरि)

नभ इक प्रदेश तिष्ठी प्रमाणु, गत मंद रूप परणत जु ठानु।
लह दुति प्रदेश जो निकट ताह, जेतै महिं सो यम समय आह।।21।।

सो प्रदेश कितना है वह बताइये हैं–

(गाथा)

जेत्ती वि खेत्तमेत्तं, अणुणा रुद्धं खु गयणदव्वं च।
तं च पदेसं भणियं, अवरावरकारणं जस्स।।2।।

अर्थ– जितने आकाशद्रव्य में पुद्गल का एक अविभागी परमाणु आ जाय उतने क्षेत्र मात्र को एक प्रदेश कहते हैं। इस प्रदेश के निमित्त से ही आगे पीछे का अथवा दूर समीप का व्यवहार सिद्ध होता है।

(अडिल्ल)

जिसके आगैं पीछे को कारण सही,
इसौ द्रव्य आकाश तासु का क्षेत्र ही।
इक परमाणू कर रुक रह्यौ तिसै यहाँ,
जानहु एक प्रदेश जिनागम इम कहा।।22।।

आगैं व्यवहार काल का निरूपण करैं हैं–

(गाथा)

आवलिअसंखसमया, संखेज्जावलिसमूहमुस्सासो।
सत्तुस्सासा थोवो, सत्तत्थोवा लवो भणियो।।574।।

अर्थ– असंख्यात समय की एक आवली होती है। संख्यात आवली का एक उच्छ्वास होता है। सात उच्छ्वास का एक स्तोक होता है। सात स्तोक का एक लव होता है।

(चौपाई)

युक्त संख जघन्य प्रमान, समय समूह आवलिक जान।
पुन संख्यात आवली तना, इक उश्वास जिनागम भना।।23।।

आगैं उच्छ्वास का स्वरूप कहने को सूत्र कहैं हैं–

(गाथा)

अड्ढस्स अणलसय य, णिरूवहदस्स य हवेज्ज जीवस्स।
उस्सासाणिस्सासो, एगोपाणोत्ति आहीदो।।1।।

अर्थ– सुखी, आलस्य रहित, रोग पराधीनता चिन्ता आदि से रहित जीव के संख्यात आवली के समूह रूप एक श्वासोच्छ्वास प्राण होता है।

भावार्थ– दुखी आदि जीव के संख्यात आवली प्रमाण काल के पहले भी श्वासोच्छ्वास हो जाता है। इसलिये यहाँ पर सुखी आदि विशेषणों से युक्त जीव का ग्रहण किया है।

(चौपाई)

सो आलस बिन धनी पुमान, स्वाधीनरु निरोगि की जान।
सप्त श्वास का तोक विचार, सप्त स्तोक तनौं अवधार।।24।।

(गलाथा)

अड्डत्तीसद्धलवा, णाली वेणालिया मुहुत्तं तु।
एगसमयेण हीणं, भिण्णमुहुत्तं तदो सेसं।।575।।

अर्थ– साढ़े अड़तीस लव की एक नाली (घड़ी) होती है। दो घड़ी का एक मुहूर्त होता है। इसमें एक समय कम करने से भिन्नमुहूर्त अथवा अन्तर्मुहूर्त होता है। तथा इसके आगे दो तीन चार आदि समय कम करने से अन्तर्मुहूर्त के भेद होते हैं।

(चौपाई)

घटि अड़तीस अर्ध लख तनी, दो घटि तनी महूर्तिक भनी।
घट इक समय महूर्त मँझार, भिन्न महूर्त सु जानों सार।।25।।

आगैं जघन्य और उत्कृष्ट अन्तर्मुहूर्त का प्रमाण क्षेपक गाथा द्वारा कहिये हैं–

(गाथा)

ससमयमावलि अवरं, समऊणमुहुत्तयं तु उक्कस्सं।
मज्झासंखवियप्पं, वियाण अंतोमुहुत्तमिणं।।1।।

अर्थ– एक समय सहित आवली प्रमाण काल को जघन्य अन्तर्मुहूर्त कहते हैं। एक समय कम मुहूर्त को उत्कृष्ट अन्तर्मुहूर्त कहते हैं। इन दोनों के मध्य के असंख्यात भेद हैं। उन सब को भी अन्तर्मुहूर्त ही जानना चाहिये।

(गाथा)

दिवसो पक्खो मासो, उडु अयणं वस्समेवमादी हु।
संखेज्जासंखेज्जाणंताओ होदि ववहारो।।576।।

अर्थ– तीस मुहूर्त का एक दिवस (अहोरात्र), पन्द्रह अहोरात्र का एक पक्ष, दो पक्ष का एक मास, दो मास की एक ऋतु, तीन ऋतु का एक अयन, दो अयन का एक वर्ष इत्यादि व्यवहार काल के आवली से लेकर संख्यात, असंख्यात, अनन्त भेद होते हैं।

(चौपाई)

दिवस पक्ष अरु मास सहीय, रितु सुन अयन वर्ष आदीय।
संख्य असंख्य अनंत प्रयंत, क्रम से यम व्यवहार लसंत।।26।।

(गाथा)

ववहारो पुण कालो, माणुसखेत्तम्हि जाणिदव्वो दु।
जोइसियाणं चारे, ववहारो खलु समाणो त्ति।।577।।

अर्थ– परन्तु यह व्यवहार काल मनुष्य क्षेत्र में ही समझना चाहिये, क्योंकि मनुष्य क्षेत्र में ही ज्योतिषी देवों के विमान गमन करते हैं और इनके गमन का काल तथा व्यवहार काल दोनों समान हैं।

ववहारो पुण तिविहो, तीदो वट्टंतगो भविस्सो दु।
तीदो संखेज्जावलिहदसिद्धाणं पमाणं तु।।578।।

अर्थ– व्यवहारकाल के तीन भेद हैं– भूत, वर्तमान, भविष्यत्। इनमें से सिद्ध राशि का संख्यात आवली के प्रमाण से गुणा करने पर जो प्रमाण हो उतना ही अतीत अर्थात् भूतकाल का प्रमाण है।

समओ हु वट्टमाणो, जीवादो सव्वपुग्गलादो वि।
भावी अणंतगुणिदो, इदि ववहारो हवे कालो।।579।।

अर्थ– वर्तमानकाल का प्रमाण एक समय है। सम्पूर्ण जीवराशि तथा समस्त पुद्गल द्रव्यराशि से भी अनंतगुणा भविष्यत् काल का प्रमाण है। इस प्रकार व्यवहार काल के तीन भेद होते हैं।

(चौपाई)

पुन व्यवहार काल त्रिविधीय, तीत वर्तमानरु भावीय।
संख्यातावलि गुण सब सिद्ध, तिहि प्रमाण यमतीत प्रसिद्ध।।27।।
वर्तमान इक समय प्रमेय, पुन सब जीवरु पुद्गल सेय।
भावी गुण अनंत परमान, इम व्यवहार काल भवि जान।।28।।
ऐसे व्यवहार काल प्रकार तीने कहा।

(गाथा)

कालो वि य ववएसो, सब्भावपरूवओ हवदि णिच्चो।
उप्पण्णप्पद्धंसी, अवरो दीहंतरट्ठाई।।580।।

अर्थ– काल यह व्यपदेश (संज्ञा) मुख्य काल का बोधक है, निश्चय काल द्रव्य के अस्तित्व को सूचित करता है क्योंकि बिना मुख्य के गौण अथवा व्यवहार की प्रवृत्ति नहीं हो सकती। यह मुख्य काल द्रव्यार्थिक नय की अपेक्षा नित्य है तथा पर्यायार्थिक नय की अपेक्षा उत्पन्नध्वंसी है तथा व्यवहार काल वर्तमान की अपेक्षा उत्पन्नध्वंसी है और भूत भविष्यत् की अपेक्षा दीर्घान्तरस्थायी है।

(गीतिका)

काल इम व्यपदेश है सो मुख्य काल तनौं सही।
अस्तित्व का प्रूपक सु मुख यम द्रव्य कर है नित्य ही।।
उत्पाद व्यय ध्रुव कर बहुर उत्पन्न प्रध्वंशी अहै।
पुन भूत भावी अपेक्षा दीर्घतर स्थाई यहै।।29।।

इति उपलक्षणानुवाद अधिकार।

आगैं स्थिति अधिकार का निरूपण करैं हैं–

(गाथा)

छद्दव्वावट्ठाणं, सरिसं तियकालअत्थपज्जाये।
वेंजणपज्जाये वा, मिलिदे ताणं ठिदित्तादो।।581।।

अर्थ– अवस्थान स्थिति छहों द्रव्यों की समान है क्योंकि त्रिकाल संबंधी अर्थ पर्याय वा व्यंजन पर्याय के मिलने से ही उनकी स्थिति होती है।

(अडिल्ल)

काल त्रि संबधी जु अर्थ पर्याय ही,
वा व्यंजन पर्याय मिलै तिन सर्व ही।
द्रव्यन की स्थिति ह्वै है तातैं यहा,
सब द्रव्यन का अवस्थान सदृश कहा।।30।।

आगैं इस ही अर्थ को दृढ़ करैं हैं–

(गाथा)

एयदवियम्मि जे अत्थपज्जया वियणपज्जया चावि।
तीदाणागदभूदा, तावदियं तं हवदि दव्वं।।582।।

अर्थ– एक द्रव्य में जितनी त्रिकाल सम्बन्धी अर्थपर्याय व्यंजनपर्याय हैं उतना ही द्रव्य है।

(अडिल्ल)

एक द्रव्य में जेह अर्थ पर्याय ही,
वा व्यंजन पर्याय सु जितने हैं सही।
भूत भविष्यत वर्तमान संबंधिया,
तावन्मात्र हि द्रव्य जान शर्धो जिया।।31।।

।। इति स्थिति अधिकार।।

अब क्षेत्र अधिकार कहैं हैं–

(गाथा)

आगासं वज्जित्ता, सव्वे लोगम्मि चेव णत्थि वहिं।
वावी धम्माधम्मा, अवट्ठिदा अचलिदा णिच्चा।।583।।

अर्थ– आकाश को छोड़कर शेष समस्त द्रव्य लोक में ही हैं– बाहर

नहीं हैं। तथा धर्म और अधर्म द्रव्य व्यापक हैं, अवस्थित हैं, अचलित हैं और नित्य हैं।

(चौपाई)

बिन आकाश द्रव्य सब तेय, लोक हि में नहिं वाह्य रहेय।
धर्म्माधर्म व्यापि तिस माहिं, अचलित नित्य अवस्थित आहिं।।32।।

(गाथा)

लोगस्स असंखेज्जदि-भागप्पहुदिं तु सव्वलोगो त्ति।
अप्पपदेसविसप्पण-संहारे वावडो जीवो।।584।।

अर्थ– एक जीव अपने प्रदेशों के संहार-विसर्प की अपेक्षा लोक के असंख्यातवें भाग से लेकर सम्पूर्ण लोक तक में व्याप्त होकर रहता है।

(सवैया इकतीसा)

देह की अपेक्षा सूक्ष्म निगोदी की जघन्य,
ऊगाह से महामत्स्य की ऊगाह प्रयंत ही।
महामत्स्य की ऊगाह तैं तिगुना लंबा चौड़ा,
क्षेत्र परयंत पुन ताके ऊपरै सही।।
पुन ताके ऊपर समुदघात की अपेक्षा,
वेदना वाले का एक प्रदेश बधत ही।
एकेक प्रदेश बधै मारणांतिक वालों का,
स्वयंभूरमणदधि बाह्य स्थंडल ही।।33।।

(दोहा)

तहँ तिष्ठत महमत्स्य सो, सप्तमि धरा तनेउ।
महरौरवनामा बिला, श्रेणी बंध कहेउ।।34।।
तिस प्रति मरणांतिक समुदघात करै तिहि मद्ध।
चौड़ा योजन पंच शत, ऊँचा तिसतैं अद्ध।।35।।

प्रथम वक्र में राजु इक, दुति में अध राजूय।
षट राजू तृति वक्र में, लाबा क्षेत्र जु हूय।।36।।
समुदघात केवल विषैं, लोकपूर्ण तक धार।
सो ऐसे सब क्षेत्र में, स्व प्रदेशन का सार।।37।।
विस्ताररु संकोच के, होत जीव द्रव जेय।
ते व्यापक होहैं सही, इम जिन ग्रंथ भणेय।।38।।

(गाथा)

पोग्गलदव्वाणं पुण, एयपदेसादि होंति भजणिज्जा।
एक्केक्को दु पदेसो, कालाणूणं धुवो होदि।।585।।

अर्थ– पुद्‌गलद्रव्य का क्षेत्र एकप्रदेश से लेकर यथासंभव समझना चाहिये– जैसे परमाणु का एक प्रदेश प्रमाण ही क्षेत्र हैं तथा द्वयणुक का एक प्रदेश और दो प्रदेश भी क्षेत्र हैं, त्र्यणुक को एक प्रदेश, दो प्रदेश, तीन प्रदेश भी क्षेत्र है, इत्यादि। किन्तु एक एक कालाणु का क्षेत्र एक-एक प्रदेश ही निश्चित है।

(चौपाई)

पुद्‌गल द्रव्यन के हँ भिया, एक प्रदेशादिक भजनिया।
पुन लोकिकिक प्रदेश मँझार, इकक कलाणू हैं ध्रुव सार।।39।।

(दोहा)

खंध दुअणु का एक वा, द्वे प्रदेश में सार।
तिष्ठै पुन त्रि अणूण का, इक वा दु त्रिय मँझार।।40।।

(गाथा)

संखेज्जासंखेज्जाणंता वा होंति पोग्गलपदेसा।
लोगागासेव ठिदी, एगपदेसो अणुस्स हवे।।586।।

अर्थ– पुद्‌गल द्रव्य के स्कन्ध संख्यात, असंख्यात तथा अनन्त

परमाणुओं के होते हैं, परन्तु उन सबकी स्थिति लोकाकाश में ही हो जाती है, किन्तु एक अणु एक ही प्रदेश में रहता है।

(चौपाई)

खंघ जु संख्य असंख्य अनंत, पुद्गल के हैं तो भि लसंत।
लोकाकाश हि में सरव ही, हैं अणु क्षेत्र प्रदेशे कही।।41।।

(गाथा)

लोगागासपदेसा, छद्दव्वेहिं फुडा सदा होंति।
सव्वमलोगागासं, अण्णेहिं विवज्जियं होदि।।587।।

अर्थ– लोकाकाश के समस्त प्रदेशों में छहों द्रव्य व्याप्त हैं और अलोकाकाश आकाश को छोड़कर शेष द्रव्यों से सर्वथा रहित है।

(चौपाई)

सब ही लोकाकाश प्रदेश, षट द्रव्यन कर व्याप्त हमेश।
बहुर अलोकाकाश समीय, अनद्रव्यन बिन प्रगट लखीय।।42।।

इति क्षेत्र अधिकार समाप्त।

आगैं संख्या अधिकार का वर्णन करैं हैं–

(गाथा)

जीवा अणंतसंखाणंतगुणा पुग्गला हु तत्तो दु।
धम्मतियं एक्केक्कं, लोगपदेसप्पमा कालो।।588।।

अर्थ– जीव द्रव्य अनन्त हैं। उससे अनन्तगुणे पुद्गल द्रव्य हैं। धर्म, अधर्म, आकाश ये एक–एक द्रव्य हैं, क्योंकि ये प्रत्येक अखण्ड एक–एक हैं तथा लोकाकाश के जितने प्रदेश हैं उतने ही काल द्रव्य हैं।

(चौपाई)

जीव अनंत प्रमाण कहेय, गुण अनंत पुद्गल तिहिं सेय।
इक इक धर्मादिक त्रय जानु, लोक प्रदेश प्रमित कालानु।।43।।

(गाथा)

लोगागासपदेसे, एक्केक्के जे ट्ठिया हु एक्केक्का।
रयणाणं रासी इव, ते कालाणू मुणेयव्वा।।589।।

अर्थ– वे कालाणु रत्नराशि की तरह लोकाकाश के एक एक प्रदेश में एक-एक स्थित हैं, ऐसा समझना चाहिये।

(अडिल्ल)

लोकाकाश तनैं इक एक प्रदेश में,
तिष्ठै जे इक एक रत्न राशी जिमें।
भिन्न-भिन्न त्यौं भिन्न-भिन्न जो तिष्ठही,
ते कालाणू जान करहु भ्रम नष्ट ही।।44।।

(गाथा)

ववहारो पुण कालो, पोग्गलदव्वादणंतगुणमेत्तो।
तत्तो अणंतगुणिदा, आगासपदेसपरिसंखा।।590।।

अर्थ– पुद्गल द्रव्य के प्रमाण से अनन्तगुणा व्यवहार काल का प्रमाण है। तथा व्यवहार काल के प्रमाण से अनन्तगुणी आकश के प्रदेशों की संख्या है।

(चौपाई)

पुन व्यवहार काल जानेय, गुण अनंत पुद्गल द्रव सेय।
सर्वाकाश प्रदेशन कीय, संख्या तिहिं से अमित गुणीय।।45।।

(गाथा)

लोगागासपदेसा, धम्माधम्मेगजीवगपदेसा।
सरिसा हु पदेसो पुण, परमाणु अवट्ठिदं खेत्तं।।591।।

अर्थ– धर्म, अधर्म, एक जीवद्रव्य तथा लोकाकाश, इनमें से प्रत्येक की प्रदेश संख्या परस्पर में समान जगच्छ्रेणी के घनप्रमाण है और जितने क्षेत्र

को एक पुद्गल का परमाणु रोकता है उतने क्षेत्र को प्रदेश कहते हैं।

(चौपाई)

लोकरु धर्म्माधर्म तनेय, अरु इक जीव प्रदेश जु तेय।
है समान सुन अणु कर जोय, रूक्यौ क्षेत्र प्रदेशह सोय।।46।।

इति संख्याधिकार।

आगैं स्थान स्वरूपाधिकार का वर्णन करैं हैं-

(गाथा)

सव्वमरूवी दव्वं, अवट्ठिदं अचलिआ पदेसा वि।
रूवी जीवा चलिया, तिवियप्पा होंति हु पदेसा।।592।।

अर्थ- सम्पूर्ण अरूपी द्रव्य अवस्थित है। वे जहाँ स्थित हैं वहाँ ही सदा स्थित रहते हैं, तथा इनके प्रदेश भी चलायमान नहीं होते। किन्तु रूपी (संसारी) जीवद्रव्य चल हैं, सदा एक ही स्थान पर नहीं रहा करते तथा इनके प्रदेश भी तीन प्रकार के होते हैं।

(अडिल्ल)

सर्व अरूपी द्रव्य अवस्थित निज थलै,
इन प्रदेश भी अचलित रूपी जिय चलै।
पुन संसारी जीव प्रदेश त्रिविध लहैं,
विग्रह में चल सब अयोगि गुण थिर रहैं।।47।।

(दोहा)

पुन अविशेष जियान के, वसु तो अचल सदीव।
अवर समस्त प्रदेश चल, इम जानहु भव जीव।।48।।

(गाथा)

पोग्गलदव्वम्हि अणू, संखेज्जादी हवंति चलिदा हु।
चरिममहक्खंधम्मि य, चलाचला होंति हु पदेसा।।593।।

अर्थ- पुद्गलद्रव्य में परमाणु तथा संख्यात असंख्यात आदि अणु के जितने स्कन्ध हैं वे सभी चल हैं, किन्तु एक अंतिम महास्कन्ध चलाचल है, क्योंकि उसमें कोई भाग चल है और कोई भाग अचल है।

(गीतिका)

पुद्गल दरव में अणू अरु द्वणुकादि अमित अणूण के।
जे खंघ हैं ते चलित सब पुन चरम तन महँ खंध के।।
माहीं अचल परमाणु कैई ते सु थल तैं नहिं चलैं।
पुन कैई तहँ जानहु चलित ते यथायोग्य चलैं हलैं।।49।।

(गाथा)

अणुसंखासंखेज्जाणंता य अगेज्जगेहिं अंतरिया।
आहारतेजभासामणकम्मइया धुवक्खंधा।।594।।
सांतरणिरंतरेण य, सुण्णा पत्तियदेहधुवसुण्णा।
बादरणिगोदसुण्णा, सुहुमणिगोदा णभो महक्खंधा।।595।।

अर्थ- पुद्गलवर्गणाओं के तेईस भेद हैं- अणुवर्गणा, संख्याताणुवर्गणा, असंख्याताणुवर्गणा, अनन्ताणुवर्गणा, आहारवर्गणा, अग्राह्यवर्गणा, तैजसवर्गणा, अग्राह्यवर्गणा, भाषावर्गणा, अग्राह्यवर्गणा, मनोवर्गणा, अग्राह्यवर्गणा, कार्मणवर्गणा, ध्रुववर्गणा, सांतरनिरंतरवर्गणा, शून्यवर्गणा, प्रत्येकशरीरवर्गणा, ध्रुवशून्यवर्गणा, बादरनिगोदवर्गणा, शून्यवर्गणा, सूक्ष्मनिगोदवर्गणा, नभोवर्गणा, महास्कन्धवर्गणा।

(सवैया इकतीसा)

अणु वर्गणारु संख्याताणु औ असंख्याताणु,
अनंताणु आहार अग्रह्य वर्गणा सही।
तैजस शरीररु अग्रह्य भाषा अग्राहिरु,
मन औ अग्राहि कारमाण पुन ध्रुव ही।।

सांतर णिरंतर औ शून्यरु प्रतेक देह,
ध्रुव शून्य बादर निगोद और शून्य ही।।
सूक्षम निगोद नभ महाखंध वर्गणाए,
पुद्गल दरब की तेईस भाँत की कही।।50।।

आगैं इन वर्गणाओं के जघन्य, मध्यम, उत्कृष्ट भेद तथा इनका अल्पबहुत्व कहते हैं–

(गाथा)

परमाणुवग्गणम्मि ण, अवरुक्कस्सं च सेसगे अत्थि।
गेज्झमहक्खंधाणं, वरमहियं सेसगं गुणियं।।596।।

अर्थ– तेईस प्रकार की वर्गणाओं में से अणुवर्गणा में जघन्य उत्कृष्ट भेद नहीं है। शेष बाईस जाति की वर्गणाओं में जघन्य उत्कृष्ट भेद हैं। तथा इन बाईस जाति की वर्गणाओं में भी आहारवर्गणा, तैजसवर्गणा, भाषावर्गणा, मनोवर्गणा, कार्मणवर्गणा ये पाँच ग्राह्यवर्गणा और एक महास्कन्ध वर्गणा इन छह वर्गणाओं के जघन्य से उत्कृष्ट भेद प्रतिभाग की अपेक्षा से हैं। किन्तु शेष सोलह जाति की वर्गणाओं के जघन्य उत्कृष्ट भेद गुणकार की अपेक्षा से हैं।

(सवैया इकतीसा)

परमाणु वर्गणा में भेद न जघन वर,
अवशेष बाईस तिन के माहिं पाईये।
ग्राह्य वर्गणा है आहार तैजस भाषा मनो,
कार्माण वर्गणा ये पाँचों ही गाइये।।
तहाँ ग्राह्य वर्गणा जौ महाखंध वर्गणा इन,
छहौं का वर तो स्व स्व जघन तैं अधिक भाईये।।
शेष सोला वर्गणौं का उत्कृष्ट भेद स्व स्वरूप,
जघन कौं गुणकार कर गुणै लाहिये।।51।।

(गाथा)

सिद्धाणंत्तिमभागो, पडिभागो गेज्झगाण जेट्ठट्ठं।
पल्लासंखेज्जदिमं, अंतिमखंधस्स जेट्ठट्ठं।।597।।

अर्थ– पाँच ग्राह्य वर्गणाओं का उत्कृष्ट भेद निकालने के लिए प्रतिभाग का प्रमाण सिद्धराशि के अनन्तवें भाग है और अंतिम महास्कन्ध का उत्कृष्ट भेद निकालने के लिए प्रतिभाग का प्रमाण पल्य के असंख्यातवें भाग है।

(अडिल्ल)

ग्राह्य पंच वर्गणन तनैं वर मित ही,
सिद्धानतम भाग कहौ प्रतिभाग ही।
पुन अंतिम महखंध केजू वर कारनैं,
भाग असंखम पल्य तनौ अब धारनैं।।52।।

(दोहा)

स्व–स्व जघन्य प्रतिभाग, स्व–स्व तैं भक्तैं जो मान।
ह्वै सो स्व–स्व जघनहिं विषैं, जोड़ै स्व–स्व वर जान।।53।।

(गाथा)

संखेज्जासंखेज्जे, गुणगारो सो दु होदि हु अणंते।
चत्तारि अगेज्जेसु वि, सिद्धाणमणंतिमो भागो।।598।।

अर्थ– संख्याताणुवर्गणा और असंख्याताणुवर्गणा में गुणकार का प्रमाण अपने अपने उत्कृष्ट में अपने अपने जघन्य का भाग देने से जो लब्ध आवे उतना है। इस गुणकार के साथ अपने अपने जघन्य का गुणा करने से अपना अपना उत्कृष्ट भेद निकलता है और अनन्ताणुवर्गणा तथा चार अग्राह्यवर्गणाओं के गुणकार का प्रमाण सिद्धराशि के अनन्तवें भागमात्र है। इस गुणकार के साथ अपने–अपने जघन्य का गुणा करने से अपना–अपना उत्कृष्ट भेद निकलता है।

(सवैया इकतीसा)

संख्याताणु औ असंख्याताणु वर्गणौं में स्व-स्व,
उत्कृष्ट कौं स्व-स्व जघन ते भाजिते।
आवै जो प्रमाण सोई गुणकार जान इस,
कर गुणै जघन कौं वर भेद आजते।।
पुन अनंतनु वर्गणा औ चौ अग्राह्य वर्ग,
णों में गुणकार पागर्णश सिद्ध राजतै।
अनंतवें भाग मात्र है या ते जघन स्व-स्व,
गुणै उत्कृष्ट स्वस्व भेद हीय साजते।।54।।

(गाथा)

जीवादो णंतगुणो, धुवादितिण्हं असंखभागो दु।
पल्लस्स तदो तत्तो, असंख लोगवहिदो मिच्छो।।599।।

अर्थ- ध्रुववर्गणा, सांतरनिरंतरवर्गणा, शून्यवर्गणा इन तीन वर्गणाओं का उत्कृष्ट भेद निकालने के लिये गुणकार का प्रमाण जीवराशि से अनन्तगुणा है, प्रत्येक शरीर वर्गणा का गुणकार पल्य के असंख्यातवें भाग है और ध्रुवशून्यवर्गणा का गुणकार, मिथ्यादृष्टि जीवराशि में असंख्यात लोक का भाग देने से जो लब्ध आवे, उतना है। इस गुणकार के साथ जघन्य भेद का गुणा करने से उत्कृष्ट भेद का प्रमाण निकलता है।

(सवैया इकतीसा)

बहुर ध्रुवादि तीन वर्गणौं में गुणकर,
जीव राशि तैं अनंत गुण पहिचानिये।
पुन प्रतेक शरीर वर्गणा में पल्य का,
असंख्यातवाँ भाग परमाण उर आनिये।।
आगैं असंख्यात लोक सैं भक्ति मिथ्यादृष्टी,
निमित गुणकार ध्रुव शून्य माहिं जानिये।

इन स्व-स्व गुणकारों से स्व-स्व जघन्य गुणैं,
जो जो मान ह्वै सो स्वस्व भेद मानिये।।55।।

(गाथा)

सेढी सूई पल्ला, जगपदरासंखभागगुणगारा।
अप्पप्पणअवरादो, उक्कस्से होंति णियमेण।।600।।

अर्थ- बादरनिगोदवर्गणा, शून्यवर्गणा, सूक्ष्मनिगोदवर्गणा, नभोवर्गणा, इन चार वर्गणाओं के उत्कृष्ट भेद का प्रमाण निकालने के लिये गुणकार का प्रमाण क्रम से जगच्छ्रेणी का असंख्यातवाँ भाग, सूच्यंगुल का असंख्यातवाँ भाग, पल्य का असंख्यातवाँ भाग, जगत्प्रतर का असंख्यातवाँ भाग है। अपने अपने गुणकार के प्रमाण से अपने-अपने जघन्य का गुणा करने से अपने-अपने उत्कृष्ट भेद का प्रमाण निकलता है।

(सवैया इकतीसा)

बदर निगोद वर्गणा में गुणकार जग,
श्रेणी के असंख्यातवें भाग परमाण हैं।
पुन शून्य वर्गण में सूच्यांगुल के असंख-
वें भाग औ आगैं सूक्ष्म निगोद वर्गणान हैं।।
तामें पल्य कारु नभो वर्गणा में जगत्प्रतर,
प्रतर का असंख्यातवाँ भाग का गुणान है।
इन कर निज-निज जघन कौं गुणै होय,
निज-निज उत्कृष्ट भेदन का मान है।।56।।

(दोहा)

इम इक पंकति अपेक्षा, वर्गण त्रय अरु बीस।
कहीं पंक्ति नाना अपेक्षा लख गुरु श्रुत ईश।।57।।
इनका भी विस्तार गुरु टीका की के माँह।
देख अर्थ धारौ यहाँ, गार्थार्था कहाँह।।58।।

(गाथा)

हेट्ठिमउक्कस्सं पुण-रूवहियं उवरिमं जहण्णं खु।
इदि तेवीस वियप्पा, पुग्गलदव्वा हु जिणदिट्ठा।।601।।

अर्थ– तेईस वर्गणाओं में से अणुवर्गणा को छोड़कर शेष बाईस वर्गणाओं में नीचे की वर्गणा के उत्कृष्ट भेद का जो प्रमाण है उसमें एक मिलाने से आगे की वर्गणा के जघन्य भेद का प्रमाण होता है।

(गीतिका)

अणु बिन अशेष जु वर्गणौं का क्रम यहै उर आनिये।
जो अधो की वर्गणन का उत्कृष्ट भेद बखानिये।।
तिहिं में इकाधिक किये उपरम वर्गणौं का जघन है।
इम द्रव्य पुद्गल भेद ते विस लिये जिनवर कहै है।।59।।

(सोरठा)

इन वर्गणन मँझार, तीन वर्गणा सचित हैं।
इक प्रत्येक विचार, बादर सूक्ष्म निगोद ये।।60।।
इनका सब विस्तार, यव रचनाते जानिये।
इस प्रकार तेईस, वर्गण का वर्णन किय।।61।।

(गाथा)

पुढवी जलं च छाया, चउरिंदियविसयकम्मपरमाणु।
छव्विहभेयं भणियं, पोग्गलदव्वं जिणवरेहिं।।602।।

अर्थ– पुद्गल द्रव्य को जिनेन्द्रदेव ने छह प्रकार का बताया है– (1) पृथ्वी, (2) जल, (3) छाया, (4) नेत्र को छोड़कर शेष चार इन्द्रियों का विषय, (5) कर्म, (6) परमाणु।

(अडिल्ल)

पृथ्वी जल छायारु विषय चतु करण का,
नेत्र बिना पुन खंघ जान कार्माण का।।

परमाणू ऐसैं जु द्रव्य पुद्गल सही।
षट प्रकार भ्रम हार जिनेश्वर ने कही।।62।।

(गाथा)

बादरबादरबादर-बादरसुहमं च सुहमथूलं च।
सुहमं च सुहमसुहमं, धरादियं होदि छब्भेयं।।603।।

अर्थ– बादरबादर, बादर, बादरसूक्ष्म, सूक्ष्मबादर सूक्ष्म, सूक्ष्मसूक्ष्म इस तरह पुद्गल द्रव्य के छह भेद हैं, जैसे उक्त पृथ्वी आदि।

(सवैया इकतीसा)

पृथ्वी रूप पुद्गल बादर बादर जान,
पुन जल आद द्रव्य बादर पिछानिये।
छाया पुद्गल पुन बादर सूक्षम जान,
चतुकर्ण विषैं सूक्ष्म थल रूप मानिये।।
पुन कारमाण खंध कौ सूक्षम जान अरु,
सूक्षम सूक्षम परमाणु परमानिये।
यहाँ एक-एक वस्तु के उदाहरण कहै,
इन आद इन ही से बहु-बहु जानिये।।63।।

(गाथा)

खंधं सयलसमत्थं, तस्स य अद्धं भणंति देसो त्ति।
अद्धद्धं च पदेसो, अविभागी चेव परमाणू।।604।।

अर्थ– जो सर्वांश में पूर्ण है उसको स्कन्ध कहते हैं उसके आधे को देश और आधे के आधे को प्रदेश कहते हैं। जो अविभागी है उसको परमाणु कहते हैं।

(अडिल्ल)

जो सब अंशन कर पूरण ह्वै सो सही,
खंध जान पुन तासु अर्द्ध कौ देश ही।

तसु आधे का अर्द्ध प्रदेश प्रमानिये,
पुन अविभागी सो परमाणू जानिये।।64।।

(गाथा)

गदिठाणोग्गहकिरिया-साधणभूदं खु होदि धम्मतियं।
वत्तणकिरियासाहण-भूदोणियमेण कालो दु।।605।।

अर्थ– गति, स्थिति, अवगाह इन क्रियाओं के साधन क्रम से धर्म, अधर्म, आकाश द्रव्य हैं और वर्तना क्रिया का साधन काल द्रव्य है।

(अडिल्ल)

गति स्थान अवगाह क्रिया के सासते,
साधन भूत जु धर्म्माधर्म्माकाशते।
क्रम से पुन सब द्रव्यन को नियमत सही,
वर्तन किरिया साधन है यम द्रव्य ही।।65।।

(गाथा)

अण्णोण्णुवयारेण य, जीवा वट्टंति पुग्गलाणि पुणो।
देहादीणिव्वत्तण-कारणभूदा हु णियमेण।।606।।

अर्थ– जीव परस्पर में उपकार करते हैं। जैसे सेवक स्वामी की हित सिद्धि में प्रवृत्त होता है और स्वामी सेवक को धनादि देकर संतुष्ट करता है तथा पुद्गल शरीरादि उत्पन्न करने में कारण है।

(चौपाई)

पुन सब जीव परस्पर सदा, उपकारक बरतैं बन कदा।
पुद्गल देहादिक जननेय, निमित्त कारणभूत कहेय।।66।।

(गाथा)

आहारवग्गणादो, तिण्णि सरीराणि होंति उस्सायो।
णिस्सासोवि य तेजो-वग्गण खंधादु तेजंगं।।607।।

अर्थ– तेईस जाति की वर्गणाओं में से आहार वर्गणा के द्वारा औदारिक,

वैक्रियिक, आहारक ये तीन शरीर और श्वासोच्छ्वास होते हैं तथा तेजोवर्गणा रूप स्कन्ध के द्वारा तैजस शरीर बनता है।

(सवैया इकतीसा)

वरगणा अहारक सैं ऊदारिक वैक्रियक,
आहारक ये शरीर तीनों निपजात हैं।
उच्छ्वास निश्वास सो भी होय पुन तैजस,
वर्गण के खंधन सेह ह्वै ते जस गात हैं।।
भाषा वर्गण से ह्वै वचन चतु भाँति मन,
वर्गण खंधों से द्रव्य मन सो उपात हैं।
पुन कारमाण वर्गणा के खंधन से अष्ट,
कर्म ह्वै हैं इम जिनदेव जी कहात हैं।।67।।

(गाथा)

भासमणवग्गणादो, कमेण भाषा मणं च कम्मादो।
अट्ठविहकम्मदव्वं होदि त्ति जिणेहिं णिद्दिट्ठं।।608।।

इस गाथा का अर्थ ऊपर के छन्द में आ गया है तथापि आगे स्पष्ट अर्थ कहैं हैं–

अर्थ– भाषा वर्गणा के द्वारा चार प्रकार का वचन, मनोवर्गणा के द्वारा हृदय स्थान में अष्ट दल कमल के आकार का द्रव्य मन तथा कार्मण वर्गणा के द्वारा आठ प्रकार के कर्म बनते हैं ऐसा श्री जिनेन्द्र देव ने कहा है।

आगैं अविभागी पुद्गल परमाणु स्कन्ध रूप में किस तरह परिणत होता है इसका कारण कहैं हैं–

(गाथा)

णिद्धत्तं लुक्खत्तं, बंधस्स य कारणं तु एयादी।
संखेज्जासंखेज्जाणंतविहा णिद्धणुक्खगुणा।।609।।

अर्थ– बन्ध का कारण स्निग्धत्व और रूक्षत्व है। इस स्निग्धत्व या रूक्षत्व गुण के एक से लेकर संख्यात, असंख्यात, अनन्त भेद हैं।

(गीतिका)

स्निग्ध अरु रूक्षत्व ये द्वयणुकादि खंध प्रयाय के।
परिणमन के कारण बहुर बिछुरणें के भि निमित छके।।
सो दो सचिक्कन रूक्षद्वे से वा इकिक से मिल तहाँ।
जड़ खंध ह्वै तिम संख असंख्य अनंत अणुका भी कहा।।68।।

(गाथा)

एगगुणं तु जहण्णं, णिद्धत्तं विगुणतिगुणसंखेज्जाऽ-
संखेज्जाणंतगुणं, होदि तहा रुक्खभावं च।।610।।

अर्थ– स्निग्धत्व का जो एक निरंश अंश है उसको ही जघन्य कहते हैं। इसके आगे स्निग्धत्व के दो तीन आदि संख्यात, असंख्यात, अनन्त अंशरूप भेद होते हैं। इस ही तरह रूक्षत्व के भी एक अंश को जघन्य कहते हैं और इसके आगे भी दो तीन आदि संख्यात, असंख्यात, अनन्त अंशरूप भेद होते हैं।

(गीतिका)

इक अंश जामें होय सो इक गुण जघन्य कहीजिये।
तिहिं आदि दुगुण तिगुणरु संख असंख अमि गुणलिये।।
स्निग्ध गुण जानहु बहुर तैसैं हि रूक्षस गुण सही।
इक अंश जघनादिक अमित परयंत जानहु गुण मही।।69।।

(गाथा)

एवं गुणसंजुत्ता, परमाणू आदिवग्गणम्मि ठिया।
जोग्गदुगाणं बंधे, दोण्हं बंधो हवे णियमा।।611।।

अर्थ– इस प्रकार के स्निग्ध या रूक्ष गुण से युक्त परमाणु अणुवर्गणा में ही हैं। इसके आगे दो आदि परमाणुओं का बन्ध होता है, परन्तु यह दो का बन्ध भी तब ही होता है जब कि दोनों नियम से बन्ध के योग्य हों।

(अडिल्ल)

एम सचिक्कन रूक्षस गुण संयुक्त ही,
परमाणू ते अणु वर्गण में तिष्ठ ही।
यथायोग्य सो दुका बंध थानक मही,
तिनहिं दु अणु का बंध नियम से हो वही।।70।।

स्निग्ध रूक्ष गुण के निमित्त तैं सर्वत्र बन्ध होय है कछु विशेष नाहीं। ऐसे कोऊ जागा तातें जो बंध होने योग्य नाहीं। ऐसे निषेध पूर्वक जहाँ बन्ध होने योग्य है तिस विधि को कहैं हैं–

(गाथा)

णिद्धणिद्धा ण बज्झंति, रुक्खरुक्खा य पोग्गला।
णिद्धलुक्खा य बज्झंति, रूवारूवी य पोग्गला।।612।।

अर्थ– स्निग्ध-स्निग्ध पुद्‌गल का और रूक्ष-रूक्ष पुद्‌गल का परस्पर में बन्ध नहीं होता। किन्तु स्निग्ध रूक्ष और रूपी अरूपी पुद्‌गलों का परस्पर में बन्ध होता है।

(गीतिका)

स्निग्ध गुण युत पुद्‌गलन कर युत सनिग्ध बँधै नहीं।
पुन रुक्ष गुण युतकर जु पुदग्ल रूक्ष नाहिं बँधै सही।।
गुण सचिक्कन युत कर जु पुद्‌गल रूक्ष गुण युत बँधत है।
तिन की जु संज्ञा एक रूपी अरूपी दुति इम दु है।।71।।

यह कथन सामान्य पने है। रूक्ष का रूक्ष वा स्निग्ध का स्निग्ध से भी बंध होय है सो विशेष आगैं कहेंगे। अब तिन संज्ञान को कहैं हैं।

(गाथा)

णिद्धिदरोलीमज्झे, विसरिसजादिस्स समगुणं एक्कं।
रूवि त्ति होदि सण्णा, सेसाणं ता अरूवि त्ति।।613।।

अर्थ– स्निग्ध और रूक्ष की श्रेणियों में जो विसदृश जाति का एक समगुण है उसको रूपी संज्ञा है और समगुण को छोड़कर अवशिष्ट सबकी अरूपी संज्ञा है।

(गीतिका)

स्निग्ध रूक्ष गुणन तनी ओलि में असदृश जात है।
तिनके जु कोई एक सम गुण ह्वै सु रूपि कहात है।।
पुन गुण समान बिना रहै अविशेष तिनको ही सही।
संज्ञा अरूपी कर कहैं सो जान भवि शर्धो यही।।72।।

आगैं रूपी अरूपी को उदाहरण द्वारा बताइये हैं–

(गाथा)

दो गुणणिद्धाणुस्स य, दोगुणलुक्खाणुगं हवे रूवी।
इगितिगुणादि अरूवी, रुक्खस्स वि तंव इदि जाणे।।614।।

अर्थ– स्निग्ध के दो गुणों से युक्त परमाणु की अपेक्षा रूक्ष का दोगुण युक्त परमाणु रूपी है, शेष एक, तीन, चार आदि गुणों के धारक परमाणु अरूपी हैं। इसी तरह रूक्ष का भी समझना चाहिये।

(गीतिका)

स्निग्ध द्वे गुणवान अणु कैं गुण दु युत रूक्षस तिनैं।
संज्ञा जु रूपी जानिये भव इम जिनागम में भनैं।।
अविशेष जो इक तीन चार इत्यादि गुण धारक अणु।
तिनको अरूपी जान इम ही रूक्ष द्वय के भी गुण।।73।।

(गाथा)

णिद्धस्स णिद्धेण दुराहिएण, लुक्खस्स लुक्खेण दुराहिएण।
णिद्धस्स लुक्खेण हवेज्ज बंधो, जहण्णवज्जे विसमे समे वा।।615।।

अर्थ– एक स्निग्ध परमाणु का दूसरे दो गुण अधिक स्निग्ध परमाणु के साथ बन्ध होता है। एक रूक्ष परमाणु का दूसरे दो गुण अधिक रूक्ष परमाणु

के साथ बन्ध होता है। एक स्निग्ध परमाणु का दूसरे दो गुण अधिक रूक्ष परमाणु के साथ भी बन्ध होता है। सम विषम दोनों का बन्ध होता है, किन्तु जघन्य गुण वाले का बन्ध नहीं होता।

(सवैया इकतीसा)

स्निग्ध अणु का आप तैं दोया गुणाधिक अणु,
सनिग्ध सहित बंध होय तैसैं रूक्ष ही।
स्वतैं दुगुण अधिक वंत रूक्ष अणु सहि,
वैधै पुन सचिक्कन अणु का स्वतैं सही।।
रूक्ष दो गुणाधिक अणु सहित बंध होय,
तहां निग्ध रूक्ष एक गुणी जो जघन ही।
तिनका दुगुणाधिक अणु से भी बधना,
पुन निग्ध वा रूक्ष का सम विषम धार ही।।74।।

(दोहा)

अंश द्वे अधिक होत ह्वै, बंध बहुर अणु जेय।
सम गुण धर रूपीरु सम, विषम सहित न बँधेय।।75।।

(गाथा)

णिद्धिदरे समविसमा, दोत्तिगआदी दुउत्तरा होंति।
उभयेवि य समविसमा, सरिसिदरा होंति पत्तेयं।।616।।

अर्थ– स्निग्ध या रूक्ष दोनों में ही दो गुण के ऊपर जहाँ दो-दो की वृद्धि हो वहाँ समधारा होती है और जहाँ तीन गुण के ऊपर दो-दो की वृद्धि हो उसको विषमधारा कहते हैं। सो स्निग्ध और रूक्ष दोनों में ही दोनों ही धारा होती है तथा प्रत्येक धारा में रूपी और अरूपी होते हैं।

(गीतिका)

स्नग्ध रूक्ष बिषैं दु आदिक ओलि सम में दु दु बँधें।
अरु विषम पंकति में त्रि आदिक दोय-दोय बधत लधें।।

ते सम विषम रूपी भि अवर अरूपि भी जानहु सही।
जहँ गुण समान दु होंन के सो रूपि नहिं सु अरूप ही।।76।।

आगैं इस ही अर्थ को अन्य प्रकार कहैं हैं–

(गाथा)

दोत्तिगपभवदुउत्तर-गदेसुणंतरदुगाण बंधो दु।
णिद्धे लुक्खे वि तहा, वि जहण्णुभये वि सव्वत्थ।।617।।

अर्थ– स्निग्ध या रूक्ष गुण में समधारा में दो अंशों के आगे दो–दो अंशों की वृद्धि होती है। और विषमधारा में तीन के आगे दो–दो की वृद्धि होती है। सो इन दोनों में ही अनन्तरद्विक का बन्ध होता है। जैसे दो गुण वाले स्निग्ध या रूक्ष का चार गुणवाले स्निग्ध या रूक्ष के साथ तथा तीन गुणवाले स्निग्ध या रूक्ष का पाँच गुणवाले स्निग्ध या रूक्ष के साथ बन्ध होता है। इस तरह आगे भी समझना चाहिये। किन्तु जघन्य का बन्ध नहीं होता। दूसरी सब जगह स्निग्ध और रूक्ष में बन्ध होता है।

(सवैया इकतीसा)

सनिग्ध वा रूक्ष में दु त्रि प्रभव दो–दो आगैं,
बधत–बधत अंश क्रम कर है सही।
तहाँ उपर तन अंतर दुकन का बंध,
होय सो यौं निग्ध का चार अंश वा चार ही।।
अंश युत रूक्ष तासु दो अंश सहित निग्ध,
रूक्ष में ह्वै बंध वा पंचांश निग्ध रूक्ष ही।
तिन सह पुद्गल के सनिग्ध रूक्ष त्रिअंश,
युक्त पुदगल सह बंध सदा हो वही।।77।।

(दोहा)

पर जघन्य गुण युत अणू, में न बंध अवलोय।
अन्य थान सर्वत्र ही, निग्ध रूक्ष में होय।।78।।

(गाथा)

णिद्धिदरवरगुणाणू, सपरट्ठाणे वि णेदि बंधट्ठं।
बहिरंतरंगहेदुहि, गुणंतरं संगदे एदि।।618।।

अर्थ– स्निग्ध या रूक्ष का जघन्य गुणवाला परमाणु स्वस्थान या परस्थान कहीं भी बन्ध को प्राप्त नहीं होता। किन्तु बाह्य और अन्तरंग कारण के निमित्त से किसी दूसरे गुणवाला–अंशवाला होने पर बन्ध को प्राप्त होता है।

(गीतिका)

स्निग्ध अथवा रूक्ष अणु गुण जघन जुत जो हो वही।
बंधार्ध योग्य न सो स्व थानक वा पर स्थानक मही।।
पुन सोहि बाह्यंतर निमित सैं दोय आदिक अंश नै।
हो जाएँ प्रापत बंध योग्य तु होय इम सुधि जन भनै।।79।।

(गाथा)

णिद्धिदरगुणा अहिया, हीणं परिणामयंति बंधम्मि।
संखेज्जासंखेज्जाणंतपदेसाण खंधाणं।।619।।

अर्थ– संख्यात, असंख्यात, अनन्त प्रदेश वाले स्कन्धों में स्निग्ध या रूक्ष के अधिक गुण वाले परमाणु या स्कन्ध अपने से हीन गुणवाले परमाणु या स्कन्धों को अपने रूप परिणमाते हैं। जैसे एक हजार स्निग्ध या रूक्ष गुण के अंशों से युक्त परमाणु को या स्कन्ध को एक हजार दो अंशवाला स्निग्ध या रूक्ष परमाणु या स्कन्ध अपने स्वरूप परिणमा लेता है। इसी तरह अन्यत्र भी सर्वत्र समझना चाहिए।

(अडिल्ल)

संख असंख्य अनंत प्रदेशन के सु जै,
खंध सु तिन में सचिकन रूक्षस गुण सजै।।
दुगुण अधिक ह्वै ते सु बंध को होत हीं।
हीन संख धन कौ स्वरूप परणावहीं।।80।।

इति फलाधिकार।

आगैं पंचास्तिकाय का वर्णन करैं हैं-

(गाथा)

दव्वं छक्कमकालं, पंचत्थीकायसण्णिदं होदि।
काले पदेसपचयो, जम्हा णत्थि त्ति णिद्दिट्ठं।।620।।

अर्थ- काल में प्रदेशप्रचय नहीं है, इसलिए काल को छोड़कर शेष द्रव्यों को ही पञ्चास्तिकाय कहते हैं।

(चौपाई)

बिन काल द्रव्य षट जो कहात, पंचास्तिकाय सो नाम पात।
जातैं न प्रदेश प्रचय कहेय, जाके इम जिन आगम भणेय।।81।।

आगैं नव पदार्थ का वर्णन करैं हैं-

(गाथा)

णव य पदत्था जीवाजीवा ताणं च पुण्णपावदुगं।
आसवसंवरणिज्जरबंधा मोक्खो य होंति त्ति।।621।।

अर्थ- मूल में जीव और अजीव ये दो पदार्थ हैं दोनों ही के पुण्य और पाप ये दो-दो भेद हैं। इसलिये चार पदार्थ हुए। तथा जीव और अजीव के ही आश्रव, संवर, निर्जरा, बन्ध, मोक्ष ये पाँच भेद भी होते हैं, इसलिये सब मिलकर नव पदार्थ हो जाते हैं।

(गीतिका)

जीवरु अजीव दु एह मूल पदार्थ तिनही केय है।
हैं पुन्य पाप पदार्थ द्वे पुन तिनहिं दोनों के कहै।।
आश्रव जु संवर निर्जरा अरु बंध मोक्ष सु ये सही।
इम सर्व मिल हुव नव पदारथ नाम दीजे सब पही।।82।।

(गाथा)

जीवदुगं उत्तट्ठं, जीवा पुण्णा हु सम्मगुणसहिदा।
वदसहिदा वि य पावा, तव्विवरीया हवंति त्ति।।622।।

अर्थ– जीव और अजीव का अर्थ पहले बता चुके हैं। जीव के भी दो भेद हैं– एक पुण्य और दूसरा पाप। जो सम्यक्त्व गुण से या व्रत से युक्त हैं उनको पुण्य जीव कहते हैं और इससे जो विपरीत हैं उनको पाप जीव कहते हैं।

(गीतिका)

जीवरु अजीव पदार्थ तौ पूर्वे कहै पुन इन मही।
सम्यक्त्व अरु व्रत युक्त हो वहिं जो सही।।
ते पुण्य जीव कहात तिनसैं इतर सम्यक व्रत विना।
ते पाप जीव कहे जिनागम जान इम सर्धहु मना।।83।।

आगैं चतुर्दश गुणस्थानन विषैं जीवन की संख्या कहैं हैं–

(गाथा)

मिच्छाइट्ठी पावा, णंताणंता य सासणगुणा वि।
पल्लासंखेज्जदिमा, अणअण्णदरुदयमिच्छगुणा।।623।।

अर्थ– मिथ्यादृष्टि पाप जीव हैं। वे अनन्तानन्त हैं, क्योंकि द्वितीयादि तेरह गुणस्थान वाले जीवों का प्रमाण घटाने से अवशिष्ट समस्त संसारी जीवराशि मिथ्यादृष्टि ही है। तथा सासादन गुणस्थान वाले जीव पल्य के असंख्यातवें भाग हैं और ये भी पाप जीव ही हैं, क्योंकि अनन्तानुबन्धी चार कषायों में से किसी एक कषाय का इनके उदय हो रहा है। इसलिये ये भी मिथ्यात्व गुण को प्राप्त हैं ऐसा मानना चाहिये।

(अडिल्ल)

मिथ्याती जिय पापि अंतानंत हैं,
ते संसृत मित हृत तेरह गुण वंत हैं।

सासादनि भी भाग असंखम पल्य के,
अनंतानु चत में इक के उदसैं छके।।84।।

(दोहा)

ते मिथ्यात्व समान गुण, को पावैं है सार।
तातैं उक्त कथित सही पापी, जीव विचार।।85।।

(गाथा)

मिच्छा सावयसासण-मिस्साविरदा दुवारणंता य।
पल्लासंखेज्जदिममसंखगुणं संखसंख गुणं।।624।।

अर्थ– मिथ्यादृष्टि अनन्तानन्त हैं। श्रावक पल्य के असंख्यातवें भाग हैं। सासादन गुणस्थान वाले श्रावकों से असंख्यात गुणे हैं। मिश्र सासादन वालों से संख्यात गुणे हैं। अव्रत सम्यग्दृष्टि मिश्र जीवों से असंख्यात गुणे हैं। इनमें अन्त के चार स्थानों में कुछ-कुछ अधिक समझना चाहिये।

(सवैया इकतीसा)

मिथ्यादृष्टी जीव कछू ऊन संसारी के,
परमाण है अनंतानंत तातैं गाये हैं।
देशव्रती तेरा कोड़ि नराधिक तिरयंच,
पल्य के असंख्यवें भाग मित बताये हैं।
तिन तैं बावन कोड़ि ना सहि त्रिगतीय,
सासादनी जीव गुणै असंख्य कहाये हैं।
मनुष तिन तैं एक सौ चौकोड़ सह तीन,
गत वाले मिश्र गुणी संख्यात सुहाये हैं।।86।।

(दोहा)

बहुर सप्त सत कोड़ि नर, सहित त्रिगत वालेय।
अविरत थानी मिश्र गुण, तैं असंख जानेय।।87।।

(गाथा)

तिरधियसयणवणउदी, छण्णउदी अप्पमत्त वे कोडी।
पंचेव य तेणउदी, णवट्ठविसयच्छउत्तरं पमदे।।625।।

अर्थ– प्रमत्त गुणस्थान वाले जीवों का प्रमाण पाँच करोड़ तिरानवे लाख अठानवे हजार दौ सौ छह है (59398206) अप्रमत्त गुणस्थान वाले जीवों का प्रमाण दो करोड़ छ्यानवे लाख निन्यानवे हजार एक सौ तीन (29699103) है।

(अडिल्ल)

पंच कोड़ि तेरानू लक्ष अट्ठानवै,
सहस दु शत षट अधिक प्रमिल मुन हैं सबै।।
कोड़ि दु छयानू लक्ष सहस निन्यानवै,
इक शत त्रय ऋषि गुण अप्रमत्ती सब फवै।।88।।

(गाथा)

तिसयं भणंति केई, चउरुत्तरमत्थपंचयं केई।
उवसामगपरिमाणं, खवगाणं जाण तद्दुगुणं।।626।।

अर्थ– उपशम श्रेणी वाले आठवें, नौवें, दशवें, ग्यारहवें गुणस्थान वाले जीवों का प्रमाण कोई आचार्य तीन सौ कहते हैं, कोई तीन सौ चार कहते हैं, कोई दो सौ निन्यानवें कहते हैं। क्षपक श्रेणी वाले आठवें नौवें दशवें बारहवें गुणस्थान वाले जीवों का प्रमाण उपशम श्रेणी वालों से दूना है।

(आडिल्ल)

उपशम श्रेणीवंत त्रिशत कैई कहैं,
त्रि शत चार कइ दु शत निन्यानू शर्दहै।।
इतै इतै चारों श्रेणी माहीं गुणा,
क्षयकवान चतुथानि दु गुण तिनतैं मुणा।।89।।

यहाँ तीन से चार उपशम श्रेणी वाले जीवन की संख्या का निरन्तर अष्ट समयन में विभाग करैं हैं–

(गाथा)

सोलसयं चउवीसं, तीसं छत्तीस तह य बादालं।
अडदालं चउवण्णं, चउवण्णं होंति उवसमगे।।627।।

अर्थ– निरन्तर आठ समय पर्यन्त उपशमश्रेणी मांडनेवाले जीवों में अधिक से अधिक प्रथम समय में 16, द्वितीय समय में 24, तृतीय समय में 30, चतुर्थ समय में 36, पाँचवें समय में 42, छट्ठे समय में 48, सातवें समय में 54 और आठवें समय में 54 जीव होते हैं।

(अडिल्ल)

सोलह अरु चतुवीस तीस छत्तिस भनैं,
ब्यालिस अड़तालीसरु चौंवन चौवनैं।।
ये उपशम श्रेणी में क्रम सैं आठ ही,
समयन में वर पनै निरंतर हो वही।।90।।

(गाथा)

बत्तीसं अडदालं, सट्ठी वावत्तरी य चुलसीदी।
छण्णउदी अट्ठुत्तर-सयमट्ठुत्तरसयं च खवगेसु।।628।।

अर्थ– अन्तराय रहित– निरंतर आठ समय पर्यन्त क्षपक श्रेणी मांड़ने वाले जीव अधिक से अधिक पूर्वोक्त आठ समयों में होने वाले उपशम श्रेणी वालों से दूने होते हैं। इनमें से प्रथम समय में 32, दूसरे समय में 48, तीसरे समय में 60, चतुर्थ समय में 72, पाँचवें समय में 84, छट्ठे समय में 96, सातवें समय में 108, आठवें समय में 108 जीव होते हैं।

(अडिल्ल)

बत्तिस अड़तालीस साठ जु बहत्तरै,
चौरासी छयानू इक शत वसु क्रम धरै।
इक शत वसु अष्टौं हि समय में हो वहीं,
क्षपक श्रेणि के माहिं निरंतर मुनि सही।।91।।

(गाथा)

अट्ठेव सयसहस्सा, अट्ठाणउदी तहा सहस्साणं।
संखा जोगिजिणाणं, पंचसयविउत्तरं वंदे।।629।।

अर्थ- सयोग केवली जिनों की संख्या आठ लाख अट्ठानवे हजार पाँच सो दो है। इनकी मैं सदाकाल वंदना करता हूँ।

(चौपाई)

अष्ट लक्षवसु नवै हजार, सहस पंच शत द्वे अधिकर।
संख्या योगी जिन की जान, वंदौं मन वच तन इक तान।।92।।

(दोहा)

अन्याचार्य कहैं उपज, केवल ज्ञान तनीय।
अष्ट समय में निरंतर, बाबिस जिय के हीय।।
अनुक्रम तिनका का देखियौ, टीका बड़ी मँझार।
जिम संशय मन कौ मिटै, ज्ञान बधै अधिकार।।93।।

आगैं एक समय विषैं संभवती ऐसी क्षपक वा उपशम श्रेणी वाले जीवों की विशेष संख्या को तीन गाथाओं द्वारा कहैं हैं-

(गाथा)

होंति खवा इगिसमये, बोहिय बुद्धा य पुरिस वेदा य।
उक्कस्सेणट्ठुत्तर-सयप्पमा सग्गदो य चुदा।।630।।
पत्तेयबुद्धतित्थय-रत्थिणउंसयमणोहिणाणजुदा।
दसछक्क वीसदसवीसट्ठावीसं जहाक्कमसो।।631।।
जेट्ठावरबहुमज्झिम, ओगाहणगा दु चारि अट्ठेव।
जुगवं हवंति खवगा, उवसमगा अद्धमेदेसिं।।632।।

अर्थ- युगपत् एक समय में क्षपक श्रेणी वाले जीव अधिक से अधिक होते हैं तो कितने होते हैं? उत्तर- इसका प्रमाण इस प्रकार है कि बोधितबुद्ध

एक सौ आठ, पुरुषवेदी एक सौ आठ, स्वर्ग से च्युत होकर मनुष्य होकर क्षपक श्रेणी मांड़ने वाले एक सौ आठ, प्रत्येक बुद्धि ऋद्धि के धारक दश, तीर्थंकर छह, स्त्रीवेदी बीस, नपुंसकवेदी दश, मनःपर्ययज्ञानी बीस, अवधिज्ञानी अट्ठाईस, मुक्त होने के योग्य शरीर की उत्कृष्ट अवगाहना के धारक दो, जघन्य अवगाहना के धारक चार, समस्त अवगाहनाओं की मध्यवर्ती अवगाहना के धारक आठ। ये सब मिलकर चार सौ बत्तीस होते हैं। उपशम श्रेणी वाले इसके आधे (216) होते हैं।

(सवैया इकतीया)

युगपत एक समै मैं क्षपक श्रेणी वाले,
जीव उत्कृष्ट यह भाँत होय है सही।
एक शत अष्ट तौ बोधक बुद्ध और तिते,
पुर्ष वेदी सुर लोक तें चैहों पुरूष ही।।
ते भी सौरु अष्ट पुन परतेक बुद्ध रिद्धी,
दश तीर्थ कर षट त्रिय वेदी बीस ही।
षंठ वेदी दस बीस मनपरजय ज्ञानी,
अब्ध ज्ञान धारी अष्ट बीस मुनईश ही।।94।।

(गीतिका)

उत्कृष्ट अवगाही दुपुन चतु जघन अवगाही जिया।
वसु मध्य अवगाहन धनी जिय क्षपक श्रेणी रूढ़िया।।
मिल सरव ही चतुशतक अरु वत्तीस भाषे गायकैं।
तिन सैं अरध उपशम श्रेणीवान कहे बनाय कैं।।95।।

आगैं सर्व संयमी जीवों की संख्या वर्णन करैं हैं-

(गाथा)

सत्तादी अट्ठंता, छण्णवमज्झा य संजदा सव्वे।
अंजलिमोलियहत्थो, तियरणसुद्धे णमंसामि।।633।।

अर्थ– सात आदि में, आठ अन्त में और दोनों अंकों के मध्य में छह जगह नौ का अंक 'अंकानां वामतो गतिः' के नियमानुसार रखने पर सम्पूर्ण संयमियों का प्रमाण होता है। अर्थात् छट्ठे गुणस्थान से लेकर चौदहवें गुणस्थान तक के सर्व संयमियों का प्रमाण तीन कम नव करोड़ है (89999997)। इनको मैं हाथ जोड़कर शिर नवाकर मन, वचन, काय की शुद्धि पूर्वक नमस्कार करता हूँ।

(चौपाई)

आद सप्त वसु अंत सुजान, छेके नव बिच अंक बखान।
इतनो उत्कृष्टे मुन संत, छठम थान सैं चौदम अंत।।96।।

(दोहा)

है त्रिघाट नव कोड़ि सब, तिन कौं अंजुलि सेय।
मस्तक हस्त लगा नमौं, त्रिकरण सुद्ध करेय।।97।।

आगैं चार गति का मिथ्यादृष्टि, सासादन, मिश्र अविरत गुणस्थानवर्ती जीवन की संख्या का साधक पल्य के भागहार का विशेष वर्णन करैं हैं–

(चौपाई)

जाका भाग दीजिये ताय, भागहार कहिये शोभाय।
आगैं भणहार का मान, कहैं पल्य को तिसका दान।।98।।
भाग देत देते जु प्रमान, जहँ–जहँ आवह तिस–तिस थान।
तितनै–तितनै जीवा तहाँ, जानहु अब वरणौं सो यहाँ।।99।।

(गाथा)

ओघासंजदमिस्सय–सासणसम्माण भागहारा जे।
रूऊ णावलियासंखेज्जेणिह भजिय तत्थ णिक्खित्ते।।634।।
देवाणं अवहारा, होंति असंखेण ताणि अवहरिय।
तत्थेव य पक्खित्ते, सोहम्मीसाण अवहारा।।635।।

अर्थ– गुणस्थान संख्या में असंयत मिश्र सासादन के भागहारों का जो प्रमाण बताया है उसमें एक कम आवली के असंख्यातवें भाग का भाग देने से जो लब्ध आवे उसको भागहार के प्रमाण में मिलाने से देव गति सम्बन्धी भागहार का प्रमाण होता है। तथा देवगतिसंबंधी भागहार के प्रमाण में एक कम आवली के असंख्यातवें भाग का भाग देने से जो लब्ध आवे उसको देव गति सम्बन्धी भागहार के प्रमाण में मिलाने से सौधर्म ईशान स्वर्ग सम्बन्धी भागहार का प्रमाण होता है।

(सवैया इकतीसा)

गुणथान संख्या में जो पूरवै असंयत औ,
मिश्र सासादन की संख्या में पल्य कौ सही।
भागहार कह्यौ जु सुतिन को घटाय,
आवली के असंख्यवें भाग का दे भाग ही।।
आवै जो प्रमाण तितौ तितौ तिन भाग हरों,
में मिलाय देवगति में ह्वै भागहार ही।
पुन देव गती के हारों में एक घाट आव–
ली का असंखम भाग ही का भाग देत ही।।100।।

(दोहा)

आवहि जो जो मान तिहिं, तिहिं मे सो जोड़ेय।
जु जु प्रमाण ह्वै सौधर्म ईशानम सु लखेय।।101।।
भागहार अविरत अवर, मिश्र ससादन माहिं।
क्रम सैं भाग सु देत तिन, अविरतादि सुर आहिं।।102।।

(गाथा)

सोहम्मसाणहारमसंखेण य संखरूवसंगुणिदे।
उवरि असंजदमिस्सय-सासणसम्माण अवहारा।।636।।

अर्थ– सौधर्म ऐशान स्वर्ग के सासादन गुणस्थान में जो भागहार का प्रमाण है उससे असंख्यात गुणा सनत्कुमार माहेन्द्र स्वर्ग के असंयत गुणस्थान के भागहार का प्रमाण है। इससे असंख्यात गुणा मिश्र गुणस्थान के भागहार का प्रमाण है। तथा मिश्र के भागाहर से संख्यातगुणा सासादन गुणस्थान के भागहार का प्रमाण है।

(सवैया इकतीसा)

बहुर ताके ऊपर सनत कुमार अरु,
माहेन्द्र दु स्वर्ग तहाँ असंयत के मही।
सौधम्म ईशान सनबंधी सासादन तेने,
भागहार सैं असंख्यात गुणों जानों सही।।
या असंयत का भागहार तैं चकार का,
रहै असंख्य गुणौ भागहार मिश्र थान ही।
यातैं संख्य गुणौ सासादन विषैं भागहार,
जान कर कर शरधान धारो हृद ही।।103।।

आगैं इस गुणनै का अनुक्रम दिखावैं हैं–

(गाथा)

सोहम्मादासारं, जोइसिवणभवणतिरियपुढवीसु।
अविरदमिस्सेऽसंखं, संखासंखगुणं सासणे देसे।।637।।

अर्थ– सौधर्म स्वर्ग से लेकर सहस्रार स्वर्गपर्यन्त पाँच युगल, ज्योतिषी, व्यंतर, भवनवासी, तिर्यंच तथा सातों नरकपृथ्वी, इस तरह ये कुल 16 स्थान हैं। इनके अविरत और मिश्र गुणस्थान में असंख्यात का गुणक्रम है और सासादन गुणस्थान में संख्यात का तथा तिर्यग्गति सम्बन्धी देशसंयम गुणस्थान में असंख्यात का गुणक्रम समझना चाहिये।

(सवैया इकतीसा)

सौधर्म ईशान के ऊपर सनत्कुमार,
माहेन्द्र तैं लै सतार सहस्रार तक के।
पंच युग अरु ज्योतिषीरु व्यंतर भवन,
वासी और तिरयंच अरु सप्त नर्क के।।
इन सोला थानक संबंधी अविरत अरु,
मिश्र विषैं असंख्यात गुणा क्रम यक के।
जानों औ सासादन में संख्या गुणा त्रिरु त्रि ये,
देशव्रत में असंख्य गुण रह्यौ छक के।।104।।

(दोहा)

सो यह अनुक्रम सबन का, महाग्रंथ से जान।
जो दिन कर सम इस समय, नाशक तम अज्ञान।।105।।

आगैं आनतादि विषैं तीन गाथान कर कहिये हैं–

(गाथा)

चरमधरा साणहरा, आणदसम्माण आरणप्पहुदिं।
अंतिमगेवेज्जंतं, सम्माणमसंखसंखगुणहारा।।638।।

अर्थ– सप्तम पृथ्वी के सासादन सम्बन्धी भागहार से आनत प्राणत के असंयत का भागहार असंख्यात गुणा है तथा इसके आगे आरण अच्युत से लेकर नौवें ग्रैवेयक पर्यन्त दश स्थानों में असंयत का भागहार क्रम से संख्यात गुणा संख्यात गुणा है।

तत्तो ताणुत्ताणं, वामाणमणुद्दिसाण विजयादि।
सम्माणं संखगुणो, आणदमिस्से असंखगुणो।।639।।

अर्थ– इसके अनन्तर आनत प्राणत से लेकर नवम ग्रैवेयक पर्यंत के मिथ्यादृष्टि जीवों का भागहार क्रम से अंतिम ग्रैवेयक सम्बन्धी असंयत के

भागहार से संख्यातगुणा संख्यातगुणा है। इस अंतिम ग्रैवेयक सम्बन्धी मिथ्यादृष्टि के भागहार से क्रमपूर्वक संख्यातगुणा संख्यातगुणा नव अनुदिश और विजय वैजयंत जयंत अपराजित के असंयतों का भागहार है। विजयादिक सम्बन्धी असंयत के भागहार से आनत प्राणत सम्बन्धी मिश्र का भागहार असंख्यातगुणा है।

(सवैया इकतीसा)

सप्तमि भू संबंधी सासादन के भाग हार–
ने आणत प्राणत संबधी अविरत का।
भागहार असंख्यात गुणा पुन यातैं आगैं,
आरण अच्युत तैं लै नौ ग्रैवेयकांत का।।
थान तक दश सथानकन विषैं असंयत,
का क्रम गुणौ संख्यात संख्यात सुधीत का।
भागहार यातैं पुन आणत प्राणत तैं लै,
ग्रैवेयक तक ग्यारा थानन माहीं छका।।106।।
मिथ्यादृष्टी जीवन का संख्यात संख्यात गुणा,
भागहार अनुक्रम सेती पहिचानिये।
पुन अंत ग्रीवक वामौ के भागहार सैं,
नवानुदिश वा चौविजयादि ए दो थानिये।।
तिनमें असंयत का संख्यात संख्यात गुणा,
भागहार जान पुन यातैं आगैं वानिये।
आणत प्राणत सनबंधी मिश्र तनौं गुण,
असंख्यात हार भव संशय कौं भानिये।।107।।

(गाथा)

तत्तो संखेज्जगुणो, सासणसम्माण होदि संखगुणो।
उत्तट्ठाणे कमसो, पण छस्सत्तट्ठचदुरसंदिट्ठी।।640।।

अर्थ- आनत प्राणत सम्बन्धी मिश्र के भागहार से, आरण अच्युत से लेकर नवम ग्रैवेयक पर्यंत दस स्थानों में मिश्र सम्बन्धी भागहार का प्रमाण क्रम से संख्यातगुणा संख्यातगुणा है। यहाँ पर संख्यात की सहनानी आठ का अंक है। अंतिम ग्रैवेयक सम्बन्धी मिश्र के भागहार से आनत प्राणत से लेकर नवम ग्रैवेयक पर्यन्त ग्यारह स्थानों में सासादन सम्यग्दृष्टि के भागहार का प्रमाण क्रम से संख्यातगुणा संख्यातगुणा है। यहाँ पर संख्यात की सहनानी चार का अंक है। इन पूर्वोक्त पाँच स्थानों में संख्यात की सहनानी क्रम से पाँच, छह, सात, आठ और चार के अंक हैं।

(सवैया इकतीसा)

ती आनत प्राणत संबंधी मिश्र तन भाग-
हार सैं ती आरण अच्युत तैं लगाय कैं।
नौमी ग्रैवेयक तक दश थानों में मिश्र का,
भागहार संख्या संख्य गुणौं कहै गायकैं।।
पुन तातैं आनत प्राणत तैं लै नोमी ग्रैवे-
यक परयंत ग्यारा थानों में बनाय कैं।
कहै भागहार सासादन का अनुक्रम तैं,
संख्य संख्य गुणों भव सुनौ मन ल्याय कैं।।108।।

(सोरठा)

इन पन थानन माहिं, सहनामी संख्यात की।
क्रमतैं पन षट आहिं, अरु वसु चतु के अंक की।।109।।

(गाथा)

सगसगअवहारेहिं, पल्ले भजिदे हवंति सगरासी।
सगसगगुणपडिवण्णे, सगसगरासीसु अवणिदे वामा।।641।।

अर्थ- अपने-अपने भागहार का पल्य में भाग देने से अपनी-अपनी

राशि के जीवों का प्रमाण निकलता है। तथा अपनी-अपनी सामान्य राशि में से असंयत मिश्र सासादन तथा देशव्रत का प्रमाण घटाने से अवशिष्ट मिथ्यादृष्टि जीवों का प्रमाण रहता है।

(सवैया इकतीसा)

पूरवैं कह्या जु निज-निज भाग हार तिन,
भाग पल्य को दिये जो जो आवै प्रमान है।
तितनै-तितनै जीव तहाँ-तहाँ जान पुन,
स्व-स्व सासादन मिश्र असंयतवान हैं।।
अरु देशसंयत थान में जो जो मान भयो,
तिन जोड़ दियें होय जो जो मान आन है।
तितौ-तितौ मान स्व राशि मान तैं घटाय,
रहै शेष मान तितौ-तितौ वाम मान है।।110।।

(दोहा)

द्वि त्रि चतु पंचम थान जिय, स्व-स्व राशी में सेय।
हीन कियें मित शेष तित, मिथ्यादृष्टि कहेय।।111।।

आगैं मनुष्य गति विषैं गुणस्थानों की अपेक्षा से जीवों का प्रमाण कहिये हैं-

(गाथा)

तेरसकोडीदेसे, बावण्णं सासणे मुणेदव्वा।
मिस्सा वि य तद्दुगुणा, असंजदा सत्तकोडि सयं।।642।।

अर्थ- देशसंयम गुणस्थान में तेरह करोड़, सासादन में बावन करोड़, मिश्र में एक सौ चार करोड़, असंयत में सात सौ करोड़ मनुष्य हैं। प्रमत्तादि गुणस्थान वाले जीवों का प्रमाण पूर्व में ही बता चुके हैं। इस प्रकार यह गुणस्थानों में मनुष्य जीवों का प्रमाण है।

(आडिल्ल)

मनुष देशव्रत में तेरह कोड़ी कहे,
सासादन में बावन कोड़ि जु शरदहे।
एक शतक चतु कोड़ि मिश्र में जानिये,
कोड़ि सात सौ अव्रत धनी उर आनिये।।112।।

ऐसैं गुणस्थानन में जीवन का प्रमाण कह्या है।

(गाथा)

जीविदरे कम्मचये, पुण्णं पावो त्ति होदि पुण्णं तु।
सुहपयडीणं दव्वं, पावं असुहाण दव्वं तु।।643।।

अर्थ– जीव पदार्थ में सामान्य से मिथ्यादृष्टि और सासादन गुणस्थान वाले जीव पाप हैं। और मिश्र गुणस्थान वाले पुण्य और पाप के मिश्र रूप हैं। तथा असंयत से लेकर सब ही पुण्य जीव हैं। इसके अनन्तर अजीव पदार्थ का वर्णन करते हैं। अजीव पदार्थ में कार्मण स्कन्ध के दो भेद हैं– एक पुण्य दूसरा पाप। शुभ प्रकृतियों के द्रव्य को पुण्य और अशुभ प्रकृतियों के द्रव्य को पाप कहते हैं।

(सवैया इकतीसा)

जीव पदारथ सम्बन्धी प्रतिपादन में,
सामान्य पनै मिथ्याती औ सासादनी सही।
एतौ पाप जीव पुन मिश्र वाले मिश्र ही हैं,
पुन्य जीव अविरत आद सब हीय ही।।
पुन अजीव का प्रतिपादन करै तहाँ जु,
कारमाण खंध में है भेद पुण्य पाप ही।
तहाँ सातावेदनी औ नर्क बिन तीन आयु,
शुभ नाम ऊँच गोत्र शुभ प्रकृती कही।।113।।

(अडिल्ल)

तिनकों कह द्रव पुण्य घाति प्रकृती सबै,
अशुभ नाम नरकायु गोत्र नीचा लबै।
अरु असात वेदनी अशुभ प्रकृतीय हैं,
तातैं इनको द्रव्य पाप मुनि जन कहैं।।114।।

(गाथा)

आसवसंवरदव्वं, समयपबद्धं तु णिज्जरादव्वं।
तत्तो असंखगुणिदं, उक्कस्सं होदि णियमेण।।644।।

अर्थ– आस्रव और संवर का द्रव्यप्रमाण समय प्रबद्ध प्रमाण है और उत्कृष्ट निर्जराद्रव्य समयप्रबद्ध से असंख्यातगुणा है।

(चौपाई)

आस्रव संवर द्रवर दु एय, समय प्रबद्ध प्रमाण कहेय।
तिनतैं गुण असंख वर द्रव्य, निरजर नियमत जानहु भव्य।।115।।

(गाथा)

बंधो समयपबद्धो, किंचूण दिवड्ढमेत्तगुणहाणी।
मोक्खो य होदि एवं, सद्दहिदव्वा दु तच्चट्ठा।।645।।

अर्थ– बन्धद्रव्य समयप्रबद्ध प्रमाण है, क्योंकि एक समय में समयप्रबद्ध प्रमाण ही कर्मप्रकृतियों का बंध होता है। तथा मोक्षद्रव्य का प्रमाण द्व्यर्धगुणहानि गुणित समयप्रबद्ध प्रमाण है क्योंकि अयोगिगुणस्थान के अन्त में जितनी कर्म प्रकृतियों की सत्ता रहती है उतना ही मोक्षद्रव्य का प्रमाण है। तथा यहाँ पर (अयोगी गुणस्थान के अन्त समय में) कर्मों की सत्ता द्व्यर्धगुणहानि गुणित समयप्रबद्ध प्रमाण है, इसलिये मोक्षद्रव्य का प्रमाण भी द्व्यर्धगुणहानि गुणित समयप्रबद्ध प्रमाण ही है। इस प्रकार इन सात तत्त्वों का श्रद्धान करना चाहिये।

(अडिल्ल)

बंध द्रव्य भी समय प्रबद्ध प्रमित भनौ,
बहुर न्यून गुण हानि द्वर्द्ध सेती गुणौ।
समय प्रबद्ध प्रमाण मोख द्रव्य जानिये।
इस प्रकार तत्त्वार्थ श्रद्ध उर आनिये।।116।।

आगैं सम्यक्त्व के भेद कहैं हैं तहाँ प्रथम क्षायिक सम्यक्त्व का स्वरूप वर्णन करते हैं-

(गाथा)

खीणे दंसणमोहे, जं सद्दहणं सुणिम्मलं होई।
तं खाइयसम्मत्तं, णिच्चं कम्मक्खवणहेदू।।646।।

अर्थ- दर्शनमोहनीय कर्म के क्षीण हो जाने पर जो निर्मल श्रद्धान होता है उसको क्षायिक सम्यक्त्व कहते हैं। यह सम्यक्त्व नित्य है और कर्मों के क्षय होने का कारण है।

(अडिल्ल)

नाश होत त्रय दरशन मोह तनै सही,
अनंतानुबंधी अरु चतु क्षय होत ही।
जो निर्मल शरधान होय सम्यक् वहै,
क्षायिक विधि क्षय हेतु नित्य इम बुध कहैं।।117।।

आगैं इस ही अभिप्राय का बोधक दूसरा क्षेपक गाथा इस प्रकार है सो कहते हैं-

(गाथा)

दंसणमोहे खविदे, सिज्झदि एक्केव तदियतुरियभवे।
णादिक्कदि तुरियभवं, णविणस्ससदि सेससम्मं वा।।1।।

अर्थ- दर्शन मोहनीय कर्म का क्षय हो जाने पर उस ही भव में या तीसरे

चौथे भव में जीव सिद्ध पद को प्राप्त होता है, किन्तु चौथे भव का उल्लंघन नहीं करता तथा दूसरे सम्यक्त्वों की तरह यह सम्यक्त्व नष्ट नहीं होता।

भावार्थ– क्षायिक सम्यग्दर्शन होने पर या तो उस ही भव में जीव सिद्ध पद को प्राप्त हो जाता है या देवायु या सम्यक्त्व प्राप्ति के पूर्व नरकायु का बन्ध हो गया हो तो तीसरे भव में सिद्ध होता है। यदि सम्यग्दर्शन के पहले मिथ्यात्व अवस्था में मनुष्य या तिर्यंच आयु का बन्ध हो गया हो तो चौथे भव में सिद्ध होता है, किन्तु चतुर्थ भव का अतिक्रमण नहीं करता। यह सम्यक्त्व साद्यनंत है। औपशमिक या क्षायोपशमिक की तरह उत्पन्न होने के बाद फिर छूटता नहीं है।

आगैं क्षायिक सम्यक्त्व का विशेष स्वरूप कहैं हैं।

(गाथा)

वयणेहिं वि हेदूहिं वि, इंदियभयआणएहिं रूवेहिं।
वीभच्छजुगुच्छाहिं य, तेलोक्केण वि ण चालेज्जो।।647।।

अर्थ– श्रद्धान को भ्रष्ट करने वाले वचन या हेतुओं से अथवा इन्द्रियों को भय उत्पन्न करने वाले आकारों से यद्वा ग्लानिकारक पदार्थों को देखकर उत्पन्न होने वाली ग्लानि से, किं बहुना, तीन लोक से भी यह क्षायिक सम्यक्त्व चलायमान नहीं होता।

(सवैया इकतीसा)

शरधान भ्रष्ट तनै कारण बचत वचन,
सित हेतु दृष्टांत जु तिन कर के यहाँ।
इंद्रियन कौं भयकारी ऐसे विकार रूप,
अनेक भेक आकार तिन कर भी तहाँ।।
वा गिलान को कारण घिनकारी वस्तून तैं,
ऊपजा जो जुगुपसा तिहिं करके यहाँ।

क्षायिक सम्यक सो न चलै कदा पुन तिहिं,
धारी कौ त्रिलोक जी चलावे न शक्य कहाँ।।118।।

(गाथा)

दंसण मोहक्खवणा-पट्ठवगो कम्मभूमिजादो हु।
मणुसो केवलिमूले, णिट्ठवगो होदि सव्वत्थ।।648।।

अर्थ– दर्शनमोहनीय कर्म के क्षय होने का प्रारम्भ केवली के मूल में कर्मभूमि का उत्पन्न होने वाला मनुष्य ही करता है तथा निष्ठापन सर्वत्र होता है।

(गीतिका)

दृग मोह की क्षपणा तना प्रारंभ कारक तौ सही।
इक कर्म भूमिज मनुष ही ह्वै दु केवलि पद मूल ही।।
सर्वत्र चतु गति माहिं निठापन बहुर ह्वै तिहिं तनौ।
इहि भाँति लखकर भ्रात शरधौ भ्रांत दुख दात्या गनौं।।119।।

आगैं वेदक सम्यक्त्व का स्वरूप कहैं हैं–

(गाथा)

दंसणमोहुदयादो, उप्पज्जइ जं पयत्थ सद्दहणं।
चलमलिणमगाढं तं, वेदयसम्मत्तमिदि जाणे।।649।।

अर्थ– सम्यक्त्वमोहनीय प्रकृति के उदय से पदार्थों का जो चल, मलिन अगाढ़रूप श्रद्धान उत्पन्न होता है उसको वेदकसम्यक्त्व कहते हैं।

(अडिल्ल)

मोद मोह दुग सम्यक मोहनि उदय सैं,
जो चल मलिन अगाढ़ श्रद्धान हृदय लसै।
सो वेदक सम्यक्त्व जान विधि नाशना,
यह शरधा उर आन जिनागम इम भना।।120।।

आगैं उपशम का स्वरूप कहैं हैं–

(गाथा)

दंसण मोहुवसमदो, उप्पज्जइ जं पयत्थसद्दहणं।
उवसमसम्मत्तमिणं, पसण्णमलपंकतोयसमं।।650।।

अर्थ– उक्त सम्यक्त्व विरोधनी पाँच अथवा सात प्रकृतियों के उपशम से जो पदार्थों का श्रद्धान होता है उसको उपशम सम्यक्त्व कहते हैं। यह सम्यक्त्व इस तरह का निर्मल होता है जैसा कि निर्मली आदि पदार्थों के निमित्त से कीचड़ आदि मल के नीचे बैठ जाने पर जल निर्मल होता है।

(गीतिका)

दृग मोह त्रय अनंतानुबंधी वार प्रकृतिम सात के।
लक्षण जु उदयाभाव एम प्रशस्त उपशम जब छके।।
जिम कतक फल से मल अधो बैठरु प्रशम जल हो वही।
तिम जो पदार्थ श्रधान ह्वै सम्यक्त्व उपशम सो सही।।121।।

(गाथा)

खयउवसमियविसोही, देसणपाउग्गकरणलद्धी य।
चत्तारि वि सामण्णा, करणं पुण होदि सम्मत्ते।।651।।

अर्थ– क्षायोपशमिक, विशुद्धि, देशना, प्रायोग्य, करण ये पाँच लब्धि हैं। इनमें पहली चार तो सामान्य हैं, भव्य अभव्य दोनों के ही संभव है। किन्तु करण–लब्धि विशेष है। यह भव्य के ही हुआ करती है और इसके होने पर सम्यक्त्व या चारित्र नियम से होता है।

(सवैया इकतीसा)

सम्यक्त्व के पूरवै ज्यौं कर्म का क्षयोपशम,
चहिये तैसे ह्वै लब्धि क्षयोपशम सो सही।
पुन यथावत विशुद्धी का होना सो विशुद्धि,
उपदेश यथा यो वैदेशन सो ही कही।।

बहुर पंचेन्द्रियादि रूप योग्यताई जैसी,
चाहिए त्यौं होय सो प्रायोग्य लब्धि है वही।
अधो अपूरव अनवृत कर्णरूप परि-
णामन का होना सो करण लब्धि गाव ही।।122।।

(दोहा)

चार लब्धि तहँ सरब ही, भव्य अभव के जोय।
सम्यक अरु व्रत ग्रहण में, करण भवहि के होय।।123।।

(गाथा)

चदुगदिभव्वो सण्णी, पज्जत्तो सुज्झगो य सागारो।
जागारो सल्लेसो, सलद्धिगो सम्ममुवगमई।।652।।

अर्थ– जो जीव चार गतियों में से किसी एक गति का धारक तथा भव्य, संज्ञी, पर्याप्त विशुद्धि– सातादि के बन्ध के योग्य परिणति से युक्त, जागृत–स्त्यानगृद्धि आदि तीन निद्राओं से रहित, साकार उपयोगयुक्त और शुभ लेश्या का धारक होकर करणलब्धिरूप परिणामों का धारक होता है वह जीव सम्यक्त्व को प्राप्त करता है।

(सवैया इकतीसा)

जो जीव चहूँ गति में से कोई एक गति में,
प्राप्त ऐसे भव्य होय सो सम्यक पावै है।
सो भी जो सैनी प्रयाप्त औ मंद कषाय रूप,
ह्वै रु तीन निद्रा हीन जागत रहावै है।।
अरु तीन भाषित शुभ लेश्या तिन के माहीं,
कोई लेश्या ताका धारी जावै है।
अवर करण लब्धि रूप परिणाम होय,
सोही लहै अन्य कोई क्यूँ हीन लहावै है।।124।।

(गाथा)

चत्तारि वि खेत्ताइं, आउगबंधेण होदि सम्मत्तं।
अणुवदमहव्वदाइं, ण लहइ देवाउगं मोत्तुं।।653।।

अर्थ– चारों गतिसंबंधी आयुकर्म का बन्ध हो जाने पर भी सम्यक्त्व हो सकता है, किन्तु देवायु को छोड़कर शेष आयु का बंध होने पर अणुव्रत और महाव्रत नहीं होते।

(अडिल्ल)

सम्यक्तो चतुगति संबधी आयु में,
किसि भी की बाँधी ह्वै सोइ जियाय में।
पुन सुरायु बिन अन्य आयु जो बाँध ही,
सो अणुव्रत महँव्रत पदवी नहिं लाधहीं।।125।।

(गाथा)

ण य मिच्छत्तं पत्तो, सम्मत्तादो य जोय परिवडिदो।
सो सासणो त्ति णेयो, पंचमभावेण संजुत्तो।।654।।

अर्थ– जो जीव सम्यक्त्व से तो च्युत हो गया है, किन्तु मिथ्यात्व को प्राप्त नहीं हुआ है उसको सासन कहते हैं। यह जीव पाँचवें पारिणमिक भाव से युक्त होता है।

(चौपाई)

सम्यक तैं पड़कर जो जंत, नहिं मिथ्यात्व पहै जावंत।
तावत सो सासादनि जान, भाव पारिणामिक युत मान।।126।।

(गाथा)

सद्दहणासद्दहणं, जस्स य जीवस्स होइ तच्चेसु।
विरयाविरयेण समो, सम्मामिच्छो त्ति णायव्वो।।655।।

अर्थ– विरताविरत की तरह जिस जीव के तत्त्व के विषय में श्रद्धान और

अश्रद्धान दोनों हों उसको सम्यग्मिथ्यादृष्टि समझना चाहिये।

(चौपाई)

जीवादिक तत्त्वन के थान, जाके शरधानाशरधान।
विरताविरत समान जु होय, सम्यक मिथ्यादृष्टि सोय।।27।।

(गाथा)

मिच्छाइट्ठी जीवो, उवइट्ठं पवयणं ण सद्दहदि।
सद्दहदि असब्भावं, उवइट्ठं वा अणुवइट्ठं।।656।।

अर्थ– जो जीव जिनेन्द्रदेव के कहे हुए आप्त, आगम पदार्थ का श्रद्धान नहीं करता, किन्तु कुगुरुओं के कहे हुए या बिना कहे हुए भी मिथ्या पदार्थ का श्रद्धान करता है उसको मिथ्यादृष्टि कहते हैं।

(अडिल्ल)

मिथ्यादृष्टी जीव कदी नहिं शरदही,
आप्तागमरु पदार्थ सु जिन भाषित सही।
बहुर कुदेवदिक कर उपदेशे पदा,
अनुपदिशे वा असद्‌मावि शरधत हृदा।।128।।

आगैं सम्यक्त्व मार्गणा विषैं जीवन की संख्या कहैं हैं–

(गाथा)

वासपुधत्ते खइया, संखेज्जा जइ हवंति सोहम्मे।
तो संखपल्लठिदिये, केवडिया एवमणुपादे।।657।।

अर्थ– क्षायिक सम्यग्दृष्टि जीव सौधर्म ईशान स्वर्ग में पृथकत्व वर्ष में संख्यात उत्पन्न होते हैं तो संख्यात पल्य की स्थिति में कितने जीव उत्पन्न होंगे? इसका त्रैराशिक करने से क्षायिक सम्यग्दृष्टि जीवों का प्रमाण निकलता है, क्योंकि क्षायिक सम्यग्दृष्टि बहुधा कल्पवासी देव होते हैं और कल्पवासी देव बहुत करके सौधर्म ईशान स्वर्ग में ही हैं।

(अडिल्ल)

जो क्षायिक सम्यक्त्वी वर्ष पृथक्त में,
उपजै संख्य प्रमित सौधर्मैशान में।
संख्य पल्य की थिति में तो उपजै कितै,
इम त्रै राशिक कर ह्वै जो सु कहे तितै।।129।।

(गाथा)

संखावलिहिदपल्ला, खइया तत्तो य वेदमुवसमगा।
आवलिअसंखगुणिदा, असंखगुणहीणया कमसो।।658।।

अर्थ– संख्यात आवली से भक्त पल्यप्रमाण क्षायिक सम्यग्दृष्टि हैं। क्षायिक सम्यग्दृष्टि के प्रमाण का आवली के असंख्यातवें भाग से गुणा करने पर जो प्रमाण हो उतना ही वेदकसम्यग्दृष्टि जीवों का प्रमाण है। तथा क्षायिकसम्यग्दृष्टि जीवों के प्रमाण से असंख्यातगुणाा हीन उपशम सम्यग्दृष्टि जीवों का प्रमाण है।

(गीतिका)

संख्यात आवलि कर जु भक्तै पल्य ह्वै जो लब्धि है।
तिहि राशि मित जिय क्षायिकिन की जानिये सब अब्धि है।।
पुन क्षायिकिन कौं आवली के असंख्यातम भाग सैं।
गुणतैं प्रमाण जु होय तितनै वेद की जीवा लसैं।।130।।

(दोहा)

बहुर क्षायिकी जियन तैं असंख्यात गुण घाट।
उपशम सम्यकवंत जिय कहै ग्राहि शिव वाट।।131।।

आगैं सासादन, मिश्र और मिथ्यादृष्टि जीवों का प्रमाण कहैं हैं–

(गाथा)

पल्लासंखेज्जदिमा, सासणमिच्छा य संखयगुणिदा हु।
मिस्सा तेहिं विहीणो, संसारी वामपरिमाणं।।659।।

अर्थ– पल्य के असंख्यातवें भागप्रमाण सासादन मिथ्यादृष्टि जीव हैं और इनसे संख्यातगुणे मिश्र जीव हैं। तथा संसारी जीवराशि में से क्षायिक, औपशमिक, क्षायोपशमिक, सासादन, मिश्र इन पाँच प्रकार के जीवों का प्रमाण घटाने से जो शेष रहे उतना ही मिथ्यादृष्टि जीवों का प्रमाण है।

(सवैया इकतीसा)

पल्य के असंख्यातवें भाग परमान जान,
सासादनि मान तिन मिथ्याती समान हैं।
तिनसैं संख्यात गुणै जीव जिनमत भनैं
सम्यक मिथ्याती जान करौ शरधान है।।
तिन सब मान जोड़ै आवै जो प्रमान है।
तिनकौ संसारी राशि माहिं तैं निकास अवि-
शेष रहै मिथ्यादृष्टी जीवन का मान है।।132।।

(दोहा)

नव पदारथन मान सो, गुरु सिद्धान्त विलोक।
जान करहु शरधान भव, जिम पावहु शिव लोक।।133।।

(चौपाई)

अंठानू गाथन के सही, छंद शतिक षट त्रिंशत मही।
यह सम्यक मार्गण अधिकार, सप्तदशम किय पूर्ण सम्हार।।134।।

इत्याचार्य श्री नेमिचन्द सिद्धान्त चक्रवर्ती विरचित गोम्मटसार दुतिय नाम पंचसंग्रह ताकी जीवतत्त्व प्रदीपिका संस्कृत टीका वा सम्यग्ज्ञान चन्द्रिका नाम भाषा टीकानुसार मूल गाथार्थ छन्द बन्ध छन्दोदय ग्रन्थ में सम्यक्त्व मार्गणा नाम सत्रहवाँ अधिकार समाप्त भया।

***

अधिकार- 18

संज्ञी मार्गणा

(दोहा)

अमित चतुष्टय थान मम, अरिरज रहस विहाय।
शत इंद्र कर पूज्य पद, द्यो श्री अर जिनराय।।1।।
सम्यक मारगणा सुभाग, कह यह शर्म स्थान।
अब मार्गण संज्ञी कहूँ, सुनहु भव्य सुखदान।।2।।

(गाथा)

णोइंदियआवरण-खओवसमं तज्ज बोहणं सण्णा।
सा जस्स सो दु सण्णी, इदरो सेसिंदि अवबोहो।।660।।

अर्थ- नोइन्द्रियावरण कर्म के क्षयोपशम को या तज्जन्य ज्ञान को संज्ञा कहते हैं। यह संज्ञा जिसके हो उसको संज्ञी कहते हैं और जिनके यह संज्ञा न हो, किन्तु केवल यथासंभव इन्द्रियजन्य ज्ञान हो उनको असंज्ञी कहते हैं।

(अडिल्ल)

नोइंद्रिय जो मन सु तासु आवरन के,
क्षय उपशम कर उत्पन भयो जु जियन के।
बोधज्ञान जु संज्ञा तिहिं धृत संज्ञिया,
शेष इंद्रियन ज्ञान युक्त सु असंज्ञिया।।3।।

(गाथा)

सिक्खाकिरियुवदेसा-लावग्गाही मणोवलंबेण।
जो जीवो सो सण्णी, तव्विवरीओ असण्णी दु।।661।।

अर्थ- हित का ग्रहण और अहित का त्याग जिसके द्वारा किया जा सके उसको शिक्षा कहते हैं। इच्छापूर्वक हाथ पैरा के चलाने को क्रिया कहते हैं।

वचन अथवा चाबुक आदि के द्वारा बताये हुए कर्त्तव्य को उपदेश कहते हैं और श्लोक आदि के पाठ को आलाप कहते हैं।

जो जीव इन शिक्षादिक को मन के अवलम्बन से ग्रहण-धारण करता है उसको संज्ञी कहते हैं और जिन जीवों में यह लक्षण घटित न हो उनको असंज्ञी समझना चाहिये।

(अडिल्ल)

जो शिक्षारु क्रिया उपदेशा लायका,
ग्राही मान के अवलंबन कर जिय छका।
सो संज्ञी पुन उक्त लक्षणों बिन जिया,
कहै असैनी गाय जिनागम में भिया।।4।।

(गाथा)

मीमंसदि जो पुव्वं, कज्जमकज्जं च तच्चमिदरं च।
सिक्खदि णामेणेदि य, समणो अमणो य विवरीदो।।662।।

अर्थ- जो जीव प्रवृत्ति करने के पहले अपने कर्त्तव्य और अकर्त्तव्य का विचार कर तथा तत्त्व और अतत्त्व का स्वरूप समझ सके और उसका जो नाम रखा गया हो उस नाम के द्वारा बुलाने पर आ सके, उन्मुख हो अथवा उत्तर दे सके उसको समनस्क या संज्ञी जीव कहते हैं। और इससे जो विपरीत है उसको अमनस्क या असंज्ञी कहते हैं।

(अडिल्ल)

कार्याकार्यहिं प्रथम विचारै जो सही,
सीख हि तत्त्वातत्त्व बुलाया आव ही।
सो ही मन संयुक्त सही पहचानिये,
इतर लक्षणनवान असंज्ञी जानिये।।5।।

आगैं संज्ञी मार्गणा गत जीवों की संख्या का प्रमाण कहैं हैं-

(गाथा)

देवेहिं सादिरेगो, रासी सण्णीण होदि परिमाणं।
तेणूणो संसारी, सव्वेसिमसण्णिजीवाणं।।663।।

अर्थ– देवों के प्रमाण से कुछ अधिक संज्ञी जीवों का प्रमाण है। सम्पूर्ण संसारी जीव राशि में से संज्ञी जीवों का प्रमाण घटाने पर जो शेष रहे उतना ही समस्त असंज्ञी जीवों का प्रमाण है।

(आडिल्ल)

नर नारकि संज्ञी तिर्यंच सहित सही,
देवराशि मित संज्ञि जियन राशी कही।
पुन यह राशी हृत संसारी राशि सै,
जो प्रमाण ह्वै सो असंज्ञि राशी लसै।।6।।

(दोहा)

सप्त छंद गाथा चतुक में, संज्ञी अधिकार।
अष्टादशम सु यह प्रमुख, पूर्ण कियौ सुखकार।।7।।

इत्याचार्य श्री नेमिचन्द्र सिद्धान्त चक्रवर्ती विरचित गोम्मटसार दुतिय नाम पंचसंग्रह ताकी जीवतत्त्व प्रदीपिका नाम संस्कृत टीका व सम्यग्ज्ञान चन्द्रिका नाम भाषा टीका के अनुसार मूल गाथार्थ छन्द बन्ध छन्दोदय नाम ग्रन्थ में संज्ञी प्ररूपणा नाम अष्टादशम अधिकार सम्पूर्ण भया।

***

अधिकार- 19

आहार मार्गणा

आगैं आहार मार्गणा का प्ररूपण करैं हैं-

मंगलाचरण

(दोहा)

बाह्यांतर श्री सहित जिन, मोह शत्रु हर मल्ल।
मल्ल कुसुम सम गंध युत, मल्ल हरहु मम शल्ल।।1।।
संज्ञी मार्गण नाम यह, कह कर शुभ अधिकार।
मारगणा आहार कौ, अब वरणौं सुखकार।।2।।

(गाथा)

उदयावण्णसरीरोदयेण तद्देहवयणचित्ताणं।
णोकम्मवग्गणाणं, गहणं आहारयं णाम।।664।।

अर्थ- शरीरनामा नामकर्म के उदय से देह- औदारिक, वैक्रियिक, आहारक इनमें से यथासंभव किसी भी शरीर तथा वचन और द्रव्य मनरूप बनने के योग्य नोकर्म वर्गणाओं का जो ग्रहण होता है उसको आहार कहते हैं।

(गीतिका)

औदारिकादि त्रि शरीरन में उदय कर कोईय के।
जो तिसहि देह स्वरूप अथवा वचन रूप तिसीय के।।
वा द्रव्य मन के रूप होने योग्य नो विध की सही।
वरगणा का ग्रहणो सु ही आहार नाम कहावही।।3।।

आगैं निरुक्ति पूर्वक आहारक का अर्थ कहैं हैं-

(गाथा)

आहरदि सरीराणं, तिण्हं एयदरवग्गणाओ य।
भासमणाणं णियदं, तम्हा आहारयो भणियो।।665।।

अर्थ– औदारिक, वैक्रिदिक, आहारक इन तीन शरीरों में से किसी भी एक शरीर के योग्य वर्गणाओं को तथा वचन और मन के योग्य वर्गणाओं को यथायोग्य जीवसमास तथा काल में जीव आहरणह्न ग्रहण करता है इसलिये इसको आहारक कहते हैं।

(गीतिका)

औदारिकादि त्रि शरीरन में जो उदय कुई आवही।
तिहिं देह रूपाहार वर्गण बहुर वर्गण भाष ही।।
अरु मनो वर्गण कौं नियम कर यथा योग्य पनै ग्रहैं।
तातैं इसे आहार ऐसे अज्ञानवंत जिया कहैं।।4।।

(गाथा)

विग्गहगदिमावण्णा, केवलिणो समुग्घदो अजोगी य।
सिद्धा य अणाहारा, सेसा आहारया जीवा।।666।।

अर्थ– विग्रह गति को प्राप्त होने वाले चारों गति सम्बन्धी जीव, प्रतर और लोकपूर्ण समुद्घात करने वाले सयोगकेवली, अयोगकेवली, समस्त सिद्ध इतने जीव तो अनाहारक होते हैं। और इनको छोड़कर शेष सभी जीव आहारक होते हैं।

(पद्धरि)

विग्रह गति केवल समुदघात, धृत योगी अयोगी कहात।
अरु सिद्ध अनाहारक सु येह, अब शेषाहारक जिय लखेह।।5।।

आगैं समुद्घात के प्रकार हैं सो कहैं हैं–

(गाथा)

वेयणकसायवेगुव्वियो य मरणंतियो समुग्घादो।
तेजाहारो छट्ठो, सत्तमओ केवलीणं तु।।667।।

अर्थ– समुद्घात के सात भेद हैं– वेदना, कषाय, वैक्रियक, मारणान्तिक,

तैजस, आहारक, केवल। इनका स्वरूप लेश्यामार्गणा के क्षेत्राधिकार में कहा जा चुका है इसलिये यहाँ नहीं कहा है।

(पद्धरि)

वेदन कषाय वैक्रियक जान, मरणांतिक अरु तैजस बखान।
आहरक केवलि समुदघात, ये श्री जिन भाषित जान सात।।6।।

आगैं समुद्घात का स्वरूप वर्णन करैं हैं-

(गाथा)

मूलसरीरमछंडिय, उत्तरदेहस्स जीवपिंडस्स।
णिग्गमणं देहादो, होदि समुग्घादणामं तु।।668।

अर्थ- मूल शरीर को न छोड़कर तैजस कार्मण रूप उत्तर देह के साथ-साथ जीवप्रदेशों के शरीर से बाहर निकलने को समुद्घात कहते हैं।

(गीतिका)

मूल देह तो त्यागै नहिं उत्तर पुना,
कारमाण तैजस वपु सहितहिं निकसना।
बाहिर जीव प्रदेशन का तन से सही,
समुद्घात सु कहात न संशय या मही।।7।।

(गाथा)

आहारमारणंतिय, दुगं पि णियमेण एगदिसिगं तु।
दसदिसि गदा हु सेसा, पंच समुग्घादया होंति।।669।।

अर्थ- उक्त सात प्रकार के समुद्घातों में आहारक और मारणान्तिक ये दो समुद्घात तो एक ही दिशा में गमन करते हैं, किन्तु बाकी के पाँच समुद्घात दशों दिशाओं में गमन करते हैं।

(चौपाई)

आहररु मारणांतकि दोय, नियमत प्राप्त दिशिक प्रति होय।
शेष पंचदश ही दिश जांह, यह विध कह्यौ जिनागम माँह।।8।।

आगैं आहारक अनाहारक के काल का प्रमाण कहिये हैं–

(गाथा)

अंगुलअसंखभागो, कालो आहारयस्स उक्कस्सो।
कम्मम्मि अणाहारो, उक्कस्सं तिण्णसमया हु।।670।।

अर्थ– आहारक का उत्कृष्ट काल सूच्यंगुल के असंख्यातवें भागप्रमाण है। कार्मण शरीर में अनाहार का उत्कृष्ट काल तीन समय का है और जघन्य काल एक समय का है। तथा आहार का जघन्य काल तीन समय कम श्वास के अठारहवें भाग प्रमाण है। क्योंकि विग्रह गति संबंधी तीन समयों के घटाने पर क्षुद्र भव का काल इतना ही अवशेष रहता है।

(अडिल्ल)

सूच्यंगुल के भाग असंखम जानिये,
वर आहारक काल न संशय आनिये।
बहुर अनाहारक का उत्कृष्टा सही,
समय तीन परमान जघन इक समय ही।।9।।

आगैं जीवन की संख्या कहैं हैं–

(गाथा)

कम्मइयकाय जोगी, होदि अणाहारयाण परिमाणं।
तव्विरहिदसंसारो, सव्वो आहार परिमाणं।।671।।

अर्थ– कार्मणकाययोगी जीवों का जितना प्रमाण है उतना ही अनाहारक जीवों का प्रमाण है और संसारी जीवराशि में से कार्मणकाययोगी जीवों का प्रमाण घटाने पर जो शेष रहे उतना ही आहारक जीवों का प्रमाण है।

(चौपाई)

करमाण वपु योगिन मान, सोइ अनाहारकम प्रछान।
इस प्रमाण घट संश्रत मात, सर्वाहारक मान कहात।।10।।

(दोहा)

गाथा अष्टरु छंद सब, एकादशम मँझार।
यह आहारक मार्गणा, पूर्ण भई सुखकार।।11।।

इत्याचार्य श्री नेमिचन्द्र सिद्धान्त चक्रवर्ती विरचित गोम्मटसार दुतिय नाम पंचसंग्रह ताकी जीवतत्त्व प्रदीपिका नाम संस्कृत टीका व सम्यग्ज्ञान चन्द्रिका नाम भाषा टीका के अनुसार मूल गाथार्थ छन्द बन्ध छन्दोदय नाम ग्रन्थ में आहार मार्गणा नाम का एकोनविंश अधिकार सम्पूर्ण भया।

***

अधिकार - 20

उपयोगाधिकार

(दोहा)

सुव्रत चरण सेवें सदा, भक्त सहित व्रतवंत।
निज सुव्रत श्री द्यो हमें, सो सुव्रत अरिहंत।।1।।
कहकर परम पवित्र यह, उन्नीसम अधिकार।
अब प्रूपण उपयोग का, कहूँ शर्म दातार।।2।।

(गाथा)

वत्थुणिमित्तं भावो, जादो जीवस्स जो दु उवजोगो।
सो दुविहो णायव्वो, सायारो चेव णायारो।।672।।

अर्थ– जीव का जो भाव वस्तु को (ज्ञेय को) ग्रहण करने के लिये प्रवृत्त होता है उसको उपयोग कहते हैं। इसके दो भेद हैं– एक साकार (सविकल्प) दूसरा निराकार (निर्विकल्प)।

(चौपाई)

वस्तु ग्रहण कारण ह्वै भाव, जिय के सो उपयोग लखाव।
सो भव जानहु द्वै परकार, इक साकार एक अनकार।।3।।

आगैं साकार उपयोग आठ प्रकार तथा अनकार चार प्रकार है सो बतावैं हैं–

(गाथा)

णाणं पंचविहं पि य, अण्णाणतियं च सागरुवजोगो।
चदुदंसणमणगारो, सव्वे तल्लक्खणा जीवा।।673।।

अर्थ– पाँच प्रकार का सम्यग्ज्ञान– मति, श्रुत, अवधि, मनःपर्यय तथा केवल और तीन प्रकार का अज्ञान (मिथ्यात्व)–कुमति, कुश्रुत, विभंग ये आठ साकार उपयोग के भेद हैं। चार प्रकार का दर्शन चक्षुर्दर्शन, अचक्षुर्दर्शन,

अवधिदर्शन और केवलदर्शन अनाकार उपयोग है। यह उपयोग ही सम्पूर्ण जीवों का लक्षण है क्योंकि उपयोग के इन 12 प्रकारों में से जीव के कोई न कोई उपयोग अवश्य रहा करता है।

(चौपाई)

ज्ञान पंच अज्ञान त्रि अष्ट, इम साकारुपयोग विशिष्ट।
चतु दर्शन उपयोगन कार, है सब जिय यह लक्षण धार।।4।।

आगैं साकार उपयोग में कुछ विशेषता है सो कहैं हैं-

(गाथा)

मदिसुदओहिमणेहि य, सगसगविसये विसेसविण्णाणं।
अंतोमुहुत्तकालो, उवजोगो सो दु सायारो।।674।।

अर्थ- मति श्रुत अवधि और मनःपर्ययय इनके द्वारा अपने-अपने विषय का अन्तर्मुहूर्त काल पर्यन्त जो विशेष ज्ञान होता है उसको ही साकार उपयोग कहते हैं।

(अडिल्ल)

मति श्रुत अवधिरु मनपर्यय करके सही,
ह्व निज-निज विषयन में ज्ञान विशेष ही।
अंतमहूरत काल प्रमाण थिती धरै,
सो साक ारुपयोग सुधी इम उच्चरै।।5।।

आगैं अनाकार उपयोग का स्वरूप कहैं हैं-

(गाथा)

इंदियमणोहिणा वा, अत्थे अविसेसिदूण जं गहणं।
अंतोमुहुत्तकालो, उवजोगो सो अणायारो।।675।।

अर्थ- इन्द्रिय मन और अवधि के द्वारा अन्तर्मुहूर्त काल तक पदार्थों का जो सामान्य रूप से ग्रहण होता है उसको निराकार उपयोग कहते हैं।

(गीतिका)

नेत्र इंद्रिय रूप चक्षु अचक्षु शेष करण पुना।
मन रूप वा दर्शन अवधि इनसे जियादि पदन तना।।
हत विशेशषरु विकलप विमुक्त जु ग्रहण है सामान्य ही।
सो अंत महुरत मात्र थित घृत निराकार कहा वही।।6।।

आगैं जीवन की संख्या कहिये हैं-

(गाथा)

णाणुवजोगजुदाणं, परिमाणं णाणमग्गणं व हवे।
दंसणुवजोगियाणं, दंसणमग्गण व उत्तकमो।।676।।

अर्थ- ज्ञानोपयोग वाले जीवों का प्रमाण ज्ञानमार्गणा वाले जीवों की तरह समझना चाहिये और दर्शनोपयोग वालों का प्रमाण दर्शनमार्गणा वालों की तरह समझना चाहिये। इनमें कुछ विशेषता नहीं है।

(चौपाई)

ज्ञानुपयोगन का परमान, ज्ञान मार्गणावत पहिचान।
दर्शन उपयोगिन का उक्त, दर्शन मार्गणवत भ्रम मुक्त।।7।।

(दोहा)

पुन गाथा वसु छंद महँ, यह उपयोगधिकार।
कियौ पूर्ण बीसम प्रवर, पर्म शर्म दातार।।8।।

इत्याचार्य श्री नेमिचन्द्र सिद्धान्त चक्रवर्ती विरचित गोम्मटसार दुतिय नाम पंचसंग्रह ताकी जीवतत्त्व प्रदीपिका नाम संस्कृत टीका व सम्यग्ज्ञान चन्द्रिका नाम भाषा टीका के अनुसार मूल गाथार्थ छन्द बन्ध छन्दोदय नाम ग्रन्थ में उपयोग मार्गणा प्ररूपण नाम विंश अधिकार।

***

अधिकार - 21

अन्तर्भावाधिकार

आगैं बीस प्ररूपणा का मूल अर्थ कहकर अब उत्तर अर्थ कहैं हैं-

(गाथा)

गुणजीवा पज्जत्ती, पाणा सण्णा य मग्गणुवजोगो।
जोग्गापरूविदव्वा, ओघादेसेसु पत्तेयं।।677।।

अर्थ- उक्त बीस प्ररूपणाओं में गुणस्थान और मार्गणास्थान में यथायोग्य प्रत्येक गुणस्थान जीवसमास पर्याप्ति प्राण संज्ञा मार्गणा और उपयोग का निरूपण करना चाहिए।

(गीतिका)

गुणथान जीव समास अरु परयाप्त प्राण कहे सही।
संज्ञारु चतु दस मार्गणा उपयोग प्रूपण बीस ही।।
जिम संभवै गुणथान मार्गणथान में जिस भाँत जी।
करनी निरूपण कहत हौं सो धारिये उर भ्रात जी।।1।।

आगैं किस-किस मार्गणा में कौन-कौन गुणस्थान होते हैं सो कहिये हैं-

(गाथा)

चउ पण चोद्दस चउरो, णिरयादिसु चोद्दसं तु पंचक्खे।
तसकाये सेसिंदिय-काये मिच्छं गुणट्ठाणं।।678।।

अर्थ- गतिमार्गणा की अपेक्षा से क्रम से नरक गति में आदि के चार गुणस्थान होते हैं और तिर्यग्गति में पाँच, मनुष्यगति में चौदह तथा देवगति में नरक गति के समान चार गुणस्थान होता है। इन्द्रियमार्गणा की अपेक्षा

पंचेन्द्रिय जीवों के चौदह गुणस्थान और शेष एकेन्द्रिय से लेकर चतुरिन्द्रिय पर्यन्त जीवों के केवल मिथ्यात्व गुणस्थान ही होता है। कायमार्गणा की अपेक्षा त्रसकाय के चौदह और शेष स्थावर काय के एक मिथ्यात्व गुणस्थान ही होता है।

(चौपाई)

चतु पन चतुदश चतु गुण जान, क्रमत नर्क पशु नर सुर थान।
पंचेंद्री त्रस काय मँझार, चतुदश ही गुणथान विचार।।2।।
इक द्वे त्रय चतु इंद्री भाय, भू जल दव मारुत तरु काय।
इनके इक मिथ्या ही थान, आगैं योगन करहुँ बखान।।3।।

(गाथा)

मज्झिमचउमणवयणे, सण्णिप्पहुदिं दु जाव खीणो त्ति।
सेसाणं जोगि त्ति य, अणुभयवयणं तु वियलादो।।679।।

अर्थ– असत्यमन, उभयमन, असत्यवचन, उभयवचन इन चार योगों के स्वामी संज्ञी मिथ्यादृष्टि से लेकर क्षीणकषाय पर्यन्त बारह गुणस्थान वाले जीव हैं और सत्यमन, अनुभयमन तथा सत्यवचन योग इनके स्वामी संज्ञी पर्याप्त मिथ्यादृष्टि से लेकर आदि के तेरह गुणस्थान वाले जीव हैं। अनुभय वचनयोग विकल–द्वीन्द्रिय से लेकर संयोगी पर्यन्त होता है। अनुभय वचन को छोड़कर शेष तीन प्रकार का वचन और चार प्रकार का मन इनमें एक संज्ञी पर्याप्त ही जीवसमास है और अनुभय वचन में पर्याप्त द्वीन्द्रिय, त्रीन्द्रिय, चतुरिन्द्रिय, असंज्ञी पंचेन्द्रिय, संज्ञी पंचेन्द्रिय ये पाँच जीवसमास होते हैं।

(चौपाई)

मृषा उभय मन वच चतु सही, सैनी सें बारम गुण तही।
सत्यनुभय चतु योगि प्रयंत, अनुभय पुन्य दु इंद्रि ते संत।।4।।

(गाथा)

ओरालं पज्जत्ते, थावरकायादि जाव जोगो त्ति।
तम्मिस्समपज्जत्ते, चदुगुणठाणेसु णियमेण।।680।।

अर्थ– औदारिक काययोग, स्थावर एकेन्द्रिय पर्याप्त मिथ्यादृष्टि से लेकर सयोगी पर्यन्त होता है और औदारिक मिश्र काययोग नियम से चार अपर्याप्त गुणस्थानों में ही होता है। औदारिक काययोग में पर्याप्त सात जीवसमास होते हैं और मिश्रयोग में अपर्याप्त सात जीवसमास हैं।

(चौपाई)

औदारिक परयाप्तक वान, थावर तैयोगी अवसान।
पुन तसु मिश्र चार गुण माहिं, अप्रयाप्तक में नियम न आहिं।।5।।

आगैं अप्रयाप्त चार गुणस्थान कहैं हैं–

(गाथा)

मिच्छे सासणसम्मे, पुंवेदयदे कवाडजोगिम्मि।
णरतिरिये वि य दोण्णि वि, होंति त्ति जिणेहिं णिद्दिट्ठं।।681।।

अर्थ– मिथ्यात्व, सासादन, पुरुषवेद के उदयसंयुक्त असंयत तथा कपाट समुद्घात करने वाले सयोगकेवली इन चार स्थानों में ही औदारिक मिश्र काययोग होता है। तथा औदारिक काययोग और औदारिक मिश्रकाययोग ये दोनों ही मनुष्य और तिर्यंचों के ही होते हैं ऐसा जिनेन्द्रदेव ने कहा है।

(चौपाई)

मिथ्या अरु सासादन जान, पुरुष वेद युत अव्रत थान।
क्रिय कपाट युत योगी सही, इन चतु थानन ही के मही।।6।।
योग मिश्र ह्वै पुन ये दोय, योग मनुष पशु ही के होय।
इम जिनवर जिन आगम थान, कह्यौ सुनहु अब अग्र बखान।।7।।

(गाथा)

वेगुव्वं पज्जत्ते, इदरे खलु होदि तस्स मिस्सं तु।
सुरणिरयचउक्कणे, मिस्से ण हि मिस्सजोगो हु।।682।।

अर्थ– मिथ्यादृष्टि से लेकर असंयतपर्यन्त चारों ही गुणस्थान वाले देव और नारकियों के पर्याप्त अवस्था में वैक्रियिक काययोग होता है और अपर्याप्त अवस्था में वैक्रियिकमिश्र काययोग होता है, किन्तु यह मिश्र काययोग चार गुणस्थानों में से मिश्र गुणस्थान में नहीं हुआ करता, क्योंकि कोई भी मिश्र काययोग कहीं भी मिश्र गुणस्थान में नहीं पाया जाता। वैक्रियिक काययोग में एक संज्ञी पर्याप्त ही जीवसमास है और मिश्रयोग में एक संज्ञी निर्वृत्य पर्याप्त ही जीवसमास है।

(गीतिका)

वैक्रियक योग प्रयाप्त सुर नारकीन के गुण प्रथम तैं।
अविरत प्रयंत सु चार थानन माहिं भाषे जिनमते।।
वैक्रियक मिश्र जु मिश्र गुण बिन तीन थान मैं कहौं।
पुन जिय समास प्रयाप्त निर्वृत्त्यपर्याप्त दुहे ठहौं।।8।।

(गाथा)

आहारो पज्जत्ते, इदरे खलु होदि तस्स मिस्सो दु।
अंतो मुहुत्तकाले, छट्ठगुणे होदि आहारो।।683।।

अर्थ– आहारककाययोग पर्याप्त अवस्था में होता है और आहारक मिश्र योग अपर्याप्त अवस्था में होता है। ये दोनों ही योग छट्ठे गुणस्थान वाले मुनि के ही होते हैं और इनके उत्कृष्ट और जघन्य काल का प्रमाण अन्तर्मुहूर्त ही है।

(चौपाई)

संज्ञि प्रयाप्तक के आहार, छठे थान में ह्वै भ्रमहार।
मिश्र तासु अप्रयाप्तक माँह, अंत महूर्त काल तसु आह।।9।।

(गाथा)

ओरालियमिस्सं वा, चउगुणठाणेसु होदि कम्मइयं।
चदुगदिविग्गहकाले, जोगिस्य य पदरलोगपूरणगे।।684।।

अर्थ- औदारिक मिश्रयोग की तरह कार्मण योग भी उक्त प्रथम, द्वितीय, चतुर्थ ये तीन और सयोगकेवली इस तरह चार गुणस्थानों में और चारों गति सम्बन्धी विग्रह गतियों के काल में होता है, विशेषता केवल इतनी है कि औदारिक मिश्र योग को जो सयोग केवली गुणस्थान में बताया है सो कपाट समुद्घात के समय में बताया है और कार्मणयोग को प्रतर तथा लोकपूरण समुद्घात समय में बताया है। यहाँ पर कार्मण काययोग में जीवसमास भी औदारिकमिश्र की तरह आठ होते हैं।

(अडिल्ल)

मिश्रोदारिक जेम थान चतु के महीं,
कारमाण वपु योग जान संशै नहीं।
सो चतुगति संबंधी विग्रह काल में,
वा योगी के प्रतर लोक पूरण समें।।10।।

(दोहा)

गुणस्थान या माहिं चतु, अरु वसु जीव समास।
औदारिक के मिव ता, जानहु भरम विनाश।।11।।

(गााथा)

थावरकायप्पहुदी, संढो सेसा असण्णि आदी य।
अणियट्टिस्स य पढमो, भागो त्ति जिणेहिं णिद्दिट्ठं।।685।।

अर्थ- वेदमार्गणा के तीन भेद हैं- स्त्री, पुरुष, नपुंसक। इनमें नपुंसक वेद स्थावरकाय मिथ्यादृष्टि से लेकर अनिवृत्तिकरण के पहले सवेद भाग पर्यन्त रहता है अतएव इसमें गुणस्थान नव और जीवसमास चौदह होते हैं। शेष

स्त्री और पुरुष वेद असंज्ञी पंचेन्द्रिय मिथ्यादृष्टि से लेकर अनिवृत्तिकरण के सवेद भाग तक होते हैं। यहाँ पर गुणस्थान तो पहले की तरह नव ही हैं, किन्तु जीवसमास असंज्ञी पंचेन्द्रिय के पर्याप्त अपर्याप्त और संज्ञी के पर्याप्त अपर्याप्त इस तरह चार ही होते हैं।

(चौपाई)

षंठ वेद थावर से लेय, शेष दु आदि असैनी देय।
अनिवृत करण वेद भागंत, जानहु भाषी इम भगवंत।।12।।

(दोहा)

तातैं गुणस्थान नव, जिय समास हैं चार।
सैनि असैनि प्रयाप्त वा, अपरयाप्त निरधार।।13।।

(गाथा)

थावरकायप्पहुदी, अणियट्टीवितिचउत्थभागो त्ति।
कोहतियं लोहो पुण, सुहमसरागो त्ति विण्णेयो।।686।।

अर्थ– कषायमार्गणा की अपेक्षा क्रोध, मान, माया ये तीन कषाय स्थावरकाय मिथ्यादृष्टि से लेकर अनिवृत्तिकरण के दूसरे तीसरे चौथे भाग तक क्रम से रहते हैं और लोभकषाय दशवें सूक्ष्म साम्पराय गुणस्थान तक रहता है। अतएव आदि के तीन कषायों में गुणस्थान नव और लोभकषाय में दश होते हैं, किन्तु जीवसमास दोनों जगह चौदह–चौदह ही होते हैं।

(चौपाई)

थावर तैं ह्वै त्रय चतु भाग, अनिवृत करण तै तिहिं लाग।
क्रोध मान माया पुन लोह, सूक्षम सांपराय तक मोह।।14।।

(दोहा)

क्रोध मान माया विषैं, नव गुण लोभ मँझार।
दश पुन जीवसमास सब, चतुदश ही हैं सार।।15।।

(गाथा)

थावरकायप्पहुदी, मदिसुदअण्णाणयं विभंगो दु।
सण्णीपुण्णप्पहुदी, सासणसम्मो त्ति णायव्वो।।687।।

अर्थ– ज्ञानमार्गणा में कुमति और कुश्रुत ज्ञान स्थावरकाय मिथ्यादृष्टि से लेकर सासादन गुणस्थान तक होते हैं। विभङ्गज्ञान संज्ञी पर्याप्त मिथ्यादृष्टि से लेकर सासादन पर्यन्त होता है। कुमति कुश्रुत ज्ञान में गुणस्थान दो और जीवसमास चौदह होते हैं। विभङ्ग में गुणस्थान दो और जीवसमास एक संज्ञी पर्याप्त ही होता है।

(चौपाई)

कुमति कुश्रुत थाव तैं लेय, कुअवधि संज्ञि प्रयाप्तक सेय।
सासदन गुणथान प्रयंत, तातैं तहँ गुणथान दु संत।।16।।

(दोहा)

जिय समास अक्ष्मन द्वे, में चतुदश ही जान।
ज्ञान विभंगा के मही, संज्ञि प्रयाप्ती मान।।17।।

(गाथा)

सण्णाणतिगं अविरद-सम्मादी छट्ठगादिमणपज्जो।
खीणकसायं जाव दु, केवलणाणं जिणे सिद्धे।।688।।

अर्थ– आदि के तीन सम्यग्ज्ञान (मति, श्रुत, अवधि) अव्रत सम्यग्दृष्टि से लेकर क्षीणकषाय पर्यन्त होते हैं। मनःपर्ययज्ञान छट्ठे गुणस्थान से लेकर बारहवें गुणस्थान तक होता है और केवलज्ञान तेरहवें, चौदहवें गुणस्थान में तथा सिद्धों के होता है।

(चौपाई)

त्रय सु ज्ञान अव्रत सैं जान, छठवें से मनपर्यय ज्ञान।
बारम तक पुन केवल सही, योगि अयोगी सिद्धन मही।।18।।

(दोहा)

गुण नव मत श्रुत अवधि में, सप्त तुरिय में दोय।
केवल जिय दु प्रयाप्त संज्ञिये होय।।19।।
तुरिय ज्ञान में एक ही संज्ञि प्रयाप्तक जान।
केवल में योगीय के, द्वे प्रयाप्त के मान।।20।।

(गाथा)

अयदो त्ति हु अविरमणं, देसे देसो पमत्त इदरे य।
परिहारो सामाइय-छेदो छट्ठादि थूलो त्ति।।689।।

(गीतिका)

मिथ्यात गुणतैं अव्रत तक इक असंयम ही जानिये।
विरताविरत में देशसंयम जान संशय भानिये।।
पुन समायक छेदुपस्थापन छठेतैं नवमें सही।
प्रमताप्रमत ही के मही परिहार विशुधी शोभही।।21।।

(गाथा)

सुहमो सुहमकसाये, संते खीणे जिणे जहक्खादं।
संजममग्गणभेदा, सिद्धे णात्थि त्ति णिद्दिट्ठं।।690।।

अर्थ– संयममार्गणा में असयंम को भी गिनाया है, इसलिये यह (असंयम) मिथ्यादृष्टि से लेकर अव्रत सम्यग्दृष्टि तक होता है, अतः यहाँ पर गुणस्थान चार और जीवसमास चौदह होते हैं। देशसंयम पाँचवें गुणस्थान में ही होता है, अतः यहाँ पर गुणस्थान एक और जीवसमास भी एक संज्ञी पर्याप्त ही होता है। परिहारविशुद्धि संयम छट्ठे सातवें गुणस्थान में ही होता है, अतएव यहाँ पर गुणस्थान दो, परन्तु जीवसमास एक संज्ञी पर्याप्त ही होता है, क्योंकि परिहारविशुद्धि वाला आहारक नहीं होता, अतएव आहारक शरीर की अपेक्षा से भी यहाँ अपर्याप्तता नहीं पाई जाती। सामायिक और छेदोपस्थापन संयम छट्ठे से लेकर अनिवृत्तिकरण गुणस्थान तक होता है, इसलिये यहाँ पर गुणस्थान चार और

जीवसमास संज्ञीपर्याप्त और आहारक अपर्याप्त इस तरह दो होते हैं। सूक्ष्मसांपराय संयम दशवें गुणस्थान में ही होता है, अतः यहाँ पर गुणस्थान और जीवसमास एक एक ही है। यथाख्यातसंयम, उपशांतकषाय, क्षीणकषाय, सयोगकेवली और आयोगकेवलियों के होता है। यहाँ पर गुणस्थान चार और जीवसमास संज्ञी पर्याप्त तथा केवलसमुद्घात की अपेक्षा अपर्याप्त ये दो होते हैं। सिद्ध जीव गुणस्थान संयमस्थान तथा मार्गणाओं से रहित हैं, अतः उनके कोई भी संयम नहीं होता।

(गीतिका)

गुण दशवें सांप्राय सूक्षम बहुर ग्यार व बारमा।
योगरु अयोगस्थान में है यथाख्यातिक संयमा।।
पुन सिद्ध में संयम नहीं इम कह्यौ जिनवर तासु तैं।
चतु एक चतु चतु दु इक चतु थुल संयम क्रमतैं भासतैं।।22।।

(दोहा)

जिय समास सब चतुर्दश, इक दु दु इक इक दोय।
क्रमतैं सप्तहिं संयमन, में जानहु सुधि लोय।।23।।

(गाथा)

चउरक्खथावराविरद-सम्माइट्ठी दु खीणमोहो त्ति।
चक्खुअचक्खू ओही, जिणसिद्धे केवलं होदि।।691।।

अर्थ– दर्शन के चार भेद हैं– चक्षुर्दर्शन, अचर्क्षुदर्शन, अवधिदर्शन, केवलदर्शन, यह पहले बता चुके हैं। इनमें पहला चक्षुर्दर्शन चतुरिन्द्रिय से लेकर क्षीणमोह पर्यन्त होता है और अचक्षुर्दर्शन स्थावरकाय से लेकर क्षीणमोह पर्यन्त होता है। तथा अवधिदर्शन अव्रत सम्यग्दृष्टि से लेकर क्षीणमोह पर्यन्त होता है। केवलदर्शन सयोगकेवल और अयोगकेवल इन दो गुणस्थानों में और सिद्धों के होता है।

(चौपाई)

चक्षु दर्श चौइंद्री सेय, थावर से अचक्षु कहियेय।
अवधि अव्रत से बारम तही, केवल दु जिन हु सिद्धन मही।।24।।

(दोहा)

जिय समास षट चतुर्दश, द्वे द्वे इस क्रम सेय।
चक्षु अचक्षु जु अवधि अरु, केवल दृगम कहेय।।25।।

आगैं लेश्या की अपेक्षा गुणस्थान और जीव श्रसमास कहैं हैं-

(गाथा)

थावरकायप्पहुदी, अविरदसम्मो त्ति असुहतियलेस्सा।
सण्णीदो अपमत्तो, जाव दु सुह तिण्णि लेस्साओ।।692।।

अर्थ- लेश्याओं के छह भेदों को पहले बता चुके हैं। उनमें आदि की कृष्ण नील कापोत ये तीन अशुभ लेश्या स्थावरकाय से लेकर चतुर्थ गुणस्थानपर्यन्त होती हैं और अन्त की पीत पद्म शुक्ल ये तीन शुभ लेश्याएँ संज्ञी मिथ्यादृष्टि से लेकर अप्रमत्त पर्यन्त होती है।

(चौपाई)

थावर सें अविरत परयंत, अशुभ त्रि लेश्या जानहु संत।
संज्ञी से अप्रमत अवसान, लेश्या सुभ त्रि कही भगवान।।26।।

(गाथा)

णवरि य सुक्का लेस्सा, सजोगिचरिमो त्ति होदि णियमेण।
गयजोगिम्मि वि सिद्धे, लेस्सा णत्थि त्ति णिद्दिट्ठं।।693।।

अर्थ- शुक्ल लेश्या में यह विशेषता है कि वह संज्ञी पर्याप्त मिथ्यादृष्टि से लेकर सयोगकेवल गुणस्थानपर्यन्त होती है और इसमें जीवसमास दो ही होते हैं। इसके ऊपर अयोगकेवल चौदहवें गुणस्थानवर्ती जीवों के तथा सिद्धों के कोई भी लेश्या नहीं होती यह परमागम में कहा है।

(चौपाई)

यौ विशेष लेश्या सित सही, सैनि सैं संयोगितक कही।
जिन अयोगि वा सिद्ध स्थान, लेश्या न इम कही जिनवान।।27।।

(दोहा)

जिय समास त्रय अशुभ लेश्या महिं चतुदश हीय।
अरु शुभ त्रय लेश्यान में, द्वे जानहु सुमतीय।।28।।

(गाथा)

थावरकायप्पहुदी, अजोगिचरिमो त्ति होंति भवसिद्धा।
मिच्छाइट्ठिट्ठाणे, अभव्वसिद्धा हवंति त्ति।।694।।

अर्थ– भव्यसिद्ध स्थावरकाय मिथ्यादृष्टि से लेकर अयोगी पर्यन्त होते हैं और अभव्यसिद्ध मिथ्यादृष्टि स्थान में ही रहते हैं।

(चौपाई)

थावर से आयोगि परयंत भव्य सिद्ध भाषे भगवंत।
अभव एक मिथ्या गुणथान, जिय समास गुणथान समान।।29।।

(गाथा)

मिच्छो सासणमिस्सो, सगसगठाणम्मि होदि अयदादो।
पढमुवसमवेदगसम्मत्तदुगं अप्पमत्तो त्ति।।695।।

अर्थ– सम्यक्त्वमार्गणा के छह भेद हैं– मिथ्यात्व, सासन, मिश्र, औपशमिक, क्षायिक, क्षायोपशमिक। इसमें से आदि के तीन सम्यक्त्व तो अपने–अपने गुणस्थान में ही होते हैं और प्रथमोपशम तथा वेदक ये दो सम्यक्त्व चतुर्थ गुणस्थान से लेकर सातवें गुणस्थान तक होते हैं।

(पद्धरि)

मिथ्या शादन मिश्र एह, स्व–स्व थानन में पुन अव्रत सेह।
प्रथमोप्शम क्षय उपशम जु दोय, अप्रमत्त थान परयंत जोय।।30।।

(गाथा)

विदियुवसमसम्मत्तं, अविरदसम्मादिसंतमोहो त्ति।
खइगं सम्मं च तहा, सिद्धो त्ति जिणेहिं णिद्दिट्ठं।।696।।

अर्थ– द्वितीयोपशम सम्यक्त्व चतुर्थ गुणस्थान से लेकर उपशांतमोह पर्यन्त होता है। क्षायिक सम्यक्त्व चतुर्थगुणस्थान से लेकर अयोगकेवली गुणस्थान पर्यन्त होता है। द्वितीयोपशम सम्यक्त्व में संज्ञी पर्याप्त और देव अपर्याप्त ये दो जीवसमास होते हैं। क्षायिक सम्यक्त्व में संज्ञी पर्याप्त अपर्याप्त ये दो जीवसमास होते हैं। तथा यह क्षायिक समयक्त्व सिद्धों के भी होता है, परन्तु वहाँ पर कोई भी जीवसमास नहीं होता।

(चौपाई)

पुन दुति उपशम सम्यक सही, मविरत से ग्यारम गुण तही।
क्षायिक अविरत गुण से साज, सिद्धन तक भाष्यौ जिनराज।।31।।

(दोहा)

जिय समास मिथ्यात सब, सासादन में सप्त।
इक वि त्रि चतु अरु पचेंद्री, समन अमन परयाप्त।।32।।
अरु असंज्ञि परयाप्त पुन, दुतियुपशम आपेष।
एकहि इक ही मिश्र महिं, परयाप्तक लेख।।33।।
प्रथमोप्शम में एक ही, वेदक में द्वे जान।
क्षायिक में भी दोय ही, जीव समास बखान।।34।।

आगैं संज्ञी मार्गणा की अपेक्षा कहैं हैं–

(गाथा)

सण्णी सण्णिप्पहुदी, खीणकसाओ त्ति होदि णियमेण।
थावरकायप्पहुदी, असण्णि त्ति हवे असण्णी हु।।697।।

अर्थ– संज्ञी जीव संज्ञी मिथ्यादृष्टि से लेकर क्षीणकषाय पर्यन्त होते हैं। इनमें गुणस्थान बारह और जीवसमास संज्ञी पर्याप्त अपर्याप्त ये दो होते हैं।

असंज्ञी जीव स्थावरकाय से लेकर असंज्ञीपंचेन्द्रिय पर्यन्त होते हैं। इनमें गुणस्थान एक मिथ्यात्व ही होता है और जीवसमास संज्ञीसंबंधी पर्याप्त अपर्याप्त इन दो भेदों को छोड़कर शेष बारह होते हैं।

(चौपाई)

संज्ञि संज्ञि मिथ्याती सेय, खीन कषाय प्रयंत कहेय।
थावर सैं असंज्ञि अवसान, नियमत जीव असंज्ञि बखान।।35।।

(दोहा)

जिय समास द्वे संज्ञि में, संज्ञि प्रयाप्त अप्रयाप्त।
दुट्टत असंज्ञी के विषैं, द्वादश भाषै आप्त।।36।।

(गाथा)

थावरकायप्पहुदी, सजोगिचरिमो त्ति होदि आहारी।
कम्मइय अणाहारी, अजोगि सिद्धे वि णायव्वो।।698।।

अर्थ– स्थावरकाय मिथ्यादृष्टि से लेकर सयोगकेवली पर्यन्त आहारी होते हैं। और कार्मणकाय योग वाले तथा अयोगकेवली और सिद्ध अनाहारक समझने चाहिये।

(चौपाई)

थावरकायकीन से संत, हैं अहारि संयोग प्रयंत।
अनाहारि कार्मन थल होय, अरु अयोगि सिद्धन के जोय।।37।।

(दोहा)

चतुदश ही आहार में, अनाहार में सात।
अपरयाप्त ही जानिये, जव समाज सजु भ्रात।।38।।

आगैं गुणस्थान में जीव समास कहैं हैं–

(गाथा)

मिच्छे चोद्दस जीवा, सासण अयदे पमत्तविरदे य।
सण्णिदुगं सेसगुणे, सण्णी पुण्णो दु खीणोत्ति।।699।।

अर्थ- मिथ्यात्व गुणस्थान में चौदह जीवसमास हैं। सासादन असंयत प्रमत्तविरत और य शब्द से सयोगकेवली इनमें संज्ञी पर्याप्त अपर्याप्त ये दो जीवसमास होते हैं। शेष क्षीण कषाय गुणस्थान पर्यन्त आठ गुणस्थानों में तथा 'तु' शब्द से अयोगकेवल गुणस्थान में संज्ञी पर्याप्त एक ही जीवसमास होता है।

(पद्धरि)

मिथ्या गुण चतुदश जिय समास, सासादन अव्रत छटावास।
अरु योगी जिन के दोय जान, संज्ञी प्रयाप्त इक शेष थान।।39।।

आगैं मार्गणा विषैं जीव समास कहैं हैं-

(गाथा)

तिरियगदीए चोद्दस, हवंति सेसेसु जाण दो दो दु।
मग्गणठाणस्सेवं, णेयाणि समासठाणाणि।।700।।

अर्थ- मार्गणास्थान के जीवसमासों को संक्षेप से इस प्रकार समझना चाहिये कि तिर्यगगति मार्गणा में तो चौदह जीवसमास होते हैं और शेष समस्त गतियों में संज्ञीपर्याप्त अपर्याप्त ये दो-दो ही जीवसमास होते हैं। शेष मार्गणास्थानों में यथायोग्य पूर्वोक्त क्रमानुसार जीवसमास घटित कर लेने चाहिए।

(पद्धरि)

चतुदश हि त्रियंच गती मँझार, अविशेष त्रिगत में द्वे विचार।
पूर्वोक्ति एम मार्गणस्थान, अनुक्रम कर जीवसमास जान।।40।।

आगैं गुणस्थान विषैं पर्याप्ति श्रवा प्राण कहैं हैं-

(गाथा)

पज्जत्ती पाणावि य, सुगता भाविंदियं ण जोगिम्हि।
तहिं वाचुस्सासाउग-कायत्तिगदुगमजोगिणो आऊ।।701।।

अर्थ- पर्याप्ति और प्राण ये सुगम हैं इसलिए यहाँ पर इनका पृथक् उल्लेख नहीं करते, क्योंकि बारहवें गुणस्थान तक सब ही पर्याप्ति और सब

ही प्राण होते हैं। तेरहवें गुणस्थान में भावेन्द्रिय नहीं होती, किन्तु द्रव्येन्द्रिय की अपेक्षा छहों पर्याप्ति होती हैं। परन्तु प्राण यहाँ पर चार ही होते हैं- वचन, श्वासोच्छ्वास, आयु और कायबल। इसी गुणस्थान में वचनबल का अभाव होने पर तीन और श्वासोच्छ्वास का भी अभाव होने पर दो ही प्राण रहते हैं। चौदहवें गुणस्थान में काययोग का भी अभाव हो जाने से केवल आयु प्राण ही रहता है।

(चौपाई)

पर्याप्त प्राण भी सुगम जान, भावेंद्रिय नाहिं सयोगि थान।
तातैं तिनके चतु प्राण पाव, वा त्रि दु अयोगि के एक आव।।41।।

(दोहा)

वच बल श्वासोच्छ्वास औ, आयु काय बल चार।
वच बिन त्रि दु उछ्वास बिन, प्राण योगि कैं सार।।42।।

आगैं गुणस्थानन विषैं संज्ञा कहैं हैं-

(गाथा)

छट्ठोत्ति पढम सण्णा, सकज्ज सेसा य कारणावेक्खा।
पुव्वो पढमणियट्टी, सुहुमो त्ति कमेण सेसाओ।।702।।

अर्थ- मिथ्यात्व गुणस्थान से लेकर प्रमत्तपर्यन्त आहार भय मैथुन और परिग्रह ये चारों ही संज्ञाएँ कार्यरूप होती हैं। किन्तु इसके ऊपर अप्रमत्त आदि में जो तीन आदिक संज्ञा होती है वे सब कारण की अपेक्षा से ही बताई हैं, कार्यरूप नहीं हुआ करतीं। संज्ञाओं के कारणभूत कर्मों के अस्तित्व की अपेक्षा से ही वहाँ पर वे संज्ञाएँ मानी गयी है। छठे गुणस्थान में अहारसंज्ञा की व्युच्छित्ति हो जाती है। शेष तीन संज्ञाएँ कारण की अपेक्षा से अपूर्वकरण पर्यन्त होती है, वहाँ पर (अपूर्वकरण में) भयसंज्ञा की व्युच्छित्ति हो जाती है। शेष दो संज्ञाएँ अनिवृत्तिकरण के प्रथम सवेदभाग पर्यन्त होती हैं। यहाँ पर मैथुन

संज्ञा का विच्छेद होने से सूक्ष्म सांपराय में एक परिग्रह संज्ञा ही होती है। इस परिग्रह संज्ञा का भी यहाँ विच्छेद हो जाने से ऊपर उपशांतकषाय आदि गुणस्थानों में कोई भी संज्ञा नहीं होती।

(गीतिका)

मिथ्यात आदि प्रमत्त तक निज कार्य सह चतु ही कही।
आहार बिन त्रिय शेष संज्ञा अप्रमत्तादिक मही।।
तिन निमित भूत जु कर्म है तिस अपेक्षा कारज बिना।
सो अपूरब गुण तक त्रि नव में दु इक हैं दशवें गुणा।।43।।

(दोहा)

ऊपर उपशांतादि गुण-थानों में चतुमाँह।
एक हि कार्य रहित भि नहिं, संज्ञा कही जिनाह।।44।।

(गाथा)

मग्गण उवजोगा वि य, सुगमा पुव्वं परूविदत्तादो।
गदिआदिसु मिच्छादी, परूविदे रूविदा होंति।।703।।

अर्थ– पहले मार्गणास्थानक में गुणस्थान और जीवसमासादि का निरूपण कर चुके हैं इसलिए यहाँ गुणस्थान के प्रकरण में मार्गणा और उपयोग का निरूपण करना सुगम है।

(चौपाई)

मारगणा उपयोग भि एह, सुगम पूर्व करह आये तेह।
गत्यादिक में मिथ्यादया, प्रूपे तहँ हि कथन आ गया।।45।।

(दोहा)

तो भि बहुर टीका विषैं, कियौ कथन विस्तार।
देख तहाँ ते सुधी जन, धारहु हृदय मँझार।।46।।

आगैं योग गुणस्थान प्रति कहैं हैं–

(गाथा)

तिसु तेरं दस मिस्से, सत्तसु णव छट्ठयम्मि एयारा।
जोगिम्मि सत्त जोगा, अजोगिठाणं हवे सुण्णं।।704।।

अर्थ– मिथ्यादृष्टि, सासादन, असंयत इन तीन गुणस्थानों में उक्त पन्द्रह योगों में से आहारक, आहारकमिश्र को छोड़कर शेष तेरह योग होते हैं। मिश्रगुणस्थान में उक्त तेरह योगों में से औदारिकमिश्र, वैक्रियिकमिश्र, कार्मण इन तीनों के घट जाने से शेष दश योग होते हैं। इसके ऊपर छट्ठे गुणस्थान को छोड़कर सात गुणस्थानों में नव योग होते हैं, क्योंकि उक्त दश योगों में से एक वैक्रियिक योग और भी घट जाता है किन्तु छट्ठे गुणस्थान में ग्यारह योग होते हैं, क्योंकि उक्त दश योगों में से एक वैक्रियिक योग घटता है और आहारक, आहारकमिश्र वे दो योग मिलते हैं। सयोगकेवली में सात योग होते हैं। वे ये हैं– सत्यमनोयोग, अनुभयमनोयोग, सत्यवचनयोग, अनुभयवचनयोग औदारिक, औदारिकमिश्र, कार्मण। अयोगकेवली के कोई भी योग नहीं होता।

(गीतिका)

मिथ्यात सासादन अव्रत इनमें दु आहारक बिना।
तेरहरु मिश्र दु कारमाण विहीन दश हैं त्रिति गुणा।।
पुन सप्त थानन माहिं ऊपर वैक्रियक बिन नव कहे।
छठवें अहारक दु मिल ग्यारह सप्त तेरम गुण रहे।।47।।

(दोहा)

सो सत्यनुभय मन वचन, चतु औदयिक दोय।
कारमाण सहयोग सग, जिन संयोगि कैं जोय।।48।।

(गाथा)

दोण्हं पंच य छच्चेव दोसु मिस्सम्मि होंति वामिस्सा।
सत्तुवजोगा सत्तसु, दो चेव जिणे य सिद्धे य।।705।।

अर्थ– दो गुणस्थानों में पाँच और दो में छह, मिश्र में मिश्ररूप छह, सात गुणस्थानों में सात, जिन और सिद्धों के दो उपयोग होते हैं।

(सवैया इकतीसा)

मिथ्यारु सासादन में पंच उपयोग जान,
कुमत कुश्रुत अरु कुअवधि जानिये।
औ चक्षु अचक्षु दृग ऐसे पुन मिश्र माँह,
मिश्र यह ज्ञान दृग के त्रि त्रि परमानिये।।
यव्रत यौ देशव्रत में षट ही त्रि त्रि ज्ञान,
दृग के रु आगैं मनपर्यय भि मानिये।
तातैं बारम लों सात केवल ज्ञान दरश,
दोय योगी अयोगी औ सिद्ध में प्रछानिये।।49।।

(दोहा)

इस प्रकार संक्षेप सौं प्रूपण न्रूपण नाम।
इकबीसम अधिकार यह पूरण कियो ललाम।।50।।
या माहीं गाथा सरव, ये गुण तीस प्रमान।।
छंद त्रि पंचायत कहे, वाँचहु पढहु सुजान।।51।।

इत्याचार्य श्री नेमिचन्द्र सिद्धान्त चक्रवर्ती विरचित गोम्मटसार दुतिय नाम पंचसंग्रह ताकी जीवतत्त्व प्रदीपिका नाम संस्कृत टीका व सम्यग्ज्ञान चन्द्रिका नाम भाषा टीका के अनुसार मूल गाथार्थ छन्द बन्ध छन्दोदय नाम ग्रन्थ में विंशति प्ररूपणा नाम एकविंश अधिकार सम्पूरण भया।

***

अधिकार - 22

आलापाधिकार

(गाथा)

गोयमथेरं पणमिय, ओघादेसेसु वीसभेदाणं।
जोजणि काणालावं, वोच्छामि जहाकमं सुणह।।706।।

अर्थ– सिद्धों को वा वर्धमान तीर्थंकर को यद्वा गौतमगणधर स्वामी को अथवा साधुसमूह को नमस्कार करके गुणस्थान और मार्गणाओं के योजनिका रूप बीस भेदों के आलाप को क्रम से कहता हूँ सो सुनो।

(गीतिका)

गौतम थवर जो सिद्ध वा जिन वीर वा मुनिगण सही।
कर नमन तिन को गुणस्थानरु मार्गणा थानन मही।।
जोड़ने रूप जु गुणस्थानादिक प्ररूपण बीस ही।
आलाप तिन का कहौं क्रमसैं सुनहु भवि जन सरव ही।।1।।

(दोहा)

जहँ ये बीस प्ररूपणा, प्रूपिय ऐसा थान।
इच्छित कहनौं तासु का, नामालाप बखान।।2।।

(गाथा)

ओघे चोदसठाणे, सिद्धे वीसदिविहाणमालावा।
वेदकसायविभिण्णे, अणियट्टी पंचभागे य।।707।।

अर्थ– परमागम में प्रसिद्ध चौदह गुणस्थान और चौदह मार्गणास्थानों में उक्त बीस प्ररूपणाओं के सामान्य, पर्याप्त, अपर्याप्त ये तीन आलाप होते हैं। वेद और कषाय की अपेक्षा से अनिवृत्तिकरण के पाँच भागों में आलाप भिन्न-भिन्न समझने चाहिये।

(गीतिका)

ऊघ जो गुणाथान अरु दस चार मार्गण थान जे।
आगम विषैं जु प्रसिद्ध इनमें बीस प्रूपण के सजे।।
अलाप त्रय सामान्य परयाप्ताप्रयाप्त जु ह्वैं सही।
पुन वेद अवर कषाय करके भेद हैं जिनके महीं।।3।।

(दोहा)

ऐसे अनिवृत करण के, पंच भाग तिन माहिं।
पंचालाप जुदे-जुदे, जानहु संशय नाहिं।।4।।

आगैं गुणस्थानों में आलापों को कहैं हैं-

(गाथा)

ओघे मिच्छदुगे वि य, अयदपमत्ते सजोगिठाणम्मि।
तिण्णेव य आलावा, सेसेसिक्को हवे णियमा।।708।।

अर्थ- गुणस्थानों में मिथ्यात्वद्विक अर्थात् मिथ्यात्व और सासादन तथा असंयत प्रमत्त और सयोगकेवली इन गुणस्थानों में तीनों आलाप होते हैं। शेष गुणस्थानों में एक पर्यप्त ही आलाप होता है।

(गीतिका)

गुणथान में मिथ्यात सासादनरु अव्रत थल सही।
अरु प्रमत संयमि सयोगी जिन इन पन स्थानन मही।।
आलाप त्रय त्रय जान पुन अविशेष गुणथानन विषैं।
परयाप्त इक आलाप जानहु नियम कर ह्वै श्रुत रुषैं।।5।।

इस ही अर्थ को प्रगट करैं हैं-

(गाथा)

सामण्णं पज्जत्तमपज्जत्तं चेदि तिण्णि आलावा।
दुविछप्पमपज्जजत्तं, लद्धीणिव्वत्तगं चेदि।।709।।

अर्थ– आलाप के तीन भेद हैं– सामान्य, पर्याप्त, अपर्याप्त। अपर्याप्त के दो भेद हैं– एक लब्ध्यपर्याप्त दूसरा निर्वृत्यपर्याप्त।

(पद्धरि)

सामान्य प्रयाप्तऽअप्रयाप्त येह, आलाप त्रि तहँ अप्रयाप्त तेह।
दु प्रकार लब्ध अप्रयाप्त एक, निर्वृत्य अपरयाप्तक पुनेक।।6।।

(गाथा)

दुविहंपि अपज्जत्तं, ओघे मिच्छेव होदि णियमेण।
सासणअयदपमत्ते, णिव्वत्तिअपुण्णगो होदि।।710।।

अर्थ– दोनों प्रकार के अपर्याप्त आलाप समस्त गुणस्थानों में से मिथ्यात्व गुणस्थान में ही होते हैं। सासादन असंयत प्रमत्त इनमें निवृत्यपर्याप्त आलाप होता है।

(पद्धरि)

सो दोउ अपरयाप्तक अलाप, सब मिथ्यातिन माहीं हि थाप।
सासादन अव्रत प्रमत्त थान, निरवृत अप्रयाप्तक एक जान।।7।।

(गाथा)

जोगं पडि जोगिजिणे, होदि हु णियमा अपुण्णगत्तं तु।
अवसेसणवट्ठाणे, पज्जत्तालावगो एक्को।।711।।

अर्थ– सयोगकेवलियों में योग की (समुद्घात की) अपेक्षा से नियम से अपर्याप्तकता होती है, इसलिए उक्त पाँच गुणस्थानों में तीन–तीन आलाप और शेष नव गुणस्थानों में एक पर्याप्त ही आलाप होता है।

(पद्धरि)

योगन अपेक्ष ही योगि माँह, नियमत अप्रयाप्तालाप आँह।
अवशेष रहै नव गुणस्थान, तहँ इक परयाप्तालाप जान।।8।।

आगैं चौदह मार्गणाओं में आलाप कहैं हैं–

(गाथा)

सत्तण्हं पुढवीणं, ओघे मिच्छे य तिण्णि आलावा।
पढमाविरदे वि तहा, सेसाणं पुण्णगालावो।।712।।

अर्थ– सातों ही पृथिवियों में गुणस्थानों में से मिथ्यात्व गुणस्थान में तीन आलाप होते हैं तथा प्रथमा पृथिवी के अविरत गुणस्थान में भी तीन आलाप होते हैं। शेष पृथिवियों में एक पर्याप्त ही आलाप होता है।

(पद्धरि)

सब सप्तहि नर्क धरान थान, हैं मिथ्याती त्रि अलापवान।
धम्मा के अव्रती भी त्रिलीन, धृत शेष प्रयाप्तिक ही लखीन।।9।।

(गाथा)

तिरियचउक्काणोघे, मिच्छदुगे अविरदे य तिण्णे व।
णवरि य जोणिणि अयदे, पुण्णो सेसेवि पुण्णो दु।।713।।

अर्थ– तिर्यञ्च पाँच प्रकार के होते हैं– सामान्य, पंचेन्द्रिय, पर्याप्त, योनिमती, अपर्याप्त। इनमें से अंत के अपर्याप्त को छोड़कर शेष चार प्रकार के तिर्यंचों के आदि के पाँच गुणस्थान होते हैं। जिनमें से मिथ्यात्व, सासादन, असंयत इन गुणस्थानों में तीन–तीन आलाप होते हैं। इसमें भी इतनी विशेषता और है कि योनिमती तिर्यंच के असंयत गुणस्थान में एक पर्याप्त आलाप ही होता है। क्योंकि बद्धायुष्क भी सम्यग्दृष्टि स्त्री वेद के साथ तथा प्रथम नरक के सिवाय अन्यत्र नपुंसक वेद के साथ भी जनम ग्रहण नहीं करता, शेष मिश्र और देशसंयत में पर्याप्त आलाप ही होता है।

(गीतिका)

है पंच विध तिरियंच तिन में चतु सामान्यादिकन के।
मिथ्यारु सासादन अव्रत में त्रि ही आलापा छके।।
पर यौ विशेष त्रियंचनिन के इक प्रयाप्तहि जानिये।
पुन मिश्र वा विरताविरत में प्रयाप्तहि इक मानिये।।10।।

(गाथा)

तेरिच्छियलद्धियपज्जत्ते एक्को अपुण्ण आलावो।
मूलोघं मणुसतिये, मणुसिणि अयदम्हि पज्जत्तो।।714।।

अर्थ– लब्ध्यपर्याप्त तिर्यंचों के एक अपर्याप्त ही आलाप होता है। मनुष्य के चार भेद हैं– सामान्य, पर्याप्त, योनिमत्, अपर्याप्त। इनमें से आदि के तीन मनुष्यों के चौदह गुणस्थान होते हैं। उसमें गुणस्थान सामान्य के समान ही आलाप होते हैं। विशेषता इतनी है कि असंयत गुणस्थानवर्ती मानुषी के एक पर्याप्त आलाप ही होता है।

(दोहा)

लब्ध अपरयाप्तक पशू, तिनके इक ही जान।
अपरयाप्त आलाप पुन, नर चतुभाँति बखान।।11।।
तहँ त्रिय विध के नरन के, चतुदश ही गुणथान।
कहे अपेक्षा भाव की तहाँलाप त्रि हि मान।।12।।
पै विशेष यह योन मति, मनुषनि के तुरि थान।
इक परयाप्तालाप है, यह भाषी भगवान।।13।।

(गाथा)

मणुसिणि पमत्तविरदे, आहार दुगं तु णत्थि णियमेण।
अवगदवेदे मणुसिणि, सण्णा भूदगदिमासेज्ज।।715।।

अर्थ– जो द्रव्य से पुरुष है, किन्तु भाव की अपेक्षा स्त्री है ऐसे प्रमत्तविरत जीव के आहारक शरीर और आहारक आंगोपांग नामकर्म का उदय नियम से नहीं होता। वेद रहित अनिवृत्तिकरण गुणस्थान वाले भाव स्त्री मनुष्य के जो मैथुन संज्ञा कही है यह भूतगति न्याय की अपेक्षा से कही है।

(गीतिका)

भावि स्त्रि के गुण छठे माहीं नियम ही करकैं सही।
आहारदक पुन ज्ञान मनपर्यय भिनहिं तिसके सही।।

पुन विशुद्धी परिहार संयम नहीं अपगत वेद में।
संज्ञा जु मनुषिनि भूत पुरगत न्याय से याके पमें।।14।।

(गाथा)

णरलद्धि अपज्जत्ते, एक्को दु अपुण्णगो दु आलावो।
लेस्साभेदविभिण्णा, सत्त वियप्पा सुरट्ठाणा।।716।।

अर्थ– मनुष्यगति में जो लब्ध्यपर्याप्तक हैं उनके एक अपर्याप्त ही आलाप होता है। देवगति में लेश्या भेद की अपेक्षा से सात विकल्प होते हैं।

(पद्धरि)

नर लब्ध अपरयाप्तकन माँह, इक अपरयाप्त आलाप आँह।
पुन लेश्या भेद अभिन्न देव, तिनके जु सप्त थानक कहेव।।15।।

ते कौन-कौन हैं सो कहै हैं-

(गाथा)

तिण्हं दोण्हंदोण्हं, छण्हं दोण्हं च तेरसण्हं च।
एत्तेय चोद्दसण्हं, लेस्सा भवणादिदेवाणं।।1।।
तेऊ तेऊ तह तेऊ पम्मे पम्मायम्मसुक्काय।
सुक्काय परमसुक्का, लेस्सा भवणादिदेवाणं।।2।।

(सवैया इकतीसा)

भवनत्रि का एकेक सौधर्म ईशान दो का,
सनत्कुमार औ माहेन्द्र दो का एक है।
ब्रह्म ब्रह्मोत्तर और लांतव कापिष्ट पुन,
शुक्र महाशुक्र छै का एक सथानक है।।
सतार सहस्रार जु दु का एक एक पुन,
आनतादि चतु नौ ग्रीवक पौंते एक हैं।।
सुन नवानुदिश पंचोत्तर चौदा का एक,
ऐसे सात थानों माहिं लेश्या वरन कहैं।।16।।

भवनीत्रि के प्रथम थान में तेज जघन,
मध्यमांश दुजे थान माहिं भाषे गाय के।
तीजे थान तेज वर जघन पदम तनै,
चौथे थान पद्म मध्य अंश रहै छाय के।।
पाँचवें में पद्य तनैं उत्कृष्ट अंश अरु,
शुक्ल के जघन्य जानौ बोध हिये लायके।
छठे थान शुक्ल मध्य अंश कहे सप्तवें में,
एक शुक्ल लेश्या के वरांश रहे आय के।।17।।

(गाथा)

सव्वसुराणं ओघे, मिच्छदुगे अविरदे य तिण्णेव।
णवरि य भवणतिकप्पित्थीणं च य अविरदे पुण्णो।।717।।

अर्थ- समस्त देवों के चार गुणस्थान सम्भव हैं। उनमें से मिथ्यात्व, सासादन, अविरत गुणस्थान में तीन-तीन आलाप होते हैं। किन्तु इतनी विशेषता है कि सभी भवनत्रिकों अर्थात् भवन, व्यन्तर, ज्योतिष्क देव और देवी तथा कल्पवासिनी देवी इनके असंयत गुणस्थान में एक पर्याप्त ही आलाप होता है।

(गीतिका)

सब ही सामान्य सुरन विषैं मिथ्या न सासादन गुणैं।
अरु असंयत गुण इन मही आलाप त्रय त्रय ही भनैं।।
पै यो विशेष भवन त्रि वाले सुररु देवी सरव ही।
इनके असंयत थान में आलाप है परयाप्त ही।।18।।

(गाथा)

मिस्से पुण्णालाओ, अणुद्दिसाणुत्तरा हु ते सम्मा।
अविरदतिण्णालावा, अणुद्दिसाणुत्तरे होंति।।718।।

अर्थ- नव ग्रैवेयक पर्यन्त सामान्य से समस्त देवों के मिश्र गुणस्थान में

एक पर्याप्त ही आलाप होता है। इसके ऊपर अनुदिश और अनुत्तर विमानवासी सब देव सम्यग्दृष्टि ही होते हैं, अतः इन देवों के अविरत गुणस्थान में तीन आलाप होते हैं।

(गीतिका)

नव ग्रैवयक परयंत सब सामान्य देवन के मही।
गुण मिश्र में आलाप इक परयाप्त ही जानौ सही।।
पुन नवनुदिश पन अनुत्तर के कहे सम्यक्ती सबी।
तिनके अव्रत में तीन ही आलाप तैं इम कहँ कवी।।19।।

आगैं इन्द्रिय मार्गणा विषैं कहैं हैं–

(गाथा)

बादरसुहमेइंदिय-वितिचउरिंदियअसण्णिजीवाणं।
ओघे पुण्णे तिण्णि य, अपुण्णगे पुण अपुण्णो दु।।719।।

अर्थ– एकेन्द्रिय– बादर सूक्ष्म, द्वीन्द्रिय, त्रीन्द्रिय, चतुरिन्द्रिय, असंज्ञी पंचेन्द्रिय जीवों में से जिनके पर्याप्ति नामकर्म का उदय है उनके तीन आलाप होते हैं और जिनके अपर्याप्ति नामकर्म का उदय होता है उनके लब्ध्यपर्याप्त ही आलाप होता है।

(गीतिका)

बादररु सूक्षम इकेंद्री बिति चतु सु इंद्री जीवरा।
अरु असंज्ञी इन सबन के परयाप्त कर्म उदय खरा।।
तिहिं विषैं त्रय आलाप हैं अरु अपरयाप्त उदय मही।
अप्रयाप्त इक आलाप जानहु इम जिनागम में कही।।20।।

(गाथा)

सण्णी ओघे मिच्छे, गुणपडिवण्णे य मूलआलावा।
लद्धियपुण्णे एक्कोऽपज्जत्तो होदि आलाओ।।720।।

अर्थ– संज्ञी जीव के जितने गुणस्थान होते हैं उनमें से मिथ्यादृष्टि या विशेष गुणस्थान को प्राप्त होने वाले के मूल के समान ही आलाप समझने चाहिये और लब्धपर्याप्तक संज्ञी के एक अपर्याप्त ही आलाप होता है।

(गीतिका)

सैनी पचेंद्रि त्रिय च की सामान्य रचना के मही।
गुण पंच हैं तहँ प्रथम थानक में अलाप कहे त्रि ही।।
पुन गुण विशेषहिं प्राप्त तिनके मूल कहे प्रमानिये।
इक लब्ध परयाप्तक समन के अपरयाप्तहिं जानिये।।21।।

आगैं काय मार्गणा में कहैं हैं–

(गाथा)

भूआउतेउवाऊ-णिच्चचदुग्गदिणिगोदगे तिण्णि।
ताणं थूलिदसरेसु वि, पत्तेगे तद्दुभेदे वि।।721।।
तसजीवाणं ओघे, मिच्छादिगुणे वि ओघ आलाओ।
लद्धि अपुण्णे एक्कोऽपज्जत्तो होदि आलाओ।।722।।

अर्थ– पृथिवी, जल, अग्नि, वायु, नित्यनिगोद, चतुर्गतिनिगोद इनके स्थूल और सूक्ष्म भेदों में तथा प्रत्येक के सप्रतिष्ठित अप्रतिष्ठित इन दो भेदों में भी तीन–तीन आलाप होते हैं। त्रसजीवों में सामान्यतया चौदह गुणस्थान होते हैं। इनके आलापों में भी कुछ विशेषता नहीं है। गुणस्थान सामान्य के जिस तरह आलाप बताये हैं उसी तरह यहाँ भी समझने चाहिये। पृथ्वी से लेकर त्रसपर्यन्त जितने भेद हैं उनमें जो लब्ध्यपर्याप्त हैं उनके एक लब्ध्यपर्याप्त ही आलाप होता है।

(सवैया इकतीसा)

पृथ्वी अप तेज वायु नित्य इतर निगोद,
इनके बादर सूक्षम भेद दु प्रमानिये।
बहुर प्रत्येक तरु कायक याके दु भेद,
एक सप्रतिष्ठताप्रतिष्ठतेक मानिये।।

इन सब विषैं त्रि त्रि आलाप बखानैं पुन,
त्रस जीवों के सामान्य चौदा थान जानिये।
तिनमें थानन वत पुन इन सबन में,
लब्ध अप्रयाप्तकों के अप्रयाप्त मानिये।।22।।

आगैं योगमार्गणा विषैं कहैं हैं–

(गाथा)

एक्कारसजोगाणं, पुण्णगदाणं सपुण्णआलाओ।
मिस्सचउक्कस्स पुणो, सगएक्कअपुण्ण आलाओ।।723।।

अर्थ– चार मनोयोग, चार वचनयोग, सात काययोग इन पन्द्रह योगों में से औदारिकमिश्र, वैक्रियिकमिश्र, आहारकमिश्र, कार्माण इन चार योगों को छोड़कर शेष ग्यारह योगों में अपना–अपना एक पर्याप्त आलाप होता है। और शेष उक्त चार योगों में अपना अपना एक अपर्याप्त आलाप ही होता है।

(गीतिका)

परयाप्त में जो होंय ग्यारह योग तिन माहीं सही।
परयाप्त इक आलाप निज निज जानिये संशय जही।।
पुन रहे जे अविशेष चतु ही मिश्र योग तिनौं विषैं।
तिन विषैं स्वस्व अप्रयाप्त इक आलाप ज्ञानी जन लखैं।।23।।

आगैं अविशेष मार्गणान विषैं कहैं हैं–

(गाथा)

वेदादाहारोत्ति य, सगुणट्ठाणाणमोघआलाओ।
णवरि य संढित्थीणं, णत्थि हु आहारगाण दुगं।।724।।

अर्थ– वेदमार्गणा से लेकर आहारमार्गणापर्यन्त दस मार्गणाओं में अपने अपने गुणस्थान के समान आलाप होते हैं। विशेषता इतनी है कि जो भाव नपुंसक या भाव स्त्रीवेदी हैं उनके आहारक काययोग और आहारक मिश्र काययोग नहीं होता।

(गीतिका)

हैं वेद मार्गण तैं लगा आहार मार्गण तक सही।
दश माहिं स्व स्व गुण थलन के आलाप सम आलाप ही।।
इतना विशेष जु भाव त्रिय वासंठ ह्वै अरु द्रव्य सैं।
ह्वै पुरुष तिस के अहारक अरु मिश्र तसु ये नहिं लसैं।।24।।

(गाथा)

गुणजीवापज्जत्ती, पाणा सण्णा गइंदिया काया।
जोगा वेदकसाया, णाणजमा दंसणा लेस्सा।।725।।
भव्वा सम्मत्ताविय, सण्णी आहारगा य उवजोगा।
जोग्गा परूविदव्वा, ओघादेसेसु समुदायं।।726।।

अर्थ– चौदह गुणस्थान, चौदह जीवसमास, छह पर्याप्ति, दस प्राण, चार संज्ञा, चार गति, पाँच इन्द्रिय, छह काय, पन्द्रह योग, तीन वेद, चार कषाय, आठ ज्ञान, सात संयम, चार दर्शन, छह लेश्या, भव्यत्व अभव्यत्व, छह प्रकार के सम्यक्त्व, संज्ञित्व असंज्ञित्व, आहारक अनाहारक, बारह प्रकार का उपयोग इन सबका यथायोग्य गुणस्थान और मार्गणास्थानों में निरूपण करना चाहिये।

(सवैया इकतीसा)

गुणथान चौदा चौदा ही जीव समास मूल,
परयाप्त षट प्राण दश संज्ञा चार हैं।
गति चार इंद्री पंचकाय षट योग पन्द्रा,
वेद त्रि कषाय चार ज्ञान आठ सार हैं।।
अवर संयम सात दृग चार लेश्या छह,
भव्य दो सम्यक्त छै दो संज्ञी दो आहार हैं।
उपयोग बारा ये समुच्चै सर्व ऊघ वा आ-
देश थान यथा योग प्रूपि विस्तार हैं।।25।।

आगैं जीव समासन में विशेष हैं सो कहैं हैं-

(गाथा)

ओघे आदेसे वा, सण्णी पज्जंतगा हवे जत्थ।
तत्थ य उणवीसंता, इगिवितिगुणिदा हवे ठाणा।।727।।

अर्थ- सामान्य (गुणस्थान) या विशेषस्थान में (मार्गणास्थान में) संज्ञी पंचेन्द्रिय पर्यन्त मूल जीवसमासों का जहाँ निरूपण किया है वहाँ उत्तर जीवसमास स्थान के भेद उन्नीस पर्यन्त होते हैं और इनका भी एक, दो, तीन के साथ गुणा करने से क्रम से उन्नीस, अडतीस और सत्तावन जीवसमास के भेद होते हैं।

(सवैया इकतीसा)

गुणथान वा मारगणा सथान विषैं जहाँ,
संज्ञी पंचेंद्री प्रयंत चौदा जी समास ही।
निरुपण कीजे तहाँ उत्तर जीव समास,
एक नैं आदि दे होय ऊनीस प्रयंत ही।।
ते प्रयाप्त अप्रयाप्त लब्धि अप्रयाप्त इन,
एक दो वा त्रिसैं गुणै एकादि ऊनीस ही।।
ह्वै वादो से गुणै द्वादश अड़तीस होंय,
वा त्रिसै गुणै त्रियादि संतावन होवही।।26।।

(दोहा)

जिय समास सामान्य इक त्रस थावर द्वय भेय।
इत्यादिक अधिकार दुति, में लख जानहु तेय।।27।।

(गाथा)

वीरमुहकमलणिग्गय-सयलसुयग्गहणपयणसमत्थं।
णमिऊण गोयममहं, सिद्धंतालावमणुवोच्छं।।728।।

अर्थ– अंतिम तीर्थंकर श्रीवर्धमानस्वामी के मुखकमल से निर्गत समस्त श्रुति सिद्धान्त के ग्रहण करने और प्रकट करने में समर्थ श्री गौतम स्वामी को नमस्कार करके मैं उस सिद्धान्तालाप को कहूँगा जो वीर भगवान् के मुखकमल से उपदिष्ट श्रुत में वर्णित समस्त पदार्थों के प्रकट करने में समर्थ है।

(गीतिका)

श्रीवर्धमान जिनेश के मुख कमल तिहिं ते निकसये।
जो सकल श्रुत गंभीर तिनके प्रगट करन समर्थये।।
ऐसे जु गौतम स्वामि तिन कौं नमन कर रुचि ल्याय ही।
आलाप सिद्ध प्रयंत कहुँ मैं सुनहु भव हरषाय ही।।28।।

(दोहा)

टीकाकार कहै सु अब, गुणस्थान के माँह।
बीस प्ररूपण जोड़ कें, मन में हरष उपाह।।
सो टीका ही के महीं, याकौ वरणन सार।
देखहु यंत्र मँझार ज्यौं, मिटै भर्म अँधियार।।29।।

(गाथा)

मणपज्जवपरिहारो, पढमुवसम्मत्त दोण्णि आहारा।
एदेसु एक्कपगदे, णत्थित्ति असेसयं जाणे।।729।।

अर्थ– मनःपर्यय ज्ञान परिहारविशुद्धि संयम प्रथमोपशम सम्यक्त्व और आहारकद्वय इनमें से किसी भी एक के होने पर शेष भेद नहीं होते, ऐसा जानना चाहिये।

(गीतिका)

ज्ञान मनपर्ययरु संयम विशुद्धी परिहार ही।
प्रथमोपशम सम्यत्व अरु आहार दुक योगा सही।।
इन चार माहीं एक कोई होत संशै शेष ये।
त्रयकहे ते नहि होय नियमत वचन इम श्री जिन चये।।30।।

(गाथा)

विदियुवसमसम्मत्तं, सेढीदोदिण्णि अविरदादीसु।
सगसगलेस्सामरिदे, देवअपज्जत्तगेव हवे।।730।।

अर्थ– उपशमश्रेणि से उतरकर अविरतादिक गुणस्थानों को प्राप्त करने वालों में से जो अपनी-अपनी लेश्या के अनुसार मरण करके देवपर्याय को प्राप्त करता है उसी के अपर्याप्त अवस्था में द्वितीयोपशम सम्यक्त्व होता है।

(चौपाई)

दुतियुपशम सम्यत्वी जीय, श्रेणिन से पट अव्रतादीय।
थानन में स्व स्व लेश्या सेय, मृय सुरथानक में उपजेय।।31।।

(दोहा)

तातैं देवन कैं कह्यौ, अपरयाप्त के माहिं।
उपशम सम्यक अन्यथा, न त्रि अनगति म भि नाहिं।।32।।

(गाथा)

सिद्धाणं सिद्धगई, केवलणाणं च दंसणं खयियं।
सम्मत्तमणाहारं, उवजोगाणक्कमपउत्ती।।731।।

अर्थ– सिद्ध जीवों के सिद्धगति, केवलज्ञान, क्षायिकदर्शन, क्षायिक सम्यक्त्व, अनाहार और उपयोग की अक्रम प्रवृत्ति होती है।

(पद्धरि)

श्री सिद्धन के गति सिद्ध जान, ज्ञानरु दर्शन केवल बखान।
क्षायिक सम्यक पुन अनाहार, उपयोग प्रवृति अनुक्रम निवार।।33।।

(दोहा)

ये मारगणा पंच श्री, सिद्धन के सुविचार।
शेष मार्गणा नाहिं सो, कहैं अग्र सुखकार।।34।।

(गाथा)

गुणजीवठाणरहिया, सण्णापज्जत्तिपाणपरिहीणा।
सेसणवमग्गणूणा, सिद्धा सुद्धा सदा होंति।।732।।

अर्थ– सिद्ध परमेष्ठी चौदह गुणस्थान, चौदह जीवसमास, चार संज्ञा, छह पर्याप्ति, दश प्राण इनसे रहित होते हैं। तथा इनके सिद्धगति, ज्ञान, दर्शन, सम्यक्त्व और अनाहार को छोड़कर शेष नव मार्गणा नहीं पाई जातीं और ये सिद्ध सदा शुद्ध ही रहते हैं, क्योंकि मुक्ति प्राप्ति के बाद पुनः कर्म का बन्ध नहीं होता।

(पद्धरि)

गुणथानरु जीव समास हीन, संज्ञा प्रयाप्त प्राणन विहीन।
अरु शेष मार्गणा नव विडाल, श्री सिद्ध शुद्ध हैं सदा काल।।35।।

(गाथा)

णिक्खेवे एयत्थे, णयप्पमाणे णिरुत्तिअणियोगे।
मग्गइ वीसं भेयं, सो जाणइ अप्पसब्भावं।।733।।

अर्थ– जो भव्य उक्त गुणस्थानादिक बीस भेदों को निक्षेप, एकार्थ, नय, प्रमाण, निरुक्ति, अनुयोग आदि के द्वारा जान लेता है वही आत्म सद्भाव को समझता है।

(चौपाई)

जे भवि चतु निक्षेप मँझार, अरु चतु ही इकार्थ में सार।
पुन नय अरु प्रमाण दु दु माहिं, औ जिय शब्द निरुक्ती थाहिं।।36।।
षट निरदेशादिक का पुना, साधन रूप नियोग सु भना।
इन सब में गुणथाना दोय, बीस प्ररूपण भिदसानोय।।37।।

(दोहा)

जानै सो ही भव्य जिय, आतम के सतरूप।
समीचीन भावान कौं, इम भाषी जिन भूप।।38।।

(गाथा)

अज्जज्जसेणगुणगण-समूहसंधारिअजियसेणगुरू।
भुवणगुरू जस्स गुरू, सो राओ गोम्मटो जयउ।।734।।

अर्थ– श्री आर्यसेन आचार्य के अनेक गुणगण को धारण करने वाले और तीनलोक के गुरु श्री अजितसेन आचार्य जिसके गुरु हैं वह श्री गोम्मट (चामुण्डराय) राजा जयवन्त रहो।

(गीतिका)

श्री आर्य सेनाचार्य तिन के गुण अवर गुण का सही।
जो धरन हारा जगत का गुरु अजित सेन गुरू यही।।
सो गुरू जिसका कह्यौ ऐसौ नृपति गोमट राय जी।
जयवंत सो वर्तौ गुरू इम दिय अशीष बड़ाय जी।।39।।

(दोहा)

मंगल श्री अरहंत जिन, सिद्ध साधु त्रय सार।
अरु जिन प्रतिमा ग्रेह जिन, बिंब वानि सुखकार।।40।।
नेमचंद्र आचार्य पुन, मूलग्रंथ करतार।
सो मंगल करतार ह्वै, हरहु अज्ञ अँधियार।।41।।

(चौपाई)

करणाटकि वृत्ती अनुसार, केशव वरणी भव्य विचार।
संस्कृत टीक रची सुखदाय, टोडरमल्ल लेय तसु छाय।।42।।
भाषा टीक करी मैं दोय, वृत्तिन में से अर्थहिं जोय।
गाथा मूल अर्थ के सार, बाँधे छंद स्वमति अनुसार।।43।।
जैसौ अर्थ जु टीका माँह, अरु जिस भाँति समझ मो आँह।
सो सब कहौ न यंत्र तनेय, अरु संदृष्टिक छंद रचेय।।44।।
जो हुय छंद अर्थ महिं भूल, शोधहु सुधी देखि श्रुतमूल।
गाथारथ अवधारण काज, सुगम रीति कीनी हित साज।।45।।

(सवैया इकतीसा)

गाथा मूल माहिं अर्थ विशेष न समुझाहिं,
तातैं अर्थ अवधारने का लोभी थायकैं।

अथवा स्व शिष्य ताके पढ़ावन का जु यह,
कर दियो प्रारंभ गुरूपदेश पायकैं।।
क्रीडन के ताल सम मैं बरणी दौल बाल,
जान श्रुत सागर में पर्‍यौ उमगायकैं।
सो अब लघु धी पाय शारद थांरी साय,
आय गयो आधे पार विलंब विहायकैं।।46।।

(दोहा)

भविजन सो मन हर्ष धर, पढ़हु पढ़ावहु सार।
जिम गाथार्थ विगाह सर, होहु श्रुतोदधि पार।।47।।

इत्याचार्य श्री नेमिचन्द्र सिद्धान्त चक्रवर्ती विरचित गोम्मटसार दुतिय नाम पंचसंग्रह ताकी जीवतत्त्व प्रदीपिका नाम संस्कृत टीका वा सम्यग्ज्ञान चन्द्रिका नाम भाषा टीका के अनुसार मूल गाथार्थ छन्द बन्ध छन्दार्णव ग्रन्थ में विंशति प्ररूपणासु जीवकाण्ड समाप्त भया।

श्रीजिनाय नमः। शुभम्।

इस ग्रन्थ की मूल कापी की प्रतिलिपि श्री शुभ मिती आश्विन सुदी चौथ 4 विक्रम संवत् 1959 शालिवाहन शक संवत् 1824 हिजरी सन् 1319 ईस्वी सन् 1902 में सम्पूर्ण हुई। ऊँ शांति। इति श्री शुभ मिती श्रावण सुदी 7 सप्तमी शनिवार सं 1990 विक्रम, श्री महावीर निर्वाण संवत् 2459 श्री सम्मेद शिखर दिगम्बर जैन तेरहपंथी कोठी मधुवन पोस्ट पारसनाथ जिला हजारीबाग में इस प्रति की लिपि की। हस्ताक्षर राजमल्ल जैन मधुवन शुभ-शांति।

कल्याणं भवतु।

251/- रू. में खरीदा. चैतसुदी 14 सं. 1992. पन्नालाल सोनी व्यवस्थापक ऐलक पन्नालाल सरस्वती भवन, झालरापाटन सिटी।

णाणं

पयासयं

वीर नि.सं. 2470

ई. सन् 1944

भारतीय ज्ञानपीठ